Barbitsch
Einführung integrierter Standardsoftware

Christian E. Barbitsch

Einführung integrierter Standardsoftware

Handbuch für eine leistungsfähige Unternehmensorganisation

Carl Hanser Verlag München Wien

Dr. Christian Ernst Barbitsch
Wirtschaftsuniversität Wien
Abteilung für Wirtschaftsinformatik
Augasse 2-6, A-1090 Wien
e-Mail: Christian.Barbitsch@wu-wien.ac.at

Dr. Christian Ernst Barbitsch, geb. 1966 in Hallein/Salzburg; 1986-1992 Durchführung zahlreicher Projekte im Bereich EDV/Organisation bei den Firmen Pfeiffer Lebensmittelgroßhandel, Traun, und Unimarkt Handelsgesellschaft, Traun; seit 1994 Begleitung des Projektes "Struktur 2000" der BMW Motoren AG, Steyr. 1987-1993 Studium der Wirtschaftsinformatik, Studienzweig Betriebsinformatik, an der Johannes-Kepler-Universität Linz; 1994-1995 Studium der Sozial- und Wirtschaftswissenschaften an der Wirtschaftsuniversität Wien; seit 1994 Universitätsassistent bei Prof. Dr. Hansen an der Wirtschaftsuniversität Wien, Abteilung für Wirtschaftsinformatik, und seit 1996 Gruppenleiter des Forschungsbereichs Strategisches Informationsmanagement sowie stellvertretender Abteilungsleiter.

Die Wiedergabe von Gebrauchsnamen, Handelsnamen, Warenbezeichnungen usw. in diesem Werk berechtigt auch ohne besondere Kennzeichnung nicht zu der Annahme, daß solche Namen im Sinne der Warenzeichen- und Markenschutz-Gesetzgebung als frei zu betrachten wären und daher von jedermann benutzt werden dürften.

Die Deutsche Bibliothek - CIP-Einheitsaufnahme

Barbitsch, Christian E.:
Einführung integrierter Standardsoftware : Handbuch für eine
leistungsfähige Unternehmensorganisation / Christian E.
Barbitsch. - München ; Wien : Hanser, 1996
    ISBN 3-446-18680-8

Dieses Werk ist urheberrechtlich geschützt.
Alle Rechte, auch die der Übersetzung, des Nachdruckes und der Vervielfältigung des Buches, oder Teilen daraus, vorbehalten. Kein Teil des Werkes darf ohne schriftliche Genehmigung des Verlages in irgendeiner Form (Fotokopie, Mikrofilm oder ein anderes Verfahren), auch nicht für Zwecke der Unterrichtsgestaltung, reproduziert oder unter Verwendung elektronischer Systeme verarbeitet, vervielfältigt oder verbreitet werden.

© 1996 Carl Hanser Verlag München Wien
Umschlaggestaltung: Susanne Kraus, München
Gesamtherstellung: Druckerei Walch GmbH & C., Augsburg
Printed in Germany

Geleitwort

Für die meisten Unternehmensbereiche von der Personalwirtschaft, den Finanzen, Einkauf, Produktion bis zum Vertrieb wird heute leistungsfähige Standardsoftware angeboten. Aktuelle erfolgreiche Beispiele sind SAP R/3, Triton von Baan oder Oracle Applications, um nur einige zu nennen. Die Anbieter geben als Vorteile ihrer Produkte gegenüber Individualsoftware schnelle Verfügbarkeit, Zukunftssicherheit, geringe Kosten, Know-how-Einkauf etc. an. Tatsache ist aber, daß die gepriesenen Vorteile lediglich Potentiale darstellen. Ob die Potentiale tatsächlich zu Vorteilen für ein Unternehmen werden, hängt wesentlich vom Einführungsprozeß des gewählten Produktes ab. Das in diesem Buch beschriebene, praktisch erprobte Vorgehenskonzept kann helfen, aus einer Standardsoftware-Einführung für ein Unternehmen und seine Mitarbeiter noch mehr herauszuholen, als die Anbieter versprechen.

Grundvoraussetzung für ein erfolgreiches Projekt ist es, zu erkennen (oder besser einzugestehen), daß die Einführung von integrierter Standardsoftware kein rein technisches Problem ist. In diesem Vorhaben steckt mehr. Alte Informationssysteme durch neue zu ersetzen bietet die Chance, die Geschäftsprozesse des Unternehmens neu zu überdenken und auch neu zu gestalten. Dem Ansatz des Business Process Redesigns (BPR) folgend darf nicht die Automatisierung bestehender Abläufe, sondern muß ein Überdenken und gegebenenfalls ein Erneuern der Organisation das Einführungsprojekt prägen. Die Leistungsfähigkeit des Unternehmens kann dadurch erheblich gesteigert werden. Für ein Einführungsprojekt heißt das, daß gerade in den Anfangsphasen das betriebswirtschaftliche Interesse im Vordergrund stehen muß. Der Nutzen einer Standardsoftware-Einführung resultiert primär aus der Reorganisation des Unternehmens.

In seiner ursprünglichen Form nimmt der radikale BPR-Ansatz keine Rücksicht auf bestehende oder geplante Informationssysteme. BPR und Standardsoftware-Einführung darf aber nicht isoliert voneinander betrachtet werden. Vielmehr bedarf es eines Kompromisses, bei dem der Nutzen von BPR mit den Kosten für die Anpassung von Standardsoftware abgewogen wird.

Bei traditionellen Vorgehenskonzepten zur Einführung von Standardsoftware stand in der Regel einerseits die informationstechnische Perspektive und andererseits die funktionsbezogene Vorgehensweise im Vordergrund. Für unterschiedliche Unternehmensbereiche wurden einzelne Module Schritt für Schritt eingeführt. Diese Vorgehensweise führt zwangsläufig zu Insellösungen und redundanten Datenbeständen und widerspricht außerdem der Geschäftsprozeßorientierung des Business Process Redesigns. Ergebnis einer solchen Einführung sind kaum genutzte Möglichkeiten, die Organisation des Unternehmens zu optimieren und komplexe Informationssysteme mit hohem Wartungs- und Pflegeaufwand und dies trotz eines hohen Zeitaufwands für die Einführung der Standardsoftware. Auch wenn das System technisch funktioniert, sind die betriebswirtschaftlichen Resultate häufig unbefriedigend.

Das sind aber nicht die einzigen Anforderungen, denen die Mitarbeiter eines Unternehmens, das integrierte Standardsoftware einführen will, gegenüberstehen. Zusätzlich gibt es noch andere wesentliche Besonderheiten, die Einführungsprojekte kennzeichnen:

- Die meisten bestehenden Informationssysteme sollen abgelöst werden. Die vorhandene Infrastruktur ist auf der einen Seite durch Großrechner-Strukturen und andererseits durch inhomogene und veraltete dezentrale Systeme gekennzeichnet.
- Die Schnittstellen innerhalb der einzuführenden integrierten Standardsoftware und zu externen Informationssystemen sind äußerst komplex.
- Der Umfang der abzulösenden und einzuführenden Informationssysteme bedingt meist ein paralleles Vorgehen in mehreren Teilprojektgruppen. Die Teilergebnisse der Gruppen müssen aufeinander abgestimmt und zu einem einheitlichen Ganzen integriert werden. Das insgesamt sehr große Projektteam stellt hohe Anforderungen an das Projektmanagement.
- Flexibilität integrierter Standardsoftware wird durch eine Unzahl von einstellbaren Parametern erreicht. Um das der Standardsoftware zugrundeliegende Geschäftsmodell und das künftige Geschäftsmodell des Unternehmens aufeinander abstimmen zu können, benötigt man umfangreiche Kenntnisse über Aufbau und Möglichkeiten der Standardsoftware.
- Das „Optimierungsklima" berührt das ganze Unternehmen. Verbesserungen können auch in Unternehmensbereichen, die nicht unmittelbar von der Standardsoftware-Einführung betroffen sind, erreicht werden.
- Es ist nicht gerade einfach, die Kerngeschäftsprozesse eines Unternehmens zu identifizieren sowie ihre Komplexität zu durchschauen. Trotzdem besteht in vielen Fällen die Notwendigkeit, die Prozesse grundlegend zu überarbeiten.

- Es können nicht alle identifizierten Verbesserungspotentiale sofort umgesetzt werden. Nicht genutzte Potentiale gehen nach Abschluß des Projektes leicht verloren.
- Bei BPR-Projekten ist das Verhältnis zwischen Geschäftsleitung, Betriebsrat und Mitarbeitern kritisch und muß aktiv berücksichtigt werden.
- In Anbetracht der Komplexität des Projektes ist der geplante Zeithorizont meist sehr knapp bemessen.

Die aufgezählten Besonderheiten zeigen nur einige Aspekte, mit denen Mitarbeiter von Unternehmen umgehen müssen, wenn sie die Möglichkeiten einer Standardsoftware-Einführung auch organisatorisch nutzen wollen. Zugleich wird die Komplexität des Vorhabens insgesamt deutlich. Dementsprechend muß ein Vorgehenskonzept, mit dessen Hilfe das Unternehmen optimiert werden soll, möglichst alle wichtigen organisatorischen Elemente steuern und nutzen, um den Projekterfolg zu gewährleisten. Diese Elemente reichen von der Organisationskultur, den Mitarbeitern, über die Organisationsstruktur, die eingesetzte Technologie bis zum strategischen Management eines Unternehmens.

Bis jetzt wurde nur auf Probleme hingewiesen, die im Laufe des Projektes bewältigt werden müssen. Das vorliegende Buch zeigt aber nicht nur Probleme auf, sondern bietet auch praktikable Lösungen dafür an. Eine davon ist das strukturierte Vorgehenskonzept, das sich an einem in der Praxis bewährten Konzept orientiert. Ganz grob kann man ein Neuorganisations- und Standardsoftware-Einführungsprojekt in die folgenden drei Teilschritte zerlegen:

- **Schritt 1 - Neuorientierung**: In diesem ersten Schritt geht es darum, im Unternehmen das Bewußtsein zu schaffen, daß es sich auf die Zukunft vorzubereiten und die Wege dorthin zu bestimmen hat. Sobald klar ist, wohin die Reise gehen soll, und das Topmanagement auch bereit ist, diese Wege zu beschreiten, können Maßnahmen eingeleitet werden, um die hoch gesteckten Ziele zu erreichen. Business Process Redesign ist hier ein Konzept, das Anleitung für die richtigen Maßnahmen gibt. Insgesamt geht es darum, jene organisatorischen Strukturen und Abläufe unter Nutzung von Potentialen aus der Technologie, den Human-Ressourcen und der Organisation zu schaffen, die es dem Unternehmen ermöglichen, bestehende Erfolgspotentiale auch weiterhin zu nutzen und neue zu erschließen. Für diese auf die Zukunft abgestimmte Organisation muß dann das am besten geeignete Informationssystem gefunden werden. Entscheidet man sich für integrierte Standardsoftware, muß im nächsten Schritt deren Funktionalität mit der geplanten Organisation abgestimmt werden.

- **Schritt 2 - Standardsoftware-Abgleich**: Durchsetzbarkeit und Wert eines Konzeptes zeigen sich erst im Lauf der praktischen Umsetzung. Diese Erkenntnis soll möglichst früh im Projekt berücksichtigt werden. Insofern muß die praktische Erprobung von geplanter Organisation und gewähltem Informationssystem so bald wie möglich erfolgen. Die sukzessive Ausgestaltung von Geschäftsprozessen und der Standardsoftware in einem Testlabor folgt diesem Ansatz. Sukzessiv deshalb, weil mit einem groben Prototypen begonnen werden kann, um die grundsätzliche Funktionsfähigkeit zu zeigen, der dann Schritt für Schritt verfeinert und für den Echtbetrieb vorbereitet wird. Konzeption und Realisierung werden so zu einem parallelen Prozeß. Mitarbeiter können wirksam in das Projekt eingebunden werden. Sie können neue Funktionen und Abläufe sofort nachvollziehen und bewerten. Aber auch Projektzeit, -kosten und -risiko werden durch ein prototypingorientiertes Vorgehen minimiert. Am Ende sollten neue organisatorische Lösungen stehen, die soviel Potential freigesetzt haben, daß sich die Investitionen in neue Informationssysteme mehr als rechtfertigen. Sobald die Prototypen serienreif sind, kann man bestimmen, was nun gleichzeitig und was hintereinander in Produktion geht. Die Pakete mit den umzusetzenden Funktionen müssen dabei sorgfältig nach unternehmerischen Gesichtspunkten und systembedingten Abhängigkeiten geschnürt werden.

- **Schritt 3 - Echtbetrieb**: Die Aufgaben des letzten Schrittes beziehen sich auf die reibungslose Übernahme der neuen Abläufe und der Informationssysteme in den Echtbetrieb. Bevor aber das Projekt abgeschlossen wird, müssen noch Maßnahmen ergriffen werden, die eine kontinuierliche Verbesserung der Organisation sicherstellen.

Natürlich nützt die schönste Methodik nichts, wenn der Einführungsprozeß nicht gesteuert wird. Das Projektmanagement ist daher fixer Bestandteil des in diesem Buch vorgestellten Vorgehenskonzeptes. Besonders hervorzuheben ist in diesem Zusammenhang das Gatewaymanagement. Selbstverständlich ist es nur ein Werkzeug zur Planung, Steuerung und Überwachung des Projektes, dessen Nutzen letztlich von den Handlungen von Personen abhängt. Trotzdem kann es die Wege zum Projekterfolg ebnen. Vor allem der explizite Einbezug des Topmanagements und die Ergebnisorientierung helfen Risiken frühzeitig zu erkennen und Projekte zukunftsorientiert zu steuern. Mehr dazu ist im Kapitel *Vorgehenskonzept* zu finden.

Das vorliegende Buch bietet einen zugleich umfassenden und detaillierten Überblick zur Frage:

Wie kann man organisatorische und technische Chancen durch Einführung integrierter Standardsoftware, wie SAP R/3 etc., erfolgreich nutzen?

Es werden alle wesentlichen Probleme angesprochen und pragmatische Lösungsmöglichkeiten angeboten. Durch die Teilnahme von Herrn Barbitsch an einem entsprechenden Großprojekt in der österreichischen Industrie (BMW Motoren AG, Steyr) besitzt er auch erfreulicherweise das nötige Know-how hinsichtlich der praktischen Verwertbarkeit seiner Empfehlungen. Das ist in seinen Ausführungen stets spürbar. Es handelt sich um ein höchst empfehlenswertes, bisher einmaliges „Rezeptbuch" für Wirtschaft und Verwaltung zur prozeßorientierten Restrukturierung unter Einsatz von Standardsoftware.

Wien, im Februar 1996

Prof. Dr. Hans Robert Hansen

Inhaltsverzeichnis

1 Einführung 1
   1.1 Zielsetzung, Ergebnis und Zielgruppe 2
   1.2 Leseanleitung 5

2 Grundlagen 9
   2.1 Integrierte betriebswirtschaftliche Standardinformationssysteme (IBSIS).. 9
      2.1.1 Kennzeichen von Standardanwendungssoftware 9
      2.1.2 Was bedeutet „integriert"? 11
      2.1.3 Definition 13
      2.1.4 Chancen und Risiken durch den Einsatz eines IBSIS 13
   2.2 Business Process Redesign (BPR) 17
      2.2.1 Wesen des BPR 18
      2.2.2 Prozesse 20
         2.2.2.1 Definition 21
         2.2.2.2 Prozeßarten 23
      2.2.3 Die Rollen der BPR-Beteiligten 27
         2.2.3.1 Der Sponsor 28
         2.2.3.2 Der Prozeßmanager 30
         2.2.3.3 Das Redesign-Team 32
         2.2.3.4 Interne und externe Berater 34
      2.2.4 Die Rolle der Informationstechnologie und des
           Informationsmanagements 37
      2.2.5 Mode oder Notwendigkeit 43
   2.3 IBSIS - Wegbereiter oder Barriere für BPR? 45
   2.4 Grundlagen des Vorgehenskonzeptes 49
      2.4.1 Vorgehensweisen zur Einführung eines IBSIS 50
      2.4.2 BPR-Methoden 57

3 Rahmenbedingungen 65
   3.1 Elemente einer gezielten organisatorischen Veränderung 66
      3.1.1 Strategie 68
      3.1.2 Struktur 75
      3.1.3 Technologie 79

3.1.4 Organisationsmitglieder 82
3.1.5 Organisationskultur 87
3.2 Die Einbettung des Projektes in die Organisation 90

4 Vorgehenskonzept 95

4.1 Aufbau der Vorgehensweise 95
    4.1.1 Gatewaymanagement 98
    4.1.2 Struktur des Gatewayplans 99
4.2 Phase Vorbereitung 105
    4.2.1 Gateway Projektauftrag 108
    4.2.2 Gateway Allgemeine Vorbereitung 121
    4.2.3 Gateway Vorbereitung Teilprojekt 152
    4.2.4 Gateway Vorbereitung Gesamtprojekt 163
4.3 Phase Analyse und Grobdesign ohne IBSIS 166
    4.3.1 Gateway Analyse und Grobdesign Teilprojekt 169
    4.3.2 Gateway Analyse und Grobdesign Gesamtprojekt 193
4.4 Phase Integration und IBSIS-Auswahl 201
    4.4.1 Gateway Integration und IBSIS-Auswahl Gesamtprojekt ... 204
4.5 Phase Grobdesign mit IBSIS 222
    4.5.1 Gateway Grobdesign mit IBSIS Teilprojekt 225
    4.5.2 Gateway Grobdesign mit IBSIS Gesamtprojekt 235
4.6 Phase Integration 241
    4.6.1 Gateway Integration Teilprojekt 244
    4.6.2 Gateway Integration Gesamtprojekt 254
4.7 Phase Feinkonzeption 266
    4.7.1 Gateway Feinkonzeption Teilprojekt 268
    4.7.2 Gateway Feinkonzeption Gesamtprojekt 285
4.8 Phase Implementierung 289
    4.8.1 Gateway Implementierung Teilprojekt 291
    4.8.2 Gateway Implementierung Gesamtprojekt 296

5 Schlußbemerkungen 305

Anhang: Gatewayplan 307

Literatur 327

Anmerkungen 339

Stichwortverzeichnis 353

Abkürzungsverzeichnis

BPR	Business Process Redesign
IBSIS	Integriertes betriebswirtschaftliches Standardinformationssystem
IM	Informationsmanagement
IS	Informationssystem
IT	Informationstechnologie
IV	Informationsverarbeitung
P-Controller	Projektcontroller
PL-Gesamt	Gesamtprojektleiter
PL-Teilprojekt	Teilprojektleiter
SW-Team	Software-Team

Folgende Personen haben maßgeblich zum Gelingen dieses Buches beigetragen:

Prof. Hans Robert Hansen

Mag. Ulrich Kiessling

Claudia Kitzberger

Ing. Rudolf Kitzberger

Dr. Gottfried Lüthen

Mag. Werner Sandmair

Dr. Alexander Vouk

Ich bedanke mich herzlich für ihre Unterstützung und dafür, daß sie mir kostbare Zeit geschenkt haben.

1 Einführung

Business Process Redesign (BPR) soll Unternehmen zu neuer Leistungsfähigkeit verhelfen. Die heute wichtigen Leistungsgrößen - Kosten, Qualität, Service und Zeit - sollen um Größenordnungen verbessert werden. Wesentliche Unternehmensprozesse müssen grundlegend hinterfragt und radikal umgestaltet werden.[1] BPR-Projekte sind nur erfolgreich, wenn möglichst schnell Verbesserungen für alle Beteiligten sichtbar werden, möglichst innerhalb weniger Monate. Kurzfristige Erfolge sollen die Mitarbeiter von der Wirksamkeit des Projektes überzeugen.[2] Da die Gestaltungspotentiale moderner Informationstechnologie beim Redesign der Unternehmensprozesse bestmöglich genutzt werden sollen, müssen neue Informationssysteme innerhalb kurzer Zeit produktiv einsetzbar sein.

Ist aber nun die IV-Abteilung überhaupt in der Lage, veraltete Informationssysteme durch neue moderne schnell zu ersetzen oder zumindest zu ergänzen? Verbringen die Mitarbeiter der IV-Abteilungen nicht noch immer einen Großteil ihrer Zeit mit dem Warten von COBOL- oder PL/1-Programmen? Sicherlich gibt es Unternehmen, die den Stand der Technik nicht nur kennen, sondern erfolgreich objektorientierte Programmierung, Client-/Server-Architekturen, CASE-Tools, elektronische Kommunikation etc. einsetzen und deren Gestaltungspotentiale auch nutzen. Es ist aber anzunehmen, daß die erste Situation vorherrscht. Für diese Unternehmen sind die Anforderungen des BPR aus eigener Kraft nur schwer zu erfüllen.

Einen Ausweg bietet der Einsatz eines integrierten betriebswirtschaftlichen Standardinformationssystems (IBSIS)[3]. Gerade für die administrativen Bereiche eines Unternehmens gibt es heute ausgereifte Produkte, welche die betriebswirtschaftlichen Anforderungen weitgehend abdecken. Auf die zunehmende Bedeutung von Standardinformationssystemen weisen nicht nur Untersuchungen über den Hard- und Softwaremarkt hin[4], auch der steigende Bedarf an IBSIS-Beratern oder die Aufnahme von IBSIS-Kursen in das universitäre Ausbildungsprogramm sind Hinweise dafür.

Obwohl ein Standardinformationssystem eine mögliche Lösung für das oben beschriebene Problem darstellt, treten sofort eine Reihe von Fragen auf, wenn man versucht, BPR und die Einführung eines IBSIS zu verbinden:

- Kann ein integriertes Standardinformationssystem mit den Forderungen des BPR in Einklang gebracht werden? Bestehen hier nicht zu viele Widersprüche?
- Läßt ein IBSIS genug Gestaltungsspielraum, um die Organisation zu verbessern? Ist ein IBSIS flexibel genug, um noch von einer simultanen Gestaltung von Organisation und Informationssystem sprechen zu können? Und wie können IBSIS und Organisation überhaupt simultan gestaltet werden?
- Wie kann man Geschäftsprozesse und funktionsorientiert aufgebaute Standardinformationssysteme kombinieren und gemeinsam einführen?

Aus diesen Überlegungen ist schließlich die zentrale Fragestellung hervorgegangen:

Wie kann man erfolgreich BPR durchführen und gleichzeitig ein IBSIS einführen?

1.1 Zielsetzung, Ergebnis und Zielgruppe

Eine Reihe von Gründen sprechen dafür, im Unternehmen ein IBSIS einzusetzen. Nicht nur die ausgereifte Lösung, die schnelle Verfügbarkeit eines komplexen Informationssystems, geringe Kosten und die meist umfangreich angebotenen Nebenleistungen lassen Manager zugunsten eines IBSIS entscheiden. Es besteht auch die Chance, betriebswirtschaftliches Know-how einzukaufen und dieses rasch durch ein integriertes Informationssystem umzusetzen. Nicht zu vergessen ist die Zukunftssicherheit des IBSIS, die durch seine laufende Weiterentwicklung gewährleistet ist, und die Möglichkeit, einen Personalengpaß in der IV-Abteilung auszugleichen. Der bloße Kauf eines qualitativ hochwertigen IBSIS reicht aber nicht aus, um diese Vorteile und Chancen auch tatsächlich zu realisieren. Der erfolgreiche Einsatz eines IBSIS wird vor allem durch den Prozeß seiner Einführung bestimmt.

Zielsetzung dieses Handbuches ist es, dem Praktiker eine Unterlage zu bieten, die ihm bei der Einführung eines integrierten betriebswirtschaftlichen Standardinformationssystems und der simultanen Gestaltung der Organisation hilft. Insgesamt soll dadurch die Wettbewerbsposition eines Unternehmens gestärkt werden.

Das Handbuch baut auf den Vorgaben der strategischen Informationssystemplanung auf und integriert die Konzepte des Business Process Redesigns mit den verfügbaren Vorgehensweisen zur Einführung integrierter Standardinformationssysteme. Theoretische Ansätze werden dabei kritisch hinterfragt und nur dann in das Handbuch übernommen, wenn sie für die Praxis von Nutzen sind. Es handelt sich somit um einen eigenständigen Ansatz.

Das Konzept des Handbuchs orientiert sich am Projekt „Struktur 2000" der BMW Motoren AG, Steyr. Es wurde gemeinsam mit Mitarbeitern dieses Unternehmens erstellt. BMW ersetzt seine Individualinformationssysteme durch das integrierte betriebswirtschaftliche Standardinformationssystem SAP R/3. Dabei geht es nicht nur um eine einwandfreie systemtechnische Implementierung. Vielmehr ist auch eine erfolgreiche betriebswirtschaftliche Einführung von großer Bedeutung. Es soll dem BPR-Ansatz folgend die betriebliche Leistung erheblich verbessert werden. Die Kooperation dauerte über ein Jahr und deckt inhaltlich alle in diesem Buch beschriebenen Projektphasen ab. Nach diesem Jahr konnte bereits beobachtet werden, daß die eingeleiteten Maßnahmen und Konzepte erfolgreich umgesetzt wurden.

Zusätzlich sind in das Konzept die Erfahrungen des Autors eingeflossen, die er während seiner fünfjährigen Tätigkeit in der Praxis im Bereich EDV/Organisation gewinnen konnte. Die integrative Sicht und die Praxisnähe soll dem Anwender helfen, den größtmöglichen Nutzen aus BPR und der Einführung eines IBSIS zu erzielen.

Den Kern dieses Handbuchs bildet ein detailliertes Vorgehensmodell mit operational beschriebenen Kontrollpunkten. Das Vorgehensmodell führt den Anwender von der Projektvorbereitung bis zur Implementierung des integrierten betriebswirtschaftlichen Standardinformationssystems. Im Mittelpunkt des Handbuchs steht der Gatewayplan, eine Erweiterung des Meilensteinkonzeptes.[5] Der Gatewayplan ist ein flexibles Werkzeug zur Umsetzung der Vorgehensweise. Zusätzlich sind im Handbuch zahlreiche Techniken beschrieben, die das Erreichen der geforderten Ergebnisse erleichtern sollen. Mit Hilfe eines Rollenmodells wird die Zuordnung der anfallenden Aufgaben auf die Projektbeteiligten dargestellt.

Neben den inhaltlichen Anforderungen wurden bei der Erstellung des Handbuchs folgende formale Richtlinien beachtet:

- **Produktunabhängigkeit**: Das Handbuch soll für unterschiedliche IBSIS-Produkte verwendet werden können. Im Vordergrund steht daher auch die betriebswirtschaftliche Implementierung des IBSIS. Die produktbezogene systemtechnische Einführung eines IBSIS steht in diesem Buch im Hintergrund.

- **Problemadäquatheit**: Das Verfahren muß zur Lösung der gestellten Problemstellung führen.

- **Flexibilität**: Das Vorgehenskonzept muß einfach an unterschiedliche Untersuchungsbereiche angepaßt werden können. Es muß für Projekte verwendet werden können, deren Ziel
    - die grundlegende Reorganisation von Prozessen und die Einführung eines IBSIS ist.
    - lediglich die Reorganisation von Prozessen ist. Für die neugestalteten Prozesse können zwar Informationssysteme entwickelt werden, aber eine IBSIS-Einführung ist von vornherein ausgeschlossen.
    - die IBSIS-Einführung ohne jegliche Reorganisation von Unternehmensbereichen ist.

- **Operationalität**: Die einzelnen Schritte müssen soweit präzisiert sein, daß sie direkt umgesetzt werden können. Es ist nicht nötig, daß der Ausführende zusätzliche konzeptionelle Arbeit leistet oder die Grundstruktur des Vorgehens ändern muß.[6] Die Operationalität erfordert, daß die Vorgehensweise entsprechend detailliert beschrieben und nachvollziehbar ist.

- **Werkzeugunterstützung**: Die Problemlösungschritte müssen durch geeignete Werkzeuge unterstützt werden. Ein Werkzeug ist als „routinemäßig anwendbares, häufig auch als Softwareprodukt verfügbares Problemlösungsverfahren"[7] zu verstehen.

- **Beherrschbarkeit**: Das Vorgehenskonzept ist auf eine bestimmte Zielgruppe ausgerichtet. Das Kriterium der Beherrschbarkeit fordert, daß die Zielgruppe das Konzept versteht und anwenden kann, was auch eine Formulierung in der „Sprache des Praktikers" voraussetzt. Das Erlernen der eingesetzten Techniken muß mit wirtschaftlich vertretbarem Aufwand möglich sein.[8]

- **Wirtschaftlichkeit**: Die Kosten für die Umsetzung des Konzeptes müssen in einem gerechtfertigten Verhältnis zum wirtschaftlichen Nutzen des Planungsergebnisses stehen.

Das Konzept kann in allen Unternehmen, die ein IBSIS einführen und dabei auch die Organisation verbessern wollen, eingesetzt werden. Es ist vollkommen branchenunabhängig. Die Adressaten sind all jene Personen, die mit der Projektabwicklung zu tun haben. Dazu gehören der BPR-Sponsor, die Prozeßmanager, die Mitglieder des BPR-Teams und des Informationsmanagements sowie interne Berater.[9] Ferner richtet sich das Handbuch an alle Mitarbeiter von Unternehmen, die sich einen Überblick über ein Projekt zur Einführung eines IBSIS und die gleichzeitige Verbesserung der Organisation verschaffen wollen.

1.2 Leseanleitung

Das Handbuch wurde so konzipiert, daß der Leser Schritt für Schritt in die Thematik eingeführt wird. Es wurde versucht, das Vorgehenskonzept durchgängig und in sich geschlossen zu gestalten. Insofern wurde Grundlagenwissen über BPR und IBSIS bewußt aus dem im Kapitel 4 beschriebenen Vorgehenskonzept ausgeklammert und dafür im Kapitel 2 *Grundlagen* zusammengefaßt. Bei BPR und einer IBSIS-Einführung handelt es sich um eine gezielte Organisationsänderung, deren Erfolg von bestimmten Faktoren beeinflußt wird. Die wichtigsten Faktoren werden im Kapitel 3 *Rahmenbedingungen* ausführlich behandelt. Das Vorgehenskonzept enthält eine Reihe von Aufgaben, die darauf abzielen, möglichst günstige Rahmenbedingungen im Unternehmen für BPR und ein IBSIS-Einführungsprojekt zu schaffen.

Kapitel 2 *Grundlagen* enthält das für das Verständnis des Vorgehenskonzeptes notwendige Grundlagenwissen. Es werden zunächst die Kennzeichen eines IBSIS diskutiert. Ein eigener Abschnitt ist den Chancen und Risiken, die durch die Einführung eines IBSIS für ein Unternehmen entstehen, gewidmet. Danach werden die wichtigsten Elemente von Business Process Redesign behandelt, um das Wesen dieses Ansatzes zu vermitteln. Es folgt eine kritische Auseinandersetzung mit BPR und schließlich wird versucht, die Frage zu beantworten, ob ein IBSIS eher als Wegbereiter oder als Barriere für BPR zu sehen ist. Abschließend werden die wichtigsten BPR-Vorgehensweisen und Methoden zur Einführung eines IBSIS vorgestellt, sowie ihre Stärken und Schwächen besprochen. Teile von diesen Methoden sind in das im Kapitel 4 beschriebene Vorgehenskonzept eingeflossen.

Das Kapitel 3 *Rahmenbedingungen* liefert Antwort auf die Frage: Welche Elemente einer Organisation müssen bei einem BPR- und IBSIS-Einführungsprojekt berücksichtigt werden, um seinen Erfolg zu gewährleisten? Alle Elemente, die vor und während des Projektes beeinflußt werden können, werden ausführlich beschrieben. Es handelt sich dabei um die Strategie, die Struktur, die Technologie, die Kultur und das Personal einer Organisation. Im Vorgehenskonzept werden dann eine Reihe von Aufgaben angeführt, die sich auf diese Rahmenbedingungen beziehen. Im letzten Abschnitt des dritten Kapitels wird dargestellt, wie das Projekt in die Organisation und ein unternehmensweites Innovationsmanagement eingebettet werden kann.

Im Kapitel 4 *Vorgehenskonzept* werden schließlich sieben Projektphasen vorgestellt, die den Anwender von der Projektvorbereitung bis zur Implementierung des IBSIS führen. Die innere Struktur des Vorgehenskonzeptes ist durch einen

Kapitel 1 *Einführung*

Kapitel 2 *Grundlagen*
- Integrierte betriebswirtschaftliche Standardinformationssysteme (IBSIS)
- Business Process Redesign
- IBSIS - Wegbereiter oder Barriere für BPR?
- Ausgangsmethoden für BPR und die IBSIS-Einführung

Kapitel 3 *Rahmenbedingungen*
- Elemente einer gezielten organisatorischen Veränderung

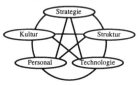

- Einbettung des Projektes in die Organisation

Kapitel 4 *Vorgehenskonzept*
- Aufbau der Vorgehensweise
- Sieben Projektphasen mit Teilprojekt- und Gesamtprojektgateways

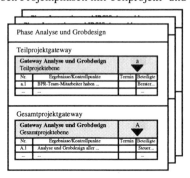

Kapitel 5 *Schlußbemerkungen*

Anhang *Gatewayplan*

Abbildung 1-1 Struktur des Handbuchs

zweistufigen Gatewayplan bestimmt. Dieser Gatewayplan ist gleichzeitig auch das Werkzeug für die Umsetzung des Vorgehenskonzeptes in die Praxis. Er unterstützt vor allem die Projektplanung und -steuerung. Was genau unter dem Gatewaymanagement und einem Gatewayplan zu verstehen ist, wird im Abschnitt 4.1 *Aufbau der Vorgehensweise* des vierten Kapitels erklärt.

Im Kapitel 5 *Schlußbemerkungen* wird das Handbuch kurz zusammengefaßt und nochmals kurz auf die Stärken des Vorgehenskonzeptes eingegangen.

Mit dem Anhang, der den vollständigen Gatewayplan enthält schließt das Buch.

2 Grundlagen

2.1 Integrierte betriebswirtschaftliche Standardinformationssysteme (IBSIS)

Im ersten Abschnitt des Kapitels *Grundlagen* werden zunächst die allgemeinen Kennzeichen von Standardanwendungssoftware diskutiert. Das besondere Charakteristikum „Integration" wird in einem eigenen Abschnitt behandelt. Im Abschnitt 2.1.3 wird schließlich eine Definition für ein integriertes betriebswirtschaftliches Informationssystem (IBSIS) vorgestellt. Eine neue Definition erscheint deshalb angebracht, da Definitionen von Standardsoftware beziehungsweise Standardanwendungssoftware wichtige Wesensmerkmale eines IBSIS nicht berücksichtigen. Im Abschnitt 2.1.4 werden abschließend Chancen und Risiken des Einsatzes eines IBSIS besprochen.

2.1.1 Kennzeichen von Standardanwendungssoftware

Standardanwendungssoftware ist durch eine Reihe von Kriterien gekennzeichnet, die sie von anderer Software unterscheidet. Es wurde hier der Begriff Standardanwendungssoftware gewählt und nicht der allgemeinere Begriff Standardsoftware. Es soll dadurch zum Ausdruck gebracht werden, daß die von den Anwendern eines Datenverarbeitungssystems eingesetzten produktiven Programme gemeint sind, wie zum Beispiel Programme der Finanzbuchhaltung oder der Auftragsabwicklung. Im Begriff Standardanwendungssoftware ist somit Systemsoftware, die den Betrieb eines Datenverarbeitungssystems und der Anwendungsprogramme ermöglicht, nicht enthalten.[10] Wodurch ist nun Standardanwendungssoftware gekennzeichnet?

- **Branchenneutralität und Anpassungsfähigkeit**: Generell kann Standardanwendungssoftware in unterschiedlichen Organisationsstrukturen weitgehend hardware- und betriebssystemunabhängig eingesetzt werden.[11] Sie wird so entwickelt, daß sie in mehreren Unternehmen verschiedenster Branchen produktiv verwendet werden kann. Um dieses Ziel zu erreichen, wird bei der Entwicklung von Standardanwendungssoftware nach folgenden Strategien vorgegangen:[12]

- Durch eine Reihe von Parametertabellen kann der Anwender die Software an seine individuellen Bedürfnisse anpassen.
- Für unterschiedliche Einsatz- und Aufgabenbereiche werden dem Anwender verschiedene Software-Module angeboten.
- Sofern es sich um Standardabläufe eines Unternehmens handelt, kann der Entwickler von Standardanwendungssoftware eine gewisse organisatorische Änderungsbereitschaft seitens der Anwender voraussetzen.
- Für dennoch notwendige individuelle Anpassungen werden geeignete Werkzeuge in der Standardanwendungssoftware vorgesehen.

Diese Strategien werden beim Entwurf von Standardanwendungssoftware befolgt, um ihre Flexibilität und somit ihre Einsetzbarkeit in unterschiedlichsten Unternehmen zu erhöhen. Die Modularisierung der Software erlaubt es den Anwendern, die Standardanwendungssoftware stufenweise, in der für das jeweilige Unternehmen besten Reihenfolge einzuführen.[13] In letzter Zeit werden von den Herstellern von Standardanwendungssoftware immer häufiger auch Branchenspezifika berücksichtigt.[14] Diese Branchenlösungen werden als eigene Module angeboten, die mit den anderen branchenunabhängigen Modulen kombiniert werden können.

- **Internationalität**: Standardanwendungssoftware kann in mehreren Ländern verwendet werden, was einheitliche Informationssysteme in einem internationalen Konzern ermöglicht. Die Internationalität drückt sich nicht nur in der Mehrsprachigkeit, sondern auch in der Funktionalität der Software aus, die notwendig ist, um gesetzliche Anforderungen verschiedener Länder zu erfüllen.[15]

- **Funktionalität**: Die Funktionalität von Standardanwendungssoftware ist auf definierte Einsatzbereiche abgestimmt. Es können demnach zwar umfangreiche aber nur vorgesehene betriebliche Aufgaben gelöst werden.[16] Hier unterscheidet sich Standardanwendungssoftware von sogenannten Endbenutzerwerkzeugen, wie zum Beispiel Textverarbeitung oder Tabellenkalkulation. Diese Werkzeuge haben einen weiten Anwendungsbereich und können flexibel für unterschiedlichste Probleme eingesetzt werden.[17]

- **Festpreis**: Standardanwendungssoftware wird zu einem Festpreis angeboten.[18]

- **Implementierungszahlen**: Hier wird erst von Standardanwendungssoftware gesprochen, wenn sie tatsächlich in vielen Unternehmen implementiert wurde. Niedrige Implementierungszahlen deuten darauf hin, daß es sich bei der angebotenen Standardanwendungssoftware um modifizierte Individuallösungen handelt. Derartige Systeme wurden zunächst als Individuallösung entwickelt, dann aber aus Amortisationsgründen auch anderen Anwendern angeboten.

Implementierungszahlen zwischen einer und fünf Installationen sind für modifizierte Individuallösungen charakteristisch.[19]

Die beschriebenen Kriterien sind speziell für Standardanwendungssoftware kennzeichnend. Ein IBSIS ist aber mehr als Standardanwendungssoftware, da es den gesamten betriebswirtschaftlichen Bereich eines Unternehmens abdecken kann. Aufgrund dieser Komplexität kommt der Integration des Informationssystems besondere Bedeutung zu. Dieses wesentliche Merkmal eines IBSIS wird im folgenden Abschnitt diskutiert.

2.1.2 Was bedeutet „integriert"?

Ein entscheidender Vorteil eines IBSIS ist seine integrierte Architektur. Durch die Integration werden die Aktualität der Information, eine redundanzfreie Datenhaltung, eine bessere Kommunikation und eine einheitliche Bedieneroberfläche gewährleistet.[20]

Mit einer integrierten Architektur wird das Ziel verfolgt, ein ganzheitliches Informationssystem zu gestalten. Es handelt sich dabei um ein mehrdimensionales Problem. Ein redundanzfreier Datenbestand oder eine einheitliche Bedieneroberfläche sind nur Teilaspekte eines integrierten Informationssystems. Die verschiedenen Typen der Integration sind in Abbildung 2-1 dargestellt.

Die Typen der Integration zeigen deutlich, daß es sich bei einem integrierten System nicht um eine Aneinanderreihung von über Schnittstellen miteinander verbundenen Bausteinen handelt. Vielmehr zeichnet sich Integration dadurch aus, daß vieldimensionale Verbindungen bestehen, die in funktional übergreifenden, logischen Einheiten abgebildet werden. Bei integrierten Systemen muß immer die Optimierung der Gesamtlösung im Vordergrund stehen. Änderungen in Teilbereichen müssen immer mit Bezug auf das Gesamtsystem durchgeführt werden. Ansonsten ist aufgrund der vielfältigen Zusammenhänge und Abhängigkeiten rasch eine Destabilisierung des Systems zu erwarten.[21]

Bei der geschäftsprozeßorientierten Gestaltung eines Unternehmens ist es wesentlich, daß alle am Prozeß beteiligten Organisationseinheiten - unabhängig von ihrem Standort - auf die erforderlichen Funktionen eines Informationssystems nach einheitlichen Regeln zugreifen können.[22] Die integrierte Architektur eines Informationssystems ist dafür Voraussetzung.

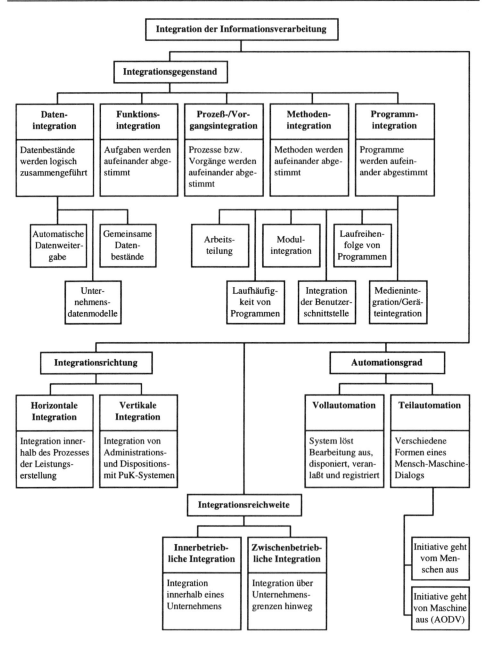

Abbildung 2-1 Typen der integrierten Informationsverarbeitung
(Quelle: [Mert 93, S. 2])

2.1.3 Definition

Obwohl integrierte Standardanwendungssoftware hardwareunabhängig oder zumindest für mehrere Systeme konzipiert ist, wird immer häufiger neben der Software auch neue Hardware im Unternehmen eingeführt.[23] Aus diesem Grund berücksichtigt das in diesem Buch vorgestellte Vorgehenskonzept auch die Einführung neuer Hardware. Unter diesem Gesichtspunkt wird der Begriff integrierte Standardanwendungssoftware zum umfassenderen Begriff integriertes Standardinformationssystem erweitert. Außerdem wird das Adjektiv „betriebswirtschaftlich" in den Begriff aufgenommen, um zum Ausdruck zu bringen, daß sich das Vorgehenskonzept auf Standardinformationssysteme bezieht, die betriebswirtschaftliche Aufgaben unterstützen. Der endgültige Begriff lautet somit *integriertes betriebswirtschaftliches Standardinformationssystem* (IBSIS).

Ein IBSIS kann nun unter Berücksichtigung der in den Abschnitten 2.1.1 und 2.1.2 diskutierten Kennzeichen, wie folgt, definiert werden:

> Ein integriertes betriebswirtschaftliches Standardinformationssystem (IBSIS) besteht aus einer Menge von Programmen, die für den Einsatz in mehreren Organisationen entwickelt wurden und genau definierte betriebswirtschaftliche Aufgaben unterstützen. Ein IBSIS kann durch Module und Parameter an individuelle Bedürfnisse einer Organisation angepaßt werden. Das IBSIS umfaßt sowohl Software als auch Hardware. Alle Komponenten eines IBSIS sind im Sinne der integrierten Informationsverarbeitung miteinander verbunden und bilden so ein ganzheitliches Informationssystem.

Typische Beispiele für integrierte betriebswirtschaftliche Standardinformationssysteme sind SAP R/3, Produkte von Oracle, Peoplesoft oder Baan.

2.1.4 Chancen und Risiken durch den Einsatz eines IBSIS

Was bringt der Einsatz eines IBSIS einem Unternehmen? Wenn man bedenkt, daß in vielen Unternehmen die Informationsverarbeitung noch durch Eigenentwicklung, Großrechner auf der einen Seite und vielen Insellösungen auf der anderen Seite gekennzeichnet ist, kann man davon ausgehen, daß der Einsatz eines modernen IBSIS nicht nur einen kleinen Schritt sondern einen Meilenstein in der Entwicklung der Informationsverarbeitung eines Unternehmens darstellt. Die folgenden Vor- und Nachteile eines IBSIS geben einen Überblick über die Chancen und Risiken, die durch den Einsatz eines IBSIS für ein Unternehmen entstehen. Zu den wichtigsten Vorteilen zählen:[24]

- **Ausgereifte Lösung**: Sofern es sich um ein häufig installiertes IBSIS handelt, ist davon auszugehen, daß es sich um ein ausgetestetes und erprobtes System handelt. Ein IBSIS ist durch viele Anwender bereits überprüft worden, und es ist zu erwarten, daß beim Einsatz des IBSIS weniger Fehler als bei einer Individuallösung auftreten werden. Da das IBSIS für viele Anwender konzipiert ist, handelt es sich in der Regel um ein in methodischer, organisatorischer und programmtechnischer Hinsicht gut durchdachtes System. Außerdem kann man die Qualität eines Produkts vor dem Kauf überprüfen, „schließlich sieht man, was man kauft".

- **Schnelle Verfügbarkeit**: Ein IBSIS erfordert keine Programmspezifikationen mehr, und Programmierarbeit fällt nur für ergänzende Informationssysteme an. Meist ist ein IBSIS auch sofort oder zumindest kurzfristig verfügbar. Die Einführungszeit ist wesentlich von den organisatorischen und informationstechnischen Anpassungsarbeiten bestimmt. Insgesamt wird ein IBSIS in einem Unternehmen schneller verfügbar sein als eine individuell entwickeltes Informationssystem. Ein IBSIS ist daher auch ein wichtiges Instrument zum Abbau des Anwendungsstaus.

- **Geringere Kosten**: Ein IBSIS hat gegenüber einer Individualentwicklung einen Preisvorteil. Man schätzt, daß der Preis eines IBSIS nur etwa 5% - 20% der Kosten einer Individualentwicklung ausmacht. Berücksichtigt man auch noch die möglichen Rationalisierungspotentiale, kann man auf alle Fälle davon ausgehen, daß ein IBSIS in Summe weniger kostet als eine Individualentwicklung. Dieser Aspekt rechtfertigt es meist auch, bestehende individuell entwickelte Informationssysteme zu ersetzen.

- **Know-how-Einkauf**: Häufig kann durch ein IBSIS zusätzliches betriebswirtschaftliches Wissen in ein Unternehmen eingebracht werden, da das IBSIS Funktionen enthält, die durch ein individuelles Informationssystem nicht realisiert worden wären. So mancher IBSIS-Hersteller arbeitet eng mit der Wissenschaft zusammen, um praxisrelevante, wissenschaftliche Verfahren in seinem System umzusetzen. Aber auch von wissenschaftlicher Seite ist man immer mehr interessiert, das Wissen in ein IBSIS einfließen zu lassen, da so die Ergebnisse der wissenschaftlichen Tätigkeit schnell in die Praxis übertragen werden können.

- **Volkswirtschaftlicher Nutzen**: Durch den Einsatz eines IBSIS entfallen aus volkswirtschaftlicher Sicht viele Parallelentwicklungen. „Das Rad wird nicht zum hundertsten Mal erfunden."

- **Ausgleich des Personalengpasses**: Der Einsatz eines IBSIS erübrigt beim Anwender den Aufbau eines eigenen Entwicklungsteams mit entsprechenden Spezialkenntnissen. Außerdem werden jene Ressourcen freigesetzt, die beim

Einsatz eines Individualsystems ständig für Wartungszwecke und Anpassungen an geänderte Umweltbedingungen gebunden wären. Wieviel Personal letztlich für die Betreuung des IBSIS notwendig ist, hängt wesentlich vom Umfang der während der Einführung im IBSIS durchgeführten Modifikationen ab. Jede Änderung des IBSIS zusätzlich zu den vom Hersteller vorgesehenen Anpassungsmöglichkeiten verursacht beim Releasewechsel, also beim Wechsel auf eine neuere IBSIS-Version, zusätzlichen Aufwand. Bei umfangreichen Modifikationen kann ein Releasewechsel letztlich nicht mehr durchgeführt werden.

- **Nebenleistungen**: Für ein IBSIS werden in der Regel umfangreiche Nebenleistungen angeboten, wie zum Beispiel ausführliche Dokumentation, Benutzerhandbücher, Schulungen, Hotline, Einführungsberatung, Problemdatenbank etc.

- **Zukunftssicherheit**: Seriöse IBSIS-Anbieter garantieren die ständige Weiterentwicklung ihres Produktes. Durch Wartungsverträge erhält der Anwender automatisch neue Versionen des IBSIS, die neben behobenen Fehlern meist auch eine Reihe von Weiterentwicklungen enthalten. Dieser Vorteil kann natürlich nur genutzt werden, wenn nicht durch Modifikationen der Releasewechsel wirksam verhindert wurde.

- **Integration**: Durch ein IBSIS kann eine integrierte Informationsverarbeitung rasch realisiert werden. Aktualität der Information, redundanzfreie Datenhaltung, bessere Kommunikation und eine einheitliche Benutzeroberfläche sind nur einige der daraus resultierenden Vorteile.

Wie eingangs erwähnt, gibt es aber auch eine Reihe von Risiken und Nachteilen, die vor der endgültigen Entscheidung für ein IBSIS zu bedenken sind.[25]

- **Höherer Hardware-Ressourcenbedarf**: Computer Ressourcen werden häufig durch die Standardanwendungssoftware eines IBSIS ineffizient genutzt. Da die Anforderungen vieler Unternehmen berücksichtigt werden, sind im IBSIS meist viele Funktionen enthalten, die für den einzelnen Anwender unwichtig sind, aber trotzdem installiert werden müssen. Dadurch können sich negative Auswirkungen auf das Betriebsverhalten, wie zum Beispiel lange Antwortzeiten und großer Speicherbedarf, ergeben. Andererseits hat man einen Pool von Funktionen verfügbar, der für zukünftige Anforderungen genutzt werden kann.

- **Neue Hardware**: Die Software eines IBSIS kann andere Computerhardware erfordern als bisher im Unternehmen eingesetzt wurde. Auch wenn die Software des IBSIS hardwareunabhängig konzipiert ist, so ist sie meist doch nicht betriebssystemunabhängig. Kennzeichen eines modernen IBSIS ist jedenfalls auch eine moderne Informationssystemarchitektur, wie die konsequente

Orientierung an der Client-/Servertechnologie. Ältere Computerhardware wird den Anforderungen der Software häufig nicht mehr gerecht. Der notwendige Technologiesprung kann oft nur durch den kompletten Austausch der Hardware realisiert werden.

- **Abhängigkeit vom IBSIS-Hersteller**: Aus Gründen des Softwareschutzes halten IBSIS-Hersteller Informationen über Programmaufbau oder gar Programmcode streng geheim. Programmänderungen können dann nur vom Hersteller durchgeführt werden. Sind Eingriffe in das IBSIS, aus welchen Gründen auch immer, notwendig, ist der Anwender dem IBSIS-Hersteller ausgeliefert. Die Abhängigkeit ist vor allem dann problematisch, wenn der IBSIS-Hersteller nicht vertrauenswürdig und seine Existenz in Zukunft unsicher ist. Eine sorgfältige Auswahl des IBSIS-Lieferanten spielt daher ein große Rolle. Der Abhängigkeit vom IBSIS-Hersteller steht die Abhängigkeit von „unkündbaren" Entwicklern eines Individualsystems gegenüber.

- **Portierbarkeit**: Sofern ein IBSIS von einem Hardwareanbieter entwickelt wurde, ist meist nicht zu erwarten, daß die Software auf Hardware anderer Hersteller installiert werden kann. Selbst bei Portierungen der Software des IBSIS auf unterschiedliche Rechnerfamilien eines Herstellers ist schon mit Schwierigkeiten zu rechnen.

- **Keine 100%-Lösungen**: Ein IBSIS entspricht häufig nicht hundertprozentig den Anforderungen des Benutzers. Maßgeschneiderte Lösungen können letztlich nur durch Individualprogrammierung erstellt werden. Soll trotzdem ein IBSIS eingesetzt werden und kann auf spezielle Funktionen nicht verzichtet werden, müssen sie durch ergänzende Informationssysteme realisiert werden. Denn Änderungen des IBSIS zusätzlich zu den vorgesehenen Anpassungsmöglichkeiten sind schwierig und teuer, verursachen Fehler im Gesamtsystem und erschweren den Releasewechsel.

- **Demotivation der IV-Mitarbeiter**: Wird die Eigenentwicklung in einem Unternehmen aufgegeben, kann es zu einer Demotivation der IV-Mitarbeiter kommen. Durch klar vereinbarte künftige Aufgaben und Rollen der Mitarbeiter, muß versucht werden, sie für das IBSIS zu begeistern. Die Aufgaben- und Rollendefinition sollte dabei Bestandteil eines umfassenden IV-Konzepts sein.

- **Notwendigkeit von organisatorischen Anpassungen**: Ein IBSIS gibt bestimmte organisatorische Abläufe und Regeln vor, deren Änderung im IBSIS nur mit großem Aufwand und unter den bereits mehrmals erwähnten Nachteilen möglich sind. Organisatorische Eingriffe im Unternehmen sind oft unumgänglich. Aber gerade dadurch besteht auch die Chance, durch bestehende Informationssysteme zementierte Strukturen zu überdenken und besser zu gestalten. Das in diesem Buch vorgestellte Vorgehenskonzept versucht gerade dieses Faktum zu nutzen und kann so zu einer besseren Organisation führen.

- **Verlust von Wettbewerbsvorteilen**: Beim Einsatz eines IBSIS und bei der Anpassung der Organisation an das IBSIS muß man sorgfältig abwägen, inwieweit Wettbewerbsvorteile verloren gehen. Wenn es sich um Standardabläufe handelt, kann gefahrlos die Organisation verändert, häufig sogar verbessert werden. Welche Informationssysteme selbst entwickelt werden sollen, um Wettbewerbsvorteile zu sichern, kann nach Durchführung einer strategischen Informationssystemplanung entschieden werden.

- **Aufwendiges IBSIS-Auswahlverfahren**: Die Auswahl jenes IBSIS, das den Anforderungen eines Unternehmens bestmöglich gerecht wird, ist ein komplexes und aufwendiges Vorhaben. Die Intransparenz des Softwaremarktes erschwert das Auswahlverfahren. Idealerweise wird eine Vorauswahl im Zuge einer strategischen Informationssystemplanung getroffen.

Ob die positiven Wirkungen vieler der oben aufgezählten Faktoren auch tatsächlich erzielt werden, hängt wesentlich vom Prozeß der Einführung des IBSIS ab. Auch sollten die Nachteile eines IBSIS durch ein gut geplantes strukturiertes Vorgehen minimiert werden können.

2.2 Business Process Redesign (BPR)

Das Thema des zweiten Abschnitts dieses Kapitels ist dem Business Process Redesign (BPR) gewidmet. Zunächst werden die wichtigsten Charakteristika des BPR diskutiert, um das Wesen des BPR zu vermitteln. Die prozeßorientierte Betrachtung eines Unternehmens ist Kern des BPR-Ansatzes und spielt auch bei der Einführung eines IBSIS eine wesentliche Rolle. Deshalb werden Prozesse in einem eigenen Abschnitt behandelt. Der Erfolg oder Mißerfolg eines jeden BPR-Vorhabens wird letztlich durch die Beteiligten bestimmt.[26] Die Aufgaben und Rollen der BPR-Beteiligten sind Inhalt des Abschnitts 2.2.3 und dienen in weiterer Folge als Grundlage für die im Vorgehenskonzept vorgestellte Projektorganisation. In diesem Buch haben Informationssysteme einen besonderen Stellenwert. Welche Rolle die Informationstechnologie und das Informationsmanagement bei BPR-Vorhaben spielen, wird im Abschnitt 2.2.4 beschrieben. Abschließend soll diskutiert werden, inwieweit BPR als Modeerscheinung anzusehen ist und was davon nach Abklingen der ersten Euphorie noch vorhanden sein wird.

2.2.1 Wesen des BPR

In den letzten Jahren ist Bewegung in die Märkte gekommen. Viele Unternehmen stehen vor veränderten Umweltbedingungen und müssen darauf reagieren, um nicht unterzugehen. Durch die Globalisierung des Wettbewerbs werden die Unternehmen zum Agieren auf unterschiedlichen Märkten mit unterschiedlichen Kundengruppen gezwungen. Die Wirtschaft steht in vielen Bereichen vor neuen Anforderungen, um im härteren Wettbewerb zu bestehen.

- Kerngeschäftsprozesse im Unternehmen müssen entscheidend verkürzt, Bearbeitungszeiten und Kosten bei allen Unternehmensfunktionen gesenkt werden.
- Produkte müssen mehr und mehr individuelle Kundenanforderungen erfüllen, aber trotzdem der Wirtschaftlichkeit von Massenprodukten entsprechen.
- Die Aufbau- und Ablauforganisation ist so zu gestalten, daß es möglich ist, Marktveränderungen rechtzeitig zu erkennen, um rasch darauf reagieren zu können.
- Die Organisationsstrukturen müssen Innovationen ermöglichen und zulassen. Insbesondere müssen die Gestaltungspotentiale neuerer Technologien genutzt werden, um Erfolgspotentiale zu sichern und auszubauen.
- Um die Anforderungen der Kunden besser berücksichtigen zu können, sollen sie durch kundennahen Service eng an das Unternehmen gebunden werden.[27]

Was wird nun hier unter BPR verstanden?

> Business Process Redesign (BPR) ist „fundamentales Überdenken und radikales Redesign von Geschäftsprozessen, um deutliche Leistungssteigerungen zu erzielen"[28].

Durch BPR sollen keine marginalen Verbesserungen im Bereich zwischen fünf und zehn Prozent erzielt werden. Es geht um gleichzeitige deutliche Verbesserungen bei kritischen betrieblichen Leistungsgrößen, wie zum Beispiel Kosten, Qualität, Service und Zeit.[29] BPR bedeutet, sämtliche wichtigen Abläufe in einem Unternehmen vollständig neu zu gestalten. „Wie würden wir es machen, wenn wir den Laden ganz neu auf die grüne Wiese stellen würden? Das ist die Schlüsselfrage."[30]

Warum wird hier der Begriff Business Process Redesign und nicht Business Reengineering oder Business Process Reengineering verwendet? Reengineering hat zum Ziel, ein vorhandenes System durch Analyse und Überarbeitung qualitativ zu verbessern. Es fordert lediglich eine qualitative Verbesserung ohne Veränderung der Funktionalität. Der weitere Begriff Redesign beinhaltet neben der Überarbeitung eines Systems auch seine funktionale Änderung, um Verbesserungen zu erzielen.[31] Der Begriff Redesign deckt die hier gestellten Anforderungen insgesamt besser ab als Reengineering. In diesem Buch bezieht sich die Neugestaltung auf die wichtigsten Geschäftsprozesse eines Unternehmens, aber nicht auf das Unternehmen als Ganzes. Daher soll auch das Wort „Prozeß" im Begriff enthalten sein. Aus den genannten Gründen wird in diesem Handbuch ausschließlich der Begriff *Business Process Redesign* verwendet.

Für BPR gibt es keine einheitlich definierten Prinzipien. Man kann daher BPR auch nicht als Methode bezeichnen, sondern bestenfalls als Ansatz charakterisieren.[32] Es gibt aber eine Reihe von Merkmalen und Basiselementen, die in der Literatur immer wieder auftauchen und die das Wesen des BPR erkennen lassen.

- **Wertorientierte Straffung der betrieblichen Abläufe**: Unnötiger bürokratischer Ballast soll vermieden werden. Funktionen, die keinen positiven Beitrag zur Wertschöpfung leisten, sollen eliminiert werden.[33] Die Ablauforganisation wird dabei weitgehend unabhängig vom IST-Zustand neu entworfen und unter Berücksichtigung des Machbaren implementiert.[34] Bestehende, überkommene Regeln und Prinzipien, die Bestandteil der IST-Organisation sind, müssen bewußt hinterfragt und beseitigt werden.[35]

- **Prozeßintegration**: Starre Organisationsstrukturen sollen in flexible transformiert werden.[36] Dieses Ziel kann durch die prozeßorientierte Gestaltung des Unternehmens erreicht werden. Unternehmensfunktionen, die an der Erstellung eines Produktes oder einer Dienstleistung beteiligt sind, werden zu Prozessen zusammengefaßt. Ein Geschäftsprozeß überschreitet dabei nicht nur Abteilungsgrenzen sondern integriert auch Funktionen von Kunden und Lieferanten.[37] Ein Prozeßdesign beschreibt neben der Verbindung der Funktionen die Arbeitsorganisation, die Kunden des Prozesses, die Produkte, das Führungssystem und das Leistungsbewertungs- und Entlohnungssystem.

- **Anpassungsfähigkeit**: BPR soll nicht nur eine einmalige Verbesserung bewirken, sondern auch eine Basis für laufende Verbesserungen schaffen, denn Wandel ist ein langfristiger Prozeß. Es handelt sich dabei nicht um die kontinuierliche Ausführung von BPR. Durch BPR soll vielmehr ein Unternehmen in die Startposition für kontinuierliche Verbesserungen gebracht werden.[38]

- **Kundenorientierung**: Die Prozeßergebnisse müssen auf die Kundenbedürfnisse abgestimmt werden. Da der Kunde in die Prozeßgestaltung einbezogen wird, können seine Anforderungen direkt im Prozeßdesign berücksichtigt werden.[39] Die Steigerung der Servicequalität erhält dabei zunehmende Bedeutung.[40]

- **Wegbereiter für BPR**: Prozesse sollen unter Berücksichtigung neuer organisatorischer und informationstechnischer Entwicklungen reorganisiert werden. Es handelt sich dabei um Ressourcen, die neue Formen der Aufbau- und Ablauforganisation zulassen. Grundsätzlich können informationstechnische, organisatorische und personelle Wegbereiter unterschieden werden.[41]

Da der prozeßorientierten Betrachtung eines Unternehmens im BPR zentrale Bedeutung zukommt und Prozesse auch bei der Einführung eines IBSIS eine wichtige Rolle spielen, wird im nächsten Abschnitt dieses Kernelement des BPR ausführlich diskutiert.

2.2.2 Prozesse

Die Arbeitsteilung stellt ein betriebswirtschaftliches Grundprinzip dar. Die Regeln zur Arbeitsteilung, ein Gefüge von Rechten und Pflichten, legen die Aufgaben der Organisationsmitglieder auf Dauer fest. Durch dieses Gefüge sollen die Organisationsmitglieder unter Berücksichtigung einer wirtschaftlichen Aufgabenerfüllung auf die Organisationsziele ausgerichtet werden. Dieser Grundgedanke geht auf Adam Smith und sein berühmtes Stecknadelbeispiel aus dem Jahre 1776 zurück. Smiths Gedanken lieferten die Basis für Taylors Scientific Management[42], das auch heute noch viele Unternehmen prägt.

Mittlerweile hat man erkannt, daß eine zu weit getriebene Spezialisierung eine Reihe von Problemen verursacht:[43]

- Zu enge Aufgabenstellungen werden von Organisationsmitgliedern nicht akzeptiert, was zu einer Steigerung der Fluktuation führt. Zumindest werden durch die starke psychische Belastung die Krankenstände der Mitarbeiter erhöht.
- Die Produktqualität sinkt, da durch die Monotonie der Arbeit die Konzentration der Mitarbeiter rasch nachläßt.
- Durch die zunehmende Spezialisierung steigen die Koordinationskosten.

Auf diesem Hintergrund wurde in den letzten Jahren unter dem Stichwort „Humanisierung des Arbeitslebens" versucht, diese Probleme zu beseitigen.[44]

Die sukzessiv vorangetriebene Arbeitsteilung blieb natürlich nicht auf die Produktion beschränkt, sondern kennzeichnet auch die administrativen Bereiche eines Unternehmens. Es sei hier zum Beispiel auf Max Weber hingewiesen, der in seinem Bürokratieansatz

- Arbeitsteilung,
- genau abgegrenzte Aufgabenbereiche mit fixierten Entscheidungsbefugnissen,
- eine Amtshierarchie,
- Regeln und Normen zur Aufgabenerfüllung sowie
- das Prinzip der Aktenmäßigkeit, das die Kommunikation über Dienstweg mit Hilfe von Briefen, Formularen und Aktennotizen

fordert.[45]

Natürlich fördern solche Regelungen das abteilungsorientierte Denken, der „Blick über den Tellerrand hinaus" wird zunehmend schwieriger. Der Schwerpunkt des Denkens betont eindeutig die Funktion, die laufend optimiert wird. Die Ausführung von Funktionen wird dann oft zum reinen Selbstzweck. Ob sie für die Erstellung oder den Verkauf eines Produktes wichtig ist, wird selten gefragt. Der Kunde rückt immer mehr in den Hintergrund.

Die Kenntnis dieser Schwächen führte zur prozeßorientierten Betrachtung einer Organisation. Organisationsgestalter orientieren sich nicht mehr an Verrichtungen und Objekten[46], sondern versuchen im Prozeßkonzept die Kriterien

- Funktion
- Produkt
- Kunde

zu vereinen. Die Berücksichtigung der Funktion soll die Effizienz, das Einbeziehen des Produktes die Effektivität und die Beachtung des Kunden seine Kaufbereitschaft gewährleisten.[47]

2.2.2.1 Definition

In diesem Abschnitt wird auf der Grundlage einer Diskussion der drei Prozeßkriterien Funktion, Produkt und Kunde eine Prozeßdefinition abgeleitet.

Funktion

Die Verbesserungspotentiale aus der Optimierung einzelner Funktionen sind weitgehend erschöpft, die Chance liegt heute in der gemeinsamen Verbesserung von abhängigen Aktivitäten.[48] Der Organisator hat demnach seinen Blick auf die logische Verbindung der Funktionen zu richten. Durch das Verknüpfen von Funktionen zu logischen Abläufen entstehen also Geschäftsprozesse.[49] Man betrachtet nicht mehr nur die Zahnräder eines Getriebes, sondern versucht vor allem den Sand im Getriebe zu erkennen und zu beseitigen. Maßnahmen in diese Richtung bewirken im allgemeinen eine Effizienz- und Effektivitätssteigerung. Die wesentliche Eigenschaft eines Prozesses ist daher die funktionsübergreifende Sichtweise.[50]

Produkt

Es stellt sich nun die Frage, was eine logische Verbindung von Funktionen überhaupt ist. Die Verbindungslogik muß vom zu produzierenden Produkt oder der zu erbringenden Dienstleistung ausgehen, wodurch die Effektivität von Funktionen gesichert werden soll. Es ist klar, daß zum Beispiel im Prozeß *Motoren produzieren* zuerst die Bestandteile eines Motors beschafft oder produziert werden müssen, bevor sie montiert werden können. Allein diese Logik reicht nicht. Ziel muß es sein, die Funktionen abhängig vom Produkt so zu organisieren, daß Kosten und Zeit minimiert, Ergebnis- und Arbeitsqualität maximiert werden.

Diese Zielsetzung weist auf ein weiteres Potential der Prozeßsicht hin - Prozesse sind meßbar. Durch die Meßbarkeit wird eine effektive Zielkontrolle möglich. Prozesse können direkt, zum Beispiel hinsichtlich Zeit und Kosten, gemessen werden, und indirekt, zum Beispiel über die Fehlerfreiheit und Brauchbarkeit des Prozeßergebnisses.

Ein Prozeß kann auch als eine Input-Verarbeitung-Output-Sequenz beschrieben werden. Die Verarbeitung transformiert sukzessiv den Input in den Output. Jede Funktion, die in irgendeiner Weise den Input betrifft, sollte dessen Wert erhöhen. Dieses Vorgehen fordert die Beurteilung der Funktionen hinsichtlich ihres Wertschöpfungsbeitrags.[51] Vor allem bei administrativen Aktivitäten war dies bisher kaum üblich.

Ein Prozeß ist somit ein Ordnungsrahmen, der Funktionen hinsichtlich Zeit und Ort verbindet. Durch die Produktsicht hat ein Prozeß einen klaren Anfang und ein klares Ende, eindeutige Eingangsgrößen und Ergebnisse.[52]

Kunde

Was nützt der beste Prozeß, wenn sein Ergebnis für den Kunden nicht attraktiv ist? Als oberstes Ziel muß daher gelten, daß das Prozeßergebnis den Bedürfnissen der Kunden entspricht.[53]

Grundlagen 23

Die Kundenzufriedenheit ist Ausgangspunkt für die Ableitung weiterer Meßgrößen für einen Prozeß.[54] Je nach Detaillierungsebene eines Prozesses ergeben sich unterschiedliche Prozeßkunden. Zum Beispiel bezieht sich das Ergebnis des Prozesses *Produktion von Autos vom Auftrag bis zur Auslieferung* auf externe Kunden. Wird dieser Prozeß weiter aufgebrochen, entstehen Teilprozesse mit internen Kunden und internen Lieferanten, in unserem Beispiel wären *Motorenteile fertigen* und *Motoren montieren* Teilprozesse, deren Kunden intern sind. Dieses Spiel kann soweit getrieben werden, daß beinahe jeder Arbeitsschritt zu einer Kunden-/Lieferantenbeziehung wird. Man denke nur an ein Fließband. Diese Kunden-/Lieferantenbeziehung ist selbstverständlich auf die betriebswirtschaftlichen Bereiche eines Unternehmens genauso anwendbar.

Es entsteht eine Kundenhierarchie, aus der sich dann die Regeln für die Beurteilung einzelner Aktivitäten ergeben. Ganz generell gilt also, daß das Ergebnis eines Prozesses immer aus Kundensicht zu beurteilen ist. Die Bewertung der einzelnen Funktionen ist dabei ein Top-down- und Bottom-up-Prozeß. Durch die Top-down-Vorgehensweise können Produkt und Funktionen aus Sicht des externen Kunden, der letztendlich ja für das Produkt zahlt, beurteilt und hinterfragt werden und durch den Bottom-up Prozeß das gleiche aus interner Kundensicht.[55]

Prozesse sind eine dynamische Sicht auf eine Organisation und existieren unabhängig von der bestehenden Organisationsstruktur. Sie überschreiten Abteilungs- und Organisationsgrenzen. Ziel sollte es sein, funktionale und objektorientierte Gliederungen der Aufbauorganisation durch eine prozeßorientierte Organisation zu ersetzen, zumindest zu ergänzen.[56]

Aus der bisherigen Diskussion ergibt sich nun folgende Definition für Prozesse:

> Ein Prozeß bezeichnet eine strukturierte Abfolge von Aktivitäten, die für einen internen oder externen Kunden aufgrund von festgelegten Eingangsgrößen ein bestimmtes Ergebnis von Wert erzeugt. Er ist ein Rahmen mit einem Anfang und einem Ende, der Aktivitäten zeitlich und örtlich ordnet. Ein Prozeß kann einerseits selbst und andererseits über sein Ergebnis gemessen und beurteilt werden.[57]

2.2.2.2 Prozeßarten

Versucht man eine Organisation prozeßorientiert zu betrachten, so kann man häufig feststellen, daß alle Funktionen irgendwie zusammenhängen. Es scheint, als wäre alles mit allem verbunden, ein scheinbar undurchdringbares Netz. Eine Typologie für Prozesse soll helfen, wesentliche Prozesse zu erkennen. Sie soll darüber hinaus die Auswahl der Prozesse für das Redesign erleichtern.[58] Eine Gliederung der Prozesse nach Typen ist auch deshalb sinnvoll, weil die einzelnen Prozeßtypen unterschiedliche Gestaltungsansätze, unterschiedliche Technologieunterstützung, verschiedene Risiken und Verbesserungspotentiale für den Unternehmenserfolg haben.

Abbildung 2-2 zeigt die Typologie von Earl.[59] Die erste Dimension, die sich an Porters Wertkettenmodell[60] orientiert, unterteilt primäre und sekundäre Prozesse. Die zweite Dimension wird durch die Prozeßstrukturierbarkeit gebildet. Prozesse, die schlecht oder nicht strukturierbar sind, bergen aufgrund höherer Komplexität und Unbestimmtheit höheres Risiko. Vor allem Managementprozesse fallen in diese Kategorie. Hingegen können gut strukturierte Prozesse leichter beschrieben und verstanden werden, es ist auch leichter, Regeln und Prinzipien für sie zu finden, die Wahrscheinlichkeit eines Fehlschlages des Redesigns ist allgemein geringer.

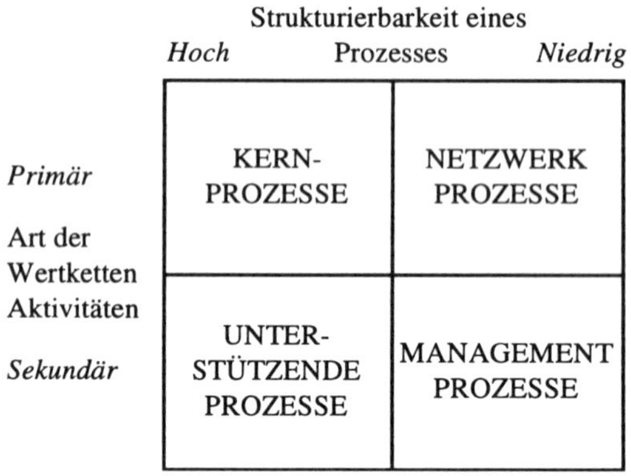

	Strukturierbarkeit eines Prozesses	
	Hoch	*Niedrig*
Primär	KERN-PROZESSE	NETZWERK PROZESSE
Sekundär	UNTER-STÜTZENDE PROZESSE	MANAGEMENT PROZESSE

Art der Wertketten Aktivitäten

Abbildung 2-2 Prozeßtypologie (Quelle: [Earl 94, S. 14])

Zu der Gruppe der primären Prozesse gehören die Prozesse, die das Kerngeschäft eines Unternehmens betreffen. Durch sie wird das Sachziel eines Unternehmens realisiert. Dementsprechend hoch ist ihr Einfluß auf die Wettbewerbsposition und Wettbewerbsvorteile eines Unternehmens. Typische primäre Prozesse sind:

- **Produktentwicklungsprozeß**: Ergebnis des Produktentwicklungsprozesses ist ein neu entwickeltes Produkt oder eine Dienstleistung. Wie in Abbildung 2-3 gezeigt, integriert dieser Prozeß vor allem Aktivitäten aus den Funktionsbereichen Marketing, Forschung- und Entwicklung und Produktion.

Grundlagen 25

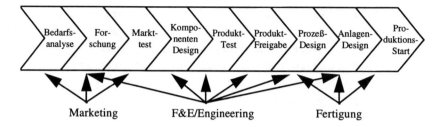

Abbildung 2-3 Beispiel eines Produktentwicklungsprozesses
(Quelle: [Dave 93, S. 222])

- **Auftragsbearbeitungsprozeß**: Dieser Prozeß reicht vom Auftragseingang eines Kunden bis zur Begleichung des Wertes der erbrachten Leistung durch den Kunden. Aus Abbildung 2-4 wird die Breite des Auftragsbearbeitungsprozesses sichtbar. Wichtig ist, daß Produktion (oder auch Erstellung einer Dienstleistung) und Logistik nicht als selbständige Prozesse betrachtet werden. Sie sind wesentliche Teilprozesse des Auftragsbearbeitungsprozesses und müssen aus der Sicht des externen Kunden gestaltet werden. Dies soll aber nicht heißen, daß diese Prozesse nicht für ein Redesign herausgegriffen werden können. Wesentlich ist, daß sie eingebettet in den Auftragsbearbeitungsprozeß gesehen werden. So soll zum Beispiel verhindert werden, daß durch zu späte Erstellung von Versandpapieren in der Produktion gewonnene Zeit verloren geht.

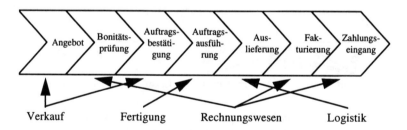

Abbildung 2-4 Beispiel eines Auftragsbearbeitungsprozesses
(in Anlehnung an: [Dave 93, S. 248])

- **Kundendienstprozesse**: Die Kundendienstprozesse, die Bestandteil des Produktlebenszyklus sind, gehören zu jenen Bereichen, bei denen man sich von der Konkurrenz differenzieren kann. Man sollte ihnen daher besondere Beachtung schenken.

- **Marketingprozesse**: Ein Gesamtprozeß Marketing ist schwer definierbar, die Unbestimmtheit des Ergebnisses dieses Prozesses ist zu hoch. Trotzdem gibt es im Bereich Marketing Aktivitäten, die als Prozesse betrachtet werden sollten. Beispielsweise können die Aktivitäten zur Planung und Realisation von Marktanalysen in einem Prozeß zusammengefaßt werden. Teilweise sind auch verschiedene Marketingaktivitäten in andere Prozesse integriert, zum Beispiel Bedarfsanalysen und Markttests im Produktentwicklungsprozeß, wie aus Abbildung 2-3 ersichtlich wird.

Diese Primärprozesse existieren in vielen Unternehmen, sind jedoch hinsichtlich ihrer Wichtigkeit von Branche zu Branche unterschiedlich ausgeprägt.[61]

Die sekundären Prozesse haben ihren Schwerpunkt in der Administration und im Management, sie umfassen also vorwiegend unterstützende Aktivitäten und sind weitgehend branchenunabhängig.[62] Sekundäre Prozesse beeinflussen das Unternehmensergebnis indirekt.[63] Folgende Sekundärprozesse können unterschieden werden:

- **Beschaffungsprozesse**: Der Beschaffungsbereich unterstützt insofern, als er für den Einkauf aller im Rahmen der anderen Prozesse notwendigen Güter zuständig ist. Auch hier lassen sich Aktivitäten zu Prozessen, die ein definierbares Ergebnis erzeugen, verbinden. Abbildung 2-5 zeigt ein Beispiel für einen möglichen Beschaffungsprozeß.

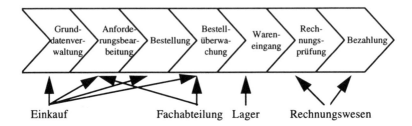

Abbildung 2-5 Beispiel eines Beschaffungsprozesses
(in Anlehnung an: [Sche 94, S. 404])

- **Managementprozesse**: Gerade im Managementbereich ist es schwierig, von Prozessen zu sprechen. Managementaktivitäten sind schwer strukturierbar und kaum beschrieben. Dennoch lassen sich bestimmte Aktivitäten auch hier zu Prozessen zusammenfassen, wodurch Effizienz und Effektivität erhöht werden sollen. Strategieformulierung, Planung und Budgeterstellung oder Leistungsmessung sind Beispiele für Managementaktivitäten, die sinnvoll als Prozesse abgebildet werden können.

Abbildung 2-6 zeigt ein Beispiel für die Einordnung der beschriebenen Prozeßarten in die von Earl entwickelte Typologie. Abhängig von Unternehmenssituation und Branche können sich unterschiedliche Einordnungen ergeben.

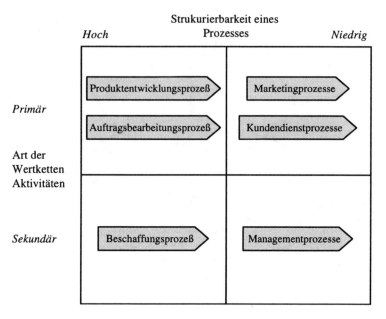

Abbildung 2-6 Prozesse in einem Unternehmen

2.2.3 Die Rollen der BPR-Beteiligten

Die Einführung eines IBSIS, wie sie hier gesehen wird, geht weit über ein IV-Projekt hinaus. Parallel zur Implementierung des IBSIS erfolgen massive organisatorische Änderungen. In diesem Sinn handelt es sich um ein unternehmensweites Innovationsprojekt. Der Erfolg eines Innovationsprojektes wird wesentlich durch das Vorhandensein von bestimmten Rollenträgern, also den Projektbeteiligten, bestimmt.

In diesem Abschnitt soll ein Überblick über die Rollen jenes Personenkreises gegeben werden, die am BPR wesentlich beteiligt sind. Die Rollen werden aus dem Blickwinkel des BPR beschrieben. Auf spezielle Anforderungen aus der Sicht des IBSIS wird in Kapitel 4 *Vorgehenskonzept* eingegangen. Einzelne Punkte werden dort wieder aufgegriffen und entsprechend den Projektanforderungen vertieft. Dort wird auch eine mögliche konkrete Ausprägung einer Projektorganisation vorgestellt, die die wesentlichen Elemente der folgenden

Beschreibung abdeckt. Abbildung 2-7 gibt einen Überblick über die Zusammenhänge und den Wirkungskreis der BPR-Beteiligten.

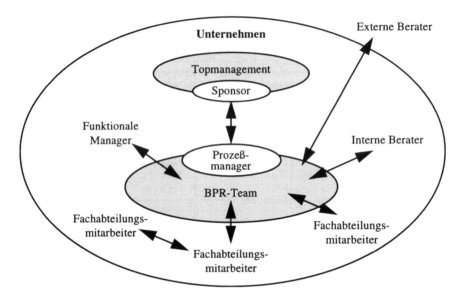

Abbildung 2-7 BPR-Beteiligte

2.2.3.1 Der Sponsor

BPR kann nur erfolgreich sein, wenn der Auftrag dafür von der obersten Unternehmensebene kommt. Es reicht aber nicht aus, lediglich den Auftrag für das Projekt zu erteilen, es bedarf vielmehr eines starken, sichtbaren Engagements des Topmanagements im gesamten Projekt.[64]

Die gesamte Unternehmensleitung muß geschlossen hinter dem Projekt stehen und muß dies auch klar zum Ausdruck bringen. Das Zeitbudget der Spitzenmanager wird es aber kaum zulassen, daß sich alle Mitglieder des Topmanagements intensiv um das Projekt kümmern. Es ist deshalb notwendig, daß sich ein Topmanager zum Sponsor des Projekts erklärt. Dieser Sponsor sollte klare Charakteristika des Machtpromotors haben.[65] Ein Sponsor aus einer unteren Ebene des Unternehmens hätte insofern wenig Sinn, da er nicht genügend Macht hat, um Redesign tatsächlich in die Realität umzusetzen. Der Sponsor muß in der Unternehmenshierarchie so hoch angesiedelt sein, daß er frei über die für die Geschäftsprozeßreorganisation notwendigen Ressourcen bestimmen kann.[66]

Der Sponsor soll die Umsetzung eines neugestalteten Prozesses ermöglichen. Ein Redesign erfordert häufig Personalumbesetzungen oder auch Personalfreisetzungen, um die auf dem Papier erarbeiteten Verbesserungspotentiale zu realisieren. Solche Maßnahmen können nur mit ausreichendem Einfluß des Sponsors realisiert werden.

Davenport führt folgende drei notwendige Qualitäten eines Sponsors an:[67]

- Er besitzt hohes Engagement und die Fähigkeit zu begeistern.
- Der Sponsor verfügt über konzeptionelle Fähigkeiten.
- Er ist stark ergebnisorientiert und kann mit organisatorischem Wandel vor allem hinsichtlich neuer Verhaltensweisen der Organisationsmitglieder erfolgreich umgehen.

Hammer/Champy beschreiben den Sponsor[68] als eine Führungspersönlichkeit, die „andere Menschen dazu bringen kann, das zu wollen, was [sie] erreichen möchte. Eine Führungspersönlichkeit zwingt andere nicht gegen ihren Willen zum Wandel. Eine Führungspersönlichkeit formuliert eine Vision und überzeugt die Mitarbeiter, daß sie Teil dieser Vision werden wollen, so daß sie bereitwillig, ja sogar voller Begeisterung die Mühen auf sich nehmen, die ihre Verwirklichung mit sich bringt."[69] Als Sponsor wird eindeutig eine charismatische Persönlichkeit gefordert.

Um glaubwürdig zu sein, muß das Topmanagement, im besonderen der Sponsor selbst, den Gedanken des BPR vorleben und regelmäßig Zeichen und Taten setzen, damit keine Zweifel an der Ernsthaftigkeit des Vorhabens aufkommen.

Wie können diese Zeichen und Taten aussehen, die das Vertrauen der Organisationsmitglieder gewinnen sollen? Ein absolutes Muß ist die permanente Kommunikation innerhalb der Organisation. In Firmenzeitungen, auf Workshops, Tagungen und Informationsveranstaltungen müssen die ehrgeizigen Ziele und das Vorgehen kommuniziert werden. Es ist Führen durch Überzeugen gefragt und zwar nicht nur per Rundschreiben, per Zeitungsinterview oder per Stellvertreter, sondern in der direkten Auseinandersetzung. Der Sponsor muß Teil des Geschehens sein. Entweder er stellt sich selbst der Veränderung oder sie findet nicht statt.[70] Wichtig ist dabei, auf eine positive aber bestimmte Art und Weise vorzugehen, um möglichst ein für das BPR günstiges Klima zu schaffen. Es ist auch enorm wichtig, unangenehme Dinge beim Namen zu nennen, andernfalls wird zu viel Raum für Spekulationen gegeben, wodurch Zweifel an der Ernsthaftigkeit der Situation entstehen können. Das BPR-Projekt könnte unter solchen Voraussetzungen allzu leicht, wie viele andere Verbesserungsinitiativen, versanden.

Die Kommunikation sollte aber nicht nur nach innen erfolgen. Erfolge der gestarteten Initiative müssen auch nach außen getragen werden. Dadurch steigt das Ansehen und das Vertrauen in das Unternehmen in der Bevölkerung. Es entsteht ein positives Bild des Unternehmens, was wiederum positive Auswirkungen auf das Zugehörigkeitsgefühl und die Motivation der Mitarbeiter hat.[71]

Ein anderes Zeichen des Sponsors besteht darin, daß Organisationsmitglieder von ihm unter Druck gesetzt beziehungsweise notfalls ausgetauscht werden, wenn sie sich dem BPR widersetzen.[72] Gerade durch solche Maßnahmen wird die Arbeit der BPR-Teams erleichtert und die Implementierung neuer Geschäftsprozesse gesichert.

Wie bereits erwähnt, sollte das Topmanagement den BPR Gedanken auch vorleben. Zum Beispiel kann es auf Statussymbole wie noble Firmenkarossen verzichten und dadurch zu einem Wandel der Organisationskultur beitragen.[73]

Der Sponsor muß das Erarbeiten einer übergeordneten, ehrgeizigen Zielsetzung, die nur durch BPR erreicht werden kann, initiieren. Vom Sponsor müssen Führungskräfte als Prozeßmanager ernannt werden. Durch den nötigen Druck auf die Prozeßmanager und ihre Teams muß BPR zügig vorangetrieben werden. Letztlich liegt es auch an der richtigen Zielsetzung, um Quantensprünge zu realisieren. Die Forderung nach der Halbierung der Durchlaufzeit für die Abwicklung eines Kundenauftrages läßt anderes kreatives Potential frei werden, als die Forderung nach einer Reduktion der Durchlaufzeit um 10 %.

2.2.3.2 Der Prozeßmanager

Prozesse sind funktionsübergreifend. Sie ermöglichen eine ganzheitliche Sicht auf Arbeitsabläufe. Es werden als Folge davon keine Abteilungsziele mehr festgelegt beziehungsweise werden Abteilungsziele aus den Prozeßzielen abgeleitet. Durch das Setzen von Prozeßzielen werden Prozesse hinsichtlich Effektivität und Effizienz meßbar. Die zu beurteilende Einheit ist nicht mehr die Funktion sondern der Prozeß. Insofern muß es Prozeßmanager geben, die für die Gestaltung, laufende Verbesserung und optimale Leistung des Prozesses verantwortlich sind, um die Bedürfnisse der Prozeßkunden auf Dauer befriedigen zu können.[74]

Prozeßmanager existieren zusätzlich zu Funktionsverantwortlichen, sie können aber auch Funktionsverantwortliche ersetzen. Welche Ausprägung zu finden ist, hängt vor allem von der Breite des Geschäftsprozesses ab. Zum Beispiel ein Auftragsbearbeitungsprozeß (vgl. Abbildung 2-4 Abschnitt 2.2.2.2 *Prozeßarten*) beinhaltet sicherlich auch weiterhin Funktionen mit Funktionsverantwortlichen.

Beim Konzept des Prozeßmanagers bestehen durchaus Parallelen zum Produktmanager der Matrixorganisation. Der Produktmanager (oder auch als Geschäftsbereichsmanager bezeichnet) ist in der Matrixorganisation dafür verantwortlich, daß die Anstrengungen der funktionalen Manager im Interesse des Geschäftsbereichs integriert werden. Sie haben die gleichen Verantwortlichkeiten wie ein Geschäftsführer, wobei sie aber nicht die gleiche Autorität besitzen, da die funktionalen Mitarbeiter auch den funktionalen Managern unterstellt sind. Der Produktmanager muß Kommunikations- und Beziehungsnetze benutzen, um Dinge beeinflussen und in Bewegung setzen zu können.[75]

Wichtige Unterschiede zwischen dem Prozeßmanager und dem Produktmanager der Matrixorganisation sind:

- Der Prozeßmanager braucht mehr Macht als der Produktmanager, damit eine Neugestaltung von Prozessen realisiert werden kann.

- Prozeßmanager können für jede Art von Prozeß bestimmt werden, also vor allem auch für administrative und Managementprozesse. Die Produktmanager der Matrix werden hingegen hauptsächlich für Geschäftsbereiche, Programmbereiche, Produktbereiche und Projektgruppen eingesetzt.

Die Gemeinsamkeit liegt in der funktionsübergreifenden Tätigkeit. Aus dieser Diskussion soll klar werden, daß die Rolle des Prozeßmanagers eine dauerhafte Einrichtung ist, also auch nach dem BPR-Projekt bestehen bleibt.

Die Prozeßmanager müssen vom Sponsor ernannt werden.[76] Durch die Auswahl der fähigsten und mit ausreichender Autorität versehenen Mitarbeiter wird die Wichtigkeit dieser Stelle signalisiert. Viele Eigenschaften des Sponsors gelten auch für den Prozeßmanager, der allerdings auf einer Ebene höherer Operationalität arbeitet. Er operationalisiert die Aktivitäten des Sponsors und setzt sie fort. Wurde der Sponsor als Machtpromotor charakterisiert, so ist der Prozeßmanager der Prozeßpromotor.[77]

Die Umsetzung des BPR fällt in den Verantwortungsbereich des Prozeßmanagers. Eine der ersten Aufgaben in Zusammenhang mit dem BPR-Projekt ist die Zusammenstellung des Redesign-Teams.[78] Hier kann und muß er zum erstenmal seine Stärke und Durchsetzungsfähigkeit unter Beweis stellen. In das Team müssen die fähigsten Mitarbeiter aus den unterschiedlichsten Funktionsbereichen eines Unternehmens berufen werden. Die Arbeit im Team verlangt mindestens 75 Prozent der Arbeitszeit einer Person, idealerweise 100 Prozent, und welche Abteilungsleiter geben schon gerne ihre besten Leute für längere Zeit her. Gerade in dieser Phase muß der Prozeßmanager auch auf die Unterstützung des Sponsors bauen können.

Der Prozeßmanager kann selbst im Team mitarbeiten oder auch nur im Randbereich des Teams agieren. Die Mitarbeit im Team ist durchaus sinnvoll, da es schließlich um die Neugestaltung jenes Prozesses geht, dessen Führung er übernehmen soll. Da dem Prozeßmanager noch andere Aufgaben zukommen, kann sich seine Tätigkeit auf konzeptionelle Arbeiten beschränken. Wichtig ist, daß für ihn kein Informationsdefizit entsteht. Bleibt er nicht auf dem Laufenden, wird er bald nicht mehr im Team mitarbeiten können, da er einfach nicht mehr deren „Sprache spricht".[79]

Auf alle Fälle gehört es zum Verantwortungsbereich des Prozeßmanagers, dem Redesign-Team die Arbeit zu ermöglichen, indem er die nötigen Ressourcen beschafft und das Team vor bürokratischen Eingriffen schützt. Er ist der Vertreter des Teams nach außen und stellt durch seinen Einfluß und seine Macht sicher, daß auch Ideen umgesetzt werden können, die nicht immer auf die Zustimmung der Mitarbeiter der Funktionsbereiche stoßen.[80]

Die Position des Prozeßmanagers ist, wie bereits erwähnt, eine dauerhafte Einrichtung. Nach Abschluß des BPR-Projektes ist er für die optimale Leistung und die kontinuierliche Verbesserung seines Prozesses verantwortlich. Nur so kann die Effizienz und Effektivität der Abläufe auf Dauer gesichert werden. Im Laufe der Zeit wird es neue Technologien mit neuen Potentialen geben. Der Prozeßmanager muß diese Trends erkennen und deren Nutzung initiieren. Er wird zum Promotor des permanenten Wandels, zum Innovationsmanager.

2.2.3.3 Das Redesign-Team

Das Redesign-Team ist eine Gruppe von Personen, die sukzessiv das Redesign eines Prozesses vorantreibt. Die Teambildung erfolgt unmittelbar nach der Auswahl der neu zu gestaltenden Prozesse[81]. Für jeden Geschäftsprozeß muß ein eigenes Redesign-Team gebildet werden. Das Team ist für die Neugestaltung eines gesamten Prozesses zuständig. Da ein Prozeß funktionsübergreifend ist, muß demnach auch die Teamzusammensetzung funktionsübergreifend sein. Zusätzlich sollen in den Arbeitsprozeß immer wieder Spezialisten für bestimmte Themen einbezogen werden.

Die Aufgaben des Teams leiten sich unmittelbar aus den Phasen des Vorgehenskonzeptes ab. Sie reichen von der exakten Abgrenzung des Untersuchungsbereichs, der Analyse eines Prozesses, dem Design des neuen Prozesses, dessen

Implementierung gemeinsam mit einem Software-Team bis hin zur Optimierung des neuen Prozesses.

Analyse und Design können von einem Team erfüllt werden, aber auch eine Aufteilung dieser Aufgaben auf zwei Teams ist denkbar.[82] Diese Trennung hat den Vorteil, daß ein „grüne Wiese-Design" erleichtert wird, da die Designer vom IST-Zustand kaum beeinflußt werden. Durch eine sorgfältige sachliche und zeitliche Abstimmung der Arbeiten muß allerdings die Umsetzbarkeit der Arbeiten gewährleistet werden. Die Trennung und Zusammenarbeit kann folgendermaßen skizziert werden. Grundsätzlich agieren die Mitarbeiter in allen Phasen als ein Team. Lediglich bei der Analyse und dem ersten Designschritt erfolgt eine Trennung. Parallel zur Analysearbeit einer Teilgruppe kann eine zweite Teilgruppe unabhängig vom IST-Zustand einen Grobentwurf eines neuen Prozesses erstellen. Im nächsten Designschritt arbeiten die beiden Teilgruppen wieder als ein Team und integrieren ihre Ergebnisse in einem weiteren Grobentwurf. Soll der neue Prozeß nicht völlig unabhängig vom IST-Zustand gestaltet werden, ist die Trennung nicht sinnvoll. In diesem Fall muß allerdings darauf geachtet werden, daß die Mitarbeiter des Teams die Analyse nicht zu weit treiben. Es würde dadurch nicht nur wertvolle Zeit vergeudet, sondern auch dem kreativen Denken Schranken auferlegt werden.

Aus den kurz umrissenen Aufgaben des Redesign-Teams kann man erkennen, über welche Fähigkeiten die Mitarbeiter des Teams verfügen sollten, um erfolgreich zu sein. Die Teammitglieder müssen in der Lage sein

- konzeptionell zu arbeiten,
- die positiven und negativen Abhängigkeiten der Variablen eines Systems zu durchschauen[83],
- Ideen zu generieren,
- Technologiepotentiale zu erkennen,
- Pläne aufzustellen und
- die entwickelten Konzepte umzusetzen.

Man wird wohl selten Mitarbeiter finden, die all diese Fähigkeiten in sich vereinen. Durch die sorgfältige Auswahl der Teammitglieder und die Kombination unterschiedlicher Persönlichkeitsprofile sollte dieses Ziel aber durch das Team insgesamt erreicht werden können.

Ins Team gehören Experten aus den Bereichen Redesign[84], Technologie, Management und fachliche Spezialisten für die neu zu gestaltenden Unternehmensprozesse.[85] Generell sollte versucht werden, Personen zu finden, die ein großes Interesse an der Änderung und Verbesserung bestehender Prozesse haben.

Eine wichtige Rolle in einem Redesign-Team, auf die bereits jetzt eingegangen werden soll, ist die des Querdenkers. Wie bereits angedeutet, müssen im BPR-Team sogenannte Prozeßinsider vorhanden sein. Sie sind es, die das nötige Fachwissen einbringen, um einen Prozeß zu verstehen, Probleme zu erkennen und um eine neue, bessere und machbare Lösung zu erreichen. Aber genau diese Gruppe wird die größten Probleme haben, sich vom IST-Zustand zu lösen und kreativ und funktionsübergreifend zu denken. Um diesen Schritt zu erleichtern, bedarf es destabilisierender Elemente im Redesign-Team, die sogenannten Querdenker. Sie sind es, die bestehende Prinzipien, Regeln und Mythen hinterfragen und unkonventionelle Lösungen ermöglichen. Querdenker sind normalerweise Prozeßoutsider und können zum Beispiel aus der IV-Abteilung, dem Marketing oder dem Konstruktionsbereich kommen. Es sollte bei der Gruppenzusammensetzung darauf geachtet werden, daß im BPR-Team ein Verhältnis zwischen Prozeßoutsider und Prozeßinsider von eins zu zwei oder eins zu drei besteht.[86]

Von Vorteil kann noch der Einbezug beziehungsweise die Ernennung eines Moderators im Redesign-Team sein. Es kann sich dabei um einen internen oder externen Berater handeln, der die Teambildung ermöglicht. Er muß in der Lage sein, die Gruppe entsprechend der Aufgabenstellung in die richtige Richtung zu lenken, und den Aufbau der Gruppenkohäsion fördern.[87] Die Rolle des Moderators darf nicht mit der Rolle eines Gruppenleiters verwechselt werden. Der Moderator ist den anderen Teammitgliedern gleichgestellt. Er hilft lediglich, den Arbeitsprozeß in Gang zu halten.

2.2.3.4 Interne und externe Berater

Im Rahmen eines BPR-Projektes kommt den Beratern eine wichtige Rolle zu. Sie müssen Erfahrung in Organisationsänderungen haben und können die Methodik für das gesamte BPR-Projekt und insbesondere für einzelne Schritte beisteuern.

Soll ein Unternehmen auf kontinuierlichen Wandel ausgerichtet werden, ist es notwendig, dieses Berater-Know-how im Unternehmen selbst aufzubauen. Hierin besteht auch eine Chance, sich von Konkurrenten zu unterscheiden. Während externe Unternehmensberater mehr oder weniger die gleiche Dienstleistung für viele Unternehmen anbieten, kann durch die Institutionalisierung eines Innovationsmanagements im Unternehmen ein unternehmensspezifisches Instrumentarium geschaffen werden. Der kontinuierliche Wandel kann dadurch erleichtert werden.[88]

Das relevante Berater-Know-how ist in Unternehmen je nach bisherigen Erfahrungen mit Veränderungsprozessen unterschiedlich stark vorhanden. Je nach vorhandenem Wissen müssen daher externe Berater einbezogen werden. Unternehmen, die den Wandel bisher negiert haben, werden externe Betreuung mehr brauchen als Unternehmen, die sich bereits auf den Wandel eingestellt haben.

Auch wenn im Rahmen dieses Buches immer wieder von einem BPR-Projekt oder einem Projekt zur Einführung eines IBSIS gesprochen wird, heißt das nicht, daß nach dem Projekt die organisatorische Veränderung vorbei ist. Der BPR-Gedanke fordert, daß eine Organisation immer wieder mit der Umwelt in Einklang zu bringen ist, um Wettbewerbsvorteile zu erhalten und auszubauen. Auch unter diesem Aspekt zahlt es sich aus, das Berater-Know-how im Unternehmen aufzubauen. Externe Berater sollten nur punktuell für spezielle Aufgabenstellungen eingesetzt werden. Sie sind aber nicht nur Problemlöser, sondern dienen auch als Modelle, von denen bestimmte Verhaltensweisen zu lernen sind.[89] Die sukzessive Übernahme des Wissens und des Verhaltens ermöglicht es, interne Berater heranzubilden, die den kontinuierlichen Wandel methodisch unterstützt vorantreiben können.

Wie sehen nun die wesentlichsten Rollen und Aufgaben von Beratern, sowohl internen als auch externen aus? In der Organisationsentwicklung werden zum Beispiel folgende Rollen unterschieden: Informationslieferant, Problemlöser, Katalysator, Trainer oder Feuerwehrmann, Arzt, neutraler Dritter, Prozeßberater, Interventionist und Promotor.[90] Alle diese Rollen beziehen sich im wesentlichen auf die Gestaltung des Veränderungsprozesses. Das Fachwissen muß bei den Klienten vorhanden sein.[91]

Dieses Rollenverständnis trifft auch für ein Projekt zur Neugestaltung von Geschäftsprozessen und Einführung eines IBSIS zu. In Abbildung 2-8 ist eine mögliche Verteilung des Know-hows für ein derartiges Projekt dargestellt.

Gibt es dieses Beraterwissen intern noch nicht, so kann das BPR-Projekt benutzt werden, eine interne Beratergruppe heranzubilden. Zuvor sollte aber ein längerfristiges Konzept für ein permanentes Innovationsmanagement erstellt werden. In diesem Konzept muß auch geplant werden, wieviele und welche Mitarbeiter die Rolle des internen Beraters übernehmen sollen.

Zum Methoden- und Werkzeugkasten eines Beraters gehören einerseits die Methoden und Techniken der Organisationsentwicklung, zum Beispiel Survey

Feedback, Konfrontationssitzungen, Team-Building etc.[92], und andererseits Methoden und Techniken zur Prozeßanalyse und zum Prozeßdesign, zum Beispiel Structured Analysis, Wirtschaftlichkeitsanalyse, Kreativitätstechniken etc. Wird der interne Berater auch als Moderator eines BPR-Teams eingesetzt, muß er natürlich auch über entsprechende Moderations- und Präsentationskenntnisse verfügen. Er kann aber selbstverständlich auch Aufgaben der Projektorganisation und des Projektcontrollings übernehmen. Für das hier beschriebene Projekt muß der Berater ein Vorgehenskonzept anbieten können, das die erfolgreiche Durchführung von BPR und die Einführung eines IBSIS unterstützt.

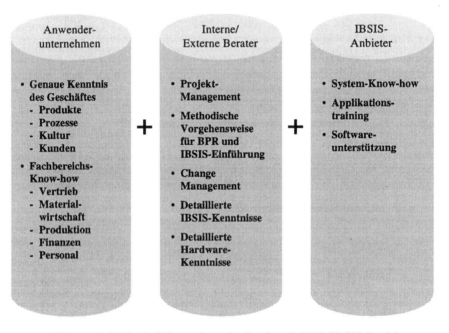

Abbildung 2-8 Die drei Know-how-Säulen für ein BPR/IBSIS-Projekt

Die kurz angerissenen Methoden und Techniken sind nur ein Ausgangspunkt und Beispiel für die notwendigen Instrumente eines internen Beraters. Im Laufe der Zeit werden diese angepaßt, verändert und ergänzt werden, wodurch ein unternehmensspezifischer Instrumentenkasten entsteht.

2.2.4 Die Rolle der Informationstechnologie und des Informationsmanagements

Informationstechnologie

Im Rahmen des BPR kommen der Informationstechnologie (IT), wie in Abbildung 2-9 dargestellt, zwei Rollen zu:

- Informationstechnologie als Wegbereiter für die Neugestaltung von Geschäftsprozessen und
- Informationstechnologie zur infrastrukturellen Unterstützung des Projekts und als Werkzeug für BPR.[93]

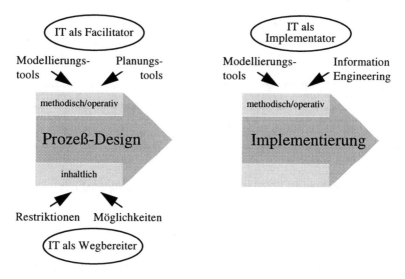

Abbildung 2-9 Die Rolle der Informationstechnologie in BPR-Projekten
(Quelle: [Schw 94, S. 32])

Die Rolle der IT als Wegbereiter bezieht sich auf das generelle Sachziel eines BPR-Projektes, nämlich Unternehmensprozesse neuzugestalten. Bisher wurde IT vorwiegend funktionsorientiert in einem Unternehmen eingesetzt. Man versuchte einzelne Funktionen eines bestehenden Geschäftsprozesses bestmöglich zu unterstützen, um diese zu automatisieren oder zumindest die Durchlaufzeit zu reduzieren.[94] Man erkannte sehr selten die Chance und das Gestaltungspotential, das in der Informationstechnologie steckt. BPR betont die IT-Gestaltungspotentiale und versucht, die Möglichkeiten der IT besser zu nutzen, indem gesamte Geschäftsprozesse mit Hilfe der IT reorganisiert werden sollen. Die Rolle der IT ist dabei nicht sosehr als Treiber des BPR zu sehen, sondern als Wegbereiter und Förderer von neuen Prozessen. Insofern erscheint es weder sinnvoll, zuerst Prozesse ohne IT oder umgekehrt Informationssysteme für bestehende Prozesse neu zu entwerfen. Vielmehr müssen Prozeß und IT simultan gestaltet werden.[95] Man kann hier auch von einer reziproken Beziehung zwischen IT und Prozeßgestaltung sprechen.[96]

Abbildung 2-10 gibt einen Überblick über die durch den Einsatz von moderner IT vorhandenen Gestaltungsfreiräume, die genutzt werden können, um Prozesse neu zu organisieren.

Auswirkung	Erklärung
automatisierend	Eliminierung menschlicher Arbeit aus dem Prozeß
informativ	Sammlung von Prozeßinformation zum besseren Verständnis
sequentiell	Veränderung der Aktivitätensequenz durch Parallelisierung
zielorientiert	Verfolgung von Aufgaben, Input und Output
analytisch	Verbesserung der Analyse von Informationen und Entscheidungen
geographisch	Koordination über geographische Grenzen hinweg
Wissen schaffend	Verbesserung der Gewinnung und Verteilung von Wissen
vereinfachend	Eliminierung von Mittlern aus dem Prozeß

Abbildung 2-10 Einfluß der IT auf die Prozeßgestaltung
(Quelle: [Dave 93, S. 51])

Um Prozesse unter Nutzung von IT-Potentialen besser zu gestalten, ist eine induktive Denkweise erforderlich. Beim weit verbreiteten deduktiven Denken, dem Schluß vom Allgemeinen auf das Besondere, geht man von einem Problem aus und sucht entsprechende Lösungen. Induktives Denken, schließt vom Detail auf das Allgemeine, geht von einer Lösung aus und sucht das Problem dazu. Man muß also zuerst die Potentiale der IT kennen und versucht dann, mit diesem Wissen ausgerüstet Prozesse neu zu strukturieren.[97] Durch den bewußten Blick auf die Gestaltungspotentiale von IT können dann Prozesse neu organisiert und ehrgeizige Prozeßziele leichter erreicht werden.[98]

Die strikte Befolgung der induktiven Denkweise birgt aber die Gefahr in sich, eine sinnvolle und überlegte „Bebauung" des Unternehmens mit Informationssystemen nach einer IS-Architektur allzu leicht aus dem Auge zu verlieren. Die induktive Denkweise ist wichtig und notwendig, um Geschäftsprozesse erfolgreich umzugestalten. Die Kenntnis der Gestaltungspotentiale der IT reicht dafür im allgemeinen aber nicht aus, vielmehr muß man über ein fundiertes Wissen über Informationstechnologie verfügen, um die Potentiale überhaupt erkennen und bewerten zu können. Im wesentlichen sollte sich dieses Wissen auf folgende Bereiche konzentrieren:[99]

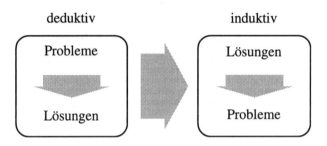

Abbildung 2-11 Induktives versus deduktives Denken

- **Leistungspotential**: Was kann die am Markt verfügbare und sich in Entwicklung befindende IT leisten? Wann werden Entwicklungen so weit ausgereift sein, daß sie produktiv genutzt werden können?
- **Leistungsgrenzen**: Wo sind die technischen Grenzen und die Risiken dieser IT?
- **Kosten**: Wie hoch sind die erwarteten Gesamtkosten für den Einsatz der IT?
- **Methoden**: An den Einsatz bestimmter IT können ganz bestimmte Methoden geknüpft sein, zum Beispiel bedarf es durch den Einsatz von relationalen Datenbanken bestimmter Methoden der Datenverwaltung. Die Gestalter brauchen die Methoden, zum Beispiel Datenbankverwaltung, Kostenrechnung etc., nicht im Detail zu kennen, müssen aber die Konzepte verstehen, um beurteilen zu können, welcher Wissensaufbau im Unternehmen notwendig wird.

Neben der Rolle der IT als Wegbereiter für eine Neugestaltung von Geschäftsprozessen darf man ihre ver- und behindernde Wirkung nicht unterschätzen. Schließlich hat ein bestehendes Informationssystem oft Unsummen an Geld verschlungen, und man wird sich nicht so leicht von ihm trennen wollen.[100] Die Organisation muß sich dieser einschränkenden Wirkung des Gestaltungsspielraums durch bestehende IT von Anfang an bewußt sein und kann nur durch die Bereitschaft, die Altsysteme zu ändern, dieser Barriere entgegenwirken. Sie muß eine Gestaltung von Prozessen auf der „grünen Wiese" zulassen und bereit sein, gegebenenfalls bestehende Informationssysteme vollständig abzulösen: im Sinne von Michael Hammer „use the power of modern information technology to radically redesign our business processes in order to achieve dramatic improvements in their performance"[101].

Eine zweite Rolle der IT ist darin zu sehen, daß sie das BPR-Projekt selbst unterstützen kann. Auch die Abwicklung des Projektes kann im weitesten Sinn als Prozeß gesehen werden, bei dessen Gestaltung die Potentiale der IT genutzt werden können und sollen. Hier kommen vor allem Werkzeuge für das Projektmanagement, zum Beispiel zur Verwaltung und Koordination von Terminen, zur Projektdokumentation etc., und Werkzeuge zur Modellierung und Simulation von Geschäftsprozessen zum Einsatz. Abbildung 2-12 zeigt Beispiele für den Einsatz und die Wirkung der IT auf ein BPR-Projekt.

Aus der Abbildung 2-12 wird ersichtlich, daß IT wesentliche Potentiale enthält, um den Prozeß eines Projektes effizienter und effektiver zu gestalten. Vor allem ist aber zu erkennen, daß der Gewinn in der Veränderung der organisatorischen Lösung liegt, die durch IT ermöglicht wird, und nicht in der bloßen Unterstützung des Projektablaufs durch den Einsatz von IT.

Auswirkung	*IT und Potential*
automatisierend	CASE-Tools - zur automatischen Applikationsgenerierung
informativ	Sammlung und Auswertung von Ideen zur Verbesserung von Prozessen mit Hilfe einer Ideendatenbank
sequentiell	permanente Abstimmung der Ergebnisse von mehreren BPR-Teams über eine interne Diskussionsliste
zielorientiert	Verfolgung von Aufgaben, Input und Output der Projektphasen mit Hilfe von Projektmanagementwerkzeugen
analytisch	Verbesserung der Analyse von neuen Prozessen durch Einsatz von Prototyping- und Simulationswerkzeugen
geographisch	Einbezug von geographisch entfernten IS-Entwicklern über Internet
Wissen schaffend	Verwaltung (Sammlung, Aufbereitung, Speicherung, Verteilung etc.) von Prozeßmodellen mit Modellierungswerkzeugen wie zum Beispiel mit dem ARIS-Toolset
vereinfachend	Verteilung von Projektinformationen mit Hilfe von electronic mail

Abbildung 2-12 Beispiele für IT-Potentiale zur Gestaltung eines Projektes

Die Gestaltungspotentiale der Informationstechnologie sind nur ein kleiner Baustein für neue leistungsfähige Prozesse. Zum Erfolg eines BPR-Projektes, dessen größte Hürde das Management des Änderungsprozesses ist, kann Informationstechnologie nur sehr wenig beitragen. Wie in der Einleitung des Abschnittes 2.2

Business Process Redesign (BPR) bereits erwähnt, liegt der Erfolg eines BPR-Vorhabens vielmehr in der Hand der Beteiligten.

Informationsmanagement

Der Grundsatz *BPR ist kein informationstechnisches Anliegen, deshalb sollten BPR-Projekte nicht vom Informationsmanagement geleitet werden*, und die vorige Diskussion über den Einfluß der IT läßt die Rolle des Informationsmanagements bereits erkennen. Informationsmanager können nicht die Rolle des Prozeßexperten oder des BPR-Sponsors übernehmen, sondern müssen die Rolle des Technologieexperten wahrnehmen.[102] Insofern muß der Informationsmanager als IT-Know-how-Träger im BPR-Team teilnehmen, wobei er zugleich auch in die Rolle des kritischen Prozeßoutsiders schlüpfen kann.

Wie bereits erwähnt, soll der IT-Einsatz im Unternehmen sorgfältig geplant werden. Zu diesem Zweck sollte eine strategische Informationssystemplanung und ein IS-Architekturplan existieren. Es ist Aufgabe des Informationsmanagements, dafür zu sorgen, daß neu einzusetzende Informationstechnologie mit der IS-Architektur abgestimmt wird. Schon alleine deshalb sollten Mitglieder des Informationsmanagements zum BPR-Team gehören.

Eine weitere wichtige Aufgabe des Informationsmanagements ist es, die hemmenden Wirkungen von bestehenden aber auch neuen Informationssystemen zu erkennen und rechtzeitig darauf hinzuweisen und einzuwirken. Das Informationsmanagement muß außerdem solche IT als Lösungsalternativen anbieten, die den zügigen Projektfortschritt nicht behindern, denn gerade hier liegt auch eine Quelle für das Scheitern von BPR-Projekten. Die Weiterentwicklung oder Änderung von bestehenden Informationssystemen dauert meist zu lange, rasche Implementierungen von neuen Prozessen werden dadurch verhindert. Durch den gezielten Einsatz zum Beispiel von Standardsoftware oder CASE-Tools kann diesem Problem vom Informationsmanagement entgegengewirkt werden. In diesem Sinne limitiert es das technologische Risiko.

Abbildung 2-13 zeigt eine Zusammenfassung der Rollen des Informationsmanagements im Rahmen eines BPR-Projektes. In den Anfangsphasen eines BPR-Projektes geht es vorwiegend darum, bestehende Abläufe zu hinterfragen und die Organisationsmitglieder für die Änderungsprozesse zu sensibilisieren. In diesen Phasen darf das Informationsmanagement lediglich eine beratende Funktion in bezug auf zusätzliche organisatorische Gestaltungsmöglichkeiten durch Informationstechnologie haben. Erst in späteren Projektphasen ist das Informationsmanagement für den Entwurf, die Entwicklung und Implementierung von Informationssystemen verantwortlich. Insofern muß Abbildung 2-13 auch relativiert werden, da sie die Rolle des Informationsmanagements bei einem BPR-Projekt überbetont. Die Träger eines BPR-Projektes sind Topmanagement, Sponsor, Prozeßmanager und BPR-Team. Mitglieder des Informationsmanagements können aber im BPR-Team entsprechend den eingangs beschriebenen Aufgaben mitarbeiten.

Das Informationsmanagement ist schwerpunktmäßig an der Projektdurchführung beteiligt. Die Idee für ein BPR-Projekt kann zwar vom Informationsmanagement kommen, dieses muß aber letztlich das Topmanagement von dieser Idee überzeugen, und schließlich muß das Topmanagement der Initiator des Projektes sein. Andernfalls ist das Vorhaben von vornherein zum Scheitern verurteilt, denn dem Informationsmanagement mangelt es vor allem an Kompetenz und Macht, die Rolle des BPR-Sponsors zu übernehmen.

Projektphase	Rolle	Beteiligung des IM
Projektanstoß	Initiator/Champion	Nein
Projektvorbereitung	BPR-Berater	Ja
Projektdurchführung	Prozeßexperte	Nein
	Technologieexperte	Ja
	Spezialist für Analyse	Ja
	Spezialist für Design	Ja
	Spezialist für Implementierung	Ja
	Spezialist für Systementwurf	Ja
	Spezialist für Systementwicklung	Ja
Projektmanagement	Projektleiter	eventuell in Partnerschaft eventuell alleine

Abbildung 2-13 Beteiligung des Informationsmanagements (IM) an BPR-Projekten (Quelle: [Schw 94, S. 35])

Ein weiteres Argument, warum das Informationsmanagement nicht für ein BPR-Projekt verantwortlich sein kann, ist im Aufgabenbereich des Informationsmanagements zu finden. Die Arbeitsinhalte des Informationsmanagements sind Informationssysteme. Zwar sind neue Informationssysteme wesentliche Wegbereiter für BPR, aber sie sind für eine erfolgreiche Prozeßneugestaltung nur ein Baustein. Um einen Prozeß im Sinne des BPR umzugestalten und zu implementieren, bedarf es erheblicher organisatorischer Änderungen in der Struktur, Personalwirtschaft und Kultur des Unternehmens. Diese Aufgaben fallen nicht in den Kompetenzbereich des Informationsmanagements, deshalb ist es auch nicht möglich, daß es als BPR-Sponsor auftritt.[103]

Zusammengefaßt kann man festhalten, daß bei einem BPR-Projekt aufgrund der unternehmensweiten Wirkung der Prozeßneugestaltung die Unternehmensleitung Treiber des Projektes sein muß und nicht das Informationsmanagement. Es ist aber notwendig, daß Fachbereichs- und IT-Spezialisten im BPR-Team eng zusammenarbeiten, um mit Hilfe ihres Fachwissens signifikante Verbesserungen bei der Reorganisation der Prozesse erreichen zu können.[104]

2.2.5 Mode oder Notwendigkeit

Im Sommer 1990 wurde die BPR-Bewegung durch zwei Zeitschriftenartikel ins Rollen gebracht. Der eine Artikel von Michael Hammer *Reengineering Work: Don't Automate, Obliterate* wurde in der Zeitschrift „Harvard Business Review" veröffentlicht, der andere von Thomas H. Davenport und James E. Short *The New Industrial Engineering: Information Technology and Business Process Redesign* in der Zeitschrift „Sloan Management Review".[105] Seither sind eine Unzahl von Aufsätzen und Büchern zum Thema BPR, auch unter anderen aber durchaus ähnlichen Namen, erschienen. Berater haben den neuen Markt schnell erkannt. Fast jeder clevere Consulter, der ein Gespür für den Markt hat, bietet seine Dienste als BPR-Experte an. Dabei wird mit dem populären Begriff äußerst sorglos umgegangen. Egal, ob Qualitätsmanagement eingeführt, Kosten gesenkt oder kleine Feinarbeiten am Aufbau der Organisation vorgenommen werden sollen - das Konzept trägt den Namen BPR oder einen verwandten Namen.[106]

Nach einer Untersuchung von Mertens über Moden und Trends der Wirtschaftsinformatik handelt es sich bei BPR um ein Modethema, das in regelmäßigen Abständen immer wieder auftaucht. Dabei werden diese Modethemen, von denen BPR nur eines unter vielen ist, zumindest mit neuen Namen oder auch neuen Repräsentations-, Erklärungs- und Verarbeitungsmodellen geschildert.[107]

Betrachtet man die Kernelemente von BPR, die zumindest in den meisten derzeit aktuellen Ansätzen enthalten sind, kann man leicht feststellen, daß die einzelnen Elemente bereits früher vielfach diskutiert wurden. Zum Beispiel gab es ein umfassendes Verfahren zum Entwurf und zur Implementierung von Geschäftsprozessen schon 1983.[108] Auch der radikale Ansatz ist nicht neu. Nach der Evolutionstheorie in der Organisationslehre kommt es zu externaler Selektion einer Organisation, wenn diese hinter den Bedürfnissen der Umwelt zurückbleibt und dadurch stagniert oder schrumpft. Bevor dies aber eintritt, bleibt als letztes Mittel zur Anpassung noch die internale Selektion im Sinne einer geplanten revolutionären Veränderung, die mit Hilfe erheblicher Strukturveränderungen ausgelöst und durchgeführt wird. Diese internale Selektion wurde von Miller/Friesen sowie Mintzberg 1984 im sogenannten Quantum-Ansatz diskutiert. Sie gehen davon aus, daß organisatorische Anpassungsprozesse generell nicht in kleinen Schritten, sondern in abrupten Neuanpassungen von Umwelt, Strategie und Struktur geschehen. Solche Revolutionen sind notwendig, wenn es zu großen Diskrepanzen zwischen Umwelt, Strategie und Organisationsstruktur gekommen ist.[109] Nichts anderes verfolgt der BPR-Ansatz. In der Organisationslehre hat man auch bereits sehr bald erkannt, daß die Weiterentwicklung der Informationstechnologie neue organisatorische Gestaltungsspielräume, zum Beispiel die verstärkte Möglichkeit der Aufgabenintegration, neue Formen der Kommunikation etc. geschaffen hat. Durch diese Gestaltungsspielräume können Aufbau- und Ablauforganisation verbessert werden. Die Verbesserungen können aber nur erzielt werden, wenn Organisation und Informationstechnik simultan gestaltet werden.[110] Aber auch in der Systemplanungsliteratur, einer Domäne der Wirtschaftsinformatik, wird schon sehr früh darauf hingewiesen, daß die Planung und Entwicklung von Informationssystemen von organisatorischen Maßnahmen begleitet sein muß.[111] Insofern kann die besondere Beachtung der Potentiale der Informationstechnologie im BPR-Ansatz nicht als neu bezeichnet werden.

Was ist also noch neu? Selbst Davenport, der auch zu den Vätern von BPR zu zählen ist, behauptet, daß keine einzige der wesentlichen BPR-Komponenten neu ist.[112] Das Innovative am BPR-Ansatz besteht in der Integration der verschiedenen Ansätze.

Warum ist dann BPR seit nunmehr fünf Jahren noch immer aktuell, wenn es sowieso nur „alter Wein in neuen Schläuchen ist"? Folgt man den Aussagen des Quantum-Ansatzes, so sind organisatorische Revolutionen in regelmäßigen Abständen zu erwarten. Aufgrund der raschen und gravierenden Marktveränderungen in den letzten Jahren sind bei vielen Unternehmen große Diskrepanzen zwischen Umwelt, Strategie und Struktur entstanden. Eine Reihe von Organisationen stehen oder standen somit vor einer notwendigen internalen Selektion, um nicht durch eine externale Selektion vom Markt zu verschwinden. Der BPR-Ansatz liefert eine Anleitung für diese betriebliche Revolution und konnte sich wahrscheinlich deshalb durchsetzen, weil er genau zur richtigen Zeit vermarktet wurde.

Da es nicht das erste Mal ist, daß sich Märkte verändern und Organisationen anpassen müssen, kann somit auch das von Mertens beobachtete zyklische Auftreten des BPR-Themas erklärt werden. Je nachdem, wie sich die Märkte in Zukunft wandeln werden, wird BPR sicher wieder auftauchen, wenn auch unter einem anderen Namen.

Grundlagen

2.3 IBSIS - Wegbereiter oder Barriere für BPR?

BPR will gravierende Verbesserungen betrieblicher Leistungsgrößen wie Kosten, Qualität, Service und Zeit erreichen. Dieses Ziel soll vor allem auch durch die Nutzung der Gestaltungsspielräume modernster Informationstechnologie erreicht werden. Wenn nun diese „modernste Informationstechnologie" aus einem IBSIS besteht, kann dann überhaupt noch BPR durchgeführt werden? Oder legt ein IBSIS dem BPR solche Schranken auf, daß kaum mehr Freiräume für organisatorische Gestaltungen bleiben? Ist letztlich ein IBSIS eher eine Barriere, als ein Wegbereiter für BPR? All diese Fragen sollen in diesem Abschnitt diskutiert werden.

Wie im Abschnitt 2.2.1 *Wesen des BPR* beschrieben, nutzt BPR neue Erkenntnisse und Entwicklungen auf dem Gebiet der Organisation und Informationstechnologie als Wegbereiter. Viele dieser Ressourcen können aber genauso BPR behindern.[113] Gerade ein IBSIS beeinflußt ein BPR-Vorhaben sowohl als Wegbereiter als auch als Barriere. Einerseits wird der Gestaltungsspielraum, vor allem durch die konsequente Beseitigung von Altsystemen, erhöht und andererseits durch relativ starre Vorgaben des IBSIS wieder eingeschränkt. Zunächst zu den Aspekten, die BPR erleichtern.

IBSIS als Wegbereiter

Bestehende Informationssysteme in Unternehmen behindern BPR. Sie haben schließlich viel Geld gekostet, sind äußerst komplex und in die Organisation so eingebettet, daß sie ungern aufgegeben werden.[114] Eine völlige Neuentwicklung komplexer Informationssysteme ist auch deshalb meist unmöglich, da die nötigen Ressourcen, vor allem Mitarbeiter und Zeit, dafür fehlen. Die Altsysteme sind aber meist nicht so flexibel, daß im Zuge des BPR geplante organisatorische Änderungen in den Informationssystemen einfach abgebildet werden können. In dieser Hinsicht zementieren Informationssysteme organisatorische Abläufe. Durch die Entscheidung für ein IBSIS können die Informationssysteme vieler Unternehmensbereiche rasch ersetzt werden. Es wird dadurch überhaupt erst möglich, die Organisation weitgehend unabhängig von den Restriktionen des IST-Zustandes neu zu gestalten.

BPR muß möglichst schnell durchgeführt werden. Wenn nicht innerhalb eines Jahres spürbare Erfolge vorgewiesen werden können, drohen die Bemühungen einzuschlafen.[115] Müssen komplexe Informationssysteme ersetzt werden, ist kaum zu erwarten, daß innerhalb kurzer Zeit neue entwickelt werden können. Auch wenn Techniken wie objektorientierte Programmierung oder CASE eingesetzt werden sollten, müssen die Mitarbeiter der IV-Abteilung häufig erst lernen, mit diesen Werkzeugen richtig umzugehen. Ein IBSIS ist wesentlich schneller verfügbar. Alle Programme zumindest für die Standardbereiche existieren bereits und können sofort nach erfolgter Parametrisierung produktiv eingesetzt werden. Es werden dadurch Ressourcen frei, die für die Entwicklung von ergänzenden Informationssystemen in Spezialbereichen eingesetzt werden können. Ein IBSIS trägt somit wesentlich zur schnellen Durchführung von BPR bei.

Als Reorganisationszwang soll ein weiterer Effekt bezeichnet werden, der durch die Entscheidung für ein IBSIS ausgelöst wird. Auch wenn ein IBSIS durch Parameter und Module flexibel an verschiedenste Organisationsformen angepaßt werden kann, so ist doch bekannt, daß ihm bestimmte betriebswirtschaftliche Modelle und damit auch organisatorische Regeln zugrunde liegen, von denen nicht abgewichen werden kann. Es entsteht dadurch ein Zwang, die IST-Organisation des Unternehmens zu analysieren und mit der im IBSIS abbildbaren Organisation abzugleichen. Die Mitarbeiter stehen unter dem Druck, die IST-Organisation nicht ins IBSIS übernehmen zu können und müssen schon alleine deshalb über eine neue Aufbau- und Ablauforganisation nachdenken. Das IBSIS zwingt sie gewissermaßen zu BPR, es ist ein Katalysator für die Änderung der Unternehmensorganisation. Voraussetzung dafür ist allerdings, daß konsequent gefordert wird, die Releasefähigkeit des IBSIS zu erhalten.

Wie bereits erwähnt, liegt einem IBSIS ein ausgereiftes betriebswirtschaftliches Modell zugrunde, das die Anforderungen vieler Unternehmen abdecken kann. Während der Einführung des IBSIS müssen sich die Mitarbeiter intensiv mit diesem Modell auseinandersetzen, da sie die Unternehmensorganisation damit in Einklang bringen müssen. Dabei fließt automatisch betriebswirtschaftliches Know-how, das im IBSIS enthalten ist, in das Anwenderunternehmen ein. Betriebsblindheit wird dadurch wirkungsvoll bekämpft. Selbstverständlich muß das betriebswirtschaftliche Modell verfügbar und einfach zugänglich sein.

Ein nach der hier verwendeten Prozeßdefinition[116] abgegrenzter Geschäftsprozeß beinhaltet eine Reihe verschiedener Funktionen unterschiedlicher Unternehmensbereiche, zum Beispiel Funktionen aus Einkauf, Produktion, Verkauf, Logistik, Rechnungswesen und Personalwesen. Die Unternehmensfunktionen sollten dabei bestmöglich durch Informationssysteme unterstützt werden, die sorgfältig aufeinander abgestimmt und integriert[117] sind. Nicht integrierte Anwendungssoftware kann sehr leicht zu einem Chaos paralleler oder unabgestimmter Daten führen.[118] Eine integrierte Informationsverarbeitung erleichtert die Koordination von Aktivitäten innerhalb eines Geschäftsprozesses. Durch ein IBSIS wird diese Anforderung erfüllt.

Ein IBSIS erleichtert in vielerlei Hinsicht BPR. Trotzdem gibt es eine Reihe von Faktoren, die BPR behindern können. Um den Erfolg eines BPR-Projektes nicht zu schmälern, müssen die Projektbeteiligten diese Faktoren erkennen und bewußt in ihrer Arbeit berücksichtigen.

IBSIS als Barriere

Die größte Barriere für BPR liegt wahrscheinlich darin, daß viele IBSIS funktionsorientiert aufgebaut sind. Die Einführung eines nach Funktionen unterteilten IBSIS erschwert die Abbildung von Geschäftsprozessen. Auch wenn so mancher Hersteller sein IBSIS als prozeßorientiert verkauft, so erkennt man bei genauerer Betrachtung meist sehr bald, daß die vom IBSIS-Hersteller verwendete Prozeßdefinition nicht der herrschenden Lehrmeinung entspricht. Man wird häufig feststellen, daß sich Prozesse nur innerhalb eines IBSIS-Moduls bewegen. Da ein Modul meist einer Unternehmensfunktion entspricht, wird einer funktionsübergreifenden Gestaltung eines Unternehmens wirksam entgegengewirkt. Betrachtet man die oft funktionsorientierte Entwicklungsgeschichte eines IBSIS, ist es durchaus verständlich, daß sich die IBSIS-Hersteller mit einer Prozeßdefinition, wie sie in diesem Buch verwendet wird, schwer tun.[119] Um das IBSIS trotzdem prozeßorientiert einführen zu können, müssen alle oder zumindest mehrere IBSIS-Module nach der sogenannten Big-Bang-Strategie gleichzeitig eingeführt werden. Nicht nur, daß das Risiko dieser Vorgehensweise sehr hoch ist, sondern auch wichtige Ressourcen, wie Mitarbeiter und Zeit, werden für ein solches Vorgehen häufig nicht ausreichend vorhanden sein. Das in diesem Buch im Kapitel 4 vorgestellte Vorgehenskonzept berücksichtigt diese spezielle Problematik, indem bei der Konzeption der Organisation prozeßorientiert und bei der Implementierung des IBSIS funktionsorientiert vorgegangen wird.

Ein IBSIS kann zwar an spezifische Anforderungen einer Organisation durch Parameter und Module angepaßt werden, trotzdem wird es im IBSIS immer Abläufe geben, die nicht mit der geplanten Organisation in Einklang zu bringen sind. Eine vollständige Anpassung des IBSIS an die Organisation kann dann nur durch massive Eingriffe in den Code des IBSIS erreicht werden. Das bedeutet aber wiederum, daß die Releasefähigkeit des IBSIS vollkommen verloren geht, also keine neuen, besseren Versionen des IBSIS in Zukunft installiert werden können. Aus dem IBSIS wird ein individuelles Informationssystem. Viele Ziele, die man durch die Einführung eines IBSIS anstrebt, werden dadurch nie mehr erreicht werden können, da die Wartung vollständig auf das Anwenderunternehmen übergeht. Das IBSIS legt also dem BPR Schranken auf, da es eine bestimmte Funktionalität vorgibt. Dort, wo Wettbewerbsvorteile durch spezielle Informationssysteme realisiert werden können, müssen letztlich Individualsysteme entwickelt werden, die über klar definierte Schnittstellen mit dem IBSIS in Verbindung stehen.

Wurde die Entscheidung für ein bestimmtes IBSIS-Produkt bereits vor dem BPR getroffen, ist die Gefahr groß, daß BPR in den Hintergrund tritt. Es wird in diesem Fall schwer sein, die Mitarbeiter davon zu überzeugen, zuerst eine SOLL-Organisation völlig unabhängig von den Restriktionen des konkreten Produkts zu entwerfen und erst im zweiten Schritt die SOLL-Organisation mit dem IBSIS abzustimmen. Prozesse würden dann nicht mehr auf der „grünen Wiese" entworfen werden, wie es der BPR-Ansatz fordert. In diesem Fall würde das Ziel, IST-Organisation und IBSIS aufeinander abzustimmen, in den Vordergrund rücken. Es ist zu erwarten, daß bei einem solchen Vorgehen wesentliche Verbesserungspotentiale verlorengehen. Gestaltungspotentiale anderer Informationstechnologie würden viel zu wenig beachtet werden, da immer das IBSIS im Zentrum steht. Ein weiterer Schwachpunkt ist darin zu sehen, daß das IBSIS auf Basis der IST-Organisation ausgewählt wird. Um aber ein Informationssystem einzuführen, das auch zukünftigen organisatorischen Anforderungen entspricht, muß unbedingt zuerst die SOLL-Organisation entworfen werden. Die SOLL-Organisation ist dann die Grundlage für die Auswahl des IBSIS. Andererseits sollte die Grundsatzentscheidung, die bestehenden Informationssysteme durch ein IBSIS abzulösen, noch vor dem BPR getroffen werden, um den Reorganisationszwang, der vom IBSIS ausgeht, zu nutzen. Durch die Grundsatzentscheidung darf man sich allerdings noch nicht auf ein konkretes Produkt festlegen, sondern höchstens mehrere denkbare IBSIS-Alternativen in Form von technologischen Basisszenarien beschreiben. Eine endgültige Entscheidung darf erst getroffen werden, wenn die SOLL-Organisation vollständig entworfen ist.

Resümee

Die Frage, ob ein IBSIS ein Wegbereiter oder eine Barriere für BPR ist, kann nicht eindeutig beantwortet werden. Ein qualitativ hochwertiges IBSIS ist dadurch gekennzeichnet, daß es einen umfassenden Anpassungsspielraum aufweist, der eine Vielzahl verschiedener informationstechnischer Realisierungsformen für Prozesse zuläßt.[120] Letztlich wird es sich um einen Kompromiß aus Nutzen des BPR und Kosten für die Anpassung eines IBSIS handeln. Dem BPR-Ansatz wird etwas von seiner Radikalität genommen, da auf die Gestaltungsmöglichkeiten eines IBSIS Rücksicht genommen werden muß.

Durch die Wahl einer geeigneten Vorgehensweise, die sowohl die Besonderheiten von BPR als auch die Spezifika eines IBSIS berücksichtigt, sollen die Potentiale von BPR und eines IBSIS bestmöglich genutzt werden können. Es sollte dadurch auch möglich sein, Barrieren, die durch das IBSIS für BPR entstehen, weitgehend zu reduzieren.

2.4 Grundlagen des Vorgehenskonzeptes

In den bisherigen Abschnitten dieses Kapitels wurden die beiden wichtigsten Komponenten dieses Buches, nämlich die Grundlagen eines IBSIS und die Grundlagen des BPR, diskutiert. Im dritten Abschnitt wurden das Zusammenspiel und Zusammenwirken beider Komponenten sowie ihre sinnvolle Kombination beschrieben. Das im vierten Kapitel vorgestellte Vorgehenskonzept findet seine theoretische Basis in bereits existierenden BPR-Methoden und Methoden zur Einführung eines IBSIS. Die unten beschriebenen Ansätze sind zumindest teilweise in das Vorgehenskonzept eingeflossen und gehören somit zu seinen Bausteinen.

Ziel dieses Abschnittes ist, einerseits die wichtigsten Methoden für BPR und andererseits die wichtigsten Methoden für die Einführung eines IBSIS vorzustellen. Es soll auch auf die Stärken und Schwächen der einzelnen Methoden generell und im besonderen hinsichtlich der geforderten Verbindung von BPR und IBSIS-Einführung eingegangen werden.

Der Autor beschränkt sich dabei auf jene Ansätze, die einerseits in der Literatur zugänglich sind und andererseits selbst häufig als Ausgangsbasis für andere Methoden verwendet wurden. Diese Beschränkung ist gerechtfertigt, da viele in der Literatur beschriebene Vorgehenskonzepte - vor allem für BPR - grundsätzlich eine ähnliche Struktur aufweisen. Unterschiede ergeben sich häufig nur auf den ersten Blick. Analysiert man etwas genauer, erkennt man, daß Phasen nur anders benannt oder zusammengefaßt wurden. Die Methoden zur Einführung eines IBSIS sind wesentlich schwieriger greifbar. Sie reduzieren sich im wesentlichen auf Veröffentlichungen des derzeitigen europäischen Marktführers für integrierte Standardsoftware beziehungsweise seiner Partnerorganisationen.

Als weitere Quelle für entsprechende Methoden sowohl für IBSIS-Einführung als auch für BPR sind einschlägige Berater zu nennen. Aber gerade diese Quelle ist verständlicherweise schwer erschließbar. Schließlich handelt es sich hier um teures Firmen-Know-how, das für Publikationen nicht zur Verfügung steht. Die Information aus dieser Quelle ist meist sehr allgemeiner Natur und für dieses Buch kaum von Interesse.

2.4.1 Vorgehensweisen zur Einführung eines IBSIS

In Deutschland ist die SAP AG mit ihren integrierten betriebswirtschaftlichen Standardinformationssystemen R/2 und R/3 Marktführer und gleichzeitig das größte deutsche DV-Beratungs- und Softwareunternehmen.[121] SAP hat gemeinsam mit namhaften Unternehmensberatern ein Modell zur Einführung von R/3 entwickelt, das in Folge beschrieben werden soll.[122]

Das Modell besteht aus zwei Teilen. Den ersten Teil bildet ein Vorgehensmodell, das auf übergeordneter Ebene Grundinformation für die Einführung von SAP-R/3-Produkten beinhaltet. Als zweiter Teil existiert ein Einführungsleitfaden, der hauptsächlich Aktivitäten zur Ausprägung der Module von R/3 enthält. Das Vorgehensmodell ist damit der Rahmen für die einzelnen im Einführungsleitfaden enthaltenen Aktivitäten.

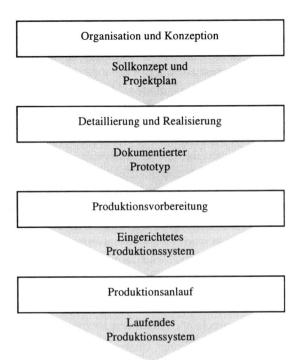

Abbildung 2-14 Phasen des SAP R/3 Vorgehensmodells

Das Vorgehensmodell zur Einführung von SAP R/3 besteht auf oberster Ebene aus vier Phasen. In Abbildung 2-14 sind diese vier Phasen und ihre Ergebnisse dargestellt. Ziel der Entwicklung dieses Vorgehensmodells war es, folgende Information zu liefern:

- anwendungsübergreifende Grundinformationen, die für eine R/3-Einführung benötigt werden und
- Planungsgrundlagen für das Einführungsprojekt und die notwendige Beratungsunterstützung.

Im folgenden werden die wichtigsten Inhalte dieser vier Phasen kurz beschrieben.

Organisation und Konzeption

In der Phase *Organisation und Konzeption* wird ein Sollkonzept für die Nutzung des SAP-Systems gemäß den betriebswirtschaftlichen Zielen erarbeitet. Es werden die einzusetzenden SAP-Module ausgewählt, und es wird die Organisation der Projektarbeit festgelegt. Abbildung 2-15 gibt einen Überblick über die wichtigsten Aktivitäten in dieser Phase.

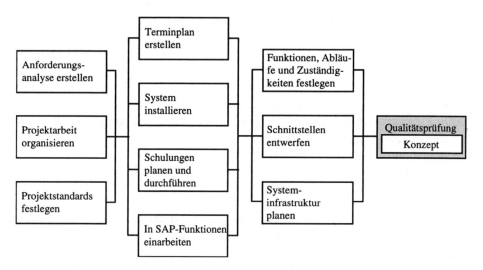

Abbildung 2-15 SAP R/3 Vorgehensmodell - Organisation und Konzeption

In der Anforderungsanalyse werden die organisatorischen Anforderungen ermittelt. Obwohl SAP R/3 durch das sogenannte Customizing an unterschiedlichste Aufbau- und Ablauforganisationen angepaßt werden kann, gibt R/3 doch gewisse Standardabläufe vor, die häufig organisatorische Änderungen erfordern.

Die Anforderungsanalyse dient also dazu, die einzuführenden Komponenten auszuwählen, die organisatorischen Anpassungen an das IBSIS festzulegen und die Reihenfolge der Einführung der R/3-Funktionen zu bestimmen.

In den Schritten „Projektarbeit organisieren" und „Projektstandards festlegen" werden Empfehlungen für die Gestaltung eines R/3-Einführungsprojektes gegeben. Es sollten zum Beispiel folgende organisatorische Einheiten gebildet werden:

- Lenkungsausschuß als oberstes Entscheidungs- und Koordinationsgremium,
- Projektleitung, die Aufgabenverteilung, Ressourcenüberwachung und das Projektcontrolling durchführt,
- Projektteam, das die eigentliche Einführungsarbeit leistet,
- Teilprojektteams, die je nach Aufgabenumfang und Unternehmensgröße bestimmte Teilaufgaben übernehmen.

Bei den Projektstandards wird auf eine qualitativ hochwertige Dokumentation besonderer Wert gelegt. Das R/3-System wird in einer Standardeinstellung geliefert und durch eine Änderung der voreingestellten Parameter sukzessiv an das Unternehmen angepaßt. Um die Dokumentation zu erleichtern und vor allem auch für die Zukunft sinnvoll verwendbar zu machen, ist es möglich, sie direkt im SAP-System abzulegen.

Anhand des Ergebnisses der Anforderungsanalyse ist es nun auch möglich, einen detaillierten Terminplan zu erstellen. Ein Projektfortschrittsbericht soll die Einhaltung dieses Terminplans unterstützen.

Besonders hingewiesen wird auch auf die möglichst frühe Beteiligung der betroffenen Mitarbeiter und des Betriebsrats.

Es wird empfohlen, bereits in dieser ersten Phase mit der Installation des Systems zu beginnen. Dadurch sollen die künftigen Systembetreuer möglichst bald mit R/3 vertraut werden, um dann für den Echtbetrieb ein stabiles und hinsichtlich Laufzeit optimiertes System anbieten zu können. Zunächst wird nur ein kleines Testsystem aufgebaut, das dann je nach Projektfortschritt und Anforderungen sukzessiv ausgebaut werden muß.

Grundlagen 53

Um für die folgenden Phasen mit entsprechenden R/3-Know-how gerüstet zu sein, ist es notwendig, die Mitglieder der Projektgruppe für ihre künftigen Aufgaben auszubilden.

Weitere Aktivitäten in der Phase *Organisation und Konzeption* sind, Funktionen, Abläufe und Zuständigkeiten festzulegen, Schnittstellen zu entwerfen und die Systeminfrastruktur zu planen. Abgeschlossen wird die Phase mit einer Qualitätsprüfung des Konzeptes durch das Projektteam und die Fachabteilungen, wobei der Schwerpunkt der Prüfung auf der Realisierbarkeit des Konzeptes liegt.

Detaillierung und Realisierung

Aufgaben der Phase *Detaillierung und Realisierung* sind:

- Verfeinern des Sollkonzeptes,
- Parametrisieren des SAP R/3-Systems,
- Testen der einzelnen parametrisierten Anwendungen,
- Integrieren der Altsysteme in das SAP R/3-System.

Begonnen wird mit der Aufbauorganisation. Es sollen die strukturellen Gegebenheiten eines Unternehmens, wie zum Beispiel Geschäftsbereiche, Kostenstellen etc., in der Standardsoftware abgebildet werden. Innerhalb dieses Rahmens werden dann alle Funktionen und die Verwendung der Daten und Felder bestimmt. Diese Einstellungen werden als Customizing bezeichnet. Da das Know-how dafür im Unternehmen meist fehlt, werden für diese Tätigkeiten häufig externe Berater, die über detaillierte Modulkenntnisse verfügen, hinzugezogen.

Auf Basis der abgebildeten Organisationsstruktur werden dann die Berechtigungen für die künftigen Anwender in R/3 fixiert. Dieser Schritt muß in enger Zusammenarbeit mit den betroffenen Fachabteilungen erfolgen.

Nachdem auch die Schnittstellen zu anderen Funktionen innerhalb R/3 und anderen Systemen außerhalb R/3 festgelegt sind, können jetzt komplette Geschäftsabläufe getestet werden.

In dieser Phase gilt es auch, Formulare und das Berichtswesen detailliert auszugestalten. Für diese Aufgaben wurde von SAP eine eigene Programmiersprache ABAP/4 und eine Komponente namens „Report Writer" bereitgestellt.

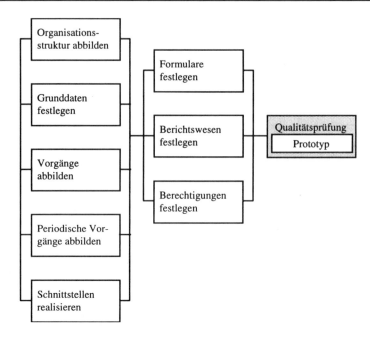

Abbildung 2-16 SAP R/3 Vorgehensmodell - Detaillierung und Realisierung

Am Ende dieser Phase liegt ein vollständig dokumentierter Prototyp vor, der noch einer Qualitätsprüfung unterzogen wird, bevor in der nächsten Phase mit der Produktionsvorbereitung begonnen werden kann.

Produktionsvorbereitung

In der Phase *Produktionsvorbereitung* entsteht ein eingerichtetes Produktionssystem, das in den Echtbetrieb übernommen werden kann. Die drei wichtigsten Aufgabenbereiche sind

- die Produktivsetzung zu planen und das technische System dafür vorzubereiten, also Hardware und Software zu installieren,
- die Anwender für ihre künftigen Aufgaben auszubilden,
- und die Altdatenübernahme vorzubereiten und durchzuführen.

Die Schulungsmaßnahmen müssen so terminiert sein, daß zum Produktionsanlauf die Anwender über das notwendige Wissen zur Bedienung ihrer Funktionen in R/3 verfügen. Es wird hier besonders auf die Möglichkeiten des Computer Based Training hingewiesen. Mittlerweile gibt es Unternehmen[123], die für SAP R/3 spezielle Kurse auf CD-ROM anbieten. Wichtig ist, daß gerade diese Selbststudien-

Grundlagen 55

kurse in ein auf die Anwender abgestimmtes Schulungskonzept integriert werden, das den Know-how-Transfer sichert. Spätestens jetzt ist es notwendig, für die Anwender die Anwenderdokumentation zu erstellen.

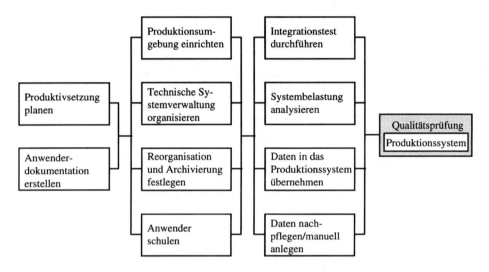

Abbildung 2-17 SAP R/3 Vorgehensmodell - Produktionsvorbereitung

Für die Altdatenübernahme ist ebenfalls ein detailliertes Konzept zu erstellen. Dieses Konzept muß die Integrität und Konsistenz der Daten im neuen System gewährleisten. Aufgrund unterschiedlicher Satzstrukturen und verfügbarer Daten im Altsystem müssen häufig spezielle Überleitungsprogramme geschrieben werden, damit man den Anforderungen von R/3 gerecht wird. Außerdem ist der Zeitpunkt der Datenübernahme zu bestimmen, der wesentlich die Integrität der Daten beeinflußt. Die übernommenen Daten sind unbedingt vom Projektteam und von den Fachabteilungen zu überprüfen, bevor das R/3-System in Produktion geht. Empfohlen wird auch das Hinzuziehen eines Wirtschaftsprüfers, der die Daten in den Altsystemen, das Übergabeverfahren und die im R/3-System angekommenen Daten prüft. Gegebenenfalls sind die neuen Daten nachzupflegen beziehungsweise manuell anzulegen.

Nach Abschluß aller Tests steht jetzt das Produktionssystem für den Echtbetrieb bereit.

Produktionsanlauf

Ziel der Phase *Produktionsanlauf* ist ein stabiler Produktionsbetrieb des SAP R/3-Systems. Alle Arbeiten für die Aufnahme des Produktionsbetriebs wurden bereits in den vorhergehenden Phasen erledigt, jetzt gilt es nur mehr den „Hebel" umzulegen und das System im Echtbetrieb einzusetzen. Die Hauptaufgaben in dieser Phase sind die Korrektur von Fehlern und die technische und organisatorische Optimierung des Systems.

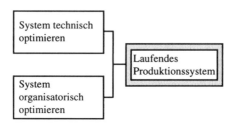

Abbildung 2-18 SAP R/3 Vorgehensmodell - Produktionsanlauf

Nach erfolgter Optimierung wird das System an die Fachabteilungen übergeben und das Projekt abgeschlossen.

Stärken und Schwächen

Das Vorgehensmodell der SAP AG gibt einen guten Überblick über jene Aufgaben, die in einem Projekt zur Einführung von R/3 anfallen. Gemeinsam mit dem in R/3 hinterlegten Einführungsleitfaden erhält ein Projektteam detaillierte Anweisungen, um die einzelnen Module zu implementieren. Allerdings konzentrieren sich Vorgehensmodell und Einführungsleitfaden auf die konkrete Ausgestaltung der R/3-Module, andere Projektmanagementaufgaben werden nur am Rand behandelt. So betreffen von zirka 4000 im Einführungsleitfaden angeführten Aktivitäten nur zirka 50 Aktivitäten die Projektorganisation und Projektabwicklung.[124] Zwar wird versucht, im Vorgehensmodell diesen Mangel zu beheben und hier den Akzent auf das Projektmanagement zu legen, die beschriebenen Aktivitäten sind aber wenig operational, und im großen und ganzen handelt es sich um nicht mehr als einen äußerst groben Überblick über das Einführungsprojekt.

Hinweise zur Reorganisation des Unternehmens und darauf aufbauend zur Erstellung einer optimalen Sollorganisation fehlen zur Gänze. Auch wird nicht auf die Gestaltung von Geschäftsprozessen eingegangen, um darüber Auskunft zu erhalten, wird man auf entsprechende Unternehmensberater verwiesen.

Eine weiterer Mangel liegt in der fehlenden Unterscheidung zwischen einer schrittweisen Einführungsstrategie (Step-by-Step) oder einer Gesamteinführung mehrerer Module (Big-Bang). Beide Strategien sind aufgrund des modularen Aufbaus von SAP R/3 möglich. Auf die Besonderheiten der unterschiedlichen Strategiewahl wird in den Projektphasen nicht eingegangen.

Beim Einführungsleitfaden handelt es sich nicht nur um im R/3-System gespeicherten Text, es wird hier ein komplettes Projektsteuerungswerkzeug für die R/3-Einführung zur Verfügung gestellt. So können für jede Aktivität Ressourcen geplant und überwacht werden. Zum Beispiel ist es möglich, den Beginn und das Ende einer Aktivität und die dafür vorgesehenen Mitarbeiter direkt im Einführungsleitfaden einzutragen. Um den Überblick über das Gesamtprojekt zu gewährleisten, können unterschiedlichste Projektstatusberichte über Plan- und Istwerte erzeugt werden.

Insgesamt ist zu sagen, daß Vorgehensmodell und Einführungsleitfaden für die Einführung von SAP R/3 ein ausgezeichnetes Hilfsmittel darstellen. Es ist aber unbedingt notwendig, die enthaltenen Phasen um Schritte zur Reorganisation des Unternehmens zu erweitern, da ansonsten zu erwarten ist, daß Schwächen bestehender organisatorischer Abläufe nicht erkannt und durch das neue System weiter zementiert werden. Außerdem sind die Aufgaben des Projektmanagements zu vertiefen.

Der Einführungsleitfaden ist natürlich auf die Spezifika von R/3 abgestimmt. Einzelne Teile des übergeordneten Vorgehensmodells können aber durchaus für die Einführung eines anderen IBSIS herangezogen werden. Deshalb dient auch das SAP R/3-Vorgehensmodell als Orientierung für das im Kapitel 4 vorgestellte Phasenschema.

2.4.2 BPR-Methoden

Stellvertretend für die BPR-Methoden soll hier der Ansatz von Thomas Davenport vorgestellt werden.[125] Dieses Modell wurde 1990 von Davenport und Short in ihrem Artikel „The New Industrial Engineering: Information Technology and Business Process Redesign"[126] im Sloan Management Review vorgestellt. 1993 wurde es schließlich in verfeinerter und modifizierter Form von Davenport in seinem Buch „Process Innovation: Reengineering Work through Information Technology"[127] detailliert beschrieben. Abbildung 2-19 gibt einen Überblick über die Phasen dieses Ansatzes, die hier kurz charakterisiert werden sollen.

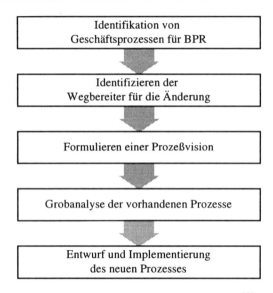

Abbildung 2-19 Die fünf Phasen des BPR[128]
(Quelle: [Dave 93, S. 25], aus dem Englischen frei übersetzt)

Identifikation von Geschäftsprozessen für BPR

Ein zentrales Element des BPR ist die Konzentration auf Geschäftsprozesse. Die Identifikation der Kerngeschäftsprozesse dient als Basis für die folgende Selektion jenes Prozesses, der dem BPR unterzogen werden soll. Prozeßgrenzen müssen unter folgendem Gesichtspunkt bestimmt werden: Ein Prozeß muß komplex genug sein, um Raum für Innovation zu lassen und andererseits eng genug, damit er überschaubar ist und verstanden werden kann. Untersuchungen haben gezeigt, daß 10 - 20 Kernprozesse in einem Unternehmen realistisch sind.[129]

Aufgrund beschränkter Ressourcen sollte man nicht versuchen, zu viele Prozesse gleichzeitig zu reorganisieren. Bei der Selektion des zu bearbeitenden Prozesses soll jener ausgewählt werden, dessen Umstrukturierung am erfolgversprechendsten ist und Quantensprünge erlaubt. Die Konzentration auf einen oder wenige Prozesse hat den Vorteil, daß Erfolge schneller sichtbar werden, die Organisation nicht überfordert wird, und daß Erfahrungen aufgebaut und in Folge genutzt werden können. Wird zu vieles auf einmal versucht, kann es leicht sein, daß es sich nicht mehr um die Restrukturierung eines Prozesses, sondern nur mehr um seine marginale Verbesserung handelt. Bei der Selektion werden vor allem die strategische Relevanz und die „Gesundheit" von Prozessen beurteilt. Ein Indikator für einen „kranken" Prozeß ist zum Beispiel das Verhältnis von werterhöhenden Aktivitäten zu Liegezeiten eines Produktes in einem Prozeßdurchlauf.

Abschließend wird für den ausgewählten Prozeß das unternehmenskulturelle und politische Umfeld bestimmt. Es soll dabei überprüft werden, ob auch in diesen Bereichen die Voraussetzungen für BPR gegeben sind.

Identifikation der „Wegbereiter"

Informationstechnologie wird als Wegbereiter für BPR gesehen. Studien belegen, daß aber bis heute der Nutzen der Informationstechnologie eher gering ist. Bei den einzelnen Prozessen wurden kaum Leistungssteigerungen durch den Informationstechnologie-Einsatz erwirtschaftet. Meist wurden durch Informationstechnologie vorhandene Strukturen lediglich automatisiert und somit zementiert. Andererseits bietet die rasante Entwicklung der Informationstechnologie ausreichend Potentiale, um Prozesse neu zu gestalten. Es gilt, diese Potentiale zu erkennen und dann auf diesem Wissen aufbauend, die Prozesse zu verbessern.

Die Kernaussage lautet, daß Informationstechnologie eine sinnvolle Neugestaltung der Prozesse ermöglicht, dieses Potential aber bisher wenig genutzt wurde. Zum Beispiel können nun Aktivitäten parallel ausgeführt werden, die vorher sequentiell abgearbeitet wurden, es können Prozesse über geographische Distanzen hinweg gestaltet werden, oder Prozesse werden durch Monitoring analysierbar und transparent. Diese Potentiale werden gerade im betriebswirtschaftlichen Bereich noch kaum genutzt.

Davenport beschreibt allerdings auch wesentliche Wegbereiter für BPR, die nichts mit Informationstechnologie zu tun haben. Dazu gehören zum Beispiel die Neugestaltung von Information, strukturorganisatorische Änderungen (Teamarbeit etc.), der Wandel der Organisationskultur oder Modifikationen im Human-Ressourcen-Bereich (neue Arbeitsvielfalt, neue Karrierewege, „job empowerment"). Aufgabe der Phase *Identifikation der Wegbereiter* ist es, diese Elemente zu identifizieren, gezielt zu gestalten und einzusetzen.

Erfolgt keine gezielte Gestaltung und Nutzung der Wegbereiter besteht die Gefahr, daß sie zu einer Behinderung für BPR werden. Zum Beispiel können vorhandene Informationssysteme in Organisationen die Reorganisation ihrer Prozesse verhindern. Nur die rechtzeitige Berücksichtigung dieser Hürde im Änderungsprozeß erlaubt ihre Bewältigung.

Formulieren einer Prozeßvision

Strategische Unternehmensziele sind meist zuwenig operational, um sie direkt als Prozeßziele verwenden zu können. Die Prozeßvision ist das Bindeglied zwischen

Strategie und Ausführung. Sie soll die zukünftige Leistungsfähigkeit eines Prozesses beschreiben und liefert dafür meßbare Ziele, die dann zur Bewertung des alten und des neuen Prozesses herangezogen werden.

In die Erstellung der Vision müssen unter anderem die Unternehmensstrategie, die Bedürfnisse der Kunden und die Leistungsfähigkeit der Mitbewerber bei ähnlichen Prozessen einfließen. Vor allem die Kundenbedürfnisse, sowohl interne als auch externe, spielen dabei eine wesentliche Rolle.

Eine Prozeßvision sollte harte und weiche Ziele enthalten. Beispiel für ein hartes Ziel wäre die Reduktion der Entwicklungszeit für einen neuen Automotor um 40% in den nächsten 4 Jahren. Weiche Ziele[130] sind dagegen schwer quantifizierbar. Die Steigerung der Arbeitszufriedenheit der an einem Prozeß beteiligten Arbeiter durch „job empowerment" wäre ein Beispiel für ein weiches Ziel.

Folgende Zielinhalte sind häufig in den Prozeßvisionen zu finden:

- Kostenreduktion,
- Zeitreduktion,
- Verbesserung der Produktqualität,
- Verbesserung der Arbeitsqualität (job empowerment).

Grobanalyse der vorhandenen Prozesse

Die Grobanalyse soll zu einem grundsätzlichen Verständnis der vorhandenen Prozesse führen. Eine Zerlegung eines Prozesses bis ins kleinste Datenelement erscheint nicht als notwendig und sinnvoll. Eine zu detaillierte Analyse erhöht die Gefahr, am IST-Zustand festzuhalten und unnötig Ressourcen zu vergeuden.

Die Analysephase liefert die Chance, kurzfristige Verbesserungen durchzuführen. Es werden häufig Probleme erkannt, die schnell beseitigt werden können. Solche Verbesserungen sollten unbedingt realisiert werden, um ein positives Klima für das BPR zu schaffen und zu erhalten. Die Betonung liegt aber auf schnellen mit wenig Aufwand realisierbaren Verbesserungen, um nicht das Gesamtprojektziel aus den Augen zu verlieren.

Zu den wichtigsten Aktivitäten in dieser Phase gehören die Beschreibung des gegenwärtigen Prozeßablaufs und das Messen und Bewerten des Prozesses anhand der gesetzten Prozeßziele. Auf der Basis der Analyse sollte es möglich sein,

Probleme und Schwachstellen des bestehenden Prozesses zu identifizieren. Durch die Bewertung des alten Prozesses wird eine Vergleichsbasis für die Leistung des neuen Prozesses geschaffen.

Neben der Leistungsbewertung des Prozesses ist es notwendig, sich über die bestehende Informationstechnologie und Organisation klar zu werden, um rechtzeitig mögliche Wirkungen von „BPR-Behinderern" zu erkennen und entsprechend darauf reagieren zu können. Zum Beispiel sollten im Rahmen der Informationstechnologie bestehende Applikationen, Datenbanken, Technologien und Standards erfaßt werden. Im Bereich der Organisation sind Stellenbeschreibungen, Persönlichkeitsprofile und vor allem vorhandenes Wissen über bereits durchgeführte organisatorische Änderungen interessant.

Entwurf und Implementierung des neuen Prozesses

Eine erfolgreiche Prozeßneugestaltung führt Davenport hauptsächlich auf die Fähigkeiten der Prozeßgestalter zurück. Schon bei der Teamzusammensetzung muß darauf geachtet werden, daß die richtigen Personen im Team vertreten sind. Sie müssen sich durch Kreativität und Umsetzungsfähigkeiten auszeichnen. Der Einsatz von Kreativitätstechniken kann die Erstellung von Prozeßalternativen zwar unterstützen, aber ohne ein gewisses Kreativitätspotential bei den Teammitgliedern sind sie ziemlich nutzlos.

Das wichtigste Werkzeug für die Prozeßgestaltung ist das Prototyping. Es soll helfen, in einem iterativen Prozeß einen „fit" zwischen Prozeßstruktur, Informationstechnologie und Organisation zu erreichen. Es handelt sich dabei nicht nur um einen Prototyp für die Informationstechnologie, sondern für den gesamten Prozeß, man könnte ihn als Organisationsprototypen bezeichnen. Die erstellten Prototypen sind hinsichtlich Machbarkeit, Risiko und Leistung zu bewerten, und anhand des Bewertungsergebnisses ist die beste Alternative auszuwählen.

Nach Abschluß des Prototyping soll ein Migrationsplan helfen, den erstellten Prototyp im Unternehmen erfolgreich zu implementieren. Bei der Umsetzung muß sichergestellt werden, daß die Wirkungen der beabsichtigten Innovation eintreten und die Prozeßziele erreicht werden.

Stärken und Schwächen des Ansatzes

Das dargestellte Vorgehensmodell gibt einen Rahmen auf oberster Ebene für die Durchführung von BPR-Projekten vor, was auch Davenports Ziel war. Die fünf vorgestellten Phasen sollten von jedem BPR-Projekt durchlaufen werden. Eine

Analyse von Untersuchungen über BPR-Projekte[131] zeigt, daß bei gescheiterten BPR-Projekten häufig einzelne Phasen aus Davenports Modell fehlen oder wesentliche Komponenten dieser Phasen nicht oder falsch berücksichtigt wurden.

Allerdings ist festzustellen, daß sich das Vorgehensmodell auf sehr abstrakter Ebene bewegt. Die Beschreibung der einzelnen Phasen ist bei weitem nicht operational genug, um direkt in Handlungen umgesetzt werden zu können. Zum Beispiel wird verlangt, alte und neue Prozesse zu messen, ein Modell dafür wird aber nicht angeboten. Auch die Beschreibung der Werkzeugunterstützung der einzelnen Schritte ist äußerst rudimentär. Weitere konzeptionelle Arbeit ist also unbedingt erforderlich, um diese Lücken zu schließen.

Obwohl Organisationsänderung als permanenter und langfristiger Prozeß betrachtet werden sollte, handelt es sich bei der im BPR verfolgten Neugestaltung von Prozessen primär um Projekte. Die Projekte können aber eine Initialzündung für ein permanentes Innovationsmanagement sein.

Ein weiterer Schwachpunkt in Davenports Ansatz ist die mangelnde Beschreibung der für BPR notwendigen Projektorganisation. Gerade bei Projekten die erhebliche organisatorische Änderungen bewirken sollen, ist das richtige Zusammenspiel verschiedenster organisatorischer Einheiten wichtig. Ein konkreter Vorschlag für eine Projektorganisation und eine passende Projektsteuerung wäre für die Praxis von großer Bedeutung.

Eine organisatorische Änderung ist natürlich auch mit einer Änderung der Organisationskultur und mit Verhaltensänderungen verbunden. Schließlich soll nicht nur neue Informationstechnologie im Unternehmen eingesetzt werden, sondern es sollen auch neue Formen der Zusammenarbeit gefunden werden. Mitarbeiter müssen in völlig neue Rollen schlüpfen und neue, komplexere Anforderungen bewältigen. Daß solche Änderungen ein hohes Maß an Änderungsbereitschaft bei den Betroffen voraussetzen, wird in Davenports Ansatz[132] kaum erwähnt. Dementsprechend werden auch kaum Hinweise oder Ratschläge gegeben, wie diese Probleme bewältigt werden sollten.

Dieser und auch die meisten anderen BPR-Ansätze konzentrieren sich auf die Reorganisation von einem oder wenigen Prozessen. Diese Schwerpunktbildung ist auch legitim, wenn das BPR nicht in Zusammenhang mit dem großflächigen Einsatz eines IBSIS gesehen wird. Wird ein IBSIS im Unternehmen eingeführt, werden davon auch Funktionen betroffen, die außerhalb eines zu reorganisierenden Prozesses liegen und vielleicht auch keinem anderen Prozeß zugeordnet werden können. Dies soll nun nicht heißen, daß diese Funktionen kein Verbesserungspotential enthalten, und ihre Untersuchung daher entfallen kann. Maßnahmen, dieses Problem zu fassen, werden von BPR nicht angeboten.

Zusammengefaßt kann gesagt werden, daß die von Davenport vorgestellten Phasen eine gute Ausgangsbasis für gezielte organisatorische Änderungen darstellen, aber der Verfeinerung und Ergänzung vor allem im Bereich der sozialen Faktoren bedürfen. Sie geben jedoch einen sinnvollen Rahmen vor, an dem sich Projekte zur radikalen Reorganisation von Unternehmensbereichen orientieren sollten.

3 Rahmenbedingungen

Die Einführung eines IBSIS in der hier vorgestellten Art und Weise ist als gezielte Organisationsänderung zu betrachten. Primär hat das Vorhaben zwar Projektcharakter, durch das Projekt sollten aber auch Grundlagen für ein permanentes Innovationsmanagement geschaffen werden. Das Projekt verursacht zuerst einen radikalen Schnitt in der Organisation. Um aber die nötige Flexibilität für den Wandel zu bieten, muß ein dauerhafter Anpassungssprozeß initialisiert werden - BPR geht somit in einen kontinuierlichen Änderungsprozeß über.

Welche Faktoren einer Organisation sind bei gezielten organisatorischen Änderungen zu berücksichtigen, damit ein derartiges Vorhaben Erfolg hat? Diese Frage stand bei der Ausarbeitung dieses Kapitels im Mittelpunkt. Es wurde bewußt versucht, Themen anzuschneiden, die bei der Durchführung von organisatorischen Änderungen berücksichtigt werden müssen.

Hier wurde eine deduktive Vorgehensweise (vom Allgemeinen zum Besonderen) gewählt, um sich diesem Themenbereich zu nähern. Im ersten Abschnitt werden die Gestaltungselemente einer gezielten organisatorischen Änderung im Überblick dargestellt, in den folgenden Abschnitten wird dann jedes Element genauer besprochen. Da eine vollständige Diskussion aller relevanten Ansätze den Umfang dieses Buches bei weitem sprengen würde, hat der Autor versucht, sich auf seiner Meinung nach wichtige Aspekte zu beschränken.

Die im vierten Kapitel im Rahmen des Vorgehenskonzeptes vorgeschlagenen Aktivitäten sprechen immer wieder die hier beschriebenen Rahmenbedingungen an. Die allgemeine Beschreibung dieser Bedingungen hilft die Einordnung und Notwendigkeit einzelner Aktivitäten besser zu verstehen.

Obwohl der Schwerpunkt dieses Buches auf der Abwicklung eines Projektes zur Einführung eines IBSIS liegt, wird im letzten Abschnitt dieses Kapitels ein Ansatz vorgestellt, wie das Projekt in ein unternehmensweites Innovationsmanagement eingebettet werden kann. Diese umfassende Sicht ist deshalb wichtig, da im vierten Kapitel, dem eigentlichen Vorgehensmodell, Instrumente, wie die Prozeßdokumentation oder die Kunden/Lieferantenbeziehungs-Analyse vorgestellt werden, die ihren vollen Nutzen erst durch ein dauerhaftes Innovationsmanagement entwickeln können.

3.1 Elemente einer gezielten organisatorischen Veränderung

Ein wesentliches Potential der Einführung eines IBSIS besteht in der Verbesserung organisatorischer Abläufe und Strukturen. Allein die Aussage, daß ein bestehendes Informationssystem abgelöst und durch ein Standardinformationssystem ersetzt werden soll, fordert viele Organisationsmitglieder heraus, über neue organisatorische Lösungen nachzudenken. Um aber dieses Potential voll zu nutzen, darf sich ein Organisationsänderungsprojekt nicht allein auf diesen Effekt verlassen und sich nur um die Ausprägung des neuen Systems kümmern. Vielmehr ist es zwingend notwendig, die Organisation gezielt zu ändern und gleichzeitig bei mehreren organisatorischen Elementen anzusetzen, sowohl bei harten als auch bei weichen Faktoren, um das Optimierungspotential voll auszuschöpfen.

Die Einflußmöglichkeiten können auf zwei Ebenen betrachtet werden (vgl. Abbildung 3-1)[133]. Auf einer äußeren Ebene existieren konstituierende Eigenschaften einer Unternehmung, die bei ihrer Gründung festgelegt werden. Ihre Auswahl und Kombination wird durch Umwelt und gesellschaftliche Rahmenbedingungen eingeschränkt. Beschränkungen bestehen aber nicht nur aus dem Umfeld, sondern auch die Entscheidung für eine bestimmte Ausprägung eines Faktors belegt die anderen Faktoren mit Restriktionen.

Aus der Menge der möglichen konstituierenden Eigenschaften wurden folgende vier ausgewählt:

- **Sachziel**: Durch das Sachziel eines Unternehmens wird sein Betätigungsfeld festgelegt.
- **Formalziel**: Im Formalziel sind die Leistungsstandards zur Messung und Bewertung der Aktivitäten der Organisation definiert.
- **Verfassung**: Durch die Unternehmensverfassung werden die Verteilung der Entscheidungs- und Kontrollbefugnisse sowie die Rechte und Pflichten der Organisationsmitglieder bestimmt.
- **Sozialstruktur**: Die Sozialstruktur kennzeichnet die im Unternehmen vorherrschenden Normen. Sie wird durch die Verteilung der Qualifikationen und Werte der Organisationsmitglieder gebildet.

Die Wahl der konstituierenden Faktoren gibt einen Gestaltungsraum für ihre Präzisierung vor.

Rahmenbedingungen 67

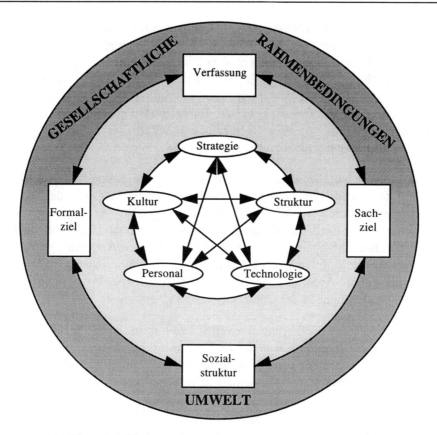

Abbildung 3-1 Elemente des gezielten organisatorischen Wandels

Auf der zweiten Ebene werden diese Grundtatbestände in konkrete Handlungsanweisungen und Bedingungen für die Organisation verfeinert. Durch die Gestaltung der Elemente Strategie, Struktur, Personal, Technologie und Kultur wird versucht, die Handlungen der Organisation zu bestimmen.

Wie auf der ersten Ebene beeinflussen sich auch diese Faktoren gegenseitig, wobei es sich sowohl um Beschränkungen als auch Erweiterungen handeln kann. Aufgrund der gegenseitigen Abhängigkeit und Beeinflussung erscheint eine isolierte Gestaltung der Elemente als nicht sinnvoll, zu viele Verbesserungspotentiale würden vergeudet. Zum Beispiel stärken Befunde über geringe oder sogar sinkende Produktivität als Folge des Einsatzes von Informationssystemen diese These.[134] Es ist anzunehmen, daß bei den untersuchten Fällen primär die Gestaltung des Informationssystems im Vordergrund stand und die anderen Gestaltungselemente vernachlässigt wurden. Erst durch die simultane Gestaltung von mehreren sich gegenseitig beeinflussenden harten und weichen Faktoren[135] können Chancen zur Produktivitätssteigerung tatsächlich genutzt werden. Zum

Beispiel eröffnet der Einsatz von moderner Informationstechnologie wie Workflow-Management-Systemen Chancen für neue schnellere organisatorische Abläufe. Um das Optimierungspotential voll auszuschöpfen, müssen aber neben dem Informationssystem und Abläufen auch Arbeitsinhalte, Kompetenzen, Verantwortungen, Leistungsbewertungs- und Führungssysteme, Informations- und Kommunikationswege, Verhaltensweisen, Einstellungen etc. mit der Technologie abgestimmt werden, von der rechtzeitigen Mitarbeiterbeteiligung bei der Projektdurchführung gar nicht zu reden.

Die konstituierenden Elemente auf der übergeordneten Ebene des Modells sind langfristig festgelegt, das heißt Änderungen kommen aufgrund der massiven Auswirkungen auf die gesamte Organisation nur in großen Zeitabständen vor. Auf der zweiten Ebene sind die Veränderungen wesentlich häufiger und passieren eigentlich laufend. Man kann hier von einem permanenten Änderungsprozeß sprechen, durch den ein „fit" zwischen Umwelt und Organisation angestrebt werden muß. Je länger auf Anforderungen der Umwelt nicht reagiert wird, desto tiefgreifendere Änderungen in der Organisation sind zu erwarten.

Um die Potentiale der Einführung eines IBSIS zu nutzen, ist die Berücksichtigung aller Elemente der zweiten Ebene des hier beschriebenen Modells unbedingt notwendig. Die Elemente der ersten Ebene stehen nicht im Wirkungsbereich eines derartigen Vorhabens und werden deshalb nicht näher betrachtet.

3.1.1 Strategie

Die Strategie spielt bei organisatorischen Änderungen eine wichtige Rolle, da durch sie das Unternehmen auf zukünftige Erfolgspotentiale ausgerichtet werden soll. Die Strategie ist aber nur ein Instrument des strategischen Managements eines Unternehmens, dessen Ziel der Aufbau, die Pflege und die Nutzung von Erfolgspotentialen ist. Durch seine Fähigkeit, neue Erfolgspotentiale zu identifizieren und zu erschließen, wird ein wesentlicher Beitrag zur Sicherung der Lebensfähigkeit eines Unternehmens geleistet.[136] Das Erfolgspotential steht dabei als Führungs- und Steuerungsgröße im Mittelpunkt, es ist den für das operative Management maßgebenden Größen übergeordnet. Die organisierte und systematisierte Vorsteuerung des strategischen Managements schafft die für die operative Führung notwendigen Bewegungs- und Effizienzspielräume.[137]

Wie das strategische mit dem operativen Management zusammenhängt, welcher Steuerungsgrößen, Orientierungsgrößen und -grundlagen sie sich bedienen, ist in Abbildung 3-2 zu sehen.

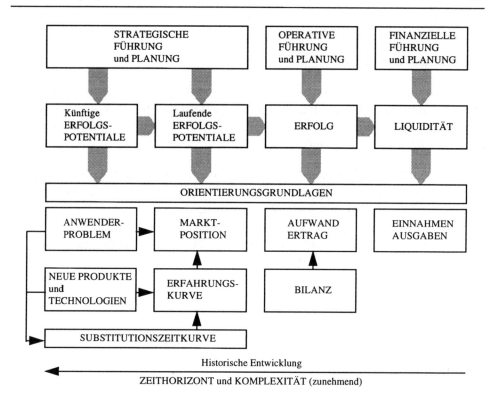

Abbildung 3-2 Standort des strategischen Managements
(in Anlehnung an: [Gälw 87, S. 28, S. 146])

Woraus besteht nun das Erfolgspotential eines Unternehmens? Nach Gälweilers Definition umfaßt ein Erfolgspotential „das gesamte Gefüge aller jeweils produkt- und marktspezifischen Voraussetzungen, die spätestens dann bestehen müssen, wenn es um die Erfolgsrealisierung geht." „Dazu gehören [...] insbesondere Produktentwicklungen, der Aufbau von Produktionskapazitäten, von Marktpositionen, von kostengünstig funktionierenden Organisationen in den einzelnen Funktionsbereichen usw."[138] Durch das Erfolgspotential können die operativen Größen Erfolg und Liquidität vorgesteuert werden, man sollte also Gefahren und Potentiale frühzeitiger erkennen, um daran das künftige Verhalten zu orientieren.

Die Orientierungsgrößen und -grundlagen für die Ermittlung von bestehenden und künftigen Erfolgspotentialen sind

- Marktposition,
- Erfahrungskurve,
- Anwenderproblem,

- neue Produkte und Technologien und
- Substitutionszeitkurve.

Diese Größen sind abstrakter, komplexer und langfristiger als die Orientierungsdaten für die operative Führung, wie zum Beispiel Aufwände und Erträge für den Erfolg oder Einnahmen und Ausgaben für die Liquidität. Dementsprechend sind sie auch anders zu behandeln.

Der Marktanteil spielt deshalb eine wichtige Rolle, weil Marktanteile Erfolgspotentiale repräsentieren. Begründet wird dieser Sachverhalt durch die Erfahrungskurve, die besagt, daß mit jeder Verdoppelung der kumulierten Mengen eines Produktes oder einer Leistung ein Kostensenkungspotential von ca. 20 - 30 %, im Minimalfalle bei den Wertschöpfungskosten entsteht.[139] (vgl. Abbildung 3-3)

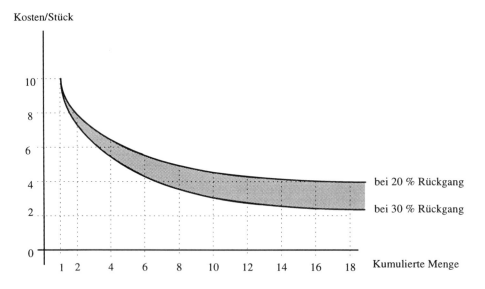

Abbildung 3-3 Die Kosten/Erfahrungskurve bei linear eingeteilten Koordinaten näherungsweise - (Quelle: [Gälw 87, S. 38])

Die jährlich möglichen Kostensenkungen sind umso höher, je kürzer die Verdoppelungszeit für eine kumulierte Menge ist. Die kumulierten Mengen verhalten sich entsprechend den Marktanteilen der Anbieter. Wer also die höchsten Marktanteile besitzt, hat die niedrigsten potentiellen Stückkosten. Wohlgemerkt, es ist hier von Potentialen die Rede, die erst realisiert werden müssen. Das höhere Erfolgspotential gegenüber Konkurrenten mit geringerem Marktanteil besteht darin, daß man bei sinkenden Verkaufspreisen später in die Verlustzone gerät.

Die Erfahrungskurve soll helfen, die strategisch relevante Kostensituation der Konkurrenten einzuschätzen und Wirkungen von Marktanteilsänderungen zu erkennen. Um Marktanteile halten zu können, bedeutet dies für ein Unternehmen ein Wachsen mit dem Markt, sowohl positiv als auch negativ.

Erfahrungskurve und Marktanteile reichen aber als Orientierungsgrundlage nicht aus, sie werden durch den Lebenszyklus von Produkten begrenzt. Der Horizont wird durch den Blick auf das Anwenderproblem erweitert. Die Untersuchung des Anwenderproblems soll alle

- derzeit sich am Markt befindenden,
- sich gerade im Entwicklungsstadium und
- gerade im Forschungsstadium befindenden Techniken und Technologien

zu seiner Lösung erfassen. Durch diese Einbindung des Kundenproblems wird die Forschungs- und Entwicklungsarbeit in die Unternehmensstrategie integriert.

Die Verdrängung von alten Produkten durch neue Produkte, also ihre Substitution verläuft meist nach gleichem Muster. Sobald das neue Produkt seine Einsatzfähigkeit bewiesen und einige Prozent Marktanteil erreicht hat, läuft die Substitution mit der anfänglichen Geschwindigkeit weiter, bis das neue Produkt das alte vom Markt völlig verdrängt hat.[140] Die Kenntnis der Substitutionszeit ist dann relevant, wenn man selbst substituiert wird, wenn man in einen neuen Markt eintreten oder ausscheiden will oder wenn man ein eigenes oder fremdes Produkt selbst substituieren will. Zu beachten ist, daß die Substitutionszeitkurve nur Näherungswerte liefert.

Die kurze Beschreibung der Orientierungsgrundlagen läßt erkennen, daß strategisches Management nicht im stillen Kämmerlein hinter verschlossenen Türen geschehen kann. Es lebt davon, daß eine strategische Sichtweise auf allen Entscheidungsebenen gelebt wird. Die Inhalte für die Orientierungsgrößen entstehen im operativen Geschäft. Zum Beispiel werden erste Anzeichen von Marktveränderungen meist von den Außendienstmitarbeitern wahrgenommen. Diese Informationen dürfen nicht durch bürokratische Strukturen verloren gehen, sondern müssen bewußt in die strategischen Überlegungen einfließen. Auf der anderen Seite muß sich aber auch die Unternehmensleitung entsprechend verhalten. Sie darf nicht „in höheren Sphären schweben", sondern muß unbedingt den Kontakt zum operativen Geschäft des Unternehmens halten, um dabei nicht nur Veränderungen im Umfeld der Organisation zu erkennen, sondern auch zu bemerken, was im Unternehmen selbst „gespielt" wird.

Konkretisiert wird das strategische Management in strategischen Programmen, Organisationsstrukturen und Managementsystemen sowie im Problemlösungsverhalten der Organisationsmitglieder.[141] Unter gezielter Nutzung von Ressourcen und Berücksichtigung der oben angeführten Orientierungsgrößen führen strategische Programme zur Entwicklung und Erhaltung von Erfolgspotentialen.

Die zu entwickelnden Strategien müssen einerseits eine stabilisierende und andererseits eine verändernde Wirkung haben. „Die stabilisierende Strategie konstituiert sich durch die Kombination eines standardisierten Massenprogramms mit einer nach internen Synergiepotentialen strebenden Aktivitätsstrategie, einer konformistisch orientierten Wettbewerbsstrategie und einer deterministischen Ressourcenzuordnung. Die verändernde Programmstrategie versucht ständig, neue Chancen wahrzunehmen und Pionierleistungen zu vollbringen. Dabei zielt sie darauf ab, kundenorientierte externe Synergien durch Innovationen zu verwirklichen und ihre Ressourcenzuteilung so offen und flexibel wie möglich zu gestalten."[142]

Organisationsstrukturen und Führungssysteme bilden den Rahmen für das strategische Management. Durch geeignete Strukturen, die durch gezielte Gestaltung von Abläufen, Informationsflüssen, Entscheidungskompetenzen und Verantwortung etc. geschaffen werden, soll die Umsetzung des strategischen Managements strukturell gesichert werden. Der operative Vollzug der strategischen Konzepte soll innerhalb dieser Strukturen durch passende Führungssysteme, Systeme zur Diagnose, Planung und Kontrolle, unterstützt werden.

Daneben bestimmt die Unternehmenskultur wesentlich das Problemlösungsverhalten der Organisationsmitglieder. Strategisches Management wird nur Erfolg haben, wenn Werte und Normen der Organisationsmitglieder darauf abgestimmt sind.

Ein für dieses Buch wesentlicher Aspekt des strategischen Managements ist die Steuerung von Innovationen, wobei es keinen Rolle spielt, ob sich Innovationen auf Produkte oder Dienstleistungen oder auf neue Verfahren und Methoden beziehen. Für die rechtzeitige Ortung sind die gleichen Methoden und instrumentellen Ansätze brauchbar, wie sie für die Unternehmensstrategie gelten.[143] Zum Beispiel dient die Erfahrungskurve zum Orten von Kostensenkungspotentialen. Durch sie kann festgestellt werden, bei welchen Produkten Kostensenkungen durch Verfahrensinnovationen möglich und sinnvoll sind.

In der gezielten Steuerung von Innovationen liegt auch die Verbindung zum BPR. Durch das strategische Management müssen Innovationsprojekte gezielt initiiert werden. In diesem Kontext verkommt BPR nicht zu einer Methode, die nur im

Krisenfall eingesetzt wird, sondern es dient vielmehr der Umsetzung der vom strategischen Management angestoßenen Innovationen.[144] Die Strategie mit dem Ziel der Entwicklung und Erhaltung von Erfolgspotentialen ist der Rechtfertigungsrahmen und die Ausgangsbasis für die einzelnen Aktivitäten zur Reorganisation von einzelnen Geschäftsprozessen. Durch das strategische Management kann ein Unternehmen auf den permanenten Wandel ausgerichtet werden. Es erfolgt eine systematische Lenkung und Kontrolle des Wandels und eine möglichst reibungslose Umsetzung von Veränderungen.[145]

Informationssystemstrategie

Im Rahmen dieser Organisationsphilosophie wird auch eine strategische Informationssystemplanung unumgänglich, denn von der strategischen Gesamtplanung und der Definition der in den Geschäftseinheiten ablaufenden Gesamtprozesse, hängt es ab, welcher Informationstechnologieeinsatz notwendig ist.[146] Die Informationssystemstrategie baut also auf der Unternehmensstrategie auf. Sie versucht, eine langfristige und ganzheitliche Sichtweise auf die Informationssysteme im Unternehmen zu erreichen und dadurch ihre Entwicklung gezielt zu planen und zu steuern. Sie soll einen „Wildwuchs" an Informationssystemen im Unternehmen verhindern.

Andererseits gibt es auch Impulse von der Informatikseite an die strategische Gesamtplanung. Neue Informationstechnologie schafft zusätzliche Verbesserungspotentiale bei den Arbeitsabläufen, man denke nur an die Potentiale des Einsatzes von Workflow-Management-Systemen, wodurch Arbeitsabläufe schneller und flexibler werden können. Außerdem findet die Informationstechnologie generell bei der Suche und Schaffung neuer Erfolgspotentiale durch das strategische Management Berücksichtigung, da sie ein wesentlicher Bestandteil der Orientierungsgröße „Neue Produkte und Technologien" ist (vgl. Abbildung 3-2).

Eine Ebene unter der Informationssystemstrategie befindet sich die Informationssystemarchitektur. Es handelt sich dabei um einen generellen Bebauungsplan für die Informationssystementwicklung.[147] Eine Entscheidung für den Einsatz eines IBSIS fällt demnach bereits auf diesen beiden Ebenen.

Aus der Informationssystemstrategie und Informationssystemarchitektur werden schließlich Informationssystemprojekte abgeleitet (vgl. Abbildung 3-4). Diese Projekte sind generell auf die Erhaltung und Verbesserung der Informationssystemarchitektur ausgerichtet. Organisatorische Reorganisation erfolgt meist nicht oder in nur sehr geringem Umfang. Durch diese Projekte werden dann auch nicht jene bedeutenden Produktivitätssteigerungen erreicht, die häufig erwartet werden, da durch sie bestehende organisatorische Strukturen nicht hinterfragt werden. Auch die Ablöse von bestehenden Informationssystemen durch ein IBSIS wird häufig als ein solches Projekt abgewickelt. Das Projektziel richtet sich dann auf die bestmögliche Anpassung des IBSIS an die bestehende Organisation.

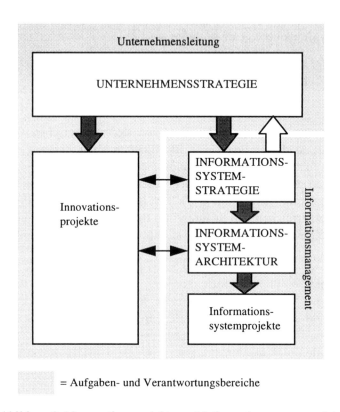

Abbildung 3-4 Innovationsprojekte und Informationssystemprojekte

Daneben existieren aber noch jene Projekte, die direkt aus der Unternehmensstrategie abgeleitet werden. Diese Innovationsprojekte werden ins Leben gerufen, um Erfolgspotentiale für das Gesamtunternehmen zu entwickeln oder zu erhalten. Ihre Inhalte reichen von der Entwicklung neuer Produkte, der Realisierung von Kostensenkungspotentialen durch die Reorganisation von Geschäftsprozessen bis zu Unternehmenszusammenschlüssen, um Synergiepotentiale zu realisieren und Marktanteile zu gewinnen. In diesen Projekten spielt häufig Informationstechnologie eine wesentliche Rolle, um die Projektziele zu erreichen. Hier besteht nun auch die Verbindung zum Informationsmanagement, das dafür zu sorgen hat, daß diese Projekte im Rahmen der Informationssystemstrategie und Informationssystemarchitektur ablaufen. Der Informationsmanager ist durch sein Fachwissen dafür verantwortlich, daß durch die Bereitstellung der für das Unternehmen bestmöglichen Informationstechnologie die Projektziele erreicht werden. Während der Projektauftrag für Informationssystemprojekte meist vom Informationsmanagement kommt, sind die Auftraggeber der Innovationsprojekte eindeutig in jenen Kreisen, die für das strategische Gesamtmanagement zuständig sind, also der Unternehmensführung, zu suchen. In Abbildung 3-4 ist dieser Zusammenhang dargestellt.

Das in diesem Handbuch vorgestellte Vorgehenskonzept zur Reorganisation von Geschäftsprozessen und zur Einführung eines IBSIS ist eindeutig ein Innovationsprojekt, dessen Auftraggeber die Unternehmensleitung ist. Das Projektziel ist in diesem Fall auf die bestmögliche Unterstützung eines oder mehrerer neugestalteten Geschäftsprozesse durch ein IBSIS ausgerichtet.

3.1.2 Struktur

Unternehmen ohne Struktur existieren so gut wie nicht. Selbst bei Unternehmensgründungen arbeitet eine durch eine Vision verbundene Gruppe Gleichgesinnter schon bald nach dem Prinzip der Arbeitsteilung. Durch die Aufgabenteilung werden die anfallenden Arbeiten von denen bewältigt, die sie optimal lösen können. Um ein gemeinsames Ganzes zu erreichen, ist es aber notwendig, diese Teilaufgaben auf irgendeine Art und Weise zu koordinieren. Die beiden Grundelemente der Struktur, Arbeitsteilung und Koordination haben zu wirken begonnen, und die Basis für den weiteren Strukturaufbau ist gelegt. Mintzberg definiert die Struktur einer Organisation anhand dieser Grundelemente:

„The structure of an organization can be defined simply as the sum total of the ways in which it divides its labor into distinct tasks and then achieves coordination among them."[148]

Das Aufkommen von Computern führte zuerst zur punktuellen Unterstützung von Aufgaben in der Organisation und später zur Computerisierung von ganzen Abläufen. Begonnen wurde häufig mit Lohn- und Gehaltsverrechnungssystemen, über Buchhaltungen bis zum Beispiel zu kompletten Warenwirtschaftssystemen in Handelsunternehmen. Programme wurden meist von den Unternehmen selbst entwickelt und für bestehende organisatorische Strukturen maßgeschneidert, Abläufe wurden dabei nur selten in Frage gestellt. Nachträglich geforderte Änderungen in den Abläufen bedingen dann oft auch Änderungen der Informationssysteme. Aufgrund der Ressourcenproblematik der IS-Abteilungen werden derartige Korrekturen häufig gar nicht, in vereinfachter oder veränderter Form durchgeführt. Diese Überlegungen führen zu dem Schluß, daß Informationssysteme organisatorische Strukturen bis zu einem gewissen Grad zementieren.

Die Entwicklungen auf dem Informatiksektor der letzten Jahre erlauben aber zunehmend auch strukturelle Änderungen, die erhebliche Produktivitätssteigerungen erwarten lassen. Zum Beispiel ermöglichen die Integration von Daten und der Einsatz von wissensbasierten Informationssystemen, daß Information für Entscheidungen an den richtigen Stellen zur Verfügung steht. Einem Kundenbetreuer können durch Integration und Aufbereitung von Information viele für die Lösung von Kundenproblemen relevante Daten zur Verfügung gestellt werden. Ein langwieriger Instanzenweg kann somit abgeschafft werden. Die Verfügbarkeit von integrierter Information aus den betrieblichen Teilbereichen erhöht das Problemlösungs-Know-how der Mitarbeiter.[149] Um diese möglichen Potentiale auch in die Realität umzusetzen, sind aber entsprechende strukturelle Änderungen nötig. Im beschriebenen Fall müssen die Kundenbetreuer auch mit den nötigen Entscheidungsbefugnissen und der Verantwortung dafür ausgestattet werden, damit tatsächlich Produktivitätsgewinne erzielt werden können. Die Realisierung dieser Gestaltungsspielräume setzt also eine simultane Gestaltung von Organisationsstruktur und Informationssystem voraus.

Das Aufbrechen von verkrusteten Strukturen kann leichter sein, wenn alte Informationssysteme komplett beseitigt und durch neue ersetzt werden. Der Preisverfall von Hard- und Software und die Verfügbarkeit von modernen Entwicklungswerkzeugen für die Eigenerstellung von Informationssystemen lassen solche tiefgreifenden Umgestaltungen, zumindest für einzelne organisatorische Einheiten oder auch Geschäftsprozesse, zu. Die Einführung eines IBSIS in einem Unternehmen bietet eine derartige Chance. Entsprechend können dann auch Geschäftsprozesse unter dem Gesichtspunkt der Ausnutzung der Gestaltungsmöglichkeiten der Informationstechnologie neu gestaltet und vor allem neue unkonventionelle organisatorische Konzepte realisiert werden, was auch der Ansatzpunkt des BPR ist.[150]

Folgt man dem Gedanken des BPR ist ein Überarbeiten der Organisationsstruktur unbedingt notwendig. Alleine die Sicht auf Geschäftsprozesse und die Einrichtung von Prozeßmanagern fordert den Aufbau einer Organisation entlang ihrer Kernprozesse, welche die bestehende Aufbauorganisation ersetzen oder zumindest überschneiden. Auch wenn davon nicht das gesamte Unternehmen betroffen ist, erfolgen doch einige massive Eingriffe in die Struktur wesentlicher betrieblicher Teilbereiche.[151]

Aber nicht nur die Gestaltung von Geschäftsprozessen soll im Mittelpunkt stehen, sondern es sollen auch neue strukturelle Konzepte innerhalb oder außerhalb der Prozesse berücksichtigt werden.

Wie bereits im Abschnitt *Strategie* diskutiert, spielt die Erhaltung und Entwicklung von Erfolgspotentialen im Unternehmen eine zentrale Rolle. Strategisches Management ist aber nur möglich, wenn die dafür notwendige Information möglichst schnell und erfolgreich an die richtigen Stellen gelangt. Die Gestaltung möglichst kommunikationsfreundlicher Strukturen muß daher ein zentrales Anliegen der Strukturbildung sein, letztendlich auch um die Innovationskraft eines Unternehmens zu fördern (vgl. Abbildung 3-5)

Die Innovationskraft der Organisation durch kommunikationsfreundliche Strukturen sichern!

von der Organisation ad rem	zur Organisation ad personam
von der funktionalen Spezialisierung	zur interdisziplinären Generalisierung
von der Suche nach Synergien	zum Wettbewerb zwischen den Einheiten
von der Betonung von Hierarchie und Status	zur horizontalen Kommunikation und Kooperation
vom inhärenten Zentralismus	zum dezentralen, flachen Aufbau
von der Fremdorganisation	zur Selbstorganisation

Abbildung 3-5 Strategische Kommunikation im Unternehmen
(Quelle: [Warn 93, S. 211])

Ein Beispiel für Maßnahmen zur strukturellen Änderung gibt Turner in einem Fallbeispiel über die Firma Oticon, einem der weltweit fünf größten Produzenten für Hörgeräte. In dieser Organisation wurden im Rahmen einer grundlegenden organisatorischen Änderung des administrativen Teils des Unternehmens folgende Maßnahmen ergriffen:[152]

- Elimination der traditionellen Abteilungen: Das gesamte „Head-office" wurde zu einer einzigen Abteilung zusammengelegt. Dadurch sollte das typische Abteilungsdenken beseitigt werden.

- Organisation der Arbeit in Projekten: Innerhalb von Stunden können Projekte zur Lösung von spezifischen Problemen ins Leben gerufen werden. Die

Projekte werden von einem vom Topmanagement ernannten Projektleiter auf „elektronischen Anschlagtafeln" auf jedem Arbeitsplatz angekündigt. Alle Mitarbeiter, die sich an dieser Aufgabenstellung beteiligen wollen, melden sich daraufhin über ihre Workstations an. Die Endauswahl trifft dann der Projektleiter.

- Angestellte arbeiten an unterschiedlichsten Aufgaben: Durch die Beteiligung an unterschiedlichsten Aufgabenstellung in verschiedenen Projekten entwickeln sich die Angestellten zum Multitalent. „Kaminkarrieren" (der sichere Weg zum „Fachidioten") können dadurch vermieden werden.

- Neue Führungsphilosophie: Die freiwillige Beteiligung an Projekten führt zu höherer Motivation der Angestellten, ihre Aufgaben effektiv und effizient zu erfüllen. Der Projektleiter muß weniger beaufsichtigen und kontrollieren, seine Rolle ändert sich zum Innovator und Motivator.

Der Weg für diese Änderungen wurde durch folgende beiden Maßnahmen geebnet:

- Keine eigenen Schreibtische: Niemand im Unternehmen besitzt einen eigenen Schreibtisch, nicht einmal der Geschäftsführer. So ist es möglich, daß sich die Personen, die an einem Projekt mitarbeiten, sehr schnell gruppieren können. Die persönlichen Gegenstände befinden sich in einem Rollcontainer, den sie von einem Arbeitsplatz zum anderen mitnehmen können. Ermöglicht wurde diese Vorgehensweise vor allem durch folgende zweite Maßnahme:

- Elimination von Papier: 95 % der Dokumente wurden im Informationssystem gespeichert. Da sich auf jedem Schreibtisch eine Workstation befindet, die durch ein Netzwerk mit allen anderen Workstations verbunden ist, kann jeder Mitarbeiter von jedem Arbeitsplatz auf seine Dokumente zugreifen. Der flexiblen Koordination und Zusammenarbeit steht damit nichts mehr im Wege.

Das Ergebnis dieser Maßnahmen war eine wesentliche Steigerung der Gewinne, des Umsatzes und eine deutliche Reduktion der Entwicklungszeit von neuen Produkten.

Insgesamt ist anzumerken, daß es die Struktur der Zukunft wahrscheinlich nicht gibt. Je nach Umweltsituation muß sich die Organisation auf veränderte Bedingungen einstellen, und dementsprechend wird sich die Struktur ändern. In Zeiten einer stabilen Umwelt war ein hierarchisches Modell scheinbar der richtige Ansatz, um diesen Ausgleich zu erzielen. In der heutigen dynamischen Umwelt mit immer kürzer werdenden Produktlebenszyklen sind flexiblere Strukturen gefragt. In Abbildung 3-6 ist das Zusammenspiel von Organisation, Information und Leistungserstellung, wie es heute gefordert ist, dargestellt.

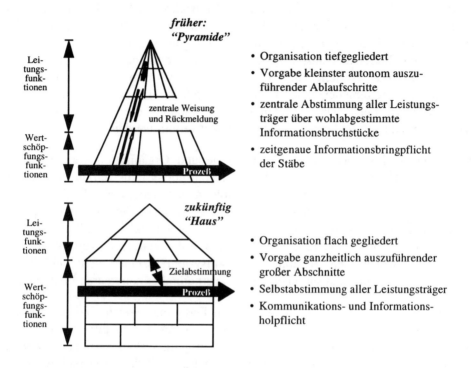

Abbildung 3-6 Zusammenspiel von Organisation, Information und Leistungserstellung: von der Pyramide zum Haus (Quelle: [Warn 93, S. 190])

3.1.3 Technologie

Bereits im Kapitel *Grundlagen* wurde die Rolle der Informationstechnologie als Wegbereiter oder auch Barriere für BPR ausführlich diskutiert.[153] Hier soll die Technologie noch einmal ganz allgemein als Gestaltungselement betrachtet werden. Dabei beschränkt sich die folgende Ausführung nicht auf Informationstechnologie allein, sondern umfaßt den Begriff Technologie insgesamt und meint damit „die Gesamtheit der anwendbaren und tatsächlich angewendeten Arbeits-, Entwicklungs-, Produktions- und Implementierungsverfahren der Technik."[154] Hier werden darunter sowohl die Technik als auch diese Verfahren verstanden.

Insofern gehört auch der Einsatz von Rollcontainern, wie er im vorigen Abschnitt im Fallbeispiel über die Firma Oticon beschrieben wurde, zu diesem Gestaltungselement. Denn gäbe es dieses Aufbewahrungsmittel für Büromaterial nicht, wäre der ständige Wechsel zwischen den Arbeitsplätzen sehr viel schwieriger. Es müßten dann jedesmal sämtliche Schubladen eines Schreibtisches geleert werden und in andere Schubladen umgeräumt werden. Ein weiteres Beispiel wäre der Einsatz von flexiblen Transportsystemen in der Fertigung und Montage eines Industriebetriebes. Anstelle eines starren Fließbandes ermöglicht ein derartiges System die Verteilung der Arbeit je nach Arbeitsfortschritt der einzelnen Arbeiter oder Arbeitsgruppen. Unter anderem kann dadurch die Abhängigkeit vom Vorgänger reduziert und die Arbeitslast flexibel verteilt werden.

Hier zeigt sich wiederum, daß Technologie und Organisation gemeinsam zu gestalten sind. Das Potential eines flexiblen Transportsystems verbunden mit dem eines Informationssystems, das eine flexible Arbeitssteuerung zuläßt, kann nur genutzt werden, wenn es zum Beispiel mit selbststeuernden Arbeitsgruppen[155] oder einem umfassenderen Ansatz wie der fraktalen Fabrik[156] verknüpft wird. Ein Fließband läßt diese Organisationsformen durch den starren Arbeitsablauf nicht zu. Wird umgekehrt ein flexibles Transportsystem in einer nicht veränderten Aufbau- und Ablauforganisation eingesetzt, verkommt es zum teuren Fließband.

Weitere Beispiele neuerer Technologien im Fertigungsbereich sind der Einsatz von Robotern wie zum Beispiel Schweißroboter in der Automobilindustrie, CNC-Maschinen, die auch zu einem flexiblen Fertigungssystem verbunden werden können oder der Einsatz von CAD/CAM-Systemen. All diese Beispiele eröffnen Chancen neuer organisatorisch-technischer Gestaltungen.[157]

Wie schon mehrmals erwähnt, schafft Informationstechnologie organisatorische Gestaltungsspielräume. Folgende Potentiale der Informationstechnologie unterstützen den Aufbau moderner, an den Prinzipien des Lean Managements orientierter Strukturen (Abbildung 3-7):[158]

- **Automatisierung**: Durch die Automatisierung werden manuelle Tätigkeiten durch Informationstechnologie ersetzt, was zu einer Reduktion der Personalkosten führen soll. Dieses Potential war in den letzten Jahren meist Betrachtungsschwerpunkt beim Einsatz von Informationssystemen. Für diesen Schritt ist die Standardisierbarkeit und somit Automatisierbarkeit von Abläufen Voraussetzung.

- **Vermehrte Information**: Durch vermehrte Information über Geschäftsprozesse kann die Informationslage im Unternehmen generell verbessert werden. Zum Beispiel ermöglichen Monitoring-Funktionen von Workflow-

Management-Systemen die genaue Lokalisierung von einzelnen Dokumenten im Unternehmen, die Ermittlung ihrer Verweildauer oder welche Stellen ein Dokument noch passieren muß. Eine Erhöhung des Informationspotentiales bei den Mitarbeitern wird zum Beispiel durch Möglichkeiten der Simulation von CAD- oder Organisationsmodellierungswerkzeugen gefördert, da diese zum Denken in Alternativen anregen. Ferner können in wissensbasierten Systemen oder Volltextdatenbanken Wissen und Erfahrungen von Organisationsmitgliedern gespeichert und für andere Mitarbeiter bereitgestellt werden. Ein Effekt der Gestaltung informationsintensiverer Prozesse ist die erleichterte Selbsteuerung von Arbeitsgruppen, was wiederum die Notwendigkeit von zentralen Stellen als Informationsaggregatoren reduziert.

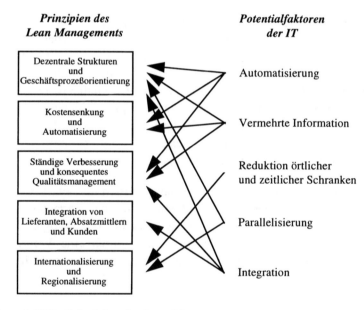

Abbildung 3-7 Die Prinzipien des Lean Managements und deren Unterstützung durch Informationstechnologie-Potentialfaktoren (Quelle: [Petr 94b, S. 583])

- **Reduktion örtlicher und zeitlicher Schranken**: Die weltweite Übertragung von Daten beinahe ohne Zeitverzögerung ermöglicht es, daß bisher an verschiedenen Orten zeitlich versetzte Aufgaben nunmehr zur selben Zeit und anscheinend an einem Ort durchgeführt werden können. Es ist auch denkbar, bisher zentral wahrgenommene Aufgaben auf verschiedene Orte zu verteilen. Dieses Potential und das Integrationspotential der Informationstechnologie (siehe unten) ermöglichen in weiterer Folge das Entstehen von virtuellen Unternehmen.[159]

- **Parallelisierung**: Sequentiell abgearbeitete Aufgaben können durch Einsatz entsprechender Informationstechnologie parallel bearbeitet werden. Zum Beispiel können durch Einsatz von Entwicklungsdatenbanken und CAD-Werkzeugen Komponenten eines neuen Produktes parallel entwickelt werden, was eine Forderung des Simultaneous Engineering ist. Oder durch die Ablaufsteuerung von Workflow-Management-Systemen können Unterschriften in elektronischer Form parallel eingeholt werden, was ein Genehmigungsverfahren wesentlich beschleunigen kann. Im Sinne des BPR sollte man aber vorerst das Genehmigungsverfahren hinterfragen, um zu klären, welche Unterschriften denn überhaupt notwendig und sinnvoll sind und dann diesen bereinigten Ablauf gegebenenfalls auf die beschriebene Art und Weise unterstützen.

- **Integration**: Innerhalb des Unternehmens ermöglicht die vermehrte und verbesserte Information der Mitarbeiter und das dadurch verbesserte Verständnis der Abläufe ein „job empowerment" der Mitarbeiter, das heißt, ihr selbstverantwortliches Handeln durch weitreichendere Entscheidungsbefugnisse[160] wird begünstigt. Darüber hinaus können nun Geschäftsprozesse die Unternehmensgrenzen überschreiten, um externe Organisationen in die Abläufe einzubinden, zum Beispiel durch EDI die Lieferanten und durch Internet die Kunden. Die Integration ist eine weitere Basis für virtuelle Unternehmen, elektronische Märkte oder für Outsourcing.

Damit diese Potentiale auch tatsächlich genutzt werden können, bedarf es neben den strukturellen Änderungen auch der Zustimmung, des Engagements und des Vertrauens der Organisationsmitglieder in die durch die Technologie ermöglichten Arbeitsweisen. Änderungen im Verhalten können durch eine Veränderung des Normen- und Wertegefüges einer Organisation, kurz seiner Kultur, initiiert werden.

3.1.4 Organisationsmitglieder

In der heutigen Organisationslehre rückt die Betrachtung des Menschen immer mehr in den Mittelpunkt. In Abbildung 3-5, die wesentliche Bestandteile kommunikationsfreundlicher Strukturen darstellt, wurde auf diesen Sachverhalt bereits hingewiesen und zwar durch den Übergang von der Organisation „ad rem" zur Organisation „ad personam". Bei der personenorientierten Strukturierung werden zu erfüllende Aufgabenstellungen auf die besonderen Neigungen, Fähigkeiten und Bedürfnisse der Stelleninhaber zugeschnitten.[161] Zur Erklärung und Beeinflussung von menschlichen Verhalten setzt die Organisationslehre an den folgenden drei Ebenen an:

- **Personale Ebene**: Auf dieser Ebene steht der einzelne Mensch im Mittelpunkt der Betrachtung. Die Ansätze, die dieser Ebene zuzuordnen sind, befassen sich vor allem mit Motivation und Lernen.

- **Mikrosoziale Ebene**: Diese der personalen Ebene übergeordnete Schicht behandelt schwerpunktmäßig die Beziehungen von Menschen innerhalb von Gruppen sowie das Thema Führung.

- **Organisatorische Ebene**: Die personale und die mikrosoziale Ebene werden in die organisatorische Ebene eingebettet, die sich mit Struktur und Wandel befaßt.[162]

Dieser Überblick läßt bereits die Komplexität des Themas erkennen. Schon eine kurze Beschreibung der wichtigsten Ansätze der personalen und der mikrosozialen Ebene würde den Rahmen dieses Buches sprengen.[163] Deshalb greife ich nur einen Ansatz heraus, der meiner Meinung nach bei der Durchführung von organisatorischen Änderungen wesentliche Beachtung finden sollte. Dieser Ansatz befaßt sich mit kognitiver Dissonanz. Sie hilft, typisches menschliches Verhalten bei Änderungen zu verstehen und Reaktionen von Organisationsmitgliedern vorherzusagen, um besser darauf reagieren zu können.

Kognitive Dissonanz[164]

Die Theorie der kognitiven Dissonanz wurde von Festinger Ende der 50er Jahre formuliert. „Die Grundannahme der Theorie ist ein Streben nach Harmonie, Konsistenz und Kongruenz in der kognitiven Repräsentation der Umwelt und der eigenen Person, soweit die Repräsentation von aktueller Bedeutung, das heißt momentan relevant ist. Die Theorie handelt von Beziehungen zwischen kognitiven Inhaltselementen und davon, welche motivationalen Wirkungen die Tendenz nach Übereinstimmung hat, wenn zwischen zwei Elementen Widersprüche auftreten."[165]

Eine Beziehung ist dissonant, wenn das Gegenteil eines Elements aus einem anderen Element folgt. Der Begriff kognitives Inhaltselement bezieht sich auf Dinge, die eine Person über sich selbst und ihr Verhalten, also was man fühlt, tut, wünscht etc., sowie über ihre Umgebung weiß. Eine dissonante Beziehung wird als unangenehm empfunden, und deshalb motiviert sie dazu, die Dissonanz zu reduzieren und Konsonanz herzustellen. Drei Möglichkeiten zur Reduktion von Dissonanz bieten sich an:

- Änderung eines oder mehrerer Elemente der dissonanten Beziehungen,
- Hinzufügen neuer Elemente, die mit bereits bestehenden übereinstimmen,
- Vermindern der Bedeutung der dissonanten Elemente.

Neben der Reduktion der Dissonanz bleibt noch die Möglichkeit, jene Situationen zu meiden, die die Dissonanz weiter vergrößern könnten.

Die folgenden fünf skizzierten Phänomenbereiche, in denen das Auftreten von kognitiver Dissonanz vermutet wird und mittlerweile in Untersuchungen weitgehend bestätigt wurde, sind deshalb interessant, da derartige Bereiche gerade bei organisatorischen Änderungen gehäuft auftreten. Es handelt sich um die Bereiche

- Nachentscheidungskonflikte,
- erzwungene Einwilligung in Handlungen, die man von sich aus nicht unternommen hätte,
- Selektion von Information,
- in Frage gestellte Überzeugungen von sozialen Gruppen und
- unerwartete Handlungsergebnisse und Ergebnisfolgen.

Das Hinterfragen von bestehenden Regelungen und Abläufen läßt zwangsläufig solche Situationen entstehen, auf die Festingers Theorie angewendet werden kann. Sie hilft, die menschlichen Reaktionen besser zu verstehen, und bietet dadurch die Möglichkeit, auf das Verhalten von Personen gezielter zu reagieren.

Nachentscheidungskonflikte

Eine konfliktbereinigende Entscheidung zwischen Alternativen kann nachträglich leicht Dissonanz aufkommen lassen. Positive Seiten der verworfenen Alternative und negative Seiten der gewählten Alternative stärken die Dissonanz, und umgekehrt erhöhen negative Seiten der verworfenen und positive Seiten der gewählten Alternative die Konsonanz der Entscheidung. Das heißt, daß nach einer Entscheidung eine voreingenommene Bewertungsänderung zugunsten der gewählten Alternative vorgenommen wird. Interessant ist auch, daß die ausgewählte Alternative umso attraktiver wird, je mehr Alternativen es gibt und je weniger sich diese qualitativ voneinander unterscheiden.

Zur Dissonanzreduktion kann auch das Gewicht von herangezogenen Entscheidungskriterien nachträglich geändert werden. Dies ist ein möglicher Erklärungsansatz für das Scheitern von Auswahl- und Bewertungsverfahren wie der Nutzwertanalyse, wenn diese von Personen durchgeführt wird, die sich bereits vor oder auch während des Einsatzes eines derartigen Werkzeuges für eine Alternative vorentschieden haben. Dieses Verhalten ist dadurch belegt, daß während der Entscheidungsfindung Hypothesen über Auswirkungen der einen oder anderen Festlegung gebildet werden, die bereits den Status vorläufiger Entscheidungen haben. Information, die den Vorentscheidungen entspricht, wird aufgewertet, Information, die ihnen widerspricht, wird abgewertet.

Erzwungene Einwilligung

Die vorschnelle erzwungene Einwilligung führt zu Handlungen, die man vor sich selbst nur ungenügend rechtfertigen kann. Die Dissonanz ist umso höher je mehr man sich bewegen läßt, voreilig, freiwillig und ohne ausreichende Belohnung in etwas einzuwilligen, was sich nach der Ausführung als eine Zumutung erweist. Die ausgeführte Handlung wird nachträglich aufgewertet oder ihre negativen Aspekte werden heruntergespielt, um die unangenehme Dissonanz zu reduzieren.

So manche in Unternehmen existierenden Regeln oder Verfahren werden trotz negativer Auswirkungen auf die Organisation aus diesem Grund aufrechterhalten. Auch gibt es so manche Aufgabe, die vom Aufgabenträger mit „Händen und Füßen" verteidigt wird, obwohl sie vielleicht unnötig und sinnlos ist. Ein vorschnelle Einwilligung in die erzwungene Übernahme einer derartigen Tätigkeit, für die man noch dazu keine oder nur eine geringe Gehaltserhöhung bekam, behindert jetzt das In-Frage-Stellen dieser Aktivität.

Eine Voraussetzung, damit Dissonanzreduktion auftritt, ist das „committment" des Handelnden mit der Handlungsalternative. Die Dissonanz muß durch eine Handlung entstanden sein, die man als selbst verursacht erlebt, für die man sich nach außen engagiert und Verantwortung übernommen hat. Durchgeführte Projekte, wie zum Beispiel die Entwicklung neuer Informationssysteme oder durchgeführte organisatorische Änderungen, sind in Unternehmen in den Augen der Verantwortlichen „immer" ein Erfolg, auch wenn genau das Gegenteil der Fall ist.

Selektion von Information

Durch Selektion von Information kann kognitive Dissonanz wirkungsvoll reduziert werden. Man sucht und bevorzugt jene Information, die eine gewählte Handlungsalternative aufwertet und die nicht gewählten Alternativen abwertet. Information, die das Gegenteil beweisen würde, wird gemieden. Dabei spielt die

Widerlegbarkeit der Information eine große Rolle. Man bevorzugt schwer widerlegbare konsonante und leicht widerlegbare dissonante Information und meidet das Umgekehrte.

Information über die Schwächen von ernannten oder gewählten Leitern in Unternehmen stoßen bei den für diese Entscheidung Verantwortlichen selten auf fruchtbaren Boden. Oder eine Entscheidung für ein bestimmtes IBSIS wird von den bei dieser Entscheidung Beteiligten im nachhinein durch gezielte Informationsselektion aufgewertet, auch wenn sich nach seiner Implementierung genau das Gegenteil herausgestellt hat und zum Beispiel die Kosten für den Informatikbereich des Unternehmens nicht gesunken, sondern gestiegen sind.

In Frage gestellte Überzeugungen von sozialen Gruppen

Dissonanzreduktion ist in diesem Fall eng mit den Überzeugungen von sozialen Gruppen verbunden. Es besteht hier anscheinend eine direkte Verbindung zu den Phänomenen Gruppennormen und Gruppendruck.

Kognitive Dissonanz entsteht, wenn die Überzeugungen von anderen Personen von den eigenen Überzeugungen abweichen. Die Dissonanz ist umso stärker, je größer die Diskrepanz zwischen den Überzeugungen ist, je wichtiger das Thema und je attraktiver und glaubwürdiger die andere Person ist. Zur Dissonanzreduktion wurden zwei Effekte festgestellt. Entweder man nähert seine eigene Meinung an die der anderen Person an, oder es geschieht genau das Gegenteil, die eigene Überzeugung wird extremisiert.

Unerwartete Handlungsergebnisse und Ergebnisfolgen

Will man umsonst aufgewendete Anstrengungen in ihrem Wert nicht herabsetzen, ruft dies Dissonanz hervor. Dies bewirkt, daß der Anreiz des angestrebten Handlungsziels aufgewertet wird, um die sinnlos gewordene Anstrengung zu rechtfertigen. Dem Handlungsziel werden dann zusätzliche Anreize zugeschrieben, die aber ganz anderen Motiven entspringen.

Ebenso haben unerwartete Ergebnisse von Handlungen eine dissonanzfördernde Wirkung. Je unerwarteter und je stärker das Handlungsergebnis im Widerspruch zu den eigenen Fähigkeiten steht, desto höher ist die Dissonanz und umso mehr wird man dann versuchen, das eigene Verhalten zu rechtfertigen.

Unerwartete Nebenfolgen sind ein weitere Art von Folgen, die Dissonanz hervorrufen. So wird eine ursprünglich ablehnende Einstellung gegenüber einer negativen Nebenfolge eines Ergebnisses umgekehrt, wenn man sich die Verursachung der negativen Nebenfolge selbst zuschreibt.

Abschließend sei festgehalten, daß die Reduktion von Dissonanz eine motivierende Funktion zu weiterem Handeln hervorruft, sei es nun, um einen Zustand der Konsonanz zwischen kognitiven Elementen zu erreichen oder um in der Realisation von einmal gefaßten Intentionen nicht gestört zu werden. Um Projekte, die Änderungen bedingen, erfolgreich durchzuführen, ist es wichtig, die Verhaltensmuster der betroffenen Mitarbeiter vorherzusehen und im Vorgehen zu berücksichtigen. Dies gilt besonders für Projekte, deren Ziel es ist, Informationssysteme zu ersetzen und/oder organisatorische Änderungen zu implementieren, da hier die Mitarbeiter gezwungen werden, Liebgewordenes und in langer Aufbauarbeit Geschaffenes aufzugeben. Natürlich kann durch die Theorie der kognitiven Dissonanz nur ein Bruchteil menschlichen Verhaltens erklärt werden. Ihre Darstellung zeigt aber deutlich, daß das Gestaltungselement „Mensch" in einer erfolgreichen Projektabwicklung eine zentrale Rolle spielt, da diese Theorie auf viele zu erwartende Widerstände seitens betroffener Organisationsmitglieder im Laufe eines derartigen Projektes hinweist.

3.1.5 Organisationskultur

Seit Beginn der 80er Jahre hat der Kulturansatz eine rasch wachsende Verbreitung gefunden.[166] Abhandlungen über Organisationskultur sind aber schon wesentlich früher zu finden, zum Beispiel weist Arnold bereits 1937[167] auf ziemlich alle Elemente hin, die in der neueren Organisationsliteratur wieder auftauchen:

- „Ein gemeinsames Credo oder eine Menge gemeinsamer Rituale verbaler oder zeremonialer Art, die bewirken, daß jedes Individuum sich als integrierter Teil der Gruppe fühlt, und die die Gruppe als eine Einheit erscheinen lassen. Es handelt sich also um einen einheitsstiftenden Mechanismus, der so geheimnisvoll ist wie das Gesetz der Schwerkraft. [...]
- Eine Menge von Einstellungen, durch die das Credo wirksam wird, nämlich zum Beispiel die Ausstattung des Individuums mit Prestige oder Sicherheit, wenn es seine „egoistischen Interessen" denen der Gruppe unterordnet.
- Ein Set von individuellen Gewohnheiten („habits"), durch die die Menschen in der Lage sind, gleichsam automatisch zusammenzuarbeiten ohne bewußte Wahlakte über die Kooperation [...].
- Die mythologische oder historische Überlieferung, die suggeriert, daß das institutionelle Credo mehr als bloß menschlicher Tat entstammt. Dieser Mythos

kann jede begreifbare Form annehmen, dies hängt von der Kultur ab; [...] jedenfalls aber enthält er alle jeweils gültigen menschlichen Wertvorstellungen, gleichgültig, ob es sich um einen primitiven Stamm oder um die New Yorker Effektenbörse handelt."[168]

Unter diesen Aspekten werden Organisationen als Lebenswelt betrachtet und nicht als sozial-technisch konstruierte formale Systeme. Die Kultur ist im Vergleich zu den „harten" Elementen Struktur oder Technologie als „weiches" Gestaltungselement anzusehen. Sie ist durch Werte, Normen und soziale Traditionen der Organisationsmitglieder geprägt.[169] Die Elemente können nun in folgender Definition zusammengefaßt werden:

„Kultur ist die Summe der Überzeugungen, die eine Gruppe, ein Volk oder eine Gemeinschaft im Laufe ihrer Geschichte entwickelt hat, um mit den Problemen der internen Integration (Zusammenhalt) sowie der externen Anpassung (Überleben) fertig zu werden. Sie ist die Summe der Regeln („To do's" und „Not to do's"), die so gut funktionieren, daß sie zu „ungeschriebenen Gesetzen" werden und jeder nachfolgenden Generation als die „richtige" Art des Denkens, des Fühlens und des Handelns weitergegeben werden."[170]

Die Organisationskultur prägt aber nicht nur die zwischenmenschlichen Beziehungen, auf die sie eine koordinierende Wirkung hat[171], sondern auch die Durchführung von Innovationen. Je nachdem, wie die Kultur ausgeprägt ist, lassen sich Innovationen leichter oder schwerer durchführen, weshalb sie unbedingt auch bei einem Projekt zur Einführung eines IBSIS berücksichtigt werden muß. Es ist ein Unterschied, ob es sich um eine formal geprägte Kultur handelt, in der Instanzenwege strikt eingehalten werden, wo es wenig Interaktionen zwischen den Ebenen, dafür aber viele schriftlich fixierte Regeln gibt, oder ob eine offene Kultur mit informellen Ebenen, Teamstrukturen und Koordination durch Selbstabstimmung vorherrscht. Entsprechende Einflüsse von der Unternehmenskultur auf die Änderungsbereitschaft der Mitarbeiter sind hier anzunehmen.

Das wahrscheinlich wichtigste Instrument, um eine innovationsfördernde Kultur für ein Projekt zu erreichen, ist die partizipative Gestaltung eines Projektablaufes, also die Beteiligung der Betroffenen am Projekt. Die Motivation zur Durchführung von Änderungen sollte aber grundsätzlich in der Unternehmenskultur verankert sein.

Auf die generelle motivierende Wirkung der Kultur, die man sich zunutze machen sollte, wird durch das in der Organisationsliteratur immer wieder verwendete Zitat von Saint-Exupéry hingewiesen: „Wenn Du ein Schiff bauen willst, dann trommle nicht Männer zusammen, um Holz zu beschaffen, Aufgaben zu vergeben und die

Arbeit einzuteilen, sondern lehre sie die Sehnsucht nach dem weiten, endlosen Meer."[172]

Die Kultur wirkt aber nicht nur auf den Ablauf eines Innovationsprojektes, sondern hat auch Einfluß auf die Wirkung und Umsetzung von strukturellen Änderungen, wie sie in dem hier verfolgten Projekt realisiert werden sollen. Wird von den Organisationsmitgliedern gefordert, unternehmerisch zu denken und sich wie Kunden und Lieferanten zu verhalten, so reicht es nicht aus, wenn Strategie, Struktur, Technologie und Organisationsmitglieder darauf ausgerichtet werden. Es ist ebenso wichtig, die Normen, Werte und Traditionen hinsichtlich dieser Aufgabenstellung zu beeinflussen. Zum Beispiel ist der wiederholte Einsatz einer Kunden/Lieferantenbeziehungs-Analyse eine Möglichkeit, um diese Änderungen zu bewirken.[173]

Eine weitere Möglichkeit, die Kultur zu beeinflussen, besteht im Setzen von „Zeichen und Taten" durch das Topmanagement. Zum Beispiel war das Redesign der Firma Oticon[174] auch von einer kulturellen Änderung begleitet. War das Unternehmen vorher von einer elitären Kultur beherrscht, ist jetzt eine egalitäre Kultur gefragt, um vorher bestehende Hierarchieebenen tatsächlich auch in den Köpfen der Mitarbeiter verschwinden zu lassen und um dadurch die Kommunikation zu verbessern. Ein Zeichen, das diese Entwicklung sicherlich förderte, war die Abschaffung von Statussymbolen, wie den fünf verschiedenen Klassen von Firmenwagen, die jeweils einer bestimmten Managementebene zugeordnet waren. Die Zusammenarbeit in einem einzigen Großraumbüro, wo auch der Geschäftsführer sitzt, dessen Schreibtisch sich nicht von denen der anderen Mitarbeiter unterscheidet, ist ein weiteres derartiges Zeichen.[175]

Normen und Werte müssen also von der Führungsspitze glaubwürdig vorgelebt werden. Schließlich befinden sich gerade im Topmanagement jene Modelle, mit denen sich die Mitarbeiter identifizieren und von denen sie lernen.[176] Dies bedeutet aber auch, daß im Unternehmen die richtigen Personen an der Spitze sein müssen, die tatsächliche Vorbilder sind und durch ihren Führungsstil und ihre Visionen überzeugen. Ist dies nicht der Fall, darf die dem Topmanagement übergeordnete Ebene, wie der Unternehmenseigner, nicht davor zurückschrecken auf die Manager den nötigen Druck auszuüben, wenn wirklich etwas bewegt werden soll. Nötigenfalls sind sogar personelle Umbesetzungen durchzuführen.

Obwohl manche Autoren die Beeinflussung der Unternehmenskultur vor allem in strukturellen Änderungen[177] und in der Beeinflussung durch die Strategie sehen, sind doch mehr Einflußmöglichkeiten gegeben. Zum Beispiel kann die Schaffung von kommunikationsfreundlichen Strukturen durch die Einrichtung eines täglichen Frühstücks, an dem alle Abteilungsleiter teilnehmen, gefördert werden.

Andere Rituale, die die Kultur beeinflussen, sind Betriebsausflüge, Ehrungen von Mitarbeitern, Jubiläen etc. Eine Auswahl dieser und anderer Faktoren ist in Abbildung 3-8 zu sehen.

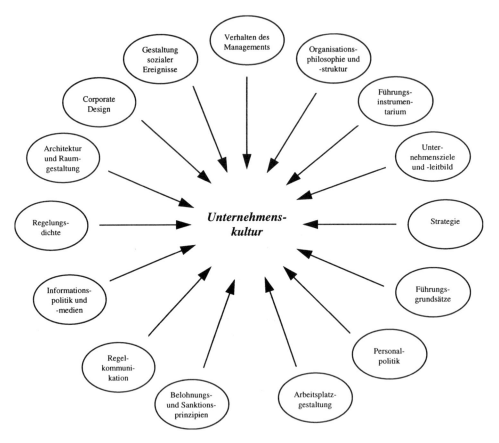

Abbildung 3-8 Faktoren zur Beeinflussung der Unternehmenskultur
(Quelle: [DoLa 94, S. 305])

3.2 Die Einbettung des Projektes in die Organisation

Bereits im Abschnitt 3.1.1 *Strategie* wurde die tragende Rolle eines strategischen Managements für die Sicherung der Wettbewerbsfähigkeit eines Unternehmens hervorgehoben. Betrachtet man die Einbettung des Projektes zur Einführung eines IBSIS und zur gleichzeitigen Durchführung von organisatorischen Änderungen, ist einerseits der Strategieansatz von Interesse und andererseits der Ansatz der kontinuierlichen Verbesserung (vgl. Abbildung 3-9).

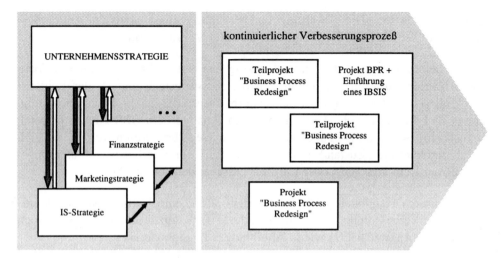

Abbildung 3-9 Einbettung des Projektes in die Organisation

Bevor man mit einem BPR-Projekt beginnt, ist es notwendig, mit Hilfe der strategischen Planung die Ausgangsbasis dafür zu schaffen. Durch die strategische Planung werden nach einer Bestandsaufnahme die strategischen Ziele und die Unternehmensstrategien, durch die die Ziele erreicht werden sollen, festgelegt. Diesen übergeordnet ist die Vision. In der Vision wird ein Bild über den künftigen Zustand des Unternehmens beschrieben. Die generelle Frage, die das strategische Management zu beantworten hat, lautet: Wo befindet sich das Unternehmen heute, wo möchte es hin, und wie kommt es dorthin?

Die strategische Planung ist der Rahmen für die strategische Informationssystemplanung und natürlich auch für die strategischen Planungen der anderen betrieblichen Teilbereiche, zum Beispiel die strategische Marketingplanung. Die Planungen sollten parallel ablaufen, da hier Wechselwirkungen einerseits zwischen den Planungen der betrieblichen Teilbereiche und andererseits zwischen den Teilbereichen und der übergeordneten strategischen Planung bestehen.[178]

Erst wenn das zukünftige Bild des Unternehmens klar ist, können Schritte unternommen werden, diesen Zustand zu erreichen. Die strategische Planung bestimmt, was zu reorganisieren ist und steuert die für eine Umsetzung der Reorganisation erforderlichen Aktivitäten. Diese gezielte organisatorische Änderung, deren Planung, Überwachung und Steuerung, ist Aufgabe eines unternehmensweiten Innovationsmanagements. Das Innovationsmanagement ist auch verantwortlich für die Sammlung und Wartung von Information über den organisatorischen Aufbau des Unternehmens. Schließlich muß es dafür sorgen, daß eine innerbetriebliche Umgebung entsteht, in der sich Innovationen effizient und effektiv durchführen lassen. Die Schaffung und Erhaltung einer gewissen Änderungsbereitschaft der Organisationsmitglieder ist dafür Voraussetzung.

Unterscheidet sich das in der Vision beschriebene Unternehmen in seiner Aufbau- und Ablauforganisation gravierend von der Ausgangslage und ist der Leidensdruck, diesen Zustand möglichst bald zu erreichen, groß genug, ist es notwendig, dieses Ziel durch radikale Änderungen, zum Beispiel dem BPR-Ansatz folgend, anzusteuern. Andernfalls können auch sanftere Wege beschritten werden, um sich auf diesen künftigen Zustand hinzubewegen. Ein kontinuierlicher Verbesserungsprozeß, der Kern von TQM oder Kaizen[179], ist hier der richtige Ansatz.

Das in diesem Handbuch verfolgte Konzept strebt eine Verbindung von kontinuierlicher Verbesserung und dem radikaleren BPR an. In der Literatur werden diese beiden Ansätze häufig wie in Abbildung 3-10 charakterisiert.[180]

	Improvement	*BPR*
Level of Change	Incremental	Radical
Starting Point	Existing process	Clean slate
Frequency of Change	One-time/continuous	One-time
Time Required	Short	Long
Participation	Bottom-up	Top-down
Typical Scope	Narrow, within functions	Broad, cross-functional
Risk	Moderate	High
Primary Enabler	Statistical control	Information technology
Type of Change	Cultural	Cultural/structural

Abbildung 3-10 kontinuierliche Verbesserung versus BPR
(Quelle: [Dave 93, S. 11])[181]

Der bedeutendste Unterschied zwischen diesen beiden Ansätzen liegt wohl in ihrer Radikalität. Während bei der kontinuierlichen Verbesserung durch permanente bottom-up initiierte Änderungen Abläufe verbessert werden sollen, geht es beim BPR um einen top-down geführten radikalen Schnitt. Außerdem ist ein weiterer wesentlicher Unterschied in der Änderungsfrequenz zu sehen. Kontinuierliche Verbesserung ist zeitlich offen, hier handelt es sich um einen permanenten Änderungsprozeß, der einen „fit" zwischen Organisation und Umwelt herstellen soll. BPR ist dagegen zeitlich begrenzt und wird in Form von Projekten abgewickelt. In der hier vertretenen Sicht sind die BPR-Projekte in einen Prozeß der kontinuierlichen Verbesserung eingebettet. (vgl. Abbildung 3-9) Die Verbindung dieser beiden Konzepte soll den permanenten Fortschritt von Geschäftsprozessen sicherstellen. Auch Prozesse, die einem Redesign unterzogen waren, sind davon nicht ausgenommen. Dies ist einerseits durch den permanenten Abstimmungsbedarf mit Umweltänderungen notwendig, und andererseits kann die Feinjustierung eines durch BPR reorganisierten Prozesses erst nach Projektabschluß erfolgen, da ein derartiger Bedarf meist erst im laufenden Betrieb erkannt wird.

Die unternehmensweite Durchführung von BPR kann wegen der beschränkten Ressourcen und auch wegen des hohen Risikos des Scheiterns derartiger Projekte[182] nicht sinnvoll sein. Bei der strategischen Planung ist herauszufinden, auf welche organisatorischen Bereiche Redesign-Projekte anzuwenden sind.

Das in Kapitel 4 beschriebene Vorgehenskonzept setzt auf diesen unterschiedlichen Ebenen an. Die strategische Planung sowohl für das gesamte Unternehmen als auch für den Teilbereich der Informatik ist Voraussetzung für die Durchführung des Projektes. Dem BPR wird dadurch Rechnung getragen, daß für betriebliche Teilbereiche, wo deutliche Verbesserungen durch radikale organisatorische Änderungen zu erwarten sind, Teilprojekte zur Erreichung dieses Zieles durchgeführt werden. (vgl. Abbildung 3-9)

Durch den unternehmensweiten Abbau eines Informationssystems und dessen Ersatz durch ein IBSIS bietet sich aber auch für andere betriebliche Teilbereiche die Chance, bisher durch ein bestehendes Informationssystem verhinderte Änderungen umzusetzen. Begleitende Untersuchungen, wie zum Beispiel eine Kunden/Lieferantenbeziehungs-Analyse oder die Einrichtung eines Ideenpools für die Sammlung von Reformvorschlägen, sollen helfen, daß diese Verbesserungspotentiale erkannt werden und in die Gestaltung des neuen Systems einfließen. Diese begleitenden Maßnahmen sollen als Nebeneffekt auch die Änderungsbereitschaft der Mitarbeiter erhöhen.

Die in diesem Buch geforderte simultane Gestaltung von Informationssystem und Organisation wurde konsequent in das Vorgehenskonzept eingebaut. Die in den Abschnitten 3.1.1 - 3.1.5 beschriebenen Gestaltungselemente wurden sowohl im Design des Vorgehenskonzeptes auf Metaebene als auch bei den einzelnen vorgeschlagenen Aktivitäten berücksichtigt.

4 Vorgehenskonzept

Im Kapitel 2 *Grundlagen* wurden die Merkmale von BPR und eines IBSIS sowie vorhandene Vorgehenskonzepte für BPR und die Einführung eines IBSIS samt ihren Stärken und Schwächen ausführlich diskutiert. Das dritte Kapitel behandelte die organisatorischen Rahmenbedingungen, die für den Erfolg eines Organisationsänderungsprojektes Voraussetzung sind und im Laufe eines derartigen Projektes berücksichtigt werden müssen. In diesem Kapitel wird nun das Vorgehenskonzept für ein Projekt zur Neugestaltung von Geschäftsprozessen und ihre Unterstützung durch integrierte betriebswirtschaftliche Standardinformationssysteme vorgestellt.

4.1 Aufbau der Vorgehensweise

„Der Versuch, der Unbestimmtheit einer komplexen Situation zu entgehen, kann einmal darin bestehen, daß man sich in die „heile Welt" einer minutiösen Detailplanung begibt, möglichst verbunden mit einem hohen Aufwand an formalen Mitteln, denn was beim Rechnen herauskommt, ist sicher!" „Bedenklich aber wird es, wenn man Sachverhalte so lange reduziert und vereinfacht, bis sie schließlich in ein bestimmtes formales Gerüst passen."[183] Hier einen vernünftigen Mittelweg zu finden, war bei der Erstellung des Vorgehenskonzeptes ein wichtiges Ziel. Einerseits ist es notwendig, die Komplexität so weit aufzulösen, um zumindest halbwegs operationale Handlungshinweise geben zu können, andererseits mußte die Komplexität soweit erhalten bleiben, um den Überblick über das Gesamtprojekt zu erhalten und sich nicht in irgendwelchen Detailproblemen zu verlieren.

Entstanden ist ein Rahmenkonzept für die Abwicklung eines Projektes zur Einführung eines IBSIS auf Basis reorganisierter Geschäftsprozesse. Es handelt sich um einen „roten Faden", der den Anwender durch das Projekt führt und ihm hilft, einen Überblick über die bevorstehenden Aktivitäten zu bekommen.

Eine streng sequentielle Folge der auszuführenden Aktivitäten ist idealtypisch. Es treten in der Praxis sowohl Iterationen als auch überlappende Abläufe auf. Eine genaue Reihenfolgeplanung der Aktivitäten wird aus diesem Grund innerhalb der Projektphasen weitgehend offen gelassen. Die Aufteilung des Projektes in Gesamtprojekt- und Teilprojektebene schafft hier zusätzliche Flexibilität.[184]

Daneben können einzelne Aktivitäten übersprungen werden, wenn deren Ergebnisse bereits vorliegen. Zum Beispiel ist es denkbar, daß in einem Unternehmen bereits BPR-Projekte durchgeführt wurden und dadurch auf diesen Erfahrungen aufgebaut werden kann. Aufgaben, wie die Definition von Geschäftsprozessen, können dadurch überflüssig werden, wenn zum Beispiel bereits eine „Prozeßlandkarte" des Unternehmens existiert. Das Vorgehenskonzept muß also vor Projektstart an die jeweilige Situation eines Unternehmens angepaßt werden.

Die Vorgehensweise ist in gewisser Weise „lebendig" und ist nicht nur zu Beginn eines Projektes an ein Unternehmen anzupassen, sondern sie muß regelmäßig überprüft und den sich ändernden Rahmenbedingungen sowie dem Entwicklungsstand des Projektes angeglichen werden. Unter diesen Voraussetzungen kann sie allen Projektbeteiligten als Orientierungshilfe für das Projekt dienen.

Die größte Hürde liegt nicht im Erstellen oder Anpassen des Konzeptes, sondern in seiner Realisierung. Letztlich kommt es allein auf den Transfer in die Praxis an, um den Projekterfolg zu garantieren. Es ist daher unbedingt notwendig, jede durchzuführende Maßnahme unter dem Gesichtspunkt ihrer Umsetzbarkeit zu planen und die optimalen Voraussetzungen für ihre Umsetzung zu schaffen.

In Abbildung 4-1 sind sowohl die Phasen des Vorgehensmodells im Zeitablauf als auch ihre Inhalte graphisch dargestellt. Die Dreiecke am oberen Rand einer Phase repräsentieren die Gateways, eine Art von übergeordneten Kontrollpunkten, die vor Eintritt in die nächste Phase passiert werden müssen.[185]

Folgende Ziele sollen durch den Einsatz der hier vorgestellten Vorgehensweise erreicht werden:

- Erreichen der Projektziele, sowohl genereller Verbesserungsziele als auch des Ziels, ein IBSIS im Unternehmen einzuführen;
- zielkonformes Vorgehen aller Projektbeteiligten;
- Sicherung der Transparenz des Gesamtprojektes und der Teilprojekte hinsichtlich Termine und Kapazitäten, Aufgabenverteilung und Verantwortung;
- Aufbau einer konsistenten Unternehmensdokumentation.

Ein Werkzeug, das hilft, diese Ziele zu erreichen, ist das in das Vorgehenskonzept integrierte Gatewaymanagement. Der nächste Abschnitt ist diesem Thema gewidmet.

Vorgehenskonzept 97

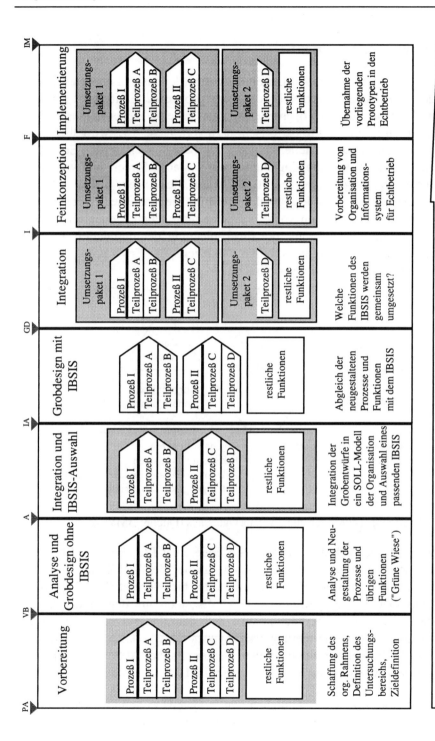

Abbildung 4-1 Phasenschema für BPR und Einführung eines IBSIS

4.1.1 Gatewaymanagement

Das Gatewaymanagement ist eine Erweiterung des Meilensteinkonzeptes. Hauptproblem des Meilensteinkonzeptes ist, daß vorgegebene Zeitlimits nicht eingehalten werden. Dies kann dadurch begründet werden, daß eine Meilensteinliste häufig nur eingesetzt wird, um den Projektfortschritt zu verfolgen.[186] Es wird aber weder verlangt, gezielt auf einzelne Meilensteine hinzuarbeiten, noch werden Ergebnisse in bestimmter Qualität und die Einhaltung von Kosten gefordert und von einem übergeordneten Projektgremium geprüft. Wird ein Meilenstein nicht erfüllt, hat dies kaum Auswirkungen auf den Projektfortschritt, Meilensteine „ziehen sozusagen einfach an den Betroffenen vorbei". Dem traditionellen Meilensteinkonzept fehlt ein Steuerungsmechanismus, der die Einhaltung der definierten Termine, Kosten und Qualität sicherstellt. Abbildung 4-2 zeigt die Erweiterung des Meilensteinkonzeptes zum Gatewaymanagement.

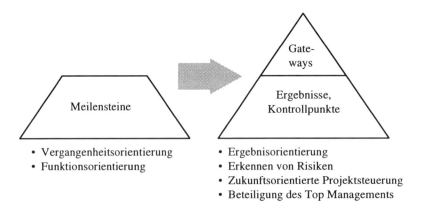

Abbildung 4-2 Meilensteine versus Gateways (Quelle: BMW AG)

Ein Gateway befindet sich grundsätzlich am Ende einer Projektphase. Es enthält alle Ergebnisse durchzuführender Aktivitäten, die bei Verabschiedung des Gateways vorliegen müssen. Einzige Ausnahme in der hier vorgestellten Vorgehensweise ist das Gateway *Projektauftrag* (PA). Es steht am Beginn der Vorbereitungsphase. Geht man aber davon aus, daß dem Projekt eine strategische Planung vorangeht, die zur Initiierung des Projektes führt, so kann dieses Gateway als Endpunkt der Initiierungsphase gesehen werden. Es dient dazu, zu überprüfen, ob die Voraussetzungen für das Projekt gegeben sind.

Alle im Laufe eines Projektes zu durchlaufenden Gateways, mit all ihren definierten Ergebnissen, sind im sogenannten Gatewayplan zusammengefaßt. Die Verantwortlichen, welche die Ergebnisse erzielen müssen, werden im Gatewayplan klar bestimmt. Erst wenn die Anforderungen eines Gateways vollkommen erfüllt sind, also alle Ergebnisse in der geforderten Qualität vorliegen, darf es überschritten werden. Die Entscheidung dafür liegt grundsätzlich beim Topmanagement. Erst nach der Verabschiedung des Gateways beginnt die nächste Projektphase.

Um rechtzeitig die Risiken, welche die Erfüllung eines Gateway gefährden können, zu erkennen, müssen Projektleiter und Projektcontroller regelmäßig schriftlich und mündlich an das Topmanagement über den Projektfortschritt berichten. Darauf aufbauend sind Gegenmaßnahmen zu erarbeiten und umzusetzen. Kann ein Gateway trotzdem nicht erfüllt werden, entscheidet das Topmanagement gemeinsam mit den Betroffenen über die weitere Vorgehensweise.

Das Gatewaymanagement zeichnet sich durch Ergebnisorientierung, das Erkennen von Risiken, Zukunftsorientierung und durch die Beteiligung des Topmanagements aus. Grundlage für die Durchführung des Gatewaymanagements ist, wie bereits erwähnt, der Gatewayplan. Er enthält alle Kontrollpunkte und Ergebnisse der durchzuführenden Aktivitäten und ist somit die Basis für eine zukunftsorientierte Projektsteuerung und Ergebnisorientierung. Der oben beschriebene Überwachungsmechanismus erlaubt es, Risiken frühzeitig zu erkennen und Gegenmaßnahmen einzuleiten.

Ziel des Gatewaymanagements ist es auch, die Unternehmenskultur zu beeinflussen. Wird ein Gateway durch das Topmanagement verabschiedet, muß dies überall im Unternehmen verkündet werden, am besten im Rahmen einer groß angelegten Informationsveranstaltung. Daneben gilt es, auch andere Kommunikationsinstrumente einzusetzen, wie zum Beispiel die Firmenzeitung, schwarzes Brett etc., um möglichst alle Mitarbeiter im Unternehmen zu erreichen. Jedem im Unternehmen soll bewußt werden, daß bei diesem Projekt tatsächlich organisatorische Änderungen im Unternehmen in die Realität umgesetzt werden. Dieser kommunikative Aspekt, der hier mit dem Gatewaymanagement verbunden ist, stellt einen wichtigen Punkt in Zusammenhang mit der Änderungsbereitschaft und Kooperation der Mitarbeiter dar und hat einen entsprechenden Einfluß auf die Unternehmenskultur.

4.1.2 Struktur des Gatewayplans

Der hier vorgestellte Gatewayplan ist zweistufig. Einerseits gibt es Gateways auf Gesamtprojektebene und andererseits Gateways auf Teilprojektebene.[187] Die Gateways auf Gesamtprojektebene unterstützen die Steuerung des Gesamtprojektablaufs. Um die Komplexität des Projektes zu reduzieren, werden im Rahmen des

Gesamtprojektes Teilprojekte durchgeführt. Zur Steuerung der Teilprojekte werden auf untergeordneter Ebene weitere Gateways definiert. Diese Mehrstufigkeit soll einerseits die für das Projekt nötige Flexibilität ermöglichen und andererseits eine gezielte Projektsteuerung erleichtern.

Der Gesamtprojektleiter benutzt den Gatewayplan der Gesamtprojektebene gemeinsam mit dem Topmanagement zur Überwachung und Steuerung des Gesamtprojektes, er hilft, die Teilprojekte zu integrieren und zu steuern. Zusätzlich erhält jeder Teilprojektleiter den Gatewayplan der Teilprojektebene, um sein Teilprojekt zu steuern.

In Abbildung 4-3 ist ein Szenario der Teilprojekte dargestellt. Im Szenario sind folgende Sachverhalte enthalten:

- Die Gateways der Gesamtprojektebene sind durch graue Dreiecke am oberen Rand der Graphik und durch eine Beschriftung mit Großbuchstaben dargestellt. Die Buchstaben entsprechen weitgehend den Anfangsbuchstaben der Gateway- und Phasennamen zum Beispiel VB für Vorbereitung, A für Analyse etc. Die durchlaufenden, strichlierten Linien gehören zu den Gateways. Sie sollen verdeutlichen, daß zu diesem Zeitpunkt die untergeordneten Teilprojektphasen abgeschlossen sein müssen.

- Die Teilprojekte sind durch Rechtecke dargestellt. Sie enthalten sowohl den Phasennamen als auch den in dieser Phase zu bearbeitenden Untersuchungsbereich. Durch die graue Schattierung bei einigen Phasen soll besonders darauf hingewiesen werden, daß hier mehrere Prozesse zu einem Untersuchungsbereich zusammengefaßt werden. Zum Beispiel sind in einer Phase *Feinkonzeption* im Umsetzungspaket 1 die Prozesse A und Teile des Prozesses B enthalten. Die Länge der Rechtecke weist auf die Dauer einer Teilprojektphase hin.

- Genauso wie am Ende einer Gesamtprojektphase ein Gateway steht, gehört auch zu jeder Teilprojektphase ein Gateway. Diese Gateways sind in der Graphik durch schwarze Dreiecke mit Bezeichnungen in Kleinbuchstaben dargestellt. Für die Beschriftung gilt dasselbe wie für die Gateways auf übergeordneter Ebene. Die Kleinbuchstaben sollen darauf hinweisen, daß es sich hier um untergeordnete Gateways handelt. In einem Teilprojekt darf mit der nächsten Teilprojektphase erst begonnen werden, wenn das zugehörige Gateway verabschiedet wurde, auch wenn das Gateway auf Gesamtprojektebene noch nicht genehmigt wurde. Ausgenommen sind davon jene Phasen, bei denen die Teilprojektergebnisse zu einem Gesamtergebnis integriert werden müssen und die

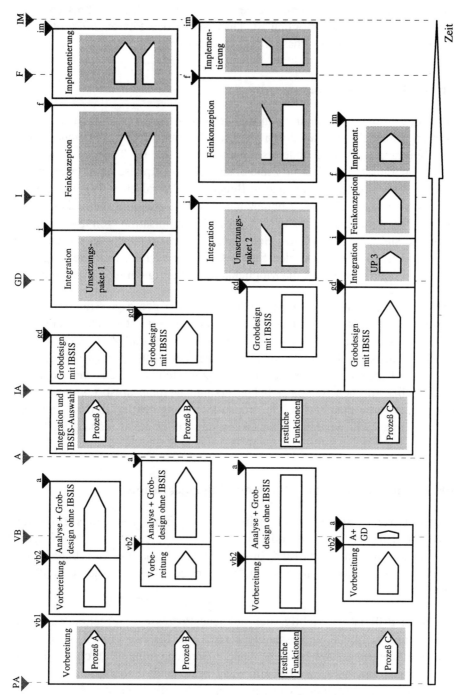

Abbildung 4-3 Szenario-Phasen und Gateways auf Teilprojektebene

sinnvolle Weiterarbeit erst anhand eines aus mehreren Teilergebnissen bestehenden Gesamtergebnisses möglich ist. Dies ist bei den Phasen *Integration und IBSIS-Auswahl* sowie bei der Phase *Integration* der Fall.

Bilden von Teilprojektteams

Im Laufe des Gesamtprojekts müssen immer wieder neue Teilprojektteams gebildet werden. Einerseits ist dies durch wechselnde Untersuchungsbereiche bedingt (siehe Abbildung 4-3), und andererseits kann sich für ein Teilprojekt während einer Phase herausstellen, daß die Ziele einer Teilprojektphase nicht erreicht werden können. Die Ursachen können zum Beispiel in der falschen Teamzusammensetzung oder in der falschen Abgrenzung des Untersuchungsbereiches liegen. Gerade in den Anfangsphasen, in denen die Reorganisation von Prozessen im Vordergrund steht, ist mit solchen Schwierigkeiten zu rechnen. In diesen Fällen kann es nur heißen „zurück an den Start". Der Gatewayplan hilft, derartige Probleme zu erkennen und schafft die Möglichkeit, frühzeitig darauf zu reagieren.

Um den Projektfortschritt nicht zu gefährden, dürfen derartige Situationen aber nicht zum Regelfall werden. Nach Meinung des Autors ist es aber notwendig, diese Möglichkeit zu haben, wenn es offensichtlich ist, daß Ziele nicht erreicht werden können. Ähnlich dem Projektverlauf bei der Softwareentwicklung ist es besser, Fehler frühzeitig zu erkennen, diese einzugestehen und das weitere Vorgehen darauf abzustimmen. Je später Fehler erkannt werden, umso teurer wird ihre Beseitigung. Kommt man erst bei der Implementierung des IBSIS drauf, daß Prozeßziele nicht erreicht werden können, kann das Ruder meist nicht mehr herumgerissen werden.[188]

Abarbeiten des Gatewayplans durch die Teilprojektteams

Wie bereits erwähnt, ist bei der unternehmensweiten Einführung eines IBSIS nicht zu erwarten, daß alle Prozesse und Funktionen, die durch das IBSIS unterstützt werden, auch zu reorganisieren sind. In Abbildung 4-4 sind drei verschiedene Projektdurchläufe dargestellt, die alle im Rahmen des Gesamtprojektes auftreten können.

Gerade beim BPR ist es wichtig, sich auf jene Prozesse zu beschränken, deren Neugestaltung erhebliche Verbesserungen nicht nur für den Prozeß, sondern für das Unternehmen insgesamt bringen. Andere Bereiche können durch begleitende Untersuchungen analysiert werden, um nicht bestehende Schwächen, die bereits bekannt, aber nicht ausgemerzt wurden, ins neue Informationssystem zu übernehmen.

Vorgehenskonzept 103

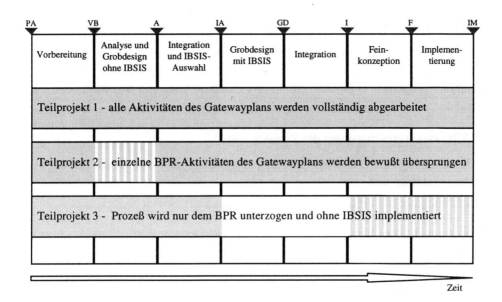

Abbildung 4-4 Ablauf von Teilprojekten

Daneben wird es aber auch Teilprozesse in einem Unternehmen geben, die auch durch die begleitenden Untersuchungen nicht erfaßt werden, weil sich der Aufwand wegen des geringen Verbesserungspotentials einfach nicht lohnt, oder weil sie bereits bestmöglich gestaltet sind. Für diese Prozesse sollten die ersten Gateways nicht einfach ohne Hinsehen übersprungen werden. Es sollte sich vielmehr um ein bewußtes Überspringen handeln. Das heißt, der Gatewayplan ist auch für diese Prozesse durchzugehen, allerdings werden nur dort Aktivitäten gesetzt, wo Probleme und einfach realisierbare Verbesserungsmaßnahmen erkannt werden. Der Gatewayplan dient für diese Prozesse als Checkliste, die zu einem Mindestmaß an Hinterfragen bestehender Abläufe führen soll. Es werden hier zwar alle Projektphasen durchlaufen, einzelne Phasen können aber sehr kurz sein.[189]

Der umgekehrte Fall ist aber genauso denkbar. Und zwar können Prozesse dem BPR unterzogen werden, obwohl sie vom IBSIS gar nicht berührt werden. Entweder wird hier gar keine, andere oder bestehende Informationstechnologie verwendet. Die Reorganisation dieser Prozesse wird ebenfalls durch den Gatewayplan unterstützt. Diese Teilprojekte scheiden dann spätestens bei der Definition der Umsetzungspakete weitgehend aus dem Gatewayplan aus. Für die Implementierung der neugestalteten Prozesse ist der hier vorgestellte Plan anzupassen und gegebenenfalls zu ergänzen.

Formale Gestaltung des Vorgehenskonzeptes

Das in den folgenden Abschnitten beschriebene Vorgehenskonzept ist als Gatewayplan aufgebaut. Die Abschnitte sind entsprechend den Phasen auf Gesamtprojektebene eingeteilt (vgl. Abbildung 4-1). Jeder Abschnitt ist folgendermaßen gegliedert:

- Allgemeine Beschreibung der Projektphase,
- Kurzfassung des Gateways auf Teilprojektebene in Form eines Auszugs aus dem Gatewayplan,
- Beschreibung der Ergebnisse und Kontrollpunkte auf Teilprojektebene,
- Kurzfassung des Gateways auf Gesamtprojektebene in Form eines Auszugs aus dem Gatewayplan,
- Beschreibung der Ergebnisse und Kontrollpunkte auf Gesamtprojektebene.

Um die Orientierung für den Leser zu erleichtern, wurden bei den Kurzfassungen jeweils die Symbole (Dreiecke mit Kurzbezeichnungen der Phasen) für die Gateways abgebildet, wie sie in den Abbildungen 4-1 und 4-3 verwendet wurden.

Die Kurzfassungen geben einen Überblick über die Ergebnisse, die bei der Gatewayverabschiedung vorliegen müssen. Zusätzlich enthält die Kurzfassung eine Terminspalte. Durch Eintragung von Terminen in den Gatewayplan kann bereits eine grobe Zeitschätzung für das Gesamtprojekt bei der Anpassung des Konzeptes an die Situation eines Unternehmens vorgenommen werden. Dabei sind aber folgende Punkte zu bedenken:

- Ein genauerer Terminplan kann erst nach der Vorbereitungsphase aufgestellt werden, wenn der Untersuchungsbereich und die zu erreichenden Projektziele festgelegt wurden.
- Der grobe Terminplan muß laufend überarbeitet und detailliert werden.
- Die genaue Termin- und Kapazitätsplanung sollte mit Hilfe eines entsprechende Projektmanagementwerkzeugs erfolgen, schon alleine wegen der leichteren Wartbarkeit der Daten.

Fügt man alle Kurzfassungen zusammen, erhält man den vollständigen Gatewayplan sowohl für das Gesamtprojekt als auch für die Teilprojekte. Es wird empfohlen, den Gatewayplan gemeinsam mit den Abbildungen 4-1 *Phasenschema für BPR und Einführung eines IBSIS* und 4-3 *Szenario - Phasen und Gateways auf Teilprojektebene* zu gebrauchen, um das Projekt leichter überblicken zu können.

4.2 PHASE VORBEREITUNG

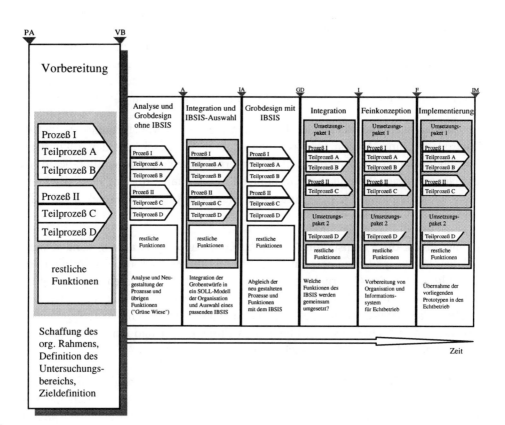

Ziel der Vorbereitungsphase ist es, den organisatorischen Rahmen und die Grundkonzeption für das Projekt festzulegen. Bevor aber mit der Vorbereitungsphase begonnen werden kann, muß überprüft werden, ob überhaupt die nötigen Voraussetzungen für das Projekt bestehen. Aus diesem Grund wurde auch ein Gateway an den Beginn der Vorbereitungsphase gestellt, es handelt sich um das Gateway *Projektauftrag*.

Die Ergebnisse, die durch das Gateway *Projektauftrag* verabschiedet werden sollen, stehen in engem Zusammenhang mit den in Kapitel 3 *Rahmenbedingungen* beschriebenen fünf Gestaltungselementen. Eine wesentliche Rolle spielt hier das strategische Management. Wie im Abschnitt 3.2 *Die Einbettung des Projektes in die Organisation* erläutert wurde, ist dem kontinuierlichen Verbesserungsprozeß, in den das Projekt eingeordnet ist, das strategische Management übergeordnet. Insofern wird für den Projektauftrag gefordert, daß dieser aus der strategischen Gesamtplanung und der strategischen Informationssystemplanung abgeleitet wird.

Ein zweiter wichtiger Punkt, der Teil des strategischen Managements ist, betrifft das Erstellen einer Vision für das Unternehmen. Sie beschreibt den zukünftigen Zustand des Unternehmens und soll die Unternehmenskultur wesentlich beeinflussen. Neben diesen strategischen Grundlagen müssen mit Erteilung des Projektauftrages auch die personellen Grundlagen für das Projekt und die Projektziele fixiert werden.

In einer „Kick-off-Veranstaltung" wird das Gateway *Projektauftrag* verabschiedet und das Projekt ins Leben gerufen. Schwerpunkt dieses Kick-offs ist vor allem die Kommunikation der Unternehmensvision, aber auch alle anderen Ergebnisse des Gateways sind entsprechend hervorzuheben. Der wichtigste Punkt beim Kick-off ist aber, daß deutlich wird, daß das Topmanagement erstens Auftraggeber des Projektes ist und zweitens voll hinter dem Projekt steht und bereit ist, sämtliche notwendigen Maßnahmen mit Nachdruck durchzusetzen.

Nachdem das Gateway *Projektauftrag* verabschiedet wurde, beginnt die aus zwei Teilen bestehende Vorbereitungsphase. Im ersten Teil geht es um allgemeine Vorbereitungsarbeiten, die auf das Gesamtprojekt bezogen sind, wie zum Beispiel die Abgrenzung des Untersuchungsfeldes. In dieser Phase werden die Teilprojekte ins Leben gerufen. Sobald diese existieren, gibt es noch einmal für jedes Teilprojekt eine Vorbereitungsphase, in der zum Beispiel Ressourcen für das jeweilige Teilprojekt beschafft werden müssen.

Die allgemeine Vorbereitungsphase dient auch als Lernphase. Vor allem Unternehmen, die mit BPR nicht vertraut sind, sollten hier Pilotprojekte starten, deren Ergebnisse in das Projektkonzept einfließen sollen. Die Pilotprojekte werden dabei als normale Teilprojekte behandelt und unterliegen dem Gatewayplan. Werden die geforderten Ergebnisse nicht erreicht, kann ein Pilotprojekt das nächste Gateway nicht überschreiten, was entweder zu seiner Umgestaltung oder zu seinem Abbruch führen kann.

Wichtigster Unterschied des Pilotprojektes zum Teilprojekt ist der Untersuchungsbereich. Dieser sollte wesentlich enger und dadurch leichter über- und durchschaubar sein als bei den folgenden Teilprojekten. Außerdem sollte es sich um einen zwar relevanten, aber nicht unbedingt kritischen Bereich des Unternehmens handeln, um bei einem Scheitern des Projektes nicht erhebliche Verluste hinnehmen zu müssen. Beispiel für einen derartigen Untersuchungsbereich ist der Prozeß *Personal beschaffen* in einem Industrieunternehmen.

Wenn schließlich die Gesamtvorbereitungsphase und die Vorbereitungsphasen aller Teilprojekte abschlossen und die Erfahrungen aus den Pilotprojekten in das Projektkonzept eingearbeitet sind, kann das Gateway *Vorbereitung* (VB) auf Gesamtprojektebene in einer entsprechenden Veranstaltung verabschiedet werden. Teilprojekte können bereits vorher mit der nächsten Teilprojektphase *Analyse und Grobdesign ohne IBSIS* beginnen, wenn für sie das Gateway *Vorbereitung* (vb2) auf Teilprojektebene genehmigt wurde.

Für die Verabschiedung der Gateways sowohl auf Gesamtprojektebene als auch auf Teilprojektebene ist der sogenannte Steuerkreis, der aus Mitgliedern des Topmanagements besteht[190], verantwortlich.

4.2.1
GATEWAY PROJEKTAUFTRAG
(PA)

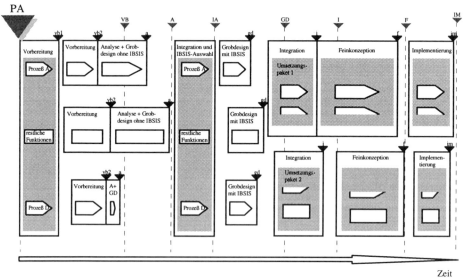

Gateway Projektauftrag Gesamtprojektebene			PA ▼
Nr.	Ergebnisse/Kontrollpunkte	Termin	Beteiligte/ Verantwortung
PA.1	Vision für das Unternehmen ist erstellt und kommuniziert		*Steuerkreis*
PA.2	Strategien sind fixiert		*Steuerkreis*
PA.3	SISP ist durchgeführt und IBSIS-Alternativen sind definiert		*Steuerkreis*
PA.4	Business Process Redesign-Sponsor ist festgelegt		*Steuerkreis*
PA.5	Gesamtprojektleiter ist bestimmt		Steuerkreis, *Sponsor*
PA.6	Projektziele sind festgelegt		*Steuerkreis*, Sponsor, PL-Gesamt

Das Gateway *Projektauftrag* beinhaltet alle Ergebnisse, die vor Beginn der ersten Projektphase vorliegen müssen. Die Verabschiedung des Gateways durch den Steuerkreis entspricht der Erteilung des Projektauftrages an den Gesamtprojektleiter und ist Voraussetzung für den Projektstart.

Um das Unternehmen für das bevorstehende Projekt zu sensibilisieren, sollte die Zustimmung für das Projekt von allen Führungskräften eingeholt werden. Zum Beispiel ist es denkbar, daß noch vor der offiziellen Verabschiedung des Gateways das Dokument Projektauftrag von allen Führungskräften unterschrieben wird. Durch diesen Schritt soll erreicht werden, daß zumindest auf den Führungsebenen klar ist, worauf das Projekt abzielt und daß für das Projekt ausreichend Unterstützung im Unternehmen vorhanden ist.

Der Projektauftrag ist zu diesem Zeitpunkt noch ziemlich grob, er wird erst in der Vorbereitungsphase verfeinert. Im Projektauftrag sind neben den Projektauftraggebern, dem Projektleiter und der groben Projektstruktur[191] vorwiegend die Ziele, die durch das Projekt erreicht werden sollen, beschrieben.

PA.1 Vision für das Unternehmen ist erstellt und kommuniziert

Die Vision ist das „Leuchtfeuer des Handelns"[192]. In der Vision ist beschrieben, wie das Unternehmen in den nächsten Jahren aussehen soll. Sie dient als grundlegender Orientierungspunkt für alle durchzuführenden Handlungen und beschreibt, welchen Zustand das Unternehmen durch den Veränderungsprozeß erreichen will. Die Vision treibt die Reorganisation. In ihr wird festgelegt, auf welche Bereiche man sich konzentrieren muß, um sich nicht in Randprobleme zu verlaufen. Außerdem dient sie als Maßstab für die Bewertung des Projektfortschritts.[193] Um als „Leuchtfeuer des Handelns" wirken zu können, muß die Vision im Unternehmen entsprechend kommuniziert sein, und die Organisationsmitglieder müssen sie internalisiert haben.

Die große Bedeutung der Vision für die Durchführung von BPR wird von vielen BPR-Autoren hervorgehoben, und die folgenden drei Merkmale werden immer wieder angesprochen:

- Ihre Aussagen konzentrieren sich auf operative Aspekte,
- die enthaltenen Ziele müssen meßbar sein und
- sie setzt neue Maßstäbe für den Wettbewerb in der Branche.[194]

Die in der Vision enthalten Ziele müssen hinsichtlich des Zielinhaltes, des Zielmaßstabes, des Ausmaßes der Zielerreichung und des zeitlichen Bezugs der Zielerreichung detailliert beschrieben sein.[195] Ein Teil einer Vision für ein Unternehmen, das Dieselmotoren für PKWs produziert, könnte folgendermaßen aussehen:

> „Wir garantieren unseren Kunden ein fehlerfreies Funktionieren unserer Dieselmotoren für die Dauer der Garantie auf das Gesamtfahrzeug. Außerdem gewährleisten wir, daß die Motoren ohne jegliche Nachbearbeitung in das Fahrzeug eingebaut werden können. Unsere Gewährleistungskosten betragen dabei weniger als 1 % vom Umsatz. Unsere Produktivität ist im letzten Planungszeitraum um insgesamt 60 % gestiegen, das entspricht einer jährlichen Steigerung um circa 7 %".

Ein Beispiel für eine Vision, wie sie nicht sein soll, lautet:

> „Die Qualität unserer Produkte erfüllt die höchsten Kundenansprüche."

Da nicht definiert ist, was denn die höchsten Kundenansprüche sind, ist auch das Hinarbeiten auf diese Ziel schwer möglich. Außerdem werden dadurch keine neuen Wettbewerbsmaßstäbe gesetzt, ja es werden nicht einmal operative Aspekte angesprochen.

Die Vision muß vom strategischen Management erstellt werden. Oberste Orientierungsgrößen sind die künftigen Erfolgspotentiale eines Unternehmens. Aufgrund einer strategischen Situationsanalyse der Orientierungsgrundlagen für die Erfolgspotentiale, das sind

- Marktposition,
- Erfahrungskurve,
- Anwenderproblem,
- neue Produkte und Technologien und
- Substitutionszeitkurve,

kann die Vision abgeleitet werden.[196] Das Beschreiben einer Vision reicht aber nicht aus, um erfolgreich zu sein. Der nächste zu unternehmende Schritt besteht darin, jene Wege aufzuzeigen, die zu diesem zukünftigen Zustand hinführen, konkret das Formulieren der passenden Strategien.

PA.2 Strategien sind fixiert

Wie bereits erwähnt, werden in den Strategien die Wege beschrieben, wie die Vision erreicht werden kann. Die Strategie enthält aber keine Details über die Maßnahmen, durch die die Vision erreicht werden kann, sondern beschreibt nur die grundlegende Richtung, an der sich die Detailplanung orientieren muß. Der Inhalt der Strategien muß mindestens die fünf Gestaltungselemente der gezielten organisatorischen Veränderung ansprechen. (vgl. Abbildung 3-1 und Abbildung 4-5)

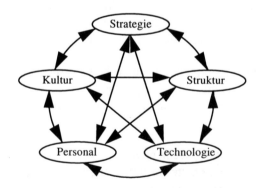

Abbildung 4-5 Mittelfristig veränderbare Elemente der gezielten organisatorischen Veränderung

Das erste Element, die Strategie selbst, mag zwar auf den ersten Blick etwas eigenartig erscheinen, wenn gefordert wird, daß Inhalt der Strategie die Strategie sein soll, wird aber erklärbar, wenn man sich die Ausführungen des Abschnittes 3.1.1 *Strategie* vor Augen hält. Dort wurde das gesamte strategische Management mit diesem Element angesprochen. Inhalte der Strategie sollten daher Wege zur Umsetzung des gesamten strategischen Managements sein.

Nicht nur die Realisation des strategischen Managements ist Bestandteil der Strategie, sondern der eigentliche Kern des strategischen Managements, die Schaffung und Erhaltung von Erfolgspotentialen. Die Strategie spricht also die Gestaltung dieser Erfolgspotentiale und somit das Sachziel des Unternehmens an, konkret seine Produkte und Leistungen.

Nächster Inhalt der Strategie ist die Organisationsstruktur. Es kann hier festgelegt werden, daß die Struktur zum Beispiel nach den Prinzipien des Lean Managements gestaltet wird und daß sich die Organisation von der „Pyramide zum Haus" verändern soll (vgl. Abbildung 3-6). Ein Beispiel für einen konkreten Inhalt lautet:

> „In der Zentrale wird die bestehende Hierarchie aufgelöst und die Arbeit nur mehr in Form von flexiblen Projekten abgewickelt. Die gesamte Zentrale besteht aus einer einzigen Abteilung."

Im Rahmen des Elementes Personal müssen der Aufbau der Personalstruktur generell, aber auch die Zusammenarbeit in Gruppen, das Führungssystem, die Aufgabenstruktur, die Leistungsbewertungssysteme etc. beschrieben werden.

Wie bereits erwähnt, ist unter Technologie nicht nur die einzusetzende Technik zu verstehen, sondern es sind damit auch alle Arbeits-, Entwicklungs-, Produktions- und Implementierungsverfahren angesprochen. Auch die Gestaltung der Arbeitsräume und des Firmengebäudes fällt in diese Kategorie.

Durch die Unternehmensstrategie soll auch bewußt die Unternehmenskultur beeinflußt werden. Es müssen Wege aufgezeigt werden, wie Werte, Normen und soziale Traditionen zu verändern sind, um zu dem Unternehmen zu passen, das in der Vision beschrieben wurde.

Da zwischen den Gestaltungselementen Wechselwirkungen bestehen, sind die Teilstrategien und Strategieinhalte sorgfältig aufeinander abzustimmen, um ein in sich konsistentes Strategiepaket zu erhalten.

PA.3 Strategische Informationssystemplanung ist durchgeführt und IBSIS-Alternativen sind definiert

Die Reorganisation von Geschäftsprozessen muß die organisatorischen Gestaltungspotentiale der Informationstechnologie berücksichtigen. Um aber andererseits Informationssysteme im Unternehmen nicht unkontrolliert entstehen zu lassen, ist es notwendig, sich über die „Informationssystemlandschaft" des Unternehmens für die nächsten Jahre klar zu werden. Andernfalls ist bei zunehmender Informationstechnologie-Durchdringung mit immer mehr Insellösungen und in Folge davon, mit ansteigender Unüberschaubarkeit der Informationssysteme zu rechnen.[197]

Die wichtigsten Schritte und Ergebnisse bei der strategischen Informationssystemplanung sind:[198]

- Standortbestimmung: Es geht darum, sich einen Überblick darüber zu verschaffen, wie
  - die Organisation strukturiert ist,
  - welche Probleme im Informationsverarbeitungs-Bereich vorherrschen,
  - auf welchem Entwicklungsstand sich die Organisation der Informationsverarbeitung befindet und
  - welche strategische Bedeutung die Informationsverarbeitung für die Organisation hat.

- Analyse der Bedingungslage für die Informationsverarbeitung: Hier sind sowohl externe Bedingungen, wie rechtliche Bestimmungen, Entwicklungen im Bereich der Informationstechnik etc. als auch interne Bedingungen, wie Daten-, Applikationsstruktur, Ressourcen, Organisation der Informationsverarbeitung etc. festzuhalten.

- Bestimmung der strategischen Richtung für die Informationsverarbeitung: Ergebnis dieses Schrittes ist eine Vision für die Informationsverarbeitung. Die Vision ist Basis für das Ableiten von Strategien.

- Entwicklung von Informationssystem-Strategien: Die Strategien werden definiert, um die Wege zur Erreichung der beschriebenen Vision aufzuzeigen. Riedl unterscheidet drei Schwerpunktbereiche, für die Strategien zu entwickeln sind, nämlich Strategien in bezug auf
  - Daten-, Applikations- und Kommunikationsstruktur, hierunter fallen auch das Erstellen der Informationssystem-Architektur und die Reihenfolgeplanung für die Informationssystem-Entwicklung,

- Ressourcen für die Informationsverarbeitung, hier vor allem Mitarbeiter, Informationstechnik und Budget,
- Organisation und Führung der Informationsverarbeitung.

Die Entscheidung, ein bestehendes Informationssystem abzulösen und durch ein IBSIS zu ersetzen, ist somit Ergebnis der strategischen Informationssystemplanung. Da es sich um eine strategische Planung handelt, kann die Entscheidung für ein konkretes Produkt noch nicht zum Planungszeitpunkt getroffen werden. Erst nachdem ein Sollkonzept für die Aufbau- und Ablauforganisation des Unternehmens erarbeitet wurde, also konkret nach der Phase *Analyse und Grobdesign ohne IBSIS*, darf anhand des Sollkonzeptes die endgültige Entscheidung für ein bestimmtes Produkt fallen.

Was allerdings bereits bei der strategischen Planung zu erstellen ist, sind technologische Basisszenarien, auf die bei der endgültigen Entscheidung zurückgegriffen werden kann. Dies muß deshalb erfolgen, da nur so der Weg in Richtung IBSIS sinnvoll beschritten werden kann. Wichtig ist, daß die Grundsatzentscheidung für ein IBSIS vor Projektstart fällt und die Ziele, die durch diese Entscheidung erreicht werden sollen, zum Beispiel „Reduktion der Informationsverarbeitungs-Gesamtkosten um 50 %", eindeutig fixiert sind. Andernfalls ist zu erwarten, daß deutliche Veränderungen im Unternehmen behindert werden, ja die Organisation so gestaltet wird, daß nur eine Weiterentwicklung des bestehenden Informationssystems die beste Lösung sein wird.

PA.4 Business Process Redesign-Sponsor ist festgelegt[199]

Warum braucht ein BPR-Projekt einen Sponsor? Bereits in den 70er Jahren wurde darauf hingewiesen, daß sowohl Macht als auch Fachwissen notwendig sind, um innovationshemmende Willens- und Fähigkeitsbarrieren zu überwinden.[200]

Personen, die einen Innovationsprozeß aktiv und intensiv fördern, werden generell als Promotoren bezeichnet. Sie verfügen über Energien, durch die Innovationsbarrieren bei den Betroffenen überwunden werden können. Entsprechend Wittes Promotorenmodell[201], das zwischen Macht- und Fachpromotor unterscheidet, hat der BPR-Sponsor Charakteristika des Machtpromotors.

Der BPR-Sponsor fördert also den Innovationsprozeß durch seine hierarchische Macht. „Seine Macht beschränkt sich nicht auf die Sanktionskompetenz. Vielmehr besteht sie aus dem gesamten Instrumentarium moderner Führungsstile, das sich der Übergangs- und Begeisterungskraft genauso bedient wie der Gewährung von Belohnungen und Anreizen aller Art."[202] Diese Aufgabe kann der BPR-Sponsor nur erfüllen, wenn er Mitglied des Topmanagements ist. Der BPR-Sponsor vertritt die Einstellung des Topmanagements, das hinter seinen Aktivitäten steht.

Wichtigste Aufgabe des BPR-Sponsors ist zu zeigen, daß es dem Topmanagement mit der Innovation ernst ist. Es reicht aber nicht aus, wenn die Organisationsmitglieder zur Innovation aufgefordert werden. Es reicht auch nicht, wenn Hindernisse für das Projekt aus dem Weg geräumt werden. Der BPR-Sponsor und das gesamte Topmanagement müssen die geforderten Änderungen vorleben. Ein Beispiel dafür ist der Verzicht auf Statussymbole.

Woher kommt der BPR-Sponsor? Wie bereits eingangs erwähnt, entspricht seine Rolle der des Machtpromotors. Da die nötige Macht für das hier vorgestellte Projekt nur auf oberster Unternehmensebene vorhanden ist, muß der BPR-Sponsor Mitglied der Unternehmensführung sein. Die zu bewältigenden Aufgaben wird er neben seiner normalen Tätigkeit ausführen müssen. Eine detaillierte Untersuchung von 20 BPR-Projekten hat ergeben, daß bei den erfolgreichen Projekten der BPR-Sponsor 20 - 60 % seiner Arbeitszeit in das Projekt investiert hat.[203] Dies zeigt, daß derartige Projekte auch einen erheblichen Einsatz vom Topmanagement verlangen.

Durch folgende Zeichen können BPR-Sponsor und Topmanagement ihre Unterstützung des Projektes zeigen:[204]

- Im BPR-Team arbeiten die besten Leute des Unternehmens mit.

- Es wird in neue Technologie investiert. Dazu gehört auch die Investition in das Arbeitsumfeld, um zum Beispiel neue Formen der Zusammenarbeit zu ermöglichen.

- Wenn es notwendig ist, werden Entscheidungen durch persönliche Weisungen vollzogen.

- Dem BPR-Team wird genug Freiraum und Zeit für seine Arbeit gewährt.

- Der BPR-Sponsor beteiligt sich aktiv bei der Durchführung des Projektes. Zum Beispiel trifft er alle ein bis zwei Wochen mit den Teams zusammen, um den Projektfortschritt, eventuelle Probleme und das weitere Vorgehen zu besprechen.

- Das Topmanagement kommuniziert offen und ehrlich über das BPR-Projekt und die verfolgten Ziele.

Das Topmanagement hat durch seine hierarchische Machtposition und seine Vorbildfunktion die Möglichkeit, das Klima für das Projekt ganz wesentlich zu beeinflussen. Durch Auswahl eines geeigneten BPR-Sponsors, dem das Vertrauen im Unternehmen gehört, demonstriert das Topmanagement die Relevanz des Projektes für das Unternehmen. Auftraggeber des Projektes ist das Topmanagement.

Da im Laufe des Projektes unterschiedliche Qualitäten vom BPR-Sponsor gefordert werden, kann es sinnvoll sein, die Sponsorenrolle zu teilen. Für die ersten Projektphasen ist ein neuer Visionär gefragt, der das Unternehmen wachrüttelt und neue Wege aufzeigt. In den Implementierungsphasen sind meist andere Fähigkeiten gefragt. Man braucht eine Person, die das Unternehmen und seine Mitarbeiter gut kennt und die aufgrund ihrer Erfahrung und Stellung im Unternehmen fähig ist, Änderungen umsetzen. Die Frage ist, ob diese Person nicht zu sehr auf das Unternehmen fixiert ist, um brauchbare Visionen zu haben. Ein sogenannter Sponsor-Switch ist daher beim Übergang von den Neuorientierungsphasen zu den Implementierungsphasen denkbar und durchaus sinnvoll. Wichtig ist nur, daß dieser Wechsel geplant vor sich geht, um nicht das Projekt insgesamt zu gefährden.[205]

PA.5 Gesamtprojektleiter ist bestimmt

Wenn sich das Topmanagement sicher ist, das Projekt in der hier vorgeschlagenen Art und Weise durchzuführen und sich über die Tragweite des Vorhabens klar geworden ist, muß vor Projektstart ein geeigneter Leiter für das Gesamtprojekt gefunden werden.

Von den Aufgaben her beschränkt sich das Topmanagement auf die Übernahme der Sponsorenrolle und auf die Rolle des Projektauftraggebers. Mit der Durchführung des Projektes wird ein Projektleiter betraut, der primär folgende Aufgaben bewältigen muß:

- Er sammelt Informationen, arbeitet Vorschläge aus und legt diese Vorschläge dem Topmanagement zur Entscheidung vor.

- Er plant, steuert und überwacht die personellen und finanziellen Ressourcen sowie die Einhaltung der Termine des Gesamtprojektes.

- Er muß die Projektorganisation aufbauen. Hierunter fällt auch die Aufgabe, die ihm zugeordnete Projektgruppe zu unterstützen, ein Team zu bilden.

- Er muß in regelmäßigen Abständen einen Ergebnisbericht über das Projekt erstellen und mit dem Topmanagement das weitere Vorgehen beraten.

- Der Projektleiter ist Treiber und Katalysator für die Projektziele und -ideen.

- Er muß Konflikte aufzeigen und die Konfliktparteien bei der Lösung der Konflikte unterstützen.
- Der Gesamtprojektleiter entscheidet in Zusammenarbeit mit der Linie und den Teilprojektleitern.
- Der Projektleiter hat ein Mitspracherecht bezüglich der Kapazitätsplanung und der Beurteilung von Mitarbeitern, die für das Projekt freigestellt werden sollen.

Vor dem Hintergrund dieses Aufgaben- und Kompetenzprofils ist der Projektleiter auszusuchen. Es ist zu beurteilen, ob er über ausreichende Sach-, Methoden- und Sozialkompetenz verfügt, um die Aufgaben bewältigen zu können.[206]

- Sachkompetenz: Die Sachkompetenz hängt unmittelbar mit den spezifischen Aufgabenstellungen des Projektleiters zusammen. Der Projektleiter muß verstehen, worum es geht und anfallende Sachfragen richtig beurteilen können.
- Methodenkompetenz: Er muß ausreichendes Umsetzungswissen über Methoden und Werkzeuge verfügen, um die anfallenden Fragen und Probleme zu lösen.
- Sozialkompetenz: Mit Personen, Gruppen und gruppendynamischen Prozessen richtig umzugehen, ist ein wesentliches Qualitätskriterium für einen erfolgreichen Projektleiter. Autorität und persönliche Sicherheit des Projektleiters sind das Fundament der Sozialkompetenz, die Kenntnis von Regeln und Techniken zur Kommunikation und Gruppenarbeit bauen auf diesem Fundament auf.

Die Hauptaufgabe des Projektleiters besteht darin, eine beschlossene Innovation durchzusetzen. In dieser Aufgabenstellung liegt ein großes Problem des Projektmanagementkonzeptes, die Idee für das Projekt kommt nicht vom Projektleiter, er muß erst von der Projektidee überzeugt werden. Auswirkungen auf das persönliche Engagement für das Projekt sind zu erwarten. Besser ist es, einen Projektleiter zu finden, der beim Entstehen der Projektidee wesentlich beteiligt war und sich daher mit den Projektzielen von Anfang an identifiziert und sich so aus persönlicher Überzeugung dem Projekt widmet.

Der hier vorgestellte Gatewayplan erleichtert es dem Gesamtprojektleiter, das Projekt ganzheitlich zu steuern. Er hilft ihm, rechtzeitig neue Teilprojekte ins Leben zu rufen und laufende Teilprojekte zu überwachen.

PA.6 Projektziele sind festgelegt

Bevor mit dem Projekt begonnen werden kann, ist festzulegen, was durch das Projekt überhaupt erreicht werden soll. Ein Projekt mit vagen Zielen läuft Gefahr, nicht voranzukommen und zu versanden.

Generell wird ein Ziel definiert als ein gedanklich vorweggenommener, zukünftiger Zustand, der

- bewußt ausgewählt und gewünscht wird und
- durch aktives Handeln erreicht werden soll.[207]

Die Projektziele sind Richtschnur und Maßstab für alle Projektaktivitäten. Diese Definition soll den hohen Stellenwert der Ziele für den Projekterfolg verdeutlichen. Die Ziele müssen soweit operational definiert sein, daß sie kontrollierbar sind. Folgende Dimensionen müssen für ein Ziel beschrieben werden:[208]

- Der Zielinhalt: Beschreibt die Elemente oder Faktoren, die verändert werden sollen, zum Beispiel die Montagezeit eines Automotors oder die Personalkosten der IV-Abteilung.

- Der Zielmaßstab: Beschreibt, wie der Zielinhalt zu messen ist, zum Beispiel die Montagezeit je Automotor in Stunden und Personalkosten in Schilling pro Jahr.

- Das Ausmaß der Zielerreichung: Dadurch wird die Quantität des zu erreichenden Zielinhaltes festgelegt, zum Beispiel Reduktion der Montagezeit eines Automotors um 30 % und Senkung der Personalkosten der IV-Abteilung um 50 %.

- Der zeitliche Bezug der Zielerreichung: Schließlich muß definiert werden, bis wann das gesetzte Ziel zu erreichen ist, zum Beispiel Reduktion der Montagezeit um 30 % bis 1998 und Senkung der Personalkosten der IV-Abteilung um 50 % in den nächsten 5 Jahren.

Derartig festgelegte Ziele sind controllingfähig, an ihnen kann der Projekterfolg gemessen werden, und im Laufe des Projektes können daraus Ziele für die Teilprojekte abgeleitet werden. Wichtig ist, daß der Zielfindungsprozeß von den Betroffenen gemeinsam getragen wird. Es müssen daran die Mitglieder des Topmanagements, inklusive BPR-Sponsor, die Mitglieder des Informationsmanagements und der Gesamtprojektleiter beteiligt sein. Wie bereits in der Einleitung des Abschnittes 4.2.1 erwähnt, sollte noch vor der Verabschiedung des Gateways der Projektauftrag an alle Führungskräfte zur Unterschrift weitergeleitet werden. Da die Projektziele Bestandteil des Projektauftrags sind, wird für alle

Führungsebenen einsichtig, welche Ziele mit dem Projekt verfolgt werden. Mißverständnisse und Gerüchte sollten durch dieses Vorgehen von vornherein reduziert werden.

Welchen Quellen entspringen die Projektziele? Wie in Abschnitt 3.1.1 *Strategie* beschrieben, handelt es sich bei dem hier vorgestellten Projekt um ein Innovationsprojekt, das vom strategischen Management initiiert wird. Da aber durch das Projekt grundlegende Veränderungen der Informationssystemlandschaft vorgenommen werden, besteht auch eine enge Verbindung zum Informationsmanagement, das in der Informationssystemarchitektur die künftigen Informationssysteme im Unternehmen beschreibt (vgl. Abbildung 3-4). Diesem Ansatz folgend müssen die Projektziele sowohl von den strategischen Gesamtzielen und der Vision als auch von den strategischen Zielen der Informationssystemplanung abgeleitet werden.

Die Reorganisationsziele für die Geschäftsprozesse werden vom strategischen Management vorgegeben, die Ziele in bezug auf das Informationssystem kommen vom strategischen Informationsmanagement. Da das Informationsmanagement nur in Wechselwirkung mit dem strategischen Management arbeiten kann und bei seiner Strategieplanung von der Unternehmensstrategie ausgehen muß, ist weitgehend sichergestellt, daß keine Zielkonflikte zwischen den Reorganisationszielen und den Zielen für das Informationssystem bestehen.

Folgende Aufzählung enthält einige generelle Innovationszielinhalte, die durch das Projekt verfolgt werden können und deren Dimensionen aus der strategischen Unternehmens- und Informationssystemplanung abzuleiten sind:[209]

- Straffung der Geschäftsprozesse und dadurch Reduktion von Durchlaufzeiten,
- Kostensenkung,
- Qualitätsverbesserung,
- Erhöhung der Einnahmen,
- Verbesserung der Kundenorientierung.

Das generelle Sachziel des Projektes aus der Perspektive des Informationsmanagements ist, die bestehenden betriebswirtschaftlichen Informationssysteme durch ein IBSIS zu ersetzen. Dieses Sachziel muß aber um Formalziele, welche die Produktqualität, wie zum Beispiel Wirksamkeit und Wirtschaftlichkeit, Qualität, Benutzerservice etc., und um Formalziele, welche die Qualität des Projektes betreffen, wie Termin- und Kostenziele, ergänzt werden. Obwohl zu diesem frühen Zeitpunkt die Ziele nur sehr grob definiert werden können, sollte man sich trotzdem darüber Gedanken machen, um für das weitere Vorgehen eine Richtschnur vorzugeben. Die Ziele sind im Laufe des Projektes sukzessiv zu verfeinern.

In Zusammenhang mit der Einführung eines IBSIS ist eines der wichtigsten Formalziele, die Releasefähigkeit des IBSIS zu erhalten und sie nicht durch Modifikationen im Code des IBSIS zu verlieren. Wie mit funktionalen Änderungen und Erweiterungen umzugehen ist, sollte daher im Projektauftrag beschrieben werden. Fehler und ein nicht konsequentes Vorgehen in diesem Bereich können sehr leicht dazu führen, daß das Standardinformationssystem zu einem Individualsystem verbogen wird. Dadurch wird die Chance vertan, von einer bestehenden Version des IBSIS auf eine neue Version mit einem angemessenen Aufwand zu wechseln.

Noch ein Wort zu den Zielinhalten beziehungsweise zum Ausmaß der Zielerreichung. Das BPR verfolgt eine radikale Änderung von Geschäftsprozessen, um deutliche Verbesserungen zu erreichen. Entsprechend diesem Grundsatz müssen für das Projekt ehrgeizige Ziele gesetzt werden. Das Ausmaß der Zielerreichung muß so gewählt werden, daß genug Kreativitätspotential bei den Betroffenen freigesetzt wird, um tatsächlich einen Quantensprung zu erreichen. Andererseits darf das Ausmaß der Zielerreichung nicht unrealistisch hoch sein, es würde zu Frustration und zu einem raschen Abweichen von der Zielsetzung führen. Um hier den richtigen Weg zu finden, ist eine genaue Kenntnis des Unternehmens und seiner derzeitigen und künftigen Erfolgspotentiale nötig. Durch ein erfolgreiches strategisches Management können die Voraussetzungen für eine vernünftige Zielplanung geschaffen werden.

4.2.2
GATEWAY ALLGEMEINE VORBEREITUNG
(vb1)

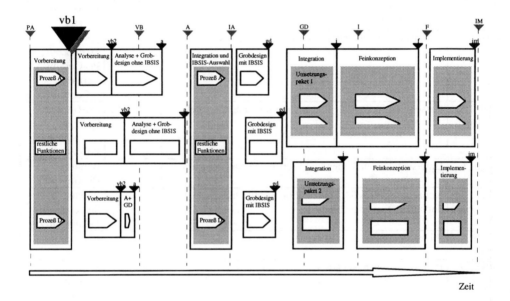

Gateway Allgemeine Vorbereitung Teilprojektebene			vb1 ▼
Nr.	Ergebnisse/Kontrollpunkte	Termin	Beteiligte/ Verantwortung
	Projektorganisation		
vb1.1	Aufbauorganisation für Projekt ist festgelegt		Sponsor, *Steuerkreis*, PL-Gesamt
vb1.2	Beraterteam ist gebildet und verfügbar		Sponsor, Steuerkreis, *PL-Gesamt*
vb1.3	Projektmitarbeiter kennen ihre Aufgaben und Rollen		*PL-Gesamt*, Berater
vb1.4	Verantwortung und Kompetenzen sind vereinbart		Sponsor, *Steuerkreis*, PL-Gesamt, Berater, P-Controller
vb1.5	Ressourcen für Projekt sind bestimmt und bereitgestellt		*PL-Gesamt*, Sponsor, Steuerkreis, P-Controller
vb1.6	Untersuchungsmethoden und Werkzeuge sind bestimmt		Berater, *PL-Gesamt*
vb1.7	Konzept für Prozeßdokumentation ist mit Organisationsdokumentation abgestimmt		Berater, Steuerkreis, *P-Controller*
vb1.8	Projektdokumentation ist organisiert		*PL-Gesamt*, Berater
vb1.9	Projekthandbuch ist erstellt		Sponsor, Steuerkreis, *PL-Gesamt*, Berater, P-Controller
	Projektcontrolling		
vb1.10	Methoden und Werkzeuge sind bestimmt		PL-Gesamt, *P-Controller*
vb1.11	Verantwortung und Ausführung sind fixiert		PL-Gesamt, P-Controller, *Steuerkreis*

Gateway Allgemeine Vorbereitung Teilprojektebene		vb1 ▼	
Nr.	Ergebnisse/Kontrollpunkte	Termin	Beteiligte/ Verantwortung
	Untersuchungsumfang		
vb1.12	Untersuchungsbereich ist festgelegt		Sponsor, *Steuerkreis*, PL-Gesamt
vb1.13	Geschäftsprozesse sind identifiziert und ausgewählt		Sponsor, *Steuerkreis*, PL-Gesamt
vb1.14	Geschäftsprozesse sind in überschaubare Teilprozesse zerlegt		Steuerkreis, *PL-Gesamt*, Berater
vb1.15	Teilprojekte auf der Basis der abgegrenzten Teilprozesse sind gebildet		Steuerkreis, *PL-Gesamt*, Berater
	Ziele		
vb1.16	Formalziele sind verfeinert und dokumentiert		PL-Gesamt, Berater, *P-Controller*, Steuerkreis
vb1.17	Prozeßziele und Prozeßstrategien wurden festgelegt		PL-Gesamt, P-Controller, *Steuerkreis*
	Business Process Redesign-Klima		
vb1.18	Steuerkreis und Sponsor haben Bedingungen für Business Process Redesign geschaffen		*Sponsor*, Steuerkreis, PL-Gesamt
vb1.19	Betriebsrat ist informiert und einbezogen		*Sponsor*, Steuerkreis, PL-Gesamt

Bestandteil des Gateways *Allgemeine Vorbereitung* sind Vorbereitungsarbeiten, durch die die Grundlagen für die weitere Projektarbeit sowohl auf Gesamtprojektebene als auch für die Teilprojekte, sofern sie nicht für ein Teilprojekt spezifisch sind, geschaffen werden sollen. Durch das Starten von Pilotprojekten können in der Vorbereitungsphase wertvolle Erfahrungen für das weitere Vorgehen gewonnen werden. Besonders Unternehmen, die mit BPR oder ähnlichen Reorganisationsprogrammen nicht vertraut sind, sollten sich dieser Lernmöglichkeit bedienen. Die Pilotprojekte werden als normale Teilprojekte abgewickelt, auch sie müssen sich an den Gatewayplan halten. Diese Betrachtung der Pilotprojekte als Teilprojekte macht spezielle Ergebnisse und Kontrollpunkte im Gatewayplan für sie überflüssig. Lediglich auf Gesamtprojektebene wird verlangt, daß die Erfahrungen in das Projektkonzept eingebaut wurden.

vb1.1 Aufbauorganisation für Projekt ist festgelegt

Eine Aufbauorganisation für das Projekt als die einzig richtige hinzustellen, ist grundsätzlich falsch. Obwohl eine Reihe von unterschiedlichsten Organisationsformen denkbar sind, wird hier ein bestimmtes Beispiel einer Projektorganisation herausgegriffen, das, ergänzt um einzelne Elemente aus der Literatur, stark an die Praxis angelehnt ist. In Abbildung 4-6 ist die Projektaufbauorganisation dargestellt.

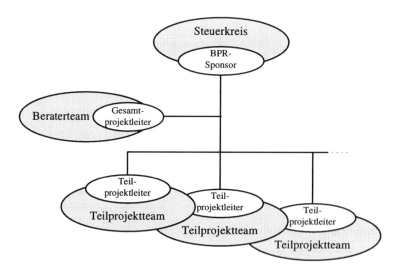

Abbildung 4-6 Aufbauorganisation des Projektes

Der Steuerkreis ist das oberste Projektgremium und somit auch das oberste Entscheidungsgremium. Er besteht aus den Mitgliedern des Topmanagements. Der BPR-Sponsor ist Mitglied des Topmanagements und des Steuerkreises. Der Steuerkreis ist Auftraggeber des Gesamtprojektes und der Teilprojekte, daher entscheidet er auch über die Gesamt- und Teilprojektziele und verabschiedet die Gateways auf Gesamt- und Teilprojektebene. Außerdem bestimmt er die generelle Vorgehensweise im Projekt sowie die Umsetzung der ausgearbeiteten Lösungsvorschläge. Eine weitere Aufgabe, die dem obersten Projektgremium zukommt, ist die Entscheidungsfindung in anscheinend unlösbaren Konflikten zwischen den Teilprojektteams.

Steuerkreis und BPR-Sponsor müssen sich zwar wesentlich am Projekt beteiligen, doch erlaubt es ihre Arbeitszeit nicht, sich um alle Belange der Projektabwicklung zu kümmern. Deshalb wird ein Gesamtprojektleiter bestimmt, der im wesentlichen mit der Planung, Überwachung und Steuerung des Projektes betraut wird.[210]

Dem Gesamtprojektleiter wird ein Beraterteam zugeordnet, das ihn bei seinen Aufgaben unterstützt. Es handelt sich hier um für Beratungsaufgaben hoch qualifizierte Organisationsmitglieder. Die Größe dieser Gruppe hängt von der Komplexität des Projektes ab. In einem Unternehmen mit circa 2000 Mitarbeitern, welches eine Reorganisation von mehreren Unternehmensprozessen anstrebt, erscheint ein Team mit drei bis sieben Personen sinnvoll.[211] Das Beraterteam unterstützt die Teilprojektteams bei ihren Aufgaben mit Methoden und Werkzeugen, koordiniert die Teams entsprechend dem Gatewayplan und erledigt teilprojektübergreifende Aufgaben wie das Erstellen eines Schulungskonzeptes, das Verhandeln von Verträgen für Hard- und Software etc. Es ist von Vorteil, die Beratergruppe im Unternehmen heranzubilden, um dadurch wertvolles Know-how im Unternehmen für künftige Organisationsänderungsprojekte aufzubauen.[212]

Die Teilprojektteams werden je nach Aufgabenstellung und Bedarf ins Leben gerufen. Sie sind direkt dem Steuerkreis und dem BPR-Sponsor unterstellt, die auch die Gateways der Teilprojekte verabschieden müssen. Demnach müssen sie bezüglich Zielerreichung und Ergebnisse direkt an den Steuerkreis berichten. In bezug auf Kosten, Termine und Kapazität sind sie dem Gesamtprojektleiter verantwortlich. Die ersten Teams, die gebildet werden, befassen sich mit der Analyse und der Neugestaltung der Geschäftsprozesse sowie mit der Abstimmung mit dem IBSIS. Die folgenden Teams haben ihren Aufgabenschwerpunkt in der Feinkonzeption und Implementierung des IBSIS und der Geschäftsprozesse.

Sowohl das Beraterteam als auch die Teilprojektteams können zu ihrer Unterstützung jederzeit Spezialisten zu bestimmten Themen vorübergehend in ihr Team aufnehmen. Es kann sich dabei sowohl um interne als auch externe Berater handeln, Beispiele sind Berater für Informationstechnologie, für Untersuchungs- oder Beschreibungsmethoden etc. Außerdem müssen sie für die Lösungsfindung die Linienstellen und deren Vorgesetzte einbeziehen.

Die hier beschriebene Aufbauorganisation betont die aktive Beteiligung des Topmanagements, da die Teilprojektteams direkt dem Steuerkreis unterstellt sind. Gerade bei großen Organisationsänderungsprojekten ist die aktive Mitarbeit des Topmanagements für den Projekterfolg enorm wichtig. Aus diesem Grund erscheint eine Unterstellung der Teilprojektteams unter den Gesamtprojektleiter als nicht sinnvoll.

vb1.2 Beraterteam ist gebildet und verfügbar

Wie bereits erwähnt besteht das Beraterteam idealerweise aus drei bis sieben Personen. Ziel des Aufbaus einer internen Beratergruppe ist es, Organisationsänderungs-Know-how im Unternehmen aufzubauen und für folgende Projekte verfügbar zu haben. Dies ist deshalb wichtig, da mit der Durchführung des BPR-Projektes die organisatorische Änderung nicht abgeschlossen ist, sondern vielmehr in einen kontinuierlichen Änderungsprozeß eingebettet ist. Würde man Berater-Know-how immer von außen zukaufen, wäre dies einerseits sehr teuer, und andererseits kann das Know-how externer Berater bei weitem nicht so auf die Situation des Unternehmens abgestimmt werden, wie es beim Heranreifen interner Berater entsteht. Wird im Unternehmen eine Beratergruppe aufgebaut, wird der organisatorische Wandel gewissermaßen institutionalisiert, ein weiterer nicht unwichtiger Effekt für das Unternehmen.

Wichtigste Aufgabe des Beraterteams ist es, die Teilprojektteams bei ihren Aufgaben methodisch zu unterstützen sowie teilprojektübergreifende Aufgaben zu übernehmen. Von diesen Aufgaben kann das Fähigkeitsprofil eines Beraters abgeleitet werden. Der Idealfall ist, wenn es sich um Personen handelt, die bereits wesentlich bei Organisationsänderungsprojekten beteiligt waren. Sie sollten über entsprechende Methodenkenntnisse für derartige Vorhaben verfügen. Erfahrungen mit Survey Feedback, Konfrontationssitzungen, Team-Building sowie Prozeßanalysemethoden und Kreativitätstechniken sind hier nur einige Beispiele. Außerdem sollten sie fähig sein, einzelne Sitzungen der Projektteams zu unterschiedlichen Aufgabenstellungen zu moderieren. Diese Beschreibung stellt sehr hohe Anforderungen an die künftigen Berater, und es ist nicht zu erwarten, daß derartiges Know-how in allen Unternehmen gleichermaßen vorhanden ist. Wichtig ist es aber, solche Personen als Berater auszuwählen, die eine hohe Bereitschaft haben, in den erwähnten Bereichen tätig zu sein und die bereit sind, für die Dauer des Projektes „full time" mitzuarbeiten und eine eventuelle andere Aufgabe zurückzustellen. Nach dem Projekt können sie entweder in die Linie zurückkehren oder für andere Projekte als Berater zur Verfügung stehen. Im Laufe der Zeit können sie sich zu Projektleitern für Innovationsprojekte qualifizieren. Eine mögliche Quelle für Berater sind die Beteiligten eines strategischen Planungsteams. Hier ist eine hohe Identifikation mit dem Projekt zu erwarten, da diese Mitarbeiter bei der Gestaltung der Zukunft des Unternehmens bereits mitgearbeitet haben.

Die Berater werden gemeinsam vom Topmanagement und dem Gesamtprojektleiter ausgewählt. Sie müssen für die Dauer des Projektes hundert Prozent ihrer Arbeitszeit ihrer neuen Aufgabe widmen. Der Vorgesetzte der Berater ist der Gesamtprojektleiter. Letztlich wird der Erfolg des Beraterteams von der Bereitschaft jedes einzelnen abhängen, sich weiterzuentwickeln.

vb1.3 Projektmitarbeiter kennen ihre Aufgaben und Rollen

Wurde die Beratergruppe zusammengestellt, muß Klarheit über die Aufgaben und Rollen bei den Mitarbeitern geschaffen werden. Dies betrifft nicht nur das Beraterteam, sondern auch den Gesamtprojektleiter, den BPR-Sponsor, den Steuerkreis und schließlich auch die Teilprojektteams. In diesem Stadium existieren die Teilprojekte noch nicht, deshalb wird für sie dieser Punkt zu einem späteren Zeitpunkt diskutiert. Steuerkreis, BPR-Sponsor und Gesamtprojektleiter bedürfen keiner besonderen Erwähnung mehr, da sie das Projekt ins Leben gerufen haben und deshalb diesem Personenkreis bewußt sein muß, was auf ihn zukommt. Wenn nicht, dann ist es Zeit, dies schleunigst nachzuholen. In diesem Fall hätte das Gateway *Projektauftrag* allerdings nicht verabschiedet werden dürfen.

Bleibt also nur mehr die Beratergruppe übrig. Bereits bei der Auswahl der Berater war es notwendig, die künftigen Projektmitarbeiter über ihre neuen Aufgaben und Rollen aufzuklären. In einer ersten Sitzung der Berater mit dem Gesamtprojektleiter sollte aber trotzdem noch einmal für ein einheitliches Verständnis gesorgt werden.

Diese erste Sitzung kann in Form eines ein- bis zweitägigen Workshops abgewickelt werden. Ziel dieser Veranstaltung ist es

- das Kennenlernen sicherzustellen,
- die Erwartungen, Fragen und Informationsbedürfnisse der Mitarbeiter zu klären,
- die Grundlagen für die Zusammenarbeit im Beraterteam und mit den anderen Projektbeteiligten festzulegen und
- die Rechte und Pflichten des Gesamtprojektleiters offenzulegen.[213]

Weiterer Schwerpunkt dieses Workshops sollte es sein, ein grundsätzliches Verständnis über das Sachziel des Projektes zu schaffen. Es ist wichtig, daß die Mitarbeiter die Prinzipien des BPR verinnerlicht haben und die Verbindung mit der Einführung des IBSIS verstehen. Um dieses Ziel zu erreichen, müssen die Berater die Themen selbst aktiv erarbeiten, sei es durch Vorbereiten von Vorträgen, Rollenspiele oder Diskussionen.

Die größte Hürde, die es bei diesem Workshop zu überwinden gilt, ist die bei den Beteiligten mit Sicherheit vorhandene Unsicherheit. Jeder Mitarbeiter hat unterschiedliche Interessen, Erwartungen und Befürchtungen. Der Gesamtprojektleiter muß es schaffen, diese Unsicherheit zu überwinden und eine solide Vertrauensbasis ihm gegenüber und zwischen den Mitarbeitern aufzubauen.

vb1.4 Verantwortung und Kompetenzen sind vereinbart

Durch die Aufbauorganisation werden Aufgaben, Kompetenzen und Verantwortung zwischen den Projektbeteiligten bestimmt. Nach Meinung des Autors reicht es aber nicht, jedem Projektbeteiligten die Aufbauorganisation in Form eines Organigramms in die Hand zu drücken, und dann anzunehmen, daß diese Modell auch tatsächlich gelebt wird.

Beim Workshop der Beratergruppe wurden Verantwortung und Kompetenzen bereits angesprochen. Dieser Abschnitt ist aber weiter gefaßt, da bei einem Treffen die Verantwortung und Kompetenzen zwischen allen Projektbeteiligten zu vereinbaren sind. Es müssen daran der BPR-Sponsor, der Steuerkreis, der Gesamtprojektleiter und sein Beraterteam, der Projektcontroller, potentielle Teilprojektleiter und Linienmanager teilnehmen.

Inhalt dieses Treffens ist es, einerseits nochmals zu umreißen, was durch das Projekt erreicht werden soll, wer wozu berechtigt und wer wofür verantwortlich ist. Seitens des Steuerkreises und des BPR-Sponsors muß eindeutig hervorgehoben werden, daß bei den Kerngeschäftsprozessen durch BPR deutliche Verbesserungen anzustreben sind und daß das Topmanagement bereit ist, mit Nachdruck und allen Konsequenzen dieses Ziel zu verfolgen.

Ein weiterer Punkt ist das Bestimmen der Freiräume der Projektbeteiligten. Es ist zum Beispiel festzulegen, daß das Beraterteam und die Teilprojektteams Zugang zu allen relevanten Informationen haben und andere Organisationsmitglieder entsprechend Auskunft erteilen müssen. Gerade in den Anfangsphasen des Projektes ist ein unbürokratischer Zugang zu Informationen nötig, damit die Projektbeteiligten rasch einen Überblick über die Verbesserungspotentiale bekommen. Dieser Aspekt betrifft vor allem jene Teilprojektteams, deren Aufgabe das Redesign der Geschäftsprozesse ist.

Dem hier vorgeschlagenen Treffen kommt auch ein kommunikativer Aspekt zu, der das Innovationsklima im Unternehmen positiv beeinflussen soll.

vb1.5 Ressourcen für Projekt sind bestimmt und bereitgestellt

Für das Projekt müssen entsprechende Ressourcen vorhanden sein, um überhaupt arbeiten zu können. Die wichtigsten Ressourcen sind

- Mitarbeiter,
- Räume,

- Informationstechnologie und
- Geld.

Die Verfügbarkeit der Projektmitarbeiter wurde in den obigen Abschnitten bereits ausführlich behandelt. Zu den Mitarbeitern gehören aber auch eventuelle Gesprächspartner im und außerhalb des Unternehmens, externe Berater und gegebenenfalls je nach Umfang und administrativen Aufwand eine Sekretärin oder ein Sekretär.

Damit aus der Beratergruppe ein Team wird, ist seine enge Zusammenarbeit wichtig. Der Teambildungsprozeß wird nicht gerade unterstützt, wenn jeder Berater in einem eigenen Büro sitzt und diese Büros im ganzen Unternehmen verteilt sind. Idealerweise arbeiten sie inklusive Gesamtprojektleiter in einem Raum. Es soll dadurch eine schnelle Kommunikation und ein rasches „Sich-aneinander-Gewöhnen" ermöglicht werden.

Neben den Arbeitsräumen für das Beraterteam müssen auch geeignete Räume für Besprechungen, Vorträge und Präsentationen mit der dafür nötigen technischen Ausstattung sowie Räume für die Teilprojektteams verfügbar gemacht werden. Im Gegensatz zu den Arbeitsräumlichkeiten des Beraterteams und der Teilprojektteams, die diesen für die Projektlaufzeit zur Gänze zur Verfügung gestellt werden müssen, können die Sitzungs- und Vortragsräume durchaus mit anderen Abteilungen geteilt werden, um eine bessere Auslastung der Ressourcen zu erreichen.

Eine andere wichtige Ressource ist die Informationstechnologie. Modernes Projektmanagement bedient sich heute verschiedener informationstechnologischer Werkzeuge. Zum Beispiel sollte die Projektdokumentation durch Textverarbeitungs- und Tabellenkalkulationssoftware unterstützt werden. Für die Überwachung des Projektes gibt es geeignete Projektmanagementwerkzeuge. Schon um die Flexibilität im Projekt zu erhalten, ist ein Arbeiten ohne derartige Instrumente wenig sinnvoll. Denn genauso wie das Projekt wächst, nimmt auch die Menge der Projektunterlagen zu. Ein weiteres Argument für die Ausstattung der Projektmitarbeiter mit Informationstechnologie ist die Verfügbarkeit von Werkzeugen für Prozeßanalyse und Prozeßdokumentation.

Dies soll aber nicht heißen, daß alle Projektmitarbeiter einen PC brauchen. Für den Steuerkreis oder den BPR-Sponsor ist das sicherlich nicht notwendig, für die Berater wird er unentbehrlich sein. Entsprechend dieser Sichtweise ist frühzeitig für den Aufbau der nötigen Infrastruktur zu sorgen, zum Beispiel die Beschaffung der Hard- und Software sowie die Installation der Komponenten in einem Netzwerk, um einen einfachen Datenaustausch und Datenzugriff zu ermöglichen.

Zu guter Letzt muß auch dafür gesorgt werden, daß die nötigen finanziellen Mittel für das Projekt vorhanden sind. Abgeleitet von einem Projektbudget, das aufgrund der Projektzielsetzung und der Abgrenzung des Untersuchungsfeldes aufgestellt werden kann, sind die finanziellen Mittel bereitzustellen.

vb1.6 Untersuchungsmethoden und Werkzeuge sind bestimmt

Im Laufe des Projektes werden eine Vielzahl von Methoden und Werkzeugen zum Einsatz kommen. Eingangs, unter dem Punkt vb1.2 *Beraterteam ist gebildet und verfügbar* wurde bereits kurz auf den Inhalt ihrer Methoden und ihres Werkzeugkastens hingewiesen. Im großen und ganzen handelt es sich dabei um Instrumente, die jeder Mitarbeiter individuell und unabhängig von den anderen Projektmitgliedern einsetzen kann. Zum Beispiel wird sich jeder Berater einer persönlichen auf ihn abgestimmten Moderationstechnik bedienen. Unterschiede sind hier sinnvoll und wünschenswert, da diese Art von Methoden nur in engem Zusammenhang mit der Persönlichkeit eines Mitarbeiters zu sehen sind und auf diese abgestimmt werden müssen.

Daneben müssen aber im Projekt Instrumente eingesetzt werden, die von mehreren Personen auf die gleiche Art und Weise zu verwenden sind und deren Ergebnisse zu einem einheitlichen Ganzen zusammengefügt werden müssen. Hier sei nur auf die Kunden/Lieferantenbeziehungsanalyse und die Prozeßanalysemethode hingewiesen. Beide Methoden sollen zu einem einheitlichen, konsistenten Ergebnis führen. Insofern muß zwischen den Beratern Einigkeit über den Aufbau, die Verwendung der Methoden und die zu erzielenden Ergebnisse herrschen.

Durch den Einsatz der Kunden/Lieferantenbeziehungsanalyse soll innerhalb des Unternehmens ein kundenorientiertes Denken und Handeln etabliert werden. Das Kunden/Lieferantenprinzip wird ins Unternehmen übertragen, so daß auch innerhalb der Organisation Kunden und Lieferanten bestehen. Das Ziel der Analyse ist das Prinzip „keine Leistung ohne Kunden" einzuführen. Durch die Analyse sollen folgende Fragen in regelmäßigen Intervallen beantwortet werden:

- Wer ist der Kunde, wer ist der Lieferant einer Leistung?
- Welche Leistung wird erbracht?
- Welche Anforderungen hat der Kunde?
- Erfüllt der Lieferant die Anforderungen?
- Wie ist der Beitrag der Leistung zum Unternehmenserfolg?

Die wiederholte Anwendung der Kunden/Lieferantenbeziehungsanalyse soll einerseits Reorganisationspotentiale kontinuierlich aufdecken und andererseits die Unternehmenskultur in Richtung mehr Änderungsbereitschaft beeinflussen. Da der Einsatz der Analyse zumindest am Anfang wesentlich von den Beratern begleitet werden muß, hat über ihren Einsatz Konsens zu herrschen.[214]

Weitere Instrumente, über die frühzeitig entschieden werden muß, sind die Methoden und Werkzeuge, mit deren Hilfe die Geschäftsprozesse beschrieben werden sollen. Warum sollte man Geschäftsprozesse überhaupt beschreiben und modellieren? Bei den zu untersuchenden Prozessen handelt es sich um komplexe und dynamische Situationen im Unternehmen, die ohne die Kenntnis ihrer inneren Struktur schwer verständlich sind. Merkmale einer augenblicklichen Situation reichen nicht aus, um die Funktion eines Prozesses zu verstehen. Es ist notwendig, Wissen über die Art und Weise, wie Variablen eines Systems zusammenhängen, aufzubauen.[215] Durch den Einsatz einer geeigneten Dokumentationsmethode und des dazugehörenden Werkzeugs soll eine einheitliche Gesprächsgrundlage für die Projektbeteiligten geschaffen werden, die es erlaubt, einen komplexen Prozeß zu verstehen.

Prozeßbeschreibungen sind schwerpunktmäßig für folgenden Aktivitäten einzusetzen:

- Dokumentation der Analyseergebnisse der Geschäftsprozesse,
- Entwickeln eines Sollmodells der Geschäftsprozesse und
- Abgleich des Sollmodells der Geschäftsprozesse mit dem Modell des IBSIS.

Es sollte eine Methode gefunden werden, mit der alle drei Aufgaben bewältigt werden können. Aber erst durch die Unterstützung einer Methode durch das dazupassende Werkzeug wird eine sinnvolle, wiederverwendbare Modellierung möglich. Schließlich ist zu erwarten, daß die Entwicklung eines Prozeßmodells, sowohl des IST- als auch des SOLL-Modells, nicht mit dem ersten Wurf gelingt, sondern in mehreren Teamsitzungen entsteht und dementsprechend oft zu verändern ist.

Die erstellten Modelle müssen Antworten auf folgende Fragen geben:[216]

- Was wird gemacht? (Funktion)
- Wer führt es aus? (Organisationseinheit)
- Welche Information wird benutzt? (Daten)

- Wie lange dauert und wieviel kostet die Ausführung einer Funktion? (Prozeßattribute wie Zeit, Kosten etc.)

Eine weitere Anforderung an Methode und Werkzeug sowie die produzierten Modelle ist ihre leichte Beherrschbarkeit. Die entwickelten Modelle müssen so einfach sein, daß sie von nicht einschlägig geschulten Personen in kürzester Zeit verstanden werden können. Es sollte eine Schulungszeit von ein bis zwei Stunden ausreichen, um Methode und Modelle zu begreifen. Aber auch das Werkzeug zum Erstellen der Modelle muß einfach handhabbar sein, um es interaktiv in Gruppensitzungen verwenden zu können.

Hier noch schlagwortartig einige Kriterien, die man bei der Auswahl des Modellierungswerkzeuges berücksichtigen sollte:

- Methodische Unterstützung beim Modellieren,
- Übersichtlichkeit,
- komfortable Navigation,
- Konsistenz,
- Unterstützung einer strukturierten Vorgehensweise,
- beliebiger Detaillierungsgrad und dadurch schrittweise Verfeinerung der Modelle,
- Methodenoffenheit,
- Lauffähigkeit auf PC,
- Schnittstellen zu anderen Tools,
- geringe Kosten bei Anschaffung und Pflege.[217]

Sollten Referenzmodelle für das IBSIS oder für einzelne Prozesse der eigenen Branche vorliegen, ist es ideal, wenn diese mit dem ausgewählten Werkzeug analysiert und mit den selbst erstellten Modellen verglichen werden können.

In Abbildung 4-7 ist die Arbeitsoberfläche des ARIS-Toolsets der Firma IDS Prof. Scheer mit einem Ausschnitt aus einem Prozeß, der mit Hilfe einer erweiterten ereignisgesteuerten Prozeßkette beschrieben ist, dargestellt.[218] Die Prozeßkette enthält die wesentlichen Beschreibungselemente eines Prozesses, nämlich Ereignis, Funktion, Organisationseinheit und Daten. Hinter den Funktionen verbergen sich Attribute wie Kosten und Bearbeitungszeiten. Es können dadurch sehr einfach Durchlaufzeiten und Kosten für Prozesse oder Teilprozesse berechnet werden, vorausgesetzt die Daten wurden entsprechend erhoben und erfaßt.

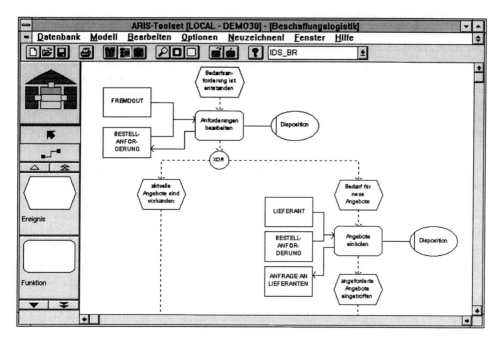

Abbildung 4-7 Das ARIS-Toolset und ein Ausschnitt aus einer erweiterten ereignisgesteuerten Prozeßkette

vb1.7 Konzept für Prozeßdokumentation ist mit Organisationsdokumentation abgestimmt

Es wurde bereits darauf hingewiesen, wie wichtig das Modellieren von Prozessen nach einer geeigneten Methode mit einem passenden Werkzeug ist. In den Modellen wird Wissen über das Unternehmen gespeichert. Sie dienen zur Analyse der Arbeitsabläufe und erleichtern das Erkennen von Verbesserungsmöglichkeiten.

Wenn im Unternehmen bereits Modelle existieren und Methoden und Werkzeuge zur Analyse und zum Beschreiben von Prozessen vorhanden sind, sollte im Rahmen des hier beschriebenen Projektes darauf zurückgegriffen werden. Gegebenenfalls sind die Modelle zu aktualisieren und anzupassen. Wurde bisher auf eine Organisationsdokumentation verzichtet, so ist jetzt die beste Gelegenheit, diese aufzubauen. In diesem Fall sollte von den Beratern gemeinsam mit der IV/Organisationsabteilung ein Konzept für die Dokumentation entwickelt werden.

Das Konzept muß mindestens die Beschreibungsmethoden, die Werkzeuge, die Beschreibungstiefe und die Zuständigkeiten für die Wartung der Modelle klären. Für die Verwaltung und Wartung könnte zum Beispiel eine Person als eine Art Bibliothekar eingesetzt werden.

Der Bibliothekar ist für die kontinuierliche Aktualisierung und Integration von neuen Modellen in die Unternehmensdokumentation verantwortlich. Da nicht zu erwarten ist, daß mit einem Wurf das gesamte Unternehmen dokumentiert wird, sondern davon auszugehen ist, daß die Dokumentation im Laufe der Zeit wächst, ist die Rolle des Bibliothekars umso wichtiger. Seine Aufgabe ist es, die Modelle aus verschiedenen Projekten zu einem sinnvollen Ganzen zusammenzufügen. Damit dies gelingt, müssen sich die Modellierer an vorgegebene Standards halten, die im Organisationsdokumentationskonzept fixiert und für alle Betroffenen verbindlich sind.

Liegen die Modelle einmal vor, können sie immer wieder als Gesprächsgrundlage für unterschiedlichste Projekte im Zuge des kontinuierlichen Verbesserungsprozesses eingesetzt und durch diese auch aktualisiert werden. Der konsequente Gebrauch ausgewählter Methoden und Werkzeuge läßt die Organisationsmitglieder mit diesen Instrumenten vertraut werden. Es ist zu erwarten, daß der Nutzen der Modelle mit der zunehmenden Vertrautheit der Organisationsmitglieder mit Methoden, Werkzeug und Modellen zunimmt. Die Analysezeiten in einschlägigen Projekten werden sich verkürzen, da die Projektbeteiligten auf dem dokumentierten Wissen über die Organisation aufbauen können.

Unternehmensmodelle, die nach den Richtlinien eines Konzeptes zur Organisationsdokumentation erstellt wurden, sind eine wichtige Art der allgemein zugänglichen Wissensrepräsentation im Unternehmen und können als eine Voraussetzung für die kontinuierliche Optimierung von Geschäftsprozessen gesehen werden.

vb1.8 Projektdokumentation ist organisiert

Die Projektdokumentation ist ein weiterer Bereich, über dessen Standardisierung man bereits am Anfang eines größeren Projektes entscheiden sollte. Neben den hier vorgestellten Dokumenten, zum Beispiel die Formulare des Gatewayplans, wird während des Projektes jede Menge an Papier produziert. Zu den ersten Aufgaben der Projektmitarbeiter gehört es, hier einen Standard zu erarbeiten, um eine gewisse Einheitlichkeit der Dokumente zu gewährleisten und dadurch eine leichtere Verständigung zwischen den Projektmitarbeitern zu ermöglichen und den Zugang zu den im Projekt gesammelten und erarbeiteten Informationen zu erleichtern.

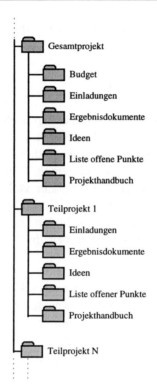

Abbildung 4-8 Projektbibliothek

Es ist zu empfehlen, die Dokumente in elektronischer Form in einer Projektbibliothek abzulegen. Hier kann es sich zum Beispiel um einen einheitlichen Verzeichnisbaum handeln, der sich auf einem Server befindet und die Dokumente aller Projektmitglieder enthält. Vertrauliche Dokumente können geschützt werden, wenn für sie entsprechende Zugriffsrechte definiert werden. In Abbildung 4-8 ist ein Muster eines derartigen Verzeichnisbaums abgebildet.

Die Standardisierung der Dokumente übt auch einen gewissen Zwang auf die Projektmitarbeiter aus, zu Themen Stellung zu nehmen, die sonst vielleicht übergangen worden wären. Es ist zu empfehlen, eine Person aus dem Beraterteam zu bestimmen, die die Projektdokumentation koordiniert und überwacht.

Alle anderen Dokumente, die nicht elektronisch gespeichert werden können, sind in einem zentralen Ablagesystem zu hinterlegen.

Inhalt des Standards müssen neben der Verzeichnisstruktur, der Versionsverwaltung der Dokumente und ihres Layouts (Header, Footer, Logo etc.) auch Richtlinien für die periodische Datensicherung sein, sofern dies nicht vom Rechenzentrum übernommen wird.

vb1.9 Projekthandbuch ist erstellt

Das Projekt zur Reorganisation von Geschäftsprozessen und Einführung eines IBSIS sollte für alle Beteiligten möglichst transparent sein. Ein Weg, Transparenz zu schaffen, besteht darin, zumindest alle methodischen und technischen Aspekte sowie die formalen Regeln des Projektes in einem Projekthandbuch zusammenzufassen. Die für alle Beteiligten offen zugängliche Dokumentation der Regeln der Zusammenarbeit, der Verantwortung und Kompetenzen, der bevorstehenden Arbeitsschritte und der einzusetzenden Methoden und Werkzeuge soll helfen, die Unsicherheit in bezug auf die Zusammenarbeit im Projekt bei den Beteiligten zu reduzieren.[219]

Das Projekthandbuch ist keine Einzelleistung, sondern wird gemeinsam von den Beratern und den bereits feststehenden Projektbeteiligten erarbeitet. Wird das Projekthandbuch in Gruppenarbeit erstellt, wird nicht nur die Teambildung gefördert, sondern auch erreicht, daß die Beteiligten mit den aufgestellten Regeln und Richtlinien frühzeitig vertraut werden. Folgende Themen sind mindestens zu behandeln:

- Definition des Projektes,
- Projektorganisation,
- Überblick über die Projektphasen,
- Gatewayplan,
- Methoden und Werkzeuge,
- Ausbildungskonzept für Projektarbeit.

Jede Projektgruppe, vom Steuerkreis bis zum Teilprojektteam, erhält das Projekthandbuch. Außerdem sollte es auch elektronisch verfügbar und zugänglich sein.[220] Gegebenenfalls können einzelne Inhalte für bestimmte Gruppen reduziert oder erweitert werden, was von der Aufgabenstellungen und den daraus abgeleiteten Anforderungen der Gruppen abhängt. Das Projekthandbuch sollte von einem Mitglied des Beraterteams gewartet werden.

vb1.10 Projektcontrolling: Methoden und Werkzeuge sind bestimmt

Das Projektcontrolling ist ein System der Führungsunterstützung für den Gesamtprojektleiter und die Teilprojektleiter. Es soll dadurch das Erreichen der Ziele des Projektes erleichtert werden.

Die generelle Aufgabe des Projektcontrollings besteht in der inhaltlichen, zeitlichen und finanziellen Planung, Überwachung und Steuerung des Projektes. Dies umfaßt im wesentlichen folgende Teilaufgaben:[221]

- Unterstützung der Projektbeteiligten bei der Formulierung von Projektzielen und Erfolgskriterien, sowohl für das Gesamtprojekt als auch für die Teilprojekte.

- Entwicklung von Kennzahlen und Meßsystemen, um Abweichungen von den Zielen frühzeitig zu erkennen und den Erfolg von geplanten Maßnahmen abschätzen zu können.

- Soll/Ist-Vergleich der Projektpläne (Leistung, Termine, Kosten) mit den Ergebnissen, die Interpretation der Ergebnisse und Unterstützung der Betroffenen beim Erarbeiten von Gegenmaßnahmen.

- Regelmäßige mündliche und schriftliche Berichterstattung über den Projektfortschritt, insbesondere über mögliche Gründe für ein potentielles Scheitern des Projektes.

In Zusammenhang mit diesen Aufgaben kommt dem Gatewayplan als zentrales Steuerungsinstrument für das Projekt große Bedeutung zu. Er enthält

- die durchzuführenden Aktivitäten und zu erzielenden Ergebnisse,
- die Termine, zu denen die Ergebnisse vorliegen müssen,
- die Beteiligten und den Ergebnisverantwortlichen.

Eingangs wurde erwähnt, daß der Projektcontroller auch inhaltlich am Projekt zu beteiligen ist. Die inhaltliche Beteiligung ist besonders bei Aufgaben wie dem Aufstellen von Zielen, dem Bewerten von Ergebnissen, dem Anpassen von Plänen, dem Beurteilen des Beitrags zur Zielerreichung sowie des Risikos geplanter Maßnahmen etc. wichtig, da der Controller einerseits den Bezug zum Gesamtprojekt und zu den diversen Projektplänen herstellen muß und andererseits aufgrund seiner Fachkenntnisse bei diesen Aufgaben hilfreich zur Seite stehen kann. Im Gatewayplan wird dies dadurch ausgedrückt, daß der Controller bei vielen Aufgaben als Beteiligter aufscheint.

Neben dem Gatewayplan sollte der Controller noch andere Instrumente, wie einen Kosten- und Finanzplan, einsetzen, um die Ressourcen und Kosten für das Projekt zu überwachen. Ein weiteres erwähnenswertes Instrument in Zusammenhang mit Projekten ist die Stundenaufschreibung für die Projektbeteiligten. Sie dient einerseits dazu, die Personalkosten zu überwachen und dem Projekt zuzuordnen und andererseits um sicherzustellen, daß die Projektbeteiligten auch ausreichend Zeit ins Projekt investieren.

vb1.11 Projektcontrolling: Verantwortung und Ausführung sind fixiert

Die Grenzen zwischen Projektmanagement und Projektcontrolling können nicht scharf gezogen werden. Betrachtet man die oben beschriebenen Aufgaben, wird deutlich, daß sie sinnvollerweise zum überwiegenden Teil von den Projektleitern zu erfüllen sind. Gerade die Planung, Überwachung und Steuerung des Gesamtprojektes und der Teilprojekte mit Hilfe des Gatewayplans muß durch die Projektleiter erfolgen.

Aufgaben wie das Entwickeln eines Systems, um Ergebnisse bewerten zu können, sollten durch einen Controller oder zumindest mit seiner Unterstützung durchgeführt werden. Diese Tätigkeiten gehören zu seinem ureigensten Aufgabenbereich, und es ist daher mit entsprechendem Fachwissen zu rechnen. Aufgabe des Controllers ist es auch, die Ressourcen und Kosten zu überwachen sowie die geplanten Reorganisationsmaßnahmen in bezug auf Kosten, Nutzen und Risiko zu beurteilen.

Der Controller kann selbst Mitglied des Beraterteams sein und die Controllingaufgaben zusätzlich zu seinen Berateraufgaben ausführen. Er kann aber auch außerhalb des Projektes stehen, in diesem Fall wird er vom Gesamtprojektleiter mit den speziellen Controllingaufgaben beauftragt.

Auch wenn die Grenzen zwischen Projektmanagement und Projektcontrolling unscharf sind, müssen Verantwortung und Kompetenzen für einzelne Aufgaben klar geregelt und für alle zugänglich im Projekthandbuch dokumentiert sein. Entsprechend seinen Aufgaben müssen dem Projektcontroller die nötigen Freiräume eingeräumt werden, damit er auch die für ihn relevanten Informationen erhält.

Noch ein Wort zum Klima - der Controller sollte nicht als Revisor oder Kontrolleur wahrgenommen werden, sondern als Partner, der hilft, die hoch gesteckten Projektziele zu erreichen.

vb1.12 Untersuchungsbereich ist festgelegt

Bevor Teilprojekte gebildet werden können, ist der Untersuchungsbereich zu bestimmen. Es sollte dabei grundsätzlich zwischen jenen Bereichen unterschieden werden,

- die durch BPR neu gestaltet werden sollen,
- deren Organisation durch begleitende Untersuchungen verbessert werden soll, also keine radikalen Änderungen durchzuführen sind,
- auf die keine Untersuchungen angesetzt werden, obwohl sie von der IBSIS-Einführung betroffen sein werden.

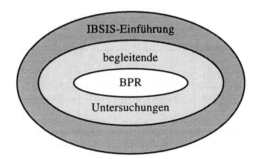

Abbildung 4-9 Untersuchungsbereich und Projektgrenzen

Das in Abbildung 4-9 dargestellte Schalenmodell zeigt die Dreiteilung des Untersuchungsbereichs und bringt zum Ausdruck, daß Aufgaben einer äußeren Schale auch für eine innere Schale gelten können. Zum Beispiel wird die Kunden/Lieferantenbeziehungsanalyse auch im Rahmen der BPR-Teilprojekte durchgeführt, da jeder Prozeß Kunden haben muß, die das Prozeßergebnis bestimmen und so auch die Verbindung zwischen den Prozessen hergestellt wird. Es werden die Aufgaben quasi von außen nach innen vererbt.

Die Grenzen zwischen den Bereichen dürfen nicht scharf gezogen werden, vielmehr handelt es sich hier um fließende Übergänge. Dies ist deshalb wichtig, da nur so eine flexible Änderung des Untersuchungsbereichs eines Teilprojektes möglich ist. Stellt sich bei der Arbeit einer Teilprojektgruppe heraus, daß zusätzliche Funktionen in die Analyse einzubeziehen sind, um tatsächlich Verbesserungen zu erzielen, muß dies unbürokratisch möglich sein.

Trotzdem sollte zu Beginn der Projektarbeit die Dreiteilung des Untersuchungsbereiches vorgenommen werden. Da Organisationen nicht über die Ressourcen verfügen, alle Geschäftsprozesse neu zu gestalten, ist es notwendig, sich auf die wichtigsten Bereiche des Unternehmens zu konzentrieren. Die meisten Unternehmen, die zu viele Bereiche auf einmal angegriffen haben, sind mit ihren BPR-Vorhaben gescheitert.[222]

Bei der Abgrenzung des Untersuchungsbereiches geht es noch nicht um die Auswahl der Geschäftsprozesse, sondern um die Definition jener Unternehmensbereiche, aus denen die neuzugestaltenden Prozesse ausgewählt werden sollen, insgesamt um die Bereiche, die von der Einführung des IBSIS betroffen sind.

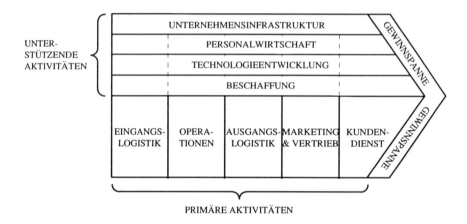

Abbildung 4-10 Die Wertkette (Quelle: [Port 85, S. 37])

Als Modell zur leichteren Bestimmung des für BPR relevanten Bereiches kann Porters Wertkette herangezogen werden. Abbildung 4-10 zeigt den Aufbau der Wertkette. Porter unterscheidet grundsätzlich primäre und sekundäre Aktivitäten eines Unternehmens. Die primären Aktivitäten betreffen die Produktion, den Verkauf und die Verteilung der Güter an den Kunden, also das Kerngeschäft eines Unternehmens. In den primären Aktivitäten vollzieht sich die Wertschöpfung, und durch diese Aktivitäten differenziert sich ein Unternehmen von der Konkurrenz. Die sekundären Aktivitäten unterstützen die primären Aktivitäten, da durch sie Infrastruktur und Ressourcen bereitgestellt werden.[223]

Es ist zu empfehlen, ein BPR jener Aktivitäten durchzuführen, in denen hohe Wertschöpfungspotentiale liegen und zusätzlich deutliche Beiträge zur Kostensenkung oder Differenzierung möglich erscheinen. Hauptadressaten sind somit die primären Aktivitäten der Wertkette. Andererseits müssen die unterstützenden Bereiche hinzugenommen werden, da gerade in diesen sekundären Bereichen häufig Ressourcen verschwendet werden. Um sich des Kerngeschäfts eines Unternehmens bewußt zu werden, ist zu empfehlen, seine Wertkette darzustellen.

Aufgrund der bei der strategischen Informationssystemplanung durchgeführten Analysen[224] kann der restliche Untersuchungsbereich abgegrenzt werden. In den Basisszenarien wurde der Einsatz unterschiedlicher IBSIS-Alternativen bereits bewertet und dargestellt[225], und somit wurden auch jene Bereiche bestimmt, die von der Einführung betroffen sein werden. Jene Teile der Organisation, für die Verbesserungen durch begleitende Untersuchungen zu erwarten sind, beziehungsweise für die bereits konkrete Verbesserungsmöglichkeiten bekannt sind, aber aus welchen Gründen auch immer noch nicht realisiert wurden, sind in den Bereich der begleitenden Untersuchungen einzuordnen. Übrig bleiben dann alle Bereiche, die keinen Untersuchungen unterzogen werden sollen, aber trotzdem von der Einführung des IBSIS betroffen sein werden.

Durch die Abgrenzung des Untersuchungsbereiches sollten folgende Fragen beantwortet werden können:

- Welche Organisationseinheiten und Funktionen werden von BPR, von begleitenden Untersuchungen oder nur von der Einführung des IBSIS betroffen?
- Wo liegen die jeweiligen Projektgrenzen, aufgeteilt in BPR, begleitende Untersuchungen und IBSIS-Einführung ohne Reorganisationsmaßnahmen?

Die Definition des Untersuchungsbereiches ist eine Voraussetzung, um das Projekt gegenüber den Beteiligten transparent zu machen und damit die Basis für eine offene und ehrliche Kommunikation zu legen.

vb1.13 Geschäftsprozesse sind identifiziert und ausgewählt

Wie bereits im letzten Abschnitt erwähnt, sollte sich das BPR auf die Kerngeschäftsprozesse konzentrieren, die in den primären Aktivitäten von Porters Wertkette zu suchen sind. Die im Abschnitt 2.2.2 *Prozesse* erstellte Prozeßdefinition unterstützt die Identifikation der Prozesse. Die sekundären Aktivitäten sind potentielle Kandidaten für begleitende Untersuchungen wie die Kunden-/Lieferantenbeziehungsanalyse.

Da ein Prozeß eine zeitlich und örtlich strukturierte Abfolge von Aktivitäten bezeichnet, ist es falsch, einzelne primäre Aktivitäten herauszugreifen und zu optimieren. Das wesentliche Potential des BPR liegt in der funktionsübergreifenden Betrachtung der Aktivitäten. Betrachtet man die Wertkette, bedeutet dies, daß mehrere primäre Aktivitäten und die dazugehörenden unterstützenden Aktivitäten zu den Kernprozessen eines Unternehmens zusammengefaßt werden. (vgl. Abbildung 4-11) Die weiteren zu berücksichtigenden Dimensionen eines Prozesses sind das erzeugte Produkt und die Kunden. Die Kernprozesse können bestimmt werden, indem man folgende Frage beantwortet: Welche Produkte (Leistungen) erwarten die externen Kunden, und welche Funktionen müssen wie durchlaufen werden, um diese Leistungen zu erstellen?

Betrachtet man die Kernprozesse in Abbildung 4-11, ist der Anstoß für den Prozeß *Motoren produzieren* ein konkreter Auftrag für die Fertigung eines Automotors, das Ergebnis ist ein an den Kunden ausgelieferter Automotor.

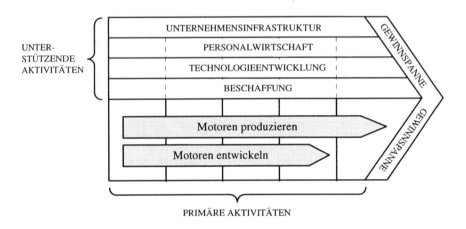

Abbildung 4-11 Kernprozesse eines Motorenherstellers

Bei der folgenden Analyse der Kernprozesse und ihrer Zerlegung in Teilprozesse sind unbedingt auch die sekundären Aktivitäten mitzuanalysieren. In Abbildung 4-11 muß zum Beispiel die Beschaffung von Fremdteilen in die Prozeßbetrachtung einbezogen werden. Häufig stecken gerade in den sekundären Aktivitäten erhebliche Potentiale, um Kosten zu senken und die Durchlaufzeit eines Prozesses zu reduzieren. Durch die strichlierten Linien in Abbildung 4-10 *Die Wertkette* wurde bereits zum Ausdruck gebracht, daß die unterstützenden Tätigkeiten sowohl auf einzelne primäre Aktivitäten als auch auf die gesamte Wertkette bezogen werden können. Entsprechend dieser Darstellung sind sie in die Analyse des IST-Prozesses und in das Design des SOLL-Prozesses einzubeziehen.

Aber auch bei den sekundären Aktivitäten können selbständige Prozesse identifiziert werden, die bei der Betrachtung eines Kernprozesses nicht aufscheinen würden. Ein Beispiel dafür ist der Prozeß *Personal beschaffen*. Bei diesem Prozeß ist der Auftraggeber ein interner Kunde, der den Auftrag gibt, eine geeignete

Person für eine freie Stelle zu suchen. Das Produkt des Prozesses ist ein für eine bestimmte Stelle qualifizierter Mitarbeiter.

Wie bereits erwähnt, sollte sich BPR auf die Kerngeschäftsprozesse konzentrieren. Unternehmen, die mit BPR nicht vertraut sind, ist für die ersten Schritte zu empfehlen, gut strukturierbare Prozesse aus den unterstützenden Bereichen zu wählen, da hier die Möglichkeit des Scheiterns geringer ist. Hinweise auf derartige Prozesse wurden im Abschnitt 2.2.2.2 *Prozeßarten* gegeben. Ein Beispiel ist der oben erwähnte Prozeß *Personal beschaffen*.

Als geeignete Veranstaltung, auf der der Untersuchungsbereich bestimmt sowie die Geschäftsprozesse identifiziert und ausgewählt werden können, bietet sich ein ein- bis zweitägiger Workshop an. Teilnehmer dieses Workshops sollten die Mitglieder der Unternehmensführung, also der Steuerkreis und der Gesamtprojektleiter als Moderator sein.

vb1.14 Geschäftsprozesse sind in überschaubare Teilprozesse zerlegt

Durch das Abgrenzen des Untersuchungsbereiches, die Identifikation und Auswahl der Prozesse wurden die Maschen für BPR sukzessiv enger gezogen. Es ist aber zu erwarten, daß die gewählten Prozesse für ein erfolgreiches Redesign in einem Teilprojekt noch zu abstrakt und zu unüberschaubar sind.

In einem weiteren Schritt sind nun die Geschäftsprozesse herunterzubrechen und auf ein Abstraktionsniveau zu bringen, das durch ein Teilprojektteam, das aus drei bis sieben Personen besteht[226], verarbeitbar ist. Gerade bei den Kernprozessen ist zu erwarten, daß ein Teilprojektteam mit dem Redesign eines gesamten Prozesses aufgrund der hohen Komplexität überfordert ist.

Die Frage nach der Zerlegungstiefe kann nicht allgemeingültig beantwortet werden und schon gar nicht mit harten Fakten belegt werden. Der Detaillierungsgrad wird durch das weiche Kriterium der Beherrschbarkeit bestimmt. Ein Prozeß ist dann tief genug zerlegt, wenn der Ablauf vom Teilprojektteam verstanden werden kann und die Schwachstellen, die deutliches Verbesserungspotential beinhalten, erkannt sind. Er ist zu weit verfeinert, wenn aus dem hohen Detaillierungsgrad keine nennenswerten Verbesserungsmöglichkeiten mehr resultieren.[227]

Im letzten Abschnitt wurde darauf hingewiesen, daß unbedingt ein Gesamtprozeß inklusive der unterstützenden Aktivitäten zu optimieren ist. Dies ist bei einem Prozeß *Personal beschaffen* noch leicht möglich, da hier bereits eine Komplexität vorliegt, die von den Projektmitarbeitern erfaßt werden kann. Was ist aber mit Prozessen, wie *Motoren entwickeln* und *Motoren produzieren*? Ein Ansatz ist hier, eine Gliederung entsprechend der Wertkette vorzunehmen. Es entstehen dann Teilprozesse der Logistik, der Produktion etc. Das Problem dieser Zerlegung ist, daß die Zusammenhänge verloren gehen, Schwachstellen an den Übergängen von einer Funktion zur anderen nicht erkannt werden und somit den Grundprinzipien des BPR widersprochen wird. Das Ergebnis wird wieder suboptimal sein.

Ein anderer Weg ist folgender. Man greift aus dem Gesamtprozeß zum Beispiel *Motoren produzieren* ein wesentliches Bauteil eines Motors heraus und verfolgt es durch den gesamten Prozeß. Aus der Untersuchung eines Bauteils sollen dann Rückschlüsse auf den Gesamtprozeß gezogen werden. Beispielsweise könnte der Prozeß *Motoren produzieren* in die Teilprozesse *Kurbelwelle für einen 4-Zylinder-Motor fertigen vom Auftrag bis zum Einbau in den Motor* und *Montage des 4-Zylinder-Motors* aufgeteilt werden. (vgl. Abbildung 4-12) Der Prozeß muß geteilt werden, da die Kurbelwelle irgendwann im Motor fix eingebaut ist und der Gesamtprozeß somit nicht bis an sein Ende verfolgt werden könnte.

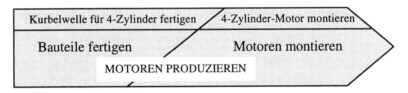

Abbildung 4-12 Zerlegung des Prozesses *Motoren produzieren*

Die Teilprojektteams analysieren so den Gesamtzusammenhang, ziehen Rückschlüsse auf den Gesamtprozeß und können schließlich den Gesamtprozeß optimieren. Werden aus der Sicht des Gesamtprozesses Schwachstellen, die auf erhebliche Verbesserungspotentiale bei Kosten und Zeit hindeuten, identifiziert, können für diese Prozeßteile nun neue Teilprojektteams gebildet werden, sofern die Komplexität dieser Teilbereiche vom derzeitigen Team nicht bewältigt werden kann.

Durch dieses Vorgehen werden die Teilprozesse immer im Kontext des Gesamtprozesses optimiert. Die Kunst besteht darin, repräsentative Objekte, die möglichst viele Funktionen durchlaufen, zu finden, um über sie auf den Gesamtprozeß schließen zu können. Durch den Gatewayplan können die Auswirkungen einer falschen Wahl der Gliederungsobjekte und der Zerlegungstiefe begrenzt werden, da ein Überspringen eines Gateways auf Teilprojektebene nur möglich ist, wenn entsprechende Verbesserungsmöglichkeiten erkannt wurden.

Durch das Zerlegen der Kernprozesse in Teilprozesse werden auch die Grundbausteine für eine prozeßorientierte Organisation geschaffen. Da die Planung, Steuerung und Überwachung der Kernprozesse als Gesamtes meist zu komplex ist, müssen möglichst unabhängige Teilprozesse gefunden werden, die im Unternehmen nebeneinander existieren können und jeweils durch einen Prozeßmanager geführt werden. Die Prozesse werden untereinander verbunden, indem interne Kunden/Lieferantenbeziehungen aufgebaut werden. Wenn man so will, handelt es sich bei den Teilprozessen um Fraktale, also um kleine Unternehmen im Unternehmen.[228] Ziel sollte es sein, die Prozeßmanager in der Hierarchie direkt unter der Geschäftsleitung anzusiedeln. Unternehmen können so mit zwei bis drei Hierarchieebenen das Auslangen finden.

vb1.15 Teilprojekte auf der Basis der abgegrenzten Teilprozesse sind gebildet

Auf der Grundlage der abgegrenzten Teilprozesse sind nun Teilprojekte zu definieren, deren Aufgaben von der Analyse der Teilprozesse, dem Entwickeln von Sollprozessen bis zum Abgleich der Sollprozesse mit dem IBSIS reichen. Wird die oben beschriebene Vorgehensweise zum Ableiten der Teilprozesse verwendet, können die Teilprojekte erst im Laufe der Zeit endgültig bestimmt werden. Im ersten Schritt werden die Teilprojekte gebildet, deren Mitarbeiter einen Gesamtprozeß anhand eines repräsentativen Objektes untersuchen, und auf Basis ihrer Ergebnisse werden dann weitere Teilprojekte gebildet.

Beim Festlegen der Teilprojekte sollten die Beteiligten die Wunschkandidaten für die Projektteams vor dem Hintergrund ihrer potentiellen Verfügbarkeit diskutieren. Es liegt schließlich im Kompetenzbereich des Steuerkreises, die Mitarbeiter für die Projektarbeit freizustellen. Die endgültige Auswahl der Teilprojektmitarbeiter erfolgt aber erst in der Vorbereitungsphase des Teilprojektes.[229]

Ein Weg, die Wunschkandidaten zu finden, besteht darin, zuerst die Besetzungsprinzipien für die Teilprojektteams festzulegen. Abbildung 4-13 zeigt ein Beispiel für Besetzungsprinzipien, die als Hilfestellung verwendet werden können.

Ferner ist der Untersuchungsbereich, der sich aus der Prozeßverfeinerung ergeben hat, festzulegen. Dieser kann nur vorläufig abgegrenzt werden, da er erst durch das Teilprojektteam genau bestimmt werden kann. Der Untersuchungsbereich sollte aber zumindest grob umrissen werden, da nur so die richtigen Teilprojektteammitglieder ausgewählt werden können.

Aufgabe	Mitarbeitertyp
Projektleitung, Steuerung und Verantwortung für Zielerreichung	Potentielle Teilprozeßmanager
Projektunterstützende Planung und Controlling	Mitarbeiter aus dem Beraterteam und/oder der Fachbereiche
Arbeitspakete, fachliche Problemlösung	Mitarbeiter aus den am Prozeß beteiligten Fachabteilungen
IBSIS-Abgleich	Mitarbeiter aus dem Fachbereich, der IV-Abteilung, dem Beraterteam und gegebenenfalls externe Unterstützung
Ideen, Problemlösungsunterstützung, Coaching	Interne Experten zum Beispiel aus dem Beraterteam oder externe Berater, interne und/oder externe Prozeßkunden

Abbildung 4-13 Besetzungsprinzipien für Teilprojektteams

Eine weitere Aufgabe besteht darin, den Gatewayplan für das Teilprojekt zu adaptieren. Je nach Aufgabeninhalt und Untersuchungsbereich sind zusätzliche Ergebnisse und Kontrollpunkte zu definieren oder auch zu streichen. Wenn zum Beispiel für einen Teilprozeß bereits andere Verbesserungsprogramme laufen, kann gefordert werden, die bereits erarbeiteten Verbesserungsvorschläge in die Projektarbeit einzubeziehen.

vb1.16 Formalziele sind verfeinert und dokumentiert

Aus den vom strategischen Management vorgegebenen Projektzielen können nun, nachdem der Untersuchungsbereich bestimmt ist und man einen ersten Überblick über zu erwartende Aktivitäten hat, die Ziele verfeinert werden. Der erste Bereich betrifft die Formalziele. Formalziele beschreiben die Qualität oder Güte, mit der die Aufgabenstellung des Projektes erreicht werden soll.[230]

Obwohl die Formalziele bereits durch die Projektziele zumindest teilweise vorgegeben werden, handelt es sich dort nur um grobe Schätzungen, die zu verfeinern sein. Verfeinern heißt, die Ziele in bezug auf Inhalt, Maßstab, Ausmaß und zeitlichen Bezug der Zielerreichung näher bestimmen.[231] Die wichtigsten Grundlagen hierfür sind nicht nur die vorgegebenen Projektziele, sondern auch der Gatewayplan, der festgelegte Untersuchungsbereich, die ausgewählten Teilprojekte sowie die im Rahmen der strategischen Informationssystemplanung erstellten Basisszenarien für die Informationstechnologie. Aus diesen Grundlagen können die Anforderungen an das Projekt abgeleitet werden.

Einerseits sind Formalziele für den Ablauf des Projektes, die also die Prozeßqualität betreffen, und andererseits Formalziele, die sich auf das Projektergebnis beziehen, zu unterscheiden. Die Prozeßqualität kann durch

- Leistungsziele,
- Terminziele und
- Kostenziele

beschrieben werden. Die Leistungsziele beschreiben das Erbringen von Zwischenergebnissen im Projekt, und die Terminziele definieren die Zeitpunkte, zu denen die Ergebnisse vorliegen müssen.[232] Das Instrument, das diese Aufgabe ermöglicht, ist der Gatewayplan. Aufgrund der Erkenntnisse der vorangegangenen Analysen sind die vordefinierten Ergebnisse und Kontrollpunkte anzupassen und mit Terminen zu versehen. Die zu erwartenden Kosten können grob in die Kosten des Informationssystems und in die Reorganisationskosten aufgeteilt werden. Das notwendige Budget für das Informationssystem kann aus den Informationssystem-Basisszenarien abgeleitet werden. Der größte Posten der Reorganisationskosten sind aber die Personalkosten, die sich anhand der zu erwartenden Teilprojekte und der im Gatewayplan geforderten Ergebnisse zumindest schätzen lassen.

Damit man das Erreichen der Ziele steuern kann, muß das entsprechende Instrumentarium dafür eingerichtet werden. Zum Beispiel kann das Gesamtprojekt über eine Sonderkostenstelle abgerechnet werden. Dieser Sonderkostenstelle können dann nicht nur die internen und externen Beraterkosten oder die Aufwendungen für die Räume, Technik etc. zugerechnet werden, sondern auch Personalkosten von anderen Abteilungen, die Mitarbeiter teilweise für das Projekt abstellen. Ebenso müssen erzielte Erträge, zum Beispiel Einsparungen, dem Projekt zugeordnet werden, um den Projekterfolg bewerten zu können.[233]

Neben den Zielen der Prozeßqualität müssen die Formalziele, welche die Produktqualität betreffen, spezifiziert werden.[234] Das Produkt des Projektes ist ein produktives IBSIS. Die beiden wichtigsten Zielgruppen in bezug auf das IBSIS sind Nutzungsziele und Wartungsziele. Nutzungsziele betreffen im wesentlichen die Akzeptanz, Benutzbarkeit, Produktivität, Sicherheit, Verfügbarkeit, Wirksamkeit und Wirtschaftlichkeit des IBSIS. Das oberste und wichtigste Wartungsziel besteht darin, die Releasefähigkeit des IBSIS zu erhalten, also möglichst problemlos von einer installierten Version zu einer neuen Version zu wechseln.

vb1.17 Prozeßziele und Prozeßstrategien wurden festgelegt

Bevor die BPR-Teams mit dem Redesign der Geschäftsprozesse beginnen können, müssen die Prozeßziele vereinbart werden, die als Richtschnur beim Reorganisieren gelten. Ausgangspunkt für die Prozeßziele sind die Projektziele, deren Quelle die strategische Gesamtplanung des Unternehmens ist.[235] Die Prozeßziele sind aber nicht wie die Projektziele für die Dauer des Projektes gültig, sondern sind langfristig ausgerichtet. Deshalb müssen sie auch mit der strategischen Gesamtplanung unmittelbar verbunden werden, denn durch das Erreichen der Prozeßziele sollen die strategischen Erfolgspotentiale des Unternehmens erhalten werden.

Wenn man so will, sind die Prozeßziele die zweite Ebene in einer Zielhierarchie. Zwar werden die Projektziele noch dazwischengeschoben, die aber primär dazu dienen, das Unternehmen in die Startposition zu bringen, welche das Erreichen der Unternehmensziele ermöglicht.

Beim Bestimmen der Prozeßziele kann genauso vorgegangen werden wie bei der strategischen Gesamtplanung, da ein Prozeß als eigenständige Einheit im Unternehmen definiert wurde und dementsprechend auch über Prozeßkunden verfügt. Das durch die Prozeßkunden definierte und erwartete Prozeßergebnis, Erfahrungskurve, neue Produkte und Technologien sowie die Leistungen anderer Unternehmen bei gleichartigen Prozessen (Benchmarks)[236] sind wesentliche Orientierungsgrundlagen für das Ableiten der Prozeßziele. Anhand dieser Informationen können die kritischen Erfolgsfaktoren des Unternehmens und damit der Prozesse abgeleitet werden, aus denen dann operationale Ziele zu definieren sind.[237] Die kritischen Erfolgsfaktoren des Unternehmens werden von der strategischen Gesamtplanung vorgegeben, während die Erfolgsfaktoren der Prozesse erst nach der Identifikation der Prozesse bestimmt werden können.

Neben den Prozeßzielen sind aber auch Wege zu beschreiben, wie die Ziele erreicht werden können. Genauso wie bei der strategischen Gesamtplanung diese Wege als Strategie bezeichnet wurden, werden sie hier als Prozeßstrategien betitelt. Sie gelten analog zu den kritischen Erfolgsfaktoren und den Prozeßzielen nur für einen bestimmten Prozeß.[238]

Die strategische Gesamtplanung, die strategische Informationssystemplanung sowie die abgeleiteten Projektziele bilden neben den aufgezählten Orientierungsgrundlagen den Rahmen für die Prozeßziele. Wie alle Ziele müssen auch die Prozeßziele hinsichtlich Inhalt, Maßstab, Ausmaß und zeitlicher Bezug der Zielerreichung beschrieben sein. Jede dieser Dimensionen ist mit den Dimensionen der übergeordneten Ziele abzustimmen.

Gerade auch für die Prozeßziele gilt der Aspekt der Ideenhürde. Die Latte muß entsprechend hoch gelegt werden, damit radikale Innovationen möglich werden. Andererseits dürfen ehrgeizige Pläne durch unrealistische Vorgaben nicht zerstört werden. Für das Engagement der Mitarbeiter bei der Veränderung ist auch ihre Identität mit dem Unternehmen eine maßgebliche Triebfeder. Deshalb ist zu klären, aufgrund welcher Kriterien sich die Mitarbeiter mit dem Unternehmen identifizieren beziehungsweise nicht identifizieren. Diese Aspekte sind in die Ziele entsprechend einzubauen, um ein Höchstmaß an Motivation zu erzielen.

Für welche Prozesse sollen die Ziele und Strategien nun festgelegt werden? Die hier angestellten Überlegungen gelten für die übergeordneten Gesamtprozesse. Den obigen Beispielen entsprechend sind das die Prozesse *Motoren produzieren* und *Motoren entwickeln*.[239] Da die Komplexität dieser Prozesse ihr Redesign in einem Zug nicht erlaubt, werden sie in Teilprozesse zerlegt. Und genauso sind in weiterer Folge die Prozeßziele in Teilprozeßziele und die Prozeßstrategien in Teilprozeßstrategien zu zerlegen. Durch diese Vorgehensweise kann eine Klammer um die Teilprozesse gebildet und ihre Integration erleichtert werden. Die Teilprozeßziele werden in der Vorbereitungsphase des zugehörigen Teilprojektes abgeleitet.[240] Dies entspricht auch dem Grundsatz, daß Ziele gemeinsam mit den Betroffenen zu vereinbaren sind.

Gibt es keine Prozeßhierarchie und dadurch keinen übergeordneten Gesamtprozeß, werden die Prozeßziele in der Vorbereitungsphase des Teilprojektes vereinbart. Die Aufgaben sind in diesem Fall mit denen in diesem Abschnitt völlig ident, lediglich die Beteiligten sind anders zusammengesetzt. Zum Beispiel werden die Prozeßziele für den Prozeß *Personal beschaffen* erst in der Vorbereitungsphase des zugehörigen Teilprojektes vereinbart, da ein weiteres Zerlegen dieses Prozesses nicht notwendig erscheint, um ihn ausreichend zu verstehen.

Ein Auszug aus den Prozeßzielen für den Prozeß *Motoren produzieren*, welche auf die kritischen Erfolgsfaktoren Kosten und Qualität abzielen, könnte zum Beispiel folgendermaßen lauten: Der Fixkostenaufbau wird bei gleichzeitiger Produktionssteigerung um 50 % vermieden. Die Qualität der Motoren muß derart steigen, daß die Gewährleistungskosten um 50 % reduziert werden. Beide Ziele sind bis zum Jahr 2000 zu erreichen.

vb1.18 Steuerkreis und Sponsor haben Bedingungen für Business Process Redesign geschaffen

Wie können Steuerkreis und BPR-Sponsor geeignete Bedingungen für BPR schaffen? Der erste wichtige Punkt liegt in der offenen und ehrlichen Kommunikation über das Projekt insgesamt und im besonderen über die erzielten Ergebnisse. Dies kann über eine Firmenzeitung oder besser noch über Sonderausgaben der Firmenzeitung erfolgen, da sich das Projekt von der üblichen Information abheben soll. Alle erzielten Ergebnisse und Fortschritte sind auch bei der Verabschiedung der Gateways zu kommunizieren. Daneben müssen Schlüsselpersonen, sogenannte Meinungsbildner, im Unternehmen nach Möglichkeit persönlich angesprochen und über Ziele und Vorgehen informiert werden. Oberstes Ziel muß es sein, das Vertrauen der Mitarbeiter und ihr Engagement für das Vorhaben zu gewinnen und sie davon zu überzeugen, daß es sich nicht um eines von vielen Projekten handelt, dessen Ergebnis in irgendeiner Schublade verschwinden wird.

Um das Engagement der Mitarbeiter zu gewährleisten, reicht es nicht aus, die Ziele des Projektes zu kommunizieren, es muß auch ein Problembewußtsein für die Situation, in der sich das Unternehmen befindet, geschaffen werden. Häufig wird ein vorhandener Leidensdruck durch die Mitarbeiter gar nicht wahrgenommen beziehungsweise negiert[241] oder zumindest nicht offen diskutiert.

Die Kommunikation muß vom momentanen Informationsstand der Mitarbeiter über das Projekt und der Unternehmenssituation ausgehen. In einem Satz zusammengefaßt: Die Betroffenen sind dort abzuholen, wo sie sind."[242]

Kommunikation und Information werden auf keinen fruchtbaren Boden fallen, wenn die Initiatoren des Projektes unglaubwürdig sind. Durch geeignete Zeichen und Taten wird das Topmanagement glaubwürdig. Ein derartiges Signal ist zum Beispiel das Durchsetzen einer prozeßorientierten Organisation[243]. Hier handelt es sich um keinen leichten Schritt, da die Mitglieder des Steuerkreises, die aus dem oberen Management kommen, in ihrem künftigen Liniengeschäft ihre hierarchische Stellung gefährdet sehen werden. Schließlich soll es in der neuen prozeßorientierten Organisation keine Haupt-, Fachabteilungsleiter und Abteilungsleiter mehr geben, sondern nur mehr die Geschäftsführung und Prozeßmanager. Für momentane Hauptabteilungsleiter mag diese Konsequenz vorerst erschreckend sein und mit entsprechenden Widerständen ist zu rechnen. Aber gerade bei diesem Punkt zeigt sich, ob es das Topmanagement mit dem BPR tatsächlich ernst meint, und wie weit es selbst in der Lage ist, das BPR vorzuleben. Es ist Aufgabe des BPR-Sponsors, diesen Schritt konsequent durchzusetzen. Gelingt ein derartiger Schritt nicht, werden eindeutig negative Impulse für das Scheitern des Projektes gegeben, und auch wenn derartige Pleiten nicht offiziell kommuniziert werden, sprechen sie sich doch herum. Es handelt sich hier um einen „Knackpunkt", bei dem die Weichen für den weiteren Projekterfolg gestellt werden.

Die Ernsthaftigkeit des Projektes wird außerdem bei

- der Auswahl des Gesamtprojektleiters und der Berater,
- der Ressourcenzuteilung,
- der Definition der Freiräume für die Projektteilnehmer und
- der Definition der Projekt- und Prozeßziele

demonstriert.

vb1.19   Betriebsrat ist informiert und einbezogen

Bereits im letzten Abschnitt wurde darauf hingewiesen, daß das Vertrauen der Meinungsbildner durch das direkte Gespräch zu gewinnen ist. Da dem Betriebsrat hier eine wesentliche Rolle zukommt, wird er gesondert herausgegriffen. Reorganisationsmaßnahmen werden meist sofort mit Personalmaßnahmen assoziiert. Die Assoziation ist auch richtig, denn wenn es vielleicht auch nicht um Kündigungen geht, so sind zumindest Umbesetzungen im Unternehmen zu erwarten.

Wenn Personalmaßnahmen zu erwarten sind, braucht man den Betriebsrat unbedingt als Verbündeten und nicht als Gegner. Er soll helfen, die notwendigen Schritte sozialverträglich zu gestalten. Dies erreicht man mit Sicherheit nicht dadurch, daß er erst dann vom Vorhaben informiert wird, wenn alles bereits fixiert und unumstößlich ist. Generell kann gesagt werden, daß im Zweifelsfalle der Betriebsrat besser früher als später in das Vorhaben aktiv eingebunden werden soll.[244]

4.2.3
GATEWAY VORBEREITUNG TEILPROJEKT
(vb2)

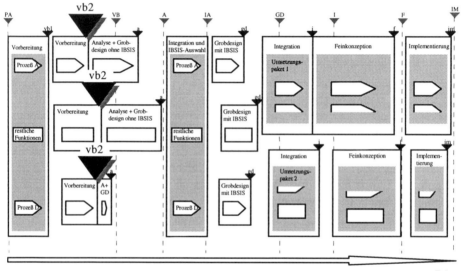

Gateway Vorbereitung Teilprojektebene			vb2 ▼
Nr.	Ergebnisse/Kontrollpunkte	Termin	Beteiligte/ Verantwortung
vb2.1	Teilprojektleiter und Prozeßmanager sind bestimmt		Sponsor, *Steuerkreis*, PL-Gesamt
vb2.2	Teilprozeßziele und Teilprozeßstrategien wurden festgelegt		PL-Gesamt, Steuerkreis, P-Controller, *PL-Teilprojekt*
vb2.3	Das Business Process Redesign-Team ist für den Teilprozeß gebildet und verfügbar		*PL-Teilprojekt*, PL-Gesamt, Steuerkreis
vb2.4	Erforderliche Ressourcen für das Business Process Redesign-Team sind bereitgestellt		Steuerkreis, PL-Gesamt, *PL-Teilprojekt*, P-Controller
vb2.5	Business Process Redesign-Team-Mitarbeiter kennen ihre Aufgaben und Rollen		PL-Gesamt, *PL-Teilprojekt*, Berater, BPR-Team
vb2.6	Business Process Redesign-Team-Mitarbeiter sind für ihre nächsten Aufgaben ausgebildet		*Berater*, P-Controller, BPR-Team
vb2.7	Untersuchungsbereich für Teilprozeß ist dokumentiert		*PL-Teilprojekt*, BPR-Team, Berater

Im Gateway *Vorbereitung Teilprojekt* sind alle für ein bestimmtes Teilprojekt spezifischen Ergebnisse zusammengefaßt, die vorliegen müssen, damit die Mitarbeiter des Teilprojektes mit der Analyse und dem Gestalten eines Prozesses beginnen können. Die Ergebnisse müssen am Ende der Vorbereitungsphase vom Steuerkreis überprüft werden. Anhand des Prüfergebnisses bestimmen dann die Mitglieder dieses Gremiums gemeinsam mit den Mitarbeitern des BPR-Teams das weitere Vorgehen.

vb2.1 Teilprojektleiter und Prozeßmanager sind bestimmt

Werden Teilprozesse gebildet, die als eigenständige Einheiten im Unternehmen auf Dauer bestehen bleiben sollen, wie dies zum Beispiel beim Prozeß *Kurbelwelle für einen 4-Zylinder-Motor fertigen* möglich ist, sind für diese Prozesse Prozeßmanager zu bestimmen.[245] Diese Personen sind dann zugleich Prozeßmanager und Teilprojektleiter der BPR-Teams für ihre Prozesse. Werden aus diesem Teilprojekt Teile herausgegriffen, die in einem separaten Projekt zu bearbeiten sind, wird der Teilprojektleiter dem Teilprozeßmanager hierarchisch untergeordnet. Wird zum Beispiel aus dem Prozeß *Kurbelwelle für einen 4-Zylinder-Motor fertigen vom Auftrag bis zur Auslieferung* das Verpacken der Kurbelwellen als Teilproblem herausgegriffen und in einem anderen Team bearbeitet, ist dieses nur ein Subteam des BPR-Teams. Hat der Prozeßmanager noch Kapazität frei, kann er auch selbst die Leitung des Subteams übernehmen.

Die Rolle des Prozeßmanagers wurde bereits ausführlich im Abschnitt 2.2.3.2 *Der Prozeßmanager* diskutiert, deshalb wird hier nicht mehr näher darauf eingegangen. Neben den Aufgaben als Prozeßmanager muß er, wie bereits erwähnt, auch als Teilprojektleiter das Redesign seines Teilprozesses leiten. Die Aufgaben in diesem Zusammenhang sind ähnlich den Aufgaben des Gesamtprojektleiters, beschränken sich aber auf das Teilprojekt.

- Der Teilprojektleiter plant, steuert und überwacht die personellen und finanziellen Ressourcen sowie die Einhaltung der Termine für das Teilprojekt.
- Er unterstützt seine BPR-Gruppe, ein Team zu bilden.
- Er berichtet in regelmäßigen Abständen an den Steuerkreis und den Gesamtprojektleiter und berät mit diesen Personen das weitere Vorgehen.
- Der Teilprojektleiter ist Treiber und Katalysator für die Prozeßziele.
- Er hat ein Mitspracherecht bei der Kapazitätsplanung für sein Teilprojekt.
- Er muß Konflikte aufzeigen und deren Lösung unterstützen.

Diese Aufgaben können nur bewältigt werden, wenn der Teilprojektleiter über ausreichende Sach-, Methoden- und Sozialkompetenz verfügt. Es wird nicht leicht sein, die Mitarbeiter zu finden, die diese geforderten Qualifikationen aufweisen. Es müssen aber zumindest solche gewählt werden, die lernbereit und lernfähig sind, sich diese Fähigkeiten anzueignen. Nur unter diesen Voraussetzungen werden sie auch die Aufgaben des Prozeßmanagers erfüllen können, da es sich hier um Rollen handelt, die in vielen Unternehmen noch unbekannt sind, und das Wissen dafür erst im Laufe der Zeit erworben werden kann.

Der Gatewayplan ist das entscheidende Planungs-, Steuerungs- und Überwachungsinstrument für den Teilprojektleiter. Für ihn sind vor allem die vordefinierten Ergebnisse auf Teilprojektebene relevant. Die Kontrollpunkte auf Gesamtprojektebene helfen ihm, die Einordnung seines Teilprojektes in das Gesamtprojekt zu verstehen.

vb2.2 Teilprozeßziele und Teilprozeßstrategien wurden festgelegt

Teilprozeßziele und Teilprozeßstrategien befinden sich in der Zielhierarchie direkt unter den Prozeßzielen. Sie werden analog zur Teilprozeßzerlegung gebildet.

Wird ein identifizierter Geschäftsprozeß nicht weiter zerlegt, wie zum Beispiel ein Prozeß *Personal beschaffen*, sondern gleich ein Teilprojekt für seine Reorganisation gebildet, wird das Festlegen der Prozeßziele in dieses Gateway verlagert und entfällt daher im Gateway *Allgemeine Vorbereitung* (vb1).[246]

Im Hinblick auf das Ableiten der Ziele sind Prozeßmanager mit möglichst hoher Autonomie oder besser gesagt mit Eigenverantwortung auszustatten. Dadurch soll erreicht werden, daß sie sich mit den Zielen identifizieren und alles unternehmen, die gesetzten Ziele zu erreichen. Es ist zu empfehlen, bereits vor Beginn des Teilprojektes festzulegen, daß die Leistungsbewertung des Prozeßmanagers an das Erreichen der Ziele gekoppelt ist. Im Zuge der Reorganisation kann dann ferner das Lohn- und Gehaltssystem für alle Prozeßmitarbeiter umgestaltet und an den Prozeßerfolg gebunden werden. Dies ist eine notwendige Maßnahme, um das Erreichen der gesetzten Ziele zu gewährleisten. Dabei ist zu berücksichtigen, daß Prozeßziele häufig nur durch einen längerfristigen kontinuierlichen Veränderungsprozeß erreicht werden können. Das Redesign ist sozusagen nur der erste große Schritt in die richtige Richtung.

Die Prozeßziele werden zwischen Steuerkreis und Prozeßmanager vereinbart. Der Gesamtprojektleiter mit seinem Beraterteam sowie der Projektcontroller unterstützen diesen Vorgang, indem sie Zielkonflikte zu anderen Prozessen aufzeigen, sowie darauf achten, daß die Prozeßziele operational formuliert sind. Die Ziele können im Rahmen eines ein- bis zweitägigen Workshops definiert und vereinbart werden.

Welche Orientierungsgrößen relevant sind, um die Prozeßziele und die Prozeßstrategie festzulegen, wurde bereits im Gateway *Allgemeine Vorbereitung* (vb2) beim Kontrollpunkt vb1.17 *Prozeßziele und Prozeßstrategien sind festgelegt* beschrieben. Da außer den oben beschriebenen Punkten keine Unterschiede bestehen, wird für weitere Information auf diesen Abschnitt verwiesen.

vb2.3 Das Business Process Redesign-Team ist für den Teilprozeß gebildet und verfügbar[247]

Das BPR-Team ist eine Arbeitsgruppe, deren Mitglieder die verschiedenen funktionalen Teilbereiche eines Prozesses repräsentieren. Ein Prozeß bildet einen Rahmen für mehrere Funktionen. Indem man den Ablauf von Funktionen betrachtet, sollen Schnittstellenprobleme zwischen den Funktionen, die Relevanz von Funktionen für ein erzeugtes Produkt sowie Schwächen, die durch eine schlechte Reihenfolge der Funktionen entstanden sind, erkannt werden. Um diese Verbesserungspotentiale zu entdecken, wird ein BPR-Team aus Mitarbeitern verschiedener, an einem Geschäftsprozeß beteiligter Abteilungen zusammengesetzt.[248]

Aufgabe des BPR-Teams ist es, einen bestehenden Prozeß über Abteilungsgrenzen hinaus zu diagnostizieren und neu zu gestalten. Der neue Prozeß soll vorerst unabhängig von einem künftigen IBSIS gestaltet werden. Auf der Basis der Ergebnisse aller Teilprojektteams wird das beste IBSIS ausgewählt, und erst danach sind die neuen Teilprozesse mit dem IBSIS abzustimmen. Nach dieser Aufgabe werden die BPR-Teams in Software-Teams, deren Aufgabe es ist, die Teilprozesse in die Realität umzusetzen, umgewandelt.

Im Gateway *Allgemeine Vorbereitung* (vb1) wurden bereits vorläufige Teilprojektteams mit Wunschkandidaten auf der Basis der abgegrenzten Teilprozesse zusammengestellt.[249] Mit Hilfe dieses Ergebnisses können nun die konkreten Personen für das jeweilige BPR-Team gewonnen werden.

Die Arbeit des Teilprojektteams wird letztlich auch durch die Einstellung seiner Mitglieder zum Wandel geprägt werden. Es sollten jene Personen im Projekt mitarbeiten, die Veränderungen positiv gegenüberstehen und die bekannt dafür sind, unkonventionell zu denken.[250] Auch müssen sie in der Lage sein, neue Ideen und Vorschläge, die nicht von ihnen selbst kommen, zu akzeptieren und diese Ideen als Grundlage für Verbesserungen heranzuziehen. Diese Eigenschaften sollen dem Team helfen, kreative neuartige Problemlösungen zu finden. Es handelt sich aber nur um „echte" Problemlösungen, wenn diese tatsächlich in die Praxis umgesetzt werden können. Insofern müssen die Mitarbeiter des Projektteams neben allen Visionen, die sie haben, beurteilen können, inwieweit Ideen praxistauglich sind.

Die erwähnten Fähigkeiten wird eine einzige Person häufig nicht in sich vereinen können, da auch Widersprüche zwischen ihnen bestehen. Sie können aber durch das Team insgesamt erzielt werden, da sich die Teammitglieder gegenseitig ergänzen sollen. Durch ein ausgewogenes Verhältnis zwischen Prozeßinsidern und

Prozeßoutsidern - Hammer/Champy sprechen von einem Verhältnis von zwei bis drei Insidern je Outsider - stehen den stabilisierenden Kräften einer Gruppe ausreichend destabilisierende Elemente gegenüber. Den Insidern kommt auch die Schlüsselrolle zu, die restlichen Organisationsmitglieder von der Notwendigkeit der Veränderung zu überzeugen. Die Prozeßoutsider sollen eine höhere Objektivität und neue Perspektiven ins Team einbringen.[251]

Die folgende Checkliste soll helfen, die Mitarbeiter und das zusammengestellte Team zu beurteilen:[252]

- Sind die Teammitglieder teamfähig?
- Verfügen die Mitglieder des Teams über ausreichend Sachkompetenz, um zu verstehen, worum es geht?
- Beherrschen die Teammitglieder die einzusetzenden Methoden, und sind sie bereit, sich eventuell fehlendes Wissen anzueignen?
- Haben die Teammitglieder und das Team insgesamt ausreichende soziale Kompetenzen, um die Arbeit innerhalb der eigenen Gruppe und mit Außenstehenden konstruktiv zu gestalten?
- Ist das Team zu einer regelmäßigen kritischen Selbstüberprüfung bereit?
- Bringen die Mitglieder des Teams ausreichend Energie, Engagement und Zeit für die bevorstehende Arbeit auf?

Für ein effektives und effizientes Arbeiten wird eine Gruppengröße von drei bis sieben Mitarbeiter empfohlen. Es handelt sich hier nur um eine Faustregel. Zu bedenken ist, daß die Schwerfälligkeit einer Gruppe mit zunehmender Größe aufgrund hoher Kommunikations- und Koordinationsbedarfe steigt. Hingegen nimmt mit abnehmender Gruppengröße das Risiko von Fehlentwicklungen zu.[253]

Erscheint es notwendig, mehr als sieben Mitarbeiter ins Team aufzunehmen, um das nötige Fachwissen im Team zu vereinen, kann dies ein Indiz dafür sein, daß der Prozeß noch zu breit definiert ist. In diesem Fall sollte man den Untersuchungsbereich neu überdenken und gegebenenfalls einschränken. Ist eine bestimmte Qualifikation nur für kurze Zeit notwendig, kann das Team interne oder externe Spezialisten kurzfristig in die Teamarbeit einbeziehen und so fehlendes Wissen ausgleichen.

Die potentiellen Mitarbeiter sollten nicht einfach für ihre neue Aufgabe eingeteilt werden. Ein derartiges Vorgehen hätte gravierende negative Einflüsse auf Engagement und Energie der Mitarbeiter. Besser ist es, in ihnen den Wunsch nach der Mitarbeit zu wecken und sie dadurch für das Projekt zu gewinnen.

vb2.4 Erforderliche Ressourcen für das Business Process Redesign-Team sind bereitgestellt

Genauso wie das Beraterteam muß jedes Teilprojektteam über die entsprechenden Ressourcen verfügen, um die anfallenden Arbeiten im geeigneten Rahmen verrichten zu können. Wie bereits erwähnt sind die wichtigsten Ressourcen

- Mitarbeiter,
- Räume,
- Informationstechnologie und
- Geld.[254]

Wurden die Mitarbeiter zu einem Teilprojektteam zusammengefügt, müssen sie für die Projektarbeit freigestellt werden. Das erforderliche Zeitbudget richtet sich je nach der Komplexität des neu zu gestaltenden Prozesses. Eine Arbeitszeit für das Projekt von 40-80 % je nach Aufgabe kann als Richtwert angegeben werden.[255]

Für die Dauer der Zusammenarbeit muß dem BPR-Team neben den Räumen abseits der normalen Arbeitsplätze und diverser Hilfsmittel wie Flip-Chart, Overheadprojektor etc. auch geeignete Informationstechnologie, also Hard- und Software entsprechend dem Dokumentationskonzept, zur Verfügung gestellt werden. Vor allem die laufende Dokumentation der Projektergebnisse und ihre Verteilung sowie das Analysieren und Neugestalten von Prozessen sind durch geeignete Werkzeuge zu unterstützen.[256]

Die finanziellen Mittel bekommt die Teilprojektgruppe über das Gesamtprojekt zugeteilt. Das heißt, daß sowohl die Arbeitszeit der Mitarbeiter, die Ausgaben für Informationstechnologie und Räume sowie die Kosten für externe Berater etc. dem Gesamtprojekt zugerechnet werden müssen. Wie bereits erwähnt, sollte das Gesamtprojekt über eine eigene Kostenstelle abgerechnet werden. Dieser Kostenstelle werden auch die Kosten des Teilprojektes zugeordnet, um eine Gesamtbeurteilung des Projektes zu ermöglichen. Die Personalkosten können mit Hilfe einer, von jedem Projektmitarbeiter durchzuführenden Stundenaufschreibung errechnet werden.[257]

vb2.5 Business Process Redesign-Team-Mitarbeiter kennen ihre Aufgaben und Rollen

Nachdem die Mitarbeiter für das BPR-Team feststehen, sollte in der ersten Projektsitzung ein gemeinsames Verständnis für das Projekt geschaffen werden. Dazu gehört es, die Aufgaben und Rollen der Teammitglieder, also auch des Teilprojektleiters, zu vereinbaren. Als Veranstaltungsform bietet sich ein ein- bis zweitägiger Workshop an.

Genauso wie beim ersten Workshop des Beraterteams muß auch hier sichergestellt werden, daß

- die Projektmitglieder einander kennenlernen,
- ihre Erwartungen, Fragen und Informationsbedürfnisse geklärt werden,
- die Grundlagen für die Zusammenarbeit im Team und mit den anderen Projektbeteiligten fixiert werden,
- die Rechte und Pflichten des Steuerkreises, des Gesamtprojektleiters, seiner Beratergruppe und des Teilprojektleiters offengelegt werden.[258]

Die Mitglieder des Teilprojektes sollten sich auch so schnell wie möglich einen Überblick über das Gesamtprojekt und ihr Teilprojekt verschaffen. Um dies zu erleichtern, erhält jeder Projektmitarbeiter bereits vor dem ersten Workshop das Projekthandbuch[259] ausgehändigt. Die erste Aufgabe besteht darin, das Handbuch vor Abhaltung des Workshops durchzuarbeiten, um dann offene Fragen beim gemeinsamen Treffen zu klären.

Der nächste Schritt besteht darin, den Gatewayplan für das Teilprojekt zu vereinbaren. Dazu sind von den Teammitgliedern die vordefinierten Ergebnisse und Kontrollpunkte gemeinsam durchzuarbeiten, gegebenenfalls anzupassen und grob zu terminieren. Gesamtprojektleiter und Berater müssen darauf achten, daß die Integration des Teilprojektes ins Gesamtprojekt, sowohl inhaltlich als auch zeitlich, gewährleistet ist. Letztlich soll erreicht werden, daß sich die Teammitglieder mit dem Projekt identifizieren.

Zum Abschluß sollen in einer offenen Teamdiskussion die Aufgaben und Rollen aufgrund der erkennbaren Kompetenzen und der persönlichen Präferenzen der einzelnen Teammitglieder für alle transparent verteilt werden.[260]

vb2.6 Business Process Redesign-Team-Mitarbeiter sind für ihre nächsten Aufgaben ausgebildet

Beim ersten Workshop werden die BPR-Team-Mitarbeiter mit den bevorstehenden Aufgaben konfrontiert.[261] Dabei sollte sich auch herausstellen, welche Wissensdefizite bei den einzelnen Personen bestehen.

Für folgende Bereiche ist der Schulungsbedarf zu ermitteln. In einem zweiten Schritt können daraus die Schulungsmaßnahmen abgeleitet werden.

- **Gruppenarbeit:** Darunter fallen vor allem Problemlösungsverhalten und Grundkenntnisse über gruppendynamische Prozesse.

- **Projektmanagement:** Jeder Mitarbeiter sollte mit dem Gatewaymanagement sowie den wichtigsten Projektcontrollinginstrumenten vertraut sein. Außerdem müssen die Mitarbeiter in der Lage sein, die Standards der Projektdokumentation zu befolgen. Hierzu gehört das Beherrschen der einzusetzenden Werkzeuge wie Textverarbeitung und Tabellenkalkulation am PC und die Verwaltung der erzeugten Dokumente.

- **Business Process Redesign:** Es ist für den Projekterfolg entscheidend, daß alle Projektbeteiligten die Prinzipien des Business Process Redesigns verinnerlicht haben.

- **Prozeßanalyse und Prozeßdesign:** Die einzusetzenden Methoden und Werkzeuge für Prozeßanalyse und Prozeßdesign müssen beherrscht werden. Die Mitarbeiter sollten Prozeßmodelle, zum Beispiel in Form von erweiterten ereignisgesteuerten Prozeßketten, selbst erstellen können. Sie müssen aber mindestens in der Lage sein, von anderen erstellte Modelle, also auch zugekaufte Referenzmodelle, zu verstehen.

Das generelle Ausbildungskonzept für die Projektarbeit ist Bestandteil des Projekthandbuches. Darin wird geklärt, welcher Schulungsbedarf durch welche Schulungsmaßnahmen abgedeckt werden soll. Zum Beispiel können die Berater das Wissen über die Methoden und Werkzeuge für Prozeßanalyse und -design sowie über die Prinzipien des BPR auf internen Workshops vermitteln. Im Ausbildungskonzept sollte geregelt sein, welche Schulungen extern bezogen und welche intern durchgeführt werden, zum Beispiel durch die Mitarbeiter der Beratergruppe oder die Teilprojektmitarbeiter selbst.

Es ist zu empfehlen, regelmäßige, projektübergreifende Treffen einzurichten, die dem gegenseitigen Erfahrungsaustausch dienen. Auf diesen Treffen können auch einzelne Projektmitarbeiter im Selbststudium aufgearbeitete Literatur, zum

Beispiel zum Thema BPR in Form von Referaten vortragen, um das in Büchern vorhandene Wissen möglichst allen Projektbeteiligten zugänglich zu machen. Der Gesamtprojektleiter ist dafür verantwortlich, daß diese Treffen entsprechend geplant und gestaltet werden.

vb2.7 Untersuchungsbereich für Teilprozeß ist dokumentiert

Der Untersuchungsbereich für das Teilprojekt wurde beim Kontrollpunkt vb1.15 *Teilprojekte auf der Basis der abgegrenzten Teilprozesse sind gebildet* und durch die vorgelagerten Ergebnisse bereits grob festgelegt. Dies war notwendig, da nur so ein Teilprojekt und das zugehörige Team zusammengestellt werden kann. Bevor aber mit der Analyse des Teilprozesses begonnen werden kann, müssen die Mitglieder des BPR-Teams den Untersuchungsbereich endgültig vereinbaren. Zu diesem Zweck sollten sie ausgehend von der vorhandenen Abgrenzung ihr künftiges Aufgabengebiet gemeinsam weiter spezifizieren und das Ergebnis dokumentieren.

Der Untersuchungsbereich des Teilprojektes umfaßt alle Bereiche des Unternehmens, die an der Erstellung des Teilprozeßergebnisses in irgendeiner Weise beteiligt sind. Hier ist besonders darauf zu achten, daß auch die unterstützenden Bereiche des Unternehmens in die Untersuchung einbezogen werden. Ziel ist es, zu bestimmen,

- wer die Kunden des Prozesses sind,
- welche Produkte oder Dienstleistungen durch den Prozeß für die Kunden erstellt werden,
- welche Funktionen Bestandteil des Prozesses sind und
- welche Organisationseinheiten diese Funktionen ausführen.

Es bietet sich an, den Untersuchungsbereich mit Hilfe einer erweiterten ereignisgesteuerten Prozeßkette zu dokumentieren.[262] Zusätzliche Information, zum Beispiel zu den Produkten des Prozesses, zu den Kunden und Organisationseinheiten, ist gesondert zu beschreiben. Die an einem Prozeß beteiligten Organisationseinheiten sind nicht nur in der Prozeßkette, sondern auch in einem Organigramm darzustellen. Dadurch werden die Verteilung der betrieblichen Aufgaben, die horizontale und vertikale Verknüpfung von Stellen und Abteilungen, die Rangordnung der Instanzen sowie die Struktur der Weisungsbeziehungen zum Ausdruck gebracht.[263]

Ein derart beschriebener Untersuchungsbereich ist eine gute Basis für die folgende Analyse des Prozesses. Er läßt die Teilprojektgrenzen klar erkennen. Durch das genaue Beschreiben des Untersuchungsbereiches können Fehler oder Ungenauigkeiten vorangegangener Arbeiten frühzeitig erkannt werden. Gegebenenfalls ist der Untersuchungsbereich zu erweitern oder einzuschränken und die Zusammensetzung des BPR-Teams entsprechend anzupassen.

4.2.4
GATEWAY VORBEREITUNG GESAMTPROJEKT (VB)

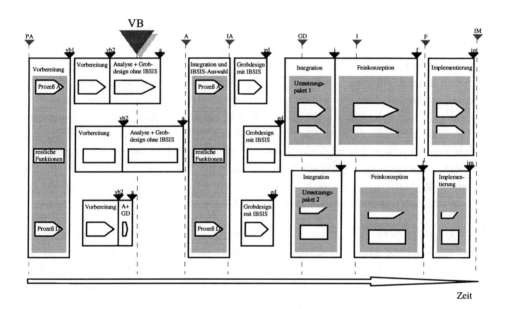

Gateway Vorbereitung Gesamtprojektebene			VB ▼
Nr.	Ergebnisse/Kontrollpunkte	Termin	Beteiligte/ Verantwortung
VB.1	Vorbereitungsphasen aller Teilprojekte sind beendet		*Steuerkreis*, PL-Gesamt, Berater
VB.2	Pilotprojekte sind abgeschlossen, Erfahrungen wurden in das Projektkonzept eingearbeitet		*PL-Gesamt*, Berater, P-Controller

Durch das Gateway *Vorbereitung Gesamtprojekt* (VB) soll gewährleistet werden, daß zu einem bestimmten Termin alle Teilprojekte im Rahmen des Gesamtprojektes gebildet wurden und die Mitarbeiter der Teilprojekte die Arbeit aufgenommen haben. Dieses Gateway auf Gesamtprojektebene kann verabschiedet werden, wenn für das vorerst letzte Teilprojekt das Gateway *Vorbereitung Teilprojekt* (vb2) genehmigt wurde. Dies soll aber nicht heißen, daß keine weiteren Teilprojekte mehr gebildet werden dürfen. Werden die geforderten Ergebnisse von einem Team nicht geliefert, kann durchaus ein Teilprojekt aufgelöst werden und ein neues mit anderem Untersuchungsbereich und anderen Mitarbeitern zusammengestellt werden. Es handelt sich hier aber um eine Ausnahmesituation, die eine solche auch bleiben muß, um nicht den Gesamtprojektablauf zu gefährden.

Das Gesamtprojektgateway ist im Rahmen einer unternehmensweiten Informationsveranstaltung zu verabschieden. Daneben sollte dieser Schritt auch in der Firmenzeitung oder einer Sonderausgabe kommuniziert werden. Der Projektfortschritt wird dadurch allen Mitarbeitern deutlich vor Augen geführt. Insgesamt geht es darum, alle Mitarbeiter des Unternehmens für den organisatorischen Wandel zu sensibilisieren und sie für das Projekt zu gewinnen.

VB.1 Vorbereitungsphasen aller Teilprojekte sind beendet

Kern dieses Kontrollpunktes ist es, zu gewährleisten, daß zu einem fixen Termin bei allen Teilprojekten die Vorbereitungsphasen abgeschlossen sind. Grundlage für die Entscheidung sind die genehmigten Gateways auf Teilprojektebene. Dort wurde durch den Steuerkreis überprüft, ob die BPR-Teams die geforderten Ergebnisse in der gewünschten Qualität geliefert haben.

Sind zum geplanten Termin noch Vorbereitungsarbeiten einzelner Teilprojektteams im Gange, sind spätestens jetzt die Ursachen zu klären und das weitere Vorgehen zu beschließen. Da aber Gesamtprojektleiter und Projektcontroller verpflichtet sind, laufend über den Projektfortschritt zu berichten, dürfte eine derartige Situation gar nicht entstehen. Sollte dies trotzdem der Fall sein, sind das Projektcontrolling und die Projektberichterstattung zu überdenken. Gegebenenfalls sind die im Gatewayplan enthaltenen Termine neu abzustimmen.

VB.2 Pilotprojekte sind abgeschlossen, Erfahrungen wurden in das Projektkonzept eingearbeitet

Hat sich ein Unternehmen entschlossen, die Vorgehensweise, vor allem den Redesign-Teil, in Pilotprojekten zu testen, ist es nun an der Zeit, diese abzuschließen und die gewonnenen Erfahrungen zu verwerten. Es wurde bereits darauf hingewiesen, daß die Pilotprojekte als normale Teilprojekte abzuwickeln sind und somit dem Gatewayplan unterliegen.

Für die Pilotprojekte gilt, daß nicht nur die Vorbereitungsphasen abgeschlossen sein müssen, sondern zumindest auch die Analyse des IST-Prozesses und das Grobdesign eines neuen Prozesses. Dies sollte zeitlich möglich sein, da für die Pilotprojekte ein wesentlich engerer Untersuchungsbereich als bei den anderen Teilprojekten zu wählen ist.

Die gewonnenen Erfahrungen müssen vor allem in den Gatewayplan sowohl auf Gesamtprojektebene als auch auf Teilprojektebene eingearbeitet werden. Die Anpassungen können die Ergebnisse inhaltlich und terminlich betreffen. Ferner ist die Zusammensetzung der Personen, die gemeinsam ein Ergebnis erstellen, zu überarbeiten. Der Gesamtprojektleiter ist dafür verantwortlich, daß die Erkenntnisse von allen Teilprojektteams aufgegriffen und bei ihrem weiteren Vorgehen berücksichtigt werden.

4.3
PHASE ANALYSE UND GROBDESIGN OHNE IBSIS

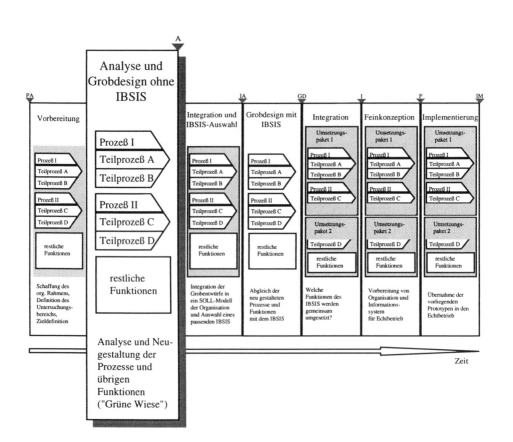

Die Phase *Analyse und Grobdesign ohne IBSIS* hat zwei Schwerpunkte. Im ersten Teil müssen die Projektmitarbeiter die IST-Prozesse analysieren. Sie müssen soviel Information zusammentragen, damit sie ein Modell der Realität erstellen können. Anhand des Modells ist dann zu beurteilen, ob die gesetzten Prozeßziele erreicht werden können. Ziel ist es, „das komplexe, dynamische und intransparente Gebilde" Geschäftsprozeß zu verstehen. Es dürfen daher nicht nur Daten, Funktionen und Organisationseinheiten beschrieben werden, sondern es sind auch die Regeln und Prinzipien zu analysieren, die zu der IST-Situation geführt haben. Das erarbeitete Strukturwissen soll die Projektbeteiligten in die Lage versetzen, Schwachstellen und Verbesserungspotentiale zu erkennen.

Im zweiten Teil der Phase geht es darum, neue Prozesse zu entwerfen. Ergebnis der Gestaltungsarbeit sind erste Prozeßprototypen. Regeln und Prinzipien, die dem in der Vision beschriebenen Unternehmen entsprechen, zeichnen diese Prototypen aus, die noch völlig unabhängig vom einzusetzenden IBSIS gestaltet werden. Die neuen Prozesse werden mit dem IBSIS erst dann abgeglichen, wenn es endgültig ausgewählt ist. Diese Vorgehensweise soll verhindern, daß das IBSIS eingeführt wird, ohne organisatorische Verbesserungspotentiale zu nutzen.

Obwohl es sich um Prozeßprototypen handelt, die „auf der grünen Wiese" gebaut werden sollen, dürfen sie deswegen nicht realitätsfern sein. Durch die vorangehende Analyse der IST-Prozesse entstehen in den Köpfen der Projektbeteiligten kognitive Karten des IST-Zustands des Unternehmens. Diese kognitiven Karten, auch Schemata genannt, dienen als Bezugsrahmen für alle weiteren Handlungen. Die Schemata sind aktive informationssuchende Strukturen, die Information aufnehmen und das weitere Handeln lenken.[264] Insofern beeinflussen die Schemen der IST-Situation das Modellieren der SOLL-Prozesse und gewährleisten, daß sich die Mitarbeiter nicht zu weit vom Machbaren entfernen. Die Aussage über ein Design „auf grüner Wiese" ist unter diesem Gesichtspunkt zu relativieren. Die Reihenfolge, zuerst Analyse und dann Design, birgt aber auch eine große Gefahr in sich. Die Zwänge, die von den Schemen des IST-Zustands ausgehen, können so stark sein, daß die Projektbeteiligten nicht mehr in der Lage sind, etwas Neues zu entwerfen. Wenn die Mitarbeiter einmal zu fest überzeugten Anhängern eines bestimmten Schemas geworden sind, lenken sie ihre Aufmerksamkeit in einer solchen Weise auf die Umwelt und wählen sie so aus, daß die feste Überzeugung selbstbestätigend und die Gruppe eine noch glühendere Hingabe an das Schema entwickelt.[265] Dieser Effekt kann verhindert werden, wenn bei der Analyse darauf geachtet wird, daß sich die Schemen nicht zu tief verfestigen, um noch genug Raum für kreatives Denken zu lassen. Die Analyse darf also nicht zu weit getrieben werden. Sie ist dann abzubrechen, wenn eine weitere Detaillierung keine deutlichen Verbesserungsmöglichkeiten mehr erkennen läßt.

Warum wurden Analyse und Design in diesem Buch zu einer Phase zusammengefaßt? Analyse und Design können nicht als klar getrennte aufeinanderfolgende Schritte gesehen werden. Es handelt sich hier vielmehr um einen iterativen Prozeß. Auch wenn im Gatewayplan getrennte Ergebnisse hierfür vorgesehen sind, sollte klar sein, daß beide Aufgaben ineinander verzahnt durchgeführt werden, aber zu unterschiedlichen Ergebnissen führen. Bei der Analyse handelt es sich um IST-Modelle bestehender Prozesse und beim Design um Prototypen neuer Prozesse.

In der Phase *Analyse und Grobdesign ohne IBSIS* geht es nicht nur um das Neugestalten von Prozessen. Durch begleitende Untersuchungen, wie zum Beispiel der Kunden-/Lieferantenbeziehungsanalyse, werden auch andere Unternehmensbereiche auf Verbesserungspotentiale hin untersucht. Diese Untersuchungen können ebenfalls in Form von eigenen Teilprojekten abgewickelt werden. Für sie ist der Gatewayplan auf Teilprojektebene entsprechend anzupassen.

4.3.1
GATEWAY ANALYSE UND GROBDESIGN TEILPROJEKT (a)

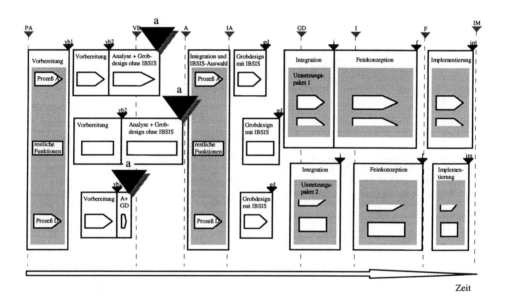

Gateway Analyse und Grobdesign **Teilprojektebene**			a
Nr.	Ergebnisse/Kontrollpunkte	Termin	Beteiligte/ Verantwortung
	Analyse		
a.1	Business Process Redesign-Team-Mitarbeiter haben den IST-Prozeß analysiert und dokumentiert		Berater, BPR-Team, *PL-Teilprojekt*, P-Controller
a.2	Prozesse von Mitbewerbern wurden analysiert		Berater, BPR-Team, *PL-Teilprojekt*
a.3	Verbesserungspotentiale sind erkannt und dokumentiert		Berater, BPR-Team, *PL-Teilprojekt*
a.4	Sofort realisierbare Verbesserungen sind umgesetzt		Berater, PL-Gesamt, BPR-Team, PL-Teilprojekt, *Steuerkreis*, Sponsor, P-Controller
	Grobdesign des neuen Prozesses		
a.5	Grobentwurf des Teilprozesses unabhängig vom künftigen IBSIS ist erstellt und dokumentiert		Berater, BPR-Team, *PL-Teilprojekt*, P-Controller
a.6	Prämissen für andere Teilprozesse sind dokumentiert		Berater, BPR-Team, *PL-Teilprojekt*, P-Controller
a.7	Machbarkeit des Prozeßprototypen ist geprüft		Berater, BPR-Team, P-Controller, *PL-Teilprojekt*, PL-Gesamt
a.8	Grobentwurf wurde gemeinsam mit Betriebsrat und ausgewählten Betroffenen evaluiert		Berater, BPR-Team, PL-Teilprojekt, *PL-Gesamt*

Die im Gateway *Analyse und Grobdesign* auf Teilprojektebene zu erarbeitenden Ergebnisse führen die Mitarbeiter des BPR-Teams Schritt für Schritt zum ersten Grobentwurf eines neuen Geschäftsprozesses.

Die Prozeßverbesserung soll durch eine Kombination von bottom-up- und top-down-orientiertem Vorgehen bei Analyse und Grobdesign erreicht werden (vgl. Abbildung 4-14).

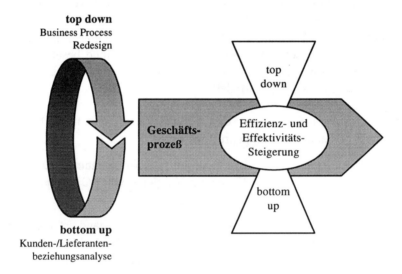

Abbildung 4-14 Stoßrichtung der Prozeßverbesserung
(in Anlehnung an BMW Motoren AG)

Durch den Top-down-Ansatz sollen die Grundlagen eines Prozesses analysiert und hinterfragt werden. Dazu entwerfen die Mitarbeiter des Teilprojektteams nach dem Business Process Redesign einen SOLL-Prozeß weitgehend losgelöst vom IST-Zustand. Würde man die Erfahrungen aus den IST-Abläufen negieren, gingen wertvolle Erkenntnisse über Verbesserungsmöglichkeiten verloren. Deshalb werden zusätzlich durch ein bottom-up-orientiertes Vorgehen die Problembereiche der IST-Prozesse aus der Sicht der Betroffenen erhoben. Zu diesem Zweck wird die Kunden-/Lieferantenbeziehungsanalyse eingesetzt.[266] Durch dieses verzahnte Vorgehen und die Integration der Ergebnisse soll schließlich die Effizienz und Effektivität eines Geschäftsprozesses gesteigert werden.[267]

Im Rahmen der Kontrollpunkte müssen eine Reihe von schriftlichen Dokumenten über die Ergebnisse, zum Beispiel ein Bericht über die Prozeßzielerreichung, ein Stärken-/Schwächenkatalog oder ein Potentialkatalog etc., erstellt werden. Sie dienen dem Steuerkreis als Grundlage für die Bewertung der Arbeit der Mitglieder des BPR-Teams und sind somit Basis für die Verabschiedung des Teilprojektgateways.

a.1 Business Process Redesign-Team-Mitarbeiter haben den IST-Prozeß analysiert und dokumentiert

Wozu ist eine IST-Analyse notwendig, wenn man sowieso alles umkrempeln will? Bevor mit dem Entwerfen eines SOLL-Modells begonnen werden kann, müssen sich die Teammitglieder ein gemeinsames Verständnis der Thematik erarbeiten. Während sie den IST-Zustand analysieren, einigen sie sich auch auf eine gemeinsame Sprache, was gerade bei einem funktionsübergreifend besetzten Team von großer Bedeutung für eine reibungslose Zusammenarbeit ist. Außerdem bestehen folgende Nutzen für das SOLL-Modell:

- Vollständigkeitsprüfung: Der SOLL-Prozeß kann anhand des IST-Prozesses auf seine Vollständigkeit hin geprüft werden.[268]
- Erklärung der Veränderung: Um Reorganisationsmaßnahmen zu erklären und zu rechtfertigen, ist in vielen Fällen ein Vergleich von SOLL und IST notwendig.[269]
- Bewertung der Veränderung: Der bewertete IST-Zustand ist die Vergleichsbasis für die SOLL-Modelle. Es können dadurch Verbesserungen oder Verschlechterungen auf Prozeßebene bestimmt werden.
- Machbarkeit der SOLL-Modelle: IST-Modelle gewährleisten, daß die Mitarbeiter realitätsnahe SOLL-Modelle entwerfen.[270]

Im Zusammenhang mit dem Erfassen des IST-Zustandes und den daran beteiligten Personen wird auf das Problem der kognitiven Dissonanz hingewiesen. Sind am Analyseprozeß Personen beteiligt, die für den IST-Zustand wesentlich verantwortlich sind, ist die Gefahr groß, daß durch unbewußte Selektion von Information bestehende Probleme nicht wahrgenommen werden.[271] Es ist Aufgabe aller Teammitglieder, diese kognitiven Vorgänge zu erkennen und darauf aufmerksam zu machen.

Ein anderes Problem besteht darin, wie detailliert Informationen zu sammeln sind. Wann betrachtet man die Dinge zu fein und zu genau? Wann sind die Informationen zu grob? Grundsätzlich muß sich aus den erhobenen Daten ein Modell der Realität erstellen lassen, das die Wechselwirkungen der Funktionen und die Wirkungen auf den Prozeß insgesamt erkennen läßt. Es handelt sich hier um Strukturwissen über den Prozeß.[272] Ein anderes Kriterium zum Bestimmen der Verfeinerungstiefe bildet die Meßbarkeit der Zielerreichung. Ein Modell muß so weit verfeinert sein, daß der Beitrag jeder Funktion zur Zielerreichung beurteilt werden kann. Ein Prozeß ist zu weit verfeinert, wenn aus dieser Zerlegung keine nennenswerten Verbesserungen mehr resultieren oder die Beschreibung nur noch

Selbstverständlichkeiten enthält.²⁷³ Idealerweise einigen sich die Teammitglieder bereits vor der Analyse auf die Zerlegungstiefe und auf die Kriterien, anhand derer die Analyse abzubrechen ist.²⁷⁴

Folgende Analyseergebnisse sind zu erarbeiten:

- Prozeßablauf: Der Ablauf beschreibt die Funktionen und ihre Reihenfolge, funktionsauslösende Ereignisse, verwendete und erzeugte Daten, die beteiligten Organisationseinheiten sowie die unterstützenden Informationssysteme.
- Ergebnisse und Kunden: Die Ergebnisse, Produkte oder Dienstleistungen, die für einen internen oder externen Kunden durch einen Prozeß erzeugt werden.
- Regeln und Prinzipien: Die Regeln und Prinzipien, die der vorhandenen Ordnung zugrunde liegen.
- Kenngrößen: Kenngrößen sind die quantitativen und qualitativen Leistungsdaten eines Prozesses. Sie dienen dazu, die Zielerreichung des Prozesses zu beurteilen.
- Stärken und Schwächen: Ein Stärken-/Schwächenkatalog enthält alle erkennbaren Stärken und Schwächen eines Prozesses. Er liefert erste Ansatzpunkte für Verbesserungen.

Methoden

Im folgenden werden die wichtigsten Methoden und Werkzeuge beschrieben, die das Erstellen der geforderten Analyseergebnisse unterstützen sollen.

Prozeßablauf

Der Ablauf eines Prozesses kann anhand erweiterter ereignisgesteuerter Prozeßketten (eEPK) beschrieben werden.²⁷⁵ Im Grundprinzip besteht eine Prozeßkette aus den Elementen

- Ereignis (Wann soll etwas gemacht werden?);
- Funktion (Was soll gemacht werden?);
- Organisatorische Einheit (Wer soll etwas machen?);
- Informationsobjekt (Welche Informationen sind hierzu notwendig?).²⁷⁶

Ziel ist es, die zeitlich-logischen Abhängigkeiten von Funktionen darzustellen. Dies wird erreicht, indem Ereignisse und Funktionen durch Verknüpfungsoperatoren verbunden werden. Die Funktionen sind die aktiven Komponenten, die etwas durchführen. Die Ereignisse bilden die passiven Komponenten, die aufgrund ihres Eingetretenseins Aktivitäten auslösen. Durch diese Grundelemente kann die Prozeßstruktur beschrieben werden. Fügt man die organisatorischen Einheiten sowie die ein- und ausgehenden Informationsobjekte dieser Grundstruktur hinzu, erhält man eine ganzheitliche Aufgabenbeschreibung.[277] Um einen Überblick über die vorhandenen und in Zukunft einzusetzenden Informationssysteme zu bekommen, ist zu empfehlen, auch die verwendeten Informationssysteme den Modellen hinzuzufügen.[278] In Abbildung 4-15 sind die beschriebenen Elemente anhand eines Beispiels dargestellt.[279]

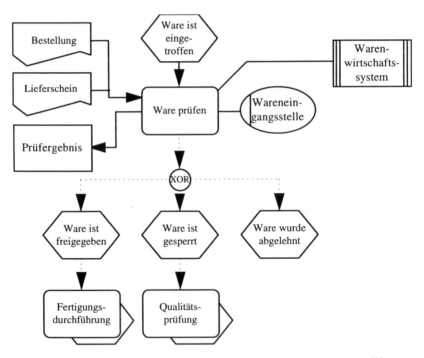

Abbildung 4-15 Beispiel einer eEPK (Quelle: [Kell 95, S. 56])[280]

Da die Modelle nach dem Prinzip der schrittweisen Verfeinerung erstellt werden, also von einer groben Übersicht schrittweise bis zum erforderlichen Detaillierungsgrad zerlegt werden sollen, wird empfohlen, die Modelle hierarchisch zu numerieren.[281] Dies soll helfen, sich in einer Vielzahl von hierarchisch abhängigen Modellen leichter zurechtzufinden. Das Modell auf höchster Abstraktionsebene wird mit der Ziffer 0 bezeichnet. Alle enthaltenen Funktionen werden aufsteigend mit den Ziffern 1...n durchnumeriert. Wird eine Funktion weiter zerlegt, wird das neue Diagramm mit der Nummer der verfeinerten Funktion bezeichnet. Alle darin enthaltenen Funktionen werden folgendermaßen gekennzeichnet: `Ziffer der übergeordneten Funktion . aufsteigende Nummer der Teilfunktion`, zum Beispiel „1.1". In Abbildung 4-16 ist die hierarchische Numerierung der Modelle graphisch dargestellt.

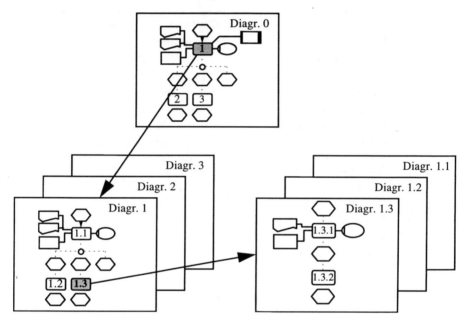

Abbildung 4-16 Numerierung der Modelle und Diagrammhierarchie

Kenngrößen

Wird das Werkzeug ARIS verwendet, können bei den einzelnen Elementen der eEPK die Kenngrößen direkt erfaßt werden. Die Daten können dann mit Hilfe einer im Werkzeug vorhandenen Analysekomponente ausgewertet werden. In Abbildung 4-17 sind die wichtigsten Kenngrößen enthalten, die bei einer Funktion hinterlegt werden können.

Ergebnisse und Kunden

Ergebnisse und Kunden können sich auf einen Gesamtprozeß oder auch auf einzelne Funktionen eines Prozesses beziehen. Sie sollten in Kurzbeschreibungen verbal dokumentiert werden. Beziehen sie sich auf eine bestimmte Funktion in einem Prozeß, ist die Beschreibung der Funktion mit der im Modell eingetragenen Nummer zu kennzeichnen. In der eEPK kommen Kunden und Ergebnisse zusätzlich durch die Elemente Ereignis und Organisationseinheit zum Ausdruck.

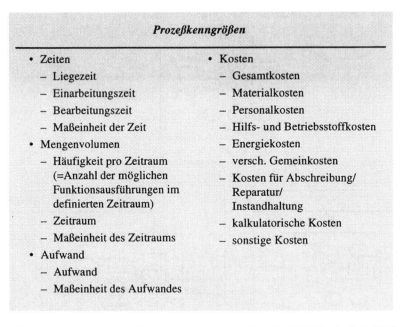

Abbildung 4-17 Kenngrößen eines Prozesses (Quelle: [ARIS 94, S. 6-130]

Regeln und Prinzipien

Regeln und Prinzipien werden hier als Oberbegriff für Normen, Werte, Traditionen und Mythen verwendet. Sie wirken auf einen Prozeß, da sie das Verhalten der Prozeßbeteiligten beeinflussen. Mythen spielen eine entscheidende Rolle bei Wahrnehmung, Interpretation und Ausgestaltung der eigenen Aktivitäten. Sie führen zu selektiver Wahrnehmung der Umwelt, die dem Verhalten einer Organisation Schranken auferlegen kann.[282] Die Teammitglieder müssen sich in einem ersten Schritt dieser Regeln und Prinzipien bewußt werden, in einem zweiten Schritt diese in einem Regelkatalog sammeln und in weiterer Folge hinsichtlich Sinn und Notwendigkeit überprüfen.[283] Ansonsten ist die Gefahr sehr groß, daß auch in Zukunft so gehandelt wird, wie bisher gehandelt wurde.[284] Das SOLL-Modell des Prozesses muß anhand überprüfter, angepaßter Regeln erstellt werden. Der Zwang, Regeln und Prinzipien, die praktisch für die IST-Situation des Unternehmens verantwortlich sind, systematisch aufzulisten, soll die Mitarbeiter des

Teams für die Unternehmenskultur sensibilisieren und ein Erfassen und Überprüfen dieses Bereiches erleichtern. Ein Beispiel für ein Prinzip wäre die in einem Unternehmen der Automobilindustrie vorhandene „Feindschaft" gegenüber einem Konkurrenten. Die Bandbreite des Einflusses dieses über Jahrzehnte gepflegten Mythos reicht vom Einfluß auf das Kaufverhalten der Mitarbeiter für einen privaten PKW bis in die Beschaffungsvorgänge des Unternehmens. Mitarbeiter glauben keinen PKW des Konkurrenten kaufen zu dürfen, und Bauteile werden grundsätzlich nicht bei Lieferanten des Konkurrenten beschafft. Andere Beispiele sind jene Regeln und Prinzipien, die das Entscheidungsverhalten oder die Arbeitszeiten der Prozeßbeteiligten bestimmen.

Stärken und Schwächen

Bei der Analyse müssen die Stärken und Schwächen eines Prozesses und der enthaltenen Funktionen miterhoben werden. Sie werden in verbaler Form in einem Stärken-/Schwächenkatalog dokumentiert. Dieser Katalog ist nicht nur für die SOLL-Prozesse eine wichtige Basis, sondern auch Grundlage für das Erkennen kurzfristig erzielbarer Verbesserungen.

Vorgehen

Das erste Prozeßmodell sollte im Rahmen eines Workshops erstellt werden. Durch die funktionsübergreifende Zusammensetzung des Teams ist es möglich, den Prozeß ausreichend detailliert zu beschreiben. Als Basis dient dem Team der dokumentierte Untersuchungsbereich. In dieser Dokumentation sind die Kunden, das Prozeßergebnis, also Produkte und Dienstleistungen eines Prozesses, verbal beschrieben sowie der Prozeßablauf durch eine eEPK dargestellt. Die am Prozeß beteiligten Organisationseinheiten sind nicht nur in der eEPK abgebildet, sondern auch durch ein Organigramm beschrieben.[285]

Die Ausgangsmodelle können nun schrittweise bis zur im vorhinein festgelegten Zerlegungstiefe verfeinert werden. Sofort erkannte Regeln und Prinzipien sowie Stärken und Schwächen sind dabei in den entsprechenden Katalogen festzuhalten. In einer anschließenden Runde sind die Modelle nochmals Funktion für Funktion durchzuarbeiten und Regel- sowie Stärken-/Schwächenkatalog gezielt zu ergänzen. Durch den Abgleich der Prozeßmodelle mit den Modellen der Informationssystem-Architektur können sie hinsichtlich Vollständigkeit überprüft werden.[286]

Gegebenenfalls sind die Beschreibungen des Prozeßergebnisses und der Kunden zu ergänzen. Handelt es sich um wichtige Zwischenprodukte innerhalb des Prozesses, sind zusätzliche Beschreibungen über diese Produkte und die Kunden zu verfassen. Diese Beschreibungen sind Basis für die in einer späteren Phase einzusetzende Kunden-/Lieferantenbeziehungsanalyse.[287]

In einem zweiten Schritt werden die Kenngrößen der Prozesse durch Interviews und vorhandene Controllingdaten ermittelt. Bevor dieser Schritt beginnt, muß das Team allerdings die zu erhebenden Kenngrößen definieren. Die Kenngrößen können dabei direkt aus den Prozeßzielen[288] abgeleitet werden. Durch das konsequente Ableiten der Kenngrößen aus den Zielen soll gewährleistet werden, daß sich das Team auf die kritischen Erfolgsfaktoren eines Prozesses, wie zum Beispiel Kundennutzen, Servicegrad, Qualität, Geschwindigkeit, Produktivität etc., konzentriert. Werden zum Beispiel zeitliche Prozeßziele vorgegeben, muß bestimmt werden, welche Zeiten bei einer jeden Funktion zu erheben sind. Werden in diesem Fall Bearbeitungszeit, Liegezeit und Transportzeit je Stück und Funktion ermittelt, kann letztendlich die Gesamtdurchlaufzeit eines Produkts beurteilt werden. Da beim Erstellen des SOLL-Modells analog vorzugehen ist, können später die Werte der SOLL-Modelle mit den IST-Werten verglichen und die Verbesserungen bewertet werden.

Durch die Interviews sind vor allem auch den Mitarbeitern bekannte Probleme in den bisherigen Abläufen zu erheben. Gezieltes Ansprechen von Stärken und Schwächen bezieht die Mitarbeiter in das BPR ein und kann die Motivation zu aktiver Beteiligung erhöhen. Der Stärken-/Schwächenkatalog und die erstellten Modelle sind um die erhobene Information zu ergänzen beziehungsweise zu korrigieren.

a.2 Prozesse von Mitbewerbern wurden analysiert

Bestandteil der Analyse sollte aber nicht nur das eigene Unternehmen sein. Das Analysieren von gleichartigen Prozessen bei Mitbewerbern hilft Stärken und Schwächen in den eigenen Abläufen zu erkennen und zu beseitigen. Probleme, die im eigenen Unternehmen bestehen, sind vielleicht in anderen längst gelöst. Dabei können durchaus auch Unternehmen anderer Branchen analysiert werden. Denn gerade administrative Prozesse sind häufig branchenunabhängig, wie zum Beispiel Prozesse im Personalbereich.

Der Vergleich mit anderen Unternehmen liefert nicht nur Anregungen für Verbesserungen, sondern auch einen Maßstab für realistische, erreichbare Ziele. In diesem Zusammenhang sind die Kenngrößen vergleichbarer Prozesse zu erheben. Außerdem wird dadurch deutlich, wie das Unternehmen im Vergleich zu Konkurrenz steht.

Der kontinuierliche Vergleich der eigenen Leistungen, Abläufe und Methoden mit denen anderer Unternehmen wird als Benchmarking bezeichnet.[289] Es gehört zu den Kerntechniken des BPR.[290] Benchmarks können vom Unternehmen selbst oder von Unternehmensberatern ausgeführt werden. Aber auch die Wissenschaft beschäftigt sich mit diesem Thema, wie zum Beispiel das MIT, das eine Studie über die Automobilindustrie durchgeführt und wesentliche Kenngrößen veröffentlicht hat.[291]

Führt das Unternehmen selbst den Vergleich durch, so sollten dabei die im vorigen Kontrollpunkt beschriebenen Methoden zum Einsatz kommen. Wie unter a.1 *Business Process Redesign-Team-Mitarbeiter haben den IST-Prozeß analysiert und dokumentiert* beschrieben, sind mit ihrer Hilfe die Ergebnisse

- Prozeßablauf,
- Prozeßergebnisse und -kunden,
- Regeln und Prinzipien,
- Kenngrößen und
- Stärken und Schwächen

zu erarbeiten.

Es ist zu erwarten, daß die Analyse bei Mitbewerbern nicht mit der Feinheit durchgeführt werden kann wie im eigenen Unternehmen. Es muß aber versucht werden, die Ergebnisse so weit zu vertiefen, damit brauchbare Informationen für das eigene Unternehmen abgeleitet werden können.

Außerdem sei auf Referenzmodelle als Vergleichsbasis hingewiesen. Es handelt sich dabei um konzeptionelle Modelle für ein idealtypisches Unternehmen einer bestimmten Branche. Sie bestehen meist aus Datenmodell, Funktionsmodell, Organisationsmodell und aus Prozeßmodellen. Für standardisierbare Prozesse werden immer häufiger branchenabhängig Referenzmodelle angeboten. Sowohl Wissenschaft als auch Praxis bieten derartige Modelle am Markt an.[292]

a.3 Verbesserungspotentiale sind erkannt und dokumentiert

Bevor mit dem Neugestalten von Prozessen begonnen wird, sollten die bei der Analyse erkannten Verbesserungspotentiale in einem Potentialkatalog systematisch festgehalten werden. Neben dem Stärken/Schwächenkatalog und dem Regelkatalog dient er in weiterer Folge dem BPR-Team zum Überprüfen des SOLL-

Prozeßmodells. Er ist aber auch ein Werkzeug für den Steuerkreis, der anhand des Potentialkatalogs die SOLL-Prozesse beurteilen kann. Es wird den Mitgliedern des Steuerkreises dadurch ein Instrument zur Verfügung gestellt, daß es ihnen erleichtert, die Ergebnisse der Teilprojekte zu beurteilen und die Teilprojekt-Gateways zu verabschieden.[293]

Zusätzlich kommt dem Erstellen des Potentialkatalogs, ähnlich dem Erstellen des Regel- und Stärken-/Schwächenkatalogs, eine psychologische Bedeutung zu. Durch bewußtes Ableiten von Verbesserungspotentialen aus dem beschriebenen IST-Zustand soll den Mitarbeitern das Erstellen eines realisierbaren SOLL-Prozesses auf der „Grünen Wiese", der die gesteckten Ziele erreicht, erleichtert werden.

Grundlagen für das Erstellen des Potentialkatalogs sind alle bisher zusammengetragenen Informationen über den IST-Zustand des Prozesses, also die IST-Modelle in Form von eEPK, das definierte Prozeßergebnis und die Prozeßkunden, der Stärken-/Schwächen- und Regelkatalog sowie die Prozeßziele und Kenngrößen. Dazu kommen die Analysergebnisse der Prozesse von Mitbewerbern, die der vorhandenen Betriebsblindheit entgegenwirken sollen. Zusätzlich sind die Ergebnisse begleitender oder vorangegangener Untersuchungen zu berücksichtigen. Beispiel für eine begleitende Untersuchung ist die Kunden-/Lieferantenbeziehungsanalyse[294], deren Ergebnis zumindest für den zu untersuchenden Teilprozeß vorliegen muß. Ihr Ergebnis hilft, den Prozeß und seine Bauteile vor dem Hintergrund der Kundenanforderungen zu beurteilen. Weitere Hinweise über Verbesserungsmöglichkeiten können vorangegangenen Untersuchungen wie durchgeführten kontinuierlichen Verbesserungsprogrammen, einer ISO 9000-Zertifizierung und ähnlichem entnommen werden.

Vor dem Hintergrund dieser Information sind die Funktionen eines Prozesses zu beurteilen, kritisch zu hinterfragen und erkennbare Verbesserungsmöglichkeiten zu dokumentieren. Dabei sollte auch versucht werden, das Potential zu quantifizieren. Obwohl es sich nur um Schätzwerte handelt, werden so zumindest die Größenordnungen der möglichen Verbesserung deutlich. Abbildung 4-18 zeigt die einzelnen Schritte der Optimierung graphisch dargestellt. Zu empfehlen ist eine Top-down-Vorgehensweise. Zuerst wird das oberste Modell (Ziffer 0)[295], das den gesamten Prozeß beschreibt, untersucht und in Frage gestellt. In den nächsten Schritten werden gemäß der schrittweisen Verfeinerung die Teilmodelle nach dem gleichen Verfahren untersucht. Es werden dadurch Verbesserungspotentiale sowohl auf Gesamtprozeßebene als auch auf Funktionsebene erfaßt.

Wie bereits erwähnt, ist ein Exemplar des erstellten Potentialkatalogs dem Steuerkreis zu übergeben, der ihn benötigt, um beurteilen zu können, inwieweit mögliche Potentiale im SOLL-Modell tatsächlich realisiert wurden. Außerdem ist der Katalog dem Projektcontroller und dem Gesamtprojektleiter zu übergeben, die dadurch abschätzen können, ob die mit dem Teilprojektteam vereinbarten Ziele erreicht werden können.

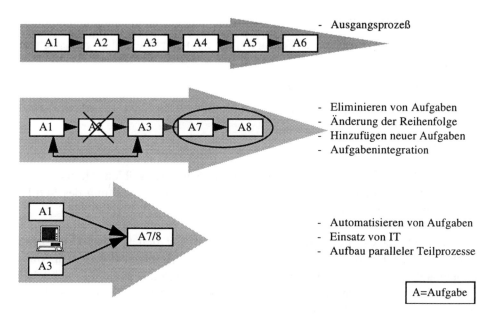

Abbildung 4-18 Erkennen von Verbesserungspotentialen
(in Anlehnung an: [Kric 94b, S. 28])

a.4 Sofort realisierbare Verbesserungen sind umgesetzt

Ein Erfolgskriterium des BPR besteht darin, möglichst früh spürbare Verbesserungen zu erzielen.[296] Bereits erkannte Verbesserungsmöglichkeiten, die kurzfristig und ohne großen Aufwand realisiert werden können, sollten so schnell wie möglich umgesetzt werden. Dadurch soll den Mitarbeitern im Unternehmen klar gezeigt werden, daß durch BPR tatsächlich etwas bewegt wird.

Dieses Erfolgskriterium kann auf die legendären Studien, die in der Western Electric Company in Hawthorne bei Chicago von Elton Mayo und seinen Kollegen Ende der 20er und Anfang der 30er Jahre durchgeführt wurden, zurückgeführt werden. Ein Ergebnis dieser Studien besagt, daß im Unternehmen bereits Leistungssteigerungen der Mitarbeiter zu erwarten sind, wenn sich die Mitarbeiter beachtet fühlen.[297]

Grundlage für die Auswahl geeigneter Maßnahmen ist der in a.3 *Verbesserungspotentiale sind erkannt und dokumentiert* erstellte Potentialkatalog. Im ersten Schritt sind die Potentiale hinsichtlich der Kriterien

- Beitrag zur Zielerreichung,
- Kosten der Realisierung,
- Dauer der Realisierung und Zeitraum bis zum Eintreten der gewünschten Wirkungen,
- Verfügbarkeit der Ressourcen und
- Wirkungen auf potentiellen SOLL-Prozeß

zu beurteilen.

Der zweite Schritt besteht darin, solche Maßnahmen auszuwählen, die möglichst viel Wirkung zeigen, möglichst wenig kosten und die Neugestaltung des SOLL-Prozesses nicht behindern.

Dritte Aufgabe ist es, die Maßnahmen gemeinsam mit den für ihre Umsetzung verantwortlichen Personen zu terminieren und diese Ergebnisse in einem Maßnahmenkatalog festzuhalten. Der Maßnahmenkatalog erleichtert dem Projektleiter das Überwachen der Umsetzungsaktivitäten. Dem Steuerkreis dient er als Basis für die Kommunikation der erzielten Verbesserungen.[298]

a.5 Grobentwurf des Teilprozesses unabhängig vom künftigen IBSIS ist erstellt und dokumentiert

Der erste Prozeßentwurf sollte unabhängig von jeglichen Restriktionen entwickelt werden. Durch die vorangegangene Analyse des IST-Zustands ist gewährleistet, daß die Orientierung an der Praxis nicht völlig aus den Augen verloren wird. Der Grobentwurf des neuen Prozesses muß auf alle Fälle die gesetzten Prozeßziele erreichen, was auch entsprechend zu überprüfen ist.

Auch die Struktur des potentiellen IBSIS darf im Grobentwurf noch nicht berücksichtigt werden. Vielmehr müssen in die Gestaltung Potentiale der Informationstechnologie insgesamt einfließen, vor allem erkennbare Potentiale der Schrittmacher- und Zukunftstechnologien.[299] Dazu ist es notwendig, daß zumindest einige Teammitglieder den Stand der Technik kennen und ihre zukünftige Entwicklung abschätzen können. Dies ist deshalb wichtig, da nur so eine simultane Gestaltung von Technologie und Organisation möglich ist, die

Informationstechnologie-Potentiale gestalterisch nutzt. Man kann so der Forderung gerecht werden, Informationstechnologie als Wegbereiter für BPR einzusetzen.[300] Nachdem in der nächsten Projektphase die Funktionalität des ausgewählten IBSIS mit den SOLL-Prozessen abgeglichen ist, ermöglicht dieses Vorgehen das Bestimmen des zusätzlichen Informationstechnologiebedarfs, der notwendig ist, um die Prozeßziele zu erreichen. Dadurch soll im Unternehmen der richtige Mix aus IBSIS und anderen Informationssystemen gefunden werden.[301]

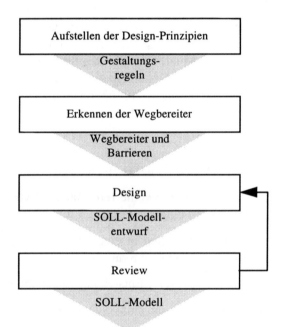

Abbildung 4-19 Teilschritte des Grobentwurfs

Das Design umfaßt die in Abbildung 4-19 dargestellten vier Schritte mit den zugehörigen Teilergebnissen und Eingangsgrößen. Darüber hinaus soll deutlich werden, daß es sich bei den Aktivitäten teilweise um iterative Aufgaben handelt.

Das Endergebnis ist ein Grobentwurf des SOLL-Prozesses, der vorerst benötigt wird, um das für das Unternehmen am besten geeignete IBSIS auszuwählen. Ferner ist der Grobentwurf Grundlage für das Abgleichen des SOLL-Prozesses mit dem IBSIS.

Aufstellen der Design-Prinzipien

Design-Prinzipien sollen ein Neugestalten des Prozesses nach den Grundsätzen des BPR erleichtern. Diese Grundsätze fordern, daß beim BPR ignoriert wird, was besteht, und man sich auf das konzentriert, was sein sollte. Außerdem geht es darum, das Unternehmen neu zu gestalten, und nicht um die Erweiterung oder Modifikation bestehender Abläufe.[302]

Die Teammitglieder müssen die Regeln und Prinzipien, die dem Design zugrunde liegen sollen, transparent machen, um den BPR-Grundsätzen zu entsprechen und so die gesetzten Ziele bestmöglich zu erreichen. Ein Handeln nach gemeinsamen Regeln erfolgt dadurch, daß die Mitarbeiter die Regeln bewußt vereinbaren und schriftlich festhalten. Die schriftliche Dokumentation ist notwendig, um jederzeit anhand der Aufzeichnungen die eigene Arbeit überprüfen zu können. Im folgenden sind einige Design-Prinzipien beispielhaft aufgezählt.[303]

- Fang von vorne an!
- Stelle den Kunden in den Mittelpunkt der Betrachtung.
- Entscheidungen sind dort zu treffen, wo die Informationen vorhanden sind, die nötige Kontrolle muß im Prozeß eingebaut sein.
- Fasse horizontale und vertikale Stellen in einer Position zusammen. Abstimmungsarbeiten sind auf ein Minimum zu reduzieren.
- Informationen sind nur einmal bei ihrer Entstehung zu gewinnen.
- Die Arbeit wird dort erledigt, wo es am sinnvollsten ist.

Die konsequente Orientierung an radikalen BPR-Prinzipien soll helfen, die bestehende Aufbau- und Ablauforganisation zu durchbrechen. Es soll ein bestmöglicher Geschäftsprozeß entworfen werden, der allerdings nicht bei der ersten Implementierung erreicht werden muß. Er sollte vielmehr den erstrebenswerten Idealzustand darstellen, der entsprechend einer Vision langfristig anzustreben ist.[304] Durch die Beurteilung der Machbarkeit des Prozeßprototypen wird er sozusagen „auf den Boden" geholt und in eine realisierbare Version überführt.[305]

Erkennen von Wegbereitern

Im nächsten Schritt müssen sich die Teammitglieder über die Wegbereiter für ein neues Prozeßdesign klar werden. Es handelt sich dabei um Schlüsselfaktoren, die eine grundlegend andere und bessere Struktur eines Prozesses ermöglichen. Die Wegbereiter sind sozusagen die Schlüssel zum Erfolg. Demgegenüber gibt es

Barrieren, die ein besseres Funktionieren eines Prozesses verhindern können. Werden diese Barrieren von Anfang an berücksichtigt, können die von ihnen ausgehenden Restriktionen leichter bewältigt werden.[306]

Die Wegbereiter und Barrieren für das Neugestalten von Prozessen können in die drei Bereiche

- Technologie,
- Organisation und
- Human Ressourcen

unterteilt werden.[307] Nachdem sich die Mitglieder des BPR-Teams einen Überblick über die Potentiale eines jeden Bereichs verschafft haben, müssen sie diese Potentiale mit ihrem Prozeß in Verbindung bringen. Zu diesem Zweck sind die Wegbereiter, ihre Einsatzmöglichkeiten sowie die daraus resultierenden Verbesserungen zu dokumentieren. Analog ist mit den Barrieren zu verfahren. Das Erstellen dieses Ergebnisses wird durch den Vergleich des eigenen Stärken-/Schwächenkatalogs sowie des Regelkatalogs, mit denen der analysierten Mitbewerber erleichtert.

Beispiele für Wegbereiter[308] sind „Elektronische Märkte" aus dem Bereich der Informationstechnologie, wodurch neue Vertriebsprozesse ermöglicht werden, aus dem Bereich der Organisation der Einsatz von Teams für komplexe Aufgaben anstelle von einzelnen Stellen für einfache Aufgaben. Im Rahmen der Human Ressourcen sind Faktoren zu berücksichtigen, die die Motivation der Prozeßbeteiligten beeinflussen, wie zum Beispiel geforderte Vielfalt der persönlichen Fähigkeiten, Erstellen eines vollständigen Arbeitsergebnisses, Bedeutung des Arbeitsergebnisses für den internen oder externen Kunden, Autonomie bei der Arbeit und Feedback aus der Arbeit selbst und von Vorgesetzten oder anderen Mitarbeitern.[309]

Design

Mit Hilfe der erstellten Designprinzipien und der identifizierten Wegbereiter kann nun mit dem Neugestalten des SOLL-Prozesses begonnen werden. Es werden die gleichen Ergebnisse wie bei der Analyse gefordert, das sind

- Ergebnisse und Kunden des Prozesses,
- Ablauf, also Funktionen, Ereignisse, Daten, Organisationseinheiten und Informationssysteme,

- Regeln und Prinzipien, die dem neuen Prozeß zugrunde liegen,

- Stärken und Schwächen, die bewußt hervorgehoben beziehungsweise in Kauf genommen werden,

- Kenngrößen in Form von Schätzwerten.

Nachdem man sich über Ergebnis und Kunden des Prozesses geeinigt hat, kann man die SOLL-Struktur anhand einer eEPK aus Kunden- und Ergebnissicht modellieren. Dabei sollte man auch die eingebauten Regeln und Prinzipien sowie die Stärken und Schwächen bewußt festhalten, um ein Höchstmaß an Transparenz zu erzielen. Außerdem kann man für die aus den Prozeßzielen abgeleiteten Kenngrößen bereits Schätzwerte erfassen, um so bereits sehr früh die Zielerreichung abschätzen zu können.

Der Unterschied zur Analyse besteht darin, daß es sich nun um ein vom IST-Zustand losgelöstes SOLL-Modell des Prozesses handelt. Die Ergebnisse sind mit den gleichen Methoden und Werkzeugen zu erstellen, die bei der Analyse verwendet wurden.[310] Dieses Vorgehen sichert die Vergleichbarkeit der Modelle.

Der Designabschnitt erfordert ein hohes Maß an Kreativität und Abstraktionsvermögen. Es ist daher Voraussetzung, daß Personen mit diesen Fähigkeiten im Team mitarbeiten und außerdem ein sinnvolles Verhältnis zwischen Prozeßinsidern und Outsidern besteht. Ist das Team nicht in der Lage, die durch die Ziele vorgegebenen Ergebnisse zu liefern, müssen Teilprojektleiter und gegebenenfalls Gesamtprojektleiter steuernd eingreifen.

Review

Der Designschritt und das folgende Review laufen parallel und iterativ ab. Wurde ein SOLL-Modell erstellt, ist es anhand der Ergebnisse aus der Analyse des IST-Zustandes und der Analyse von Mitbewerbern kritisch zu hinterfragen und zu bewerten. Die Erkenntnisse aus dem Review fließen wiederum in das SOLL-Modell ein. Dieser Zyklus wird solange durchlaufen, bis der Prototyp die gesetzten Ziele erreicht.

Dem Review sollte der zentrale Grundsatz „Wecke schlafende Hunde!" zugrunde liegen. Dieser Grundsatz sagt aus, daß tradierte Abläufe und Mythen, die das Geschäft verschlechtern, erkannt, beseitigt und durch neue Abläufe ersetzt werden müssen.

Ein gezieltes und strukturiertes Hinterfragen wird durch den Einsatz des Stärken-/Schwächenkatalogs, des Regel- und des Potentialkatalogs sowie erstellter Prozeßmodelle erleichtert, die sowohl aus der Analyse des eigenen Unternehmens als auch von Mitbewerbern stammen können. Daneben unterstützt der Vergleich mit Referenzmodellen das Erkennen und Ableiten von betriebswirtschaftlichen Standardlösungen.

Der Stärken-/Schwächenkatalog wird herangezogen, um zu prüfen inwieweit

- Stärken der IST-Situation erhalten geblieben sind,
- Stärken der IST-Situation verlorengegangen sind, aber durch andere kompensiert wurden,
- Stärken der IST-Situation ohne Kompensation verlorengegangen sind,
- neue Stärken hinzugekommen sind,
- Schwächen des IST-Zustandes erhalten blieben oder beseitigt wurden,
- neue erkennbare Schwächen hinzugekommen sind.

Der Vergleich mit dem durch die Analyse von Mitbewerbern entstandenen Stärken-/Schwächenkatalog läßt ähnliche Aussagen zu und liefert zusätzlich Hinweise für eine Umgestaltung des SOLL-Ablaufes, um sich vom Mitbewerber zu differenzieren oder sich ihm anzupassen.

Die Evaluation des SOLL-Prozesses anhand des Regelkatalogs sollte Antwort auf folgende Fragestellungen und damit Hinweise für die Gestaltung des SOLL-Prozesses liefern:

- Welche Regeln und Prinzipien wurden aus dem IST-Zustand übernommen? Welche Regeln entsprechen denen von Mitbewerbern?
- Ist ein Design ohne eine bestimmte Regel des IST-Zustands möglich? Wenn ja, welche Konsequenzen hat dies auf die Prozeßzielerreichung? Wenn positive Auswirkungen zu erwarten sind, warum wird die Regel nicht fallen gelassen?
- Entsprechen die neuen Regeln und Prinzipien dem in der Vision beschriebenen Unternehmen?

Die Überprüfung anhand des Potentialkatalogs liefert Hinweise, ob in der IST-Analyse festgestellte Verbesserungspotentiale im SOLL-Prozeß umgesetzt wurden. Werden die erfaßten Kenngrößen ausgewertet, kann ermittelt werden, mit welcher Quantität ein Potential genutzt wird. Voraussetzung ist natürlich, daß wie in a.3 *Verbesserungspotentiale sind erkannt und dokumentiert* gefordert, diese auch entsprechend quantifiziert wurden.

Schließlich ist die Struktur des Prozesses zu bewerten. Das heißt, es werden die eEPKs des IST-Zustands mit den eEPKs des SOLL-Zustandes verglichen. Daraus wird erkennbar, inwieweit sich der SOLL-Ablauf vom IST-Ablauf unterscheidet. Jede Funktion des SOLL-Prozesses ist aus Kunden- und Ergebnissicht zu beurteilen. Es ist festzustellen, ob und wieviel Wertschöpfung eine Funktion für das Prozeßergebnis leistet. Funktionen, die keinen Wertschöpfungsbeitrag erbringen, sind zu eliminieren.[311] Vergleiche mit den eEPKs über die Prozesse des Mitbewerbers und mit den Referenzmodellen geben zusätzliche Anregungen für alternative Strukturen.[312]

Zum Schluß eines jeden Review-Durchgangs ist die Prozeßzielerreichung des Prozeßprototypen zu bestimmen. Zu diesem Zweck werden zum Beispiel mit Hilfe der Analysekomponente des ARIS-Toolsets die erfaßten Kenngrößen ausgewertet. Ist das bestmögliche Design aus Sicht der BPR-Teammitarbeiter erreicht, dient die letzte Auswertung als Ergebnisbericht, der zusammen mit den anderen Ergebnissen an den Gesamtprojektleiter und den Steuerkreis übergeben wird. Beim Review ist es Aufgabe des Projektcontrollers als überwachende und steuernde Instanz, die Zielerreichung sicherzustellen.

a.6 Prämissen für andere Teilprozesse sind dokumentiert

Auch wenn es das Ziel ist, Prozesse als eigenständige Subsysteme im Unternehmen zu etablieren, gibt es mit Sicherheit eine Reihe von Berührungspunkten zu anderen Prozessen und Funktionen, die nicht Bestandteil eines Prozesses sind. Es ist beim Entwickeln des SOLL-Modells ein Prozeß anzustreben, der möglichst wenig Schnittstellen zu anderen Subsystemen aufweist. Dort, wo sie notwendig sind, sollten sie möglichst in Form von Kunden-/Lieferantenbeziehungen aufgebaut werden. Dadurch kann ein System loser gekoppelter Systeme, auch Fraktale genannt, im Unternehmen entstehen, die relativ eigenständig existieren und über viel Autonomie verfügen.[313]

Immer wenn Berührungspunkte zu anderen Prozessen erkannt werden, sei es durch Vorgaben eines anderen Prozesses oder durch Vorgaben des eigenen Prozesses für andere Prozesse, sind diese Schnittstellen genau zu dokumentieren. Wie bereits erwähnt, sollten die Schnittstellen in Form von Kunden-/Lieferantenbeziehungen gestaltet werden. Kern dieser Beziehung ist, daß Prozesse durch definierte Leistungspakete miteinander verbunden werden. In einem derartigen Leistungspaket sind die Art der Leistung, seine Quantität und sonstige Merkmale wie Qualität, Marktpreis etc. festgelegt.[314]

Erscheint es nicht sinnvoll, eine Kunden-/Lieferantenbeziehung aufzubauen, weil eine zu enge Beziehung zu einer Funktion eines anderen Prozesses besteht, ist zu überlegen, ob die Funktion nicht besser dem eigenen Prozeß eingegliedert werden sollte. In diesem Fall müssen sich die Teilprojektleiter unter Mitwirkung der Berater koordinieren. Die endgültige Entscheidung wird unter Beteiligung des Gesamtprojektleiters und des Steuerkreises getroffen.

Ähnliches gilt für erkennbare Zielkonflikte zwischen den Prozeßzielen. Ist eine Lösung derartiger Probleme durch die Teams und die Teilprojektleiter nicht möglich, müssen Gesamtprojektleiter und gegebenenfalls auch Steuerkreis auf Gesamtprojektebene koordinierend eingreifen. Auf alle Fälle sind sie über Prämissen, Änderungen des Untersuchungsbereiches und Zielkonflikte zu informieren, um ihnen die Koordination des Gesamtprojektes zu erleichtern. Die vereinbarten Veränderungen sind in die SOLL-Konzepte entsprechend einzuarbeiten.

a.7 Machbarkeit des Prozeßprototypen ist geprüft

Durch den Designzyklus (Design - Review) und die dort geforderten Ergebnisse[315] soll sichergestellt werden, daß der SOLL-Prozeß die vereinbarten quantitativen und qualitativen Prozeßziele erreicht. Nunmehr ist zu beurteilen, ob der Prozeßprototyp in der geplanten Form im Unternehmen umgesetzt werden kann und welche Vorkehrungen dafür zu treffen sind.

Der Prozeßprototyp ist anhand der im Abschnitt 3.1 *Elemente einer gezielten organisatorischen Veränderung* beschriebenen organisationalen Grundelemente zu überprüfen. Auf erster Ebene sind dies die konstituierenden Faktoren

- Sachziel,
- Formalziel,
- Verfassung und
- Sozialstruktur

sowie auf zweiter Ebene die Gestaltungselemente

- Strategie,
- Struktur,

- Technologie,
- Personal und
- Kultur.[316]

Mit Hilfe der im Design erstellten Ergebnisdokumente und der Aufzeichnungen über die IST-Situation des Unternehmens ist die Wirkung des SOLL-Prozesses auf jeden Bereich zu bestimmen. Die erkennbaren Auswirkungen und Änderungen sind schließlich schriftlich zu dokumentieren. Im nächsten Schritt werden die Maßnahmen aufgezählt, die im jeweiligen Bereich vom IST-Zustand zum SOLL-Zustand überleiten sollen. Wenn die Umsetzungsmaßnahmen für alle Bereiche dokumentiert sind, können sie in eine zeitliche Reihenfolge gebracht werden und die Ressourcen wie Mitarbeiter, finanzielle Mittel etc. bestimmt werden.

Dieses Vorgehen soll helfen, Risikofaktoren, welche die Umsetzung des Prozesses gefährden, systematisch zu erkennen. Barrieren können dadurch vorab erkannt und frühzeitig Maßnahmen zur Risikobegrenzung geplant werden.[317] Als Beispiel sei auf den Personalbereich hingewiesen. Ist erkennbar, daß für den neuen Prozeß wesentlich weniger Mitarbeiter benötigt werden, müssen rechtzeitig Vorkehrungen getroffen werden, die einen sozialverträglichen Personalabbau gewährleisten.

Bei zu hohen Umsetzungsrisiken ist das Prozeßdesign solange zu verändern, bis eine gangbare Lösung erzielt wird. Der Maßnahmenplan kann ähnlich dem Gatewayplan aufgebaut werden. Es sind zumindest die Bezeichnung einer Maßnahme, der geplante Beginn und Endtermin, die Beteiligten und der Verantwortliche zu bestimmen. Beim zu erstellenden Maßnahmenplan handelt es sich vorerst nur um einen Grobentwurf, der in den folgenden Projektphasen noch zu verfeinern ist.

a.8 Grobentwurf wurde gemeinsam mit Betriebsrat und ausgewählten Betroffenen evaluiert

Da der „weiche" Faktor Mensch besondere Bedeutung für den Erfolg eines Projektes hat, ist es Ziel dieses Kontrollpunktes, den Barrieren

- Angst vor Neuerungen,
- Angst vor Machtverlust,
- Anspruchsdenken,
- mangelnde Identifikation,

- Mißverständnisse und

- unzureichende Kommunikation und Politik, im Sinne von Einflußnahme auf Mitarbeiter nach eigenem Kalkül

frühzeitig entgegenzuwirken.[318]

Zuerst sind die Personen auszuwählen, die am Evaluationsschritt teilnehmen sollen. Basis kann hierfür die eEPK des SOLL-Konzeptes sein, da in ihr alle künftig am Prozeß beteiligten Organisationseinheiten dokumentiert sind. Aus diesen Organisationseinheiten sind die „Meinungsbildner" auszuwählen, also jene Mitarbeiter, die bei ihren Kollegen fachlich und sozial anerkannt sind. Handelt es sich um neu zu bildende Organisationseinheiten, werden die Mitarbeiter jener Organisationseinheiten ausgewählt, aus denen die neuen abgeleitet werden sollen. Ferner ist der Betriebsrat als Personalvertreter in die Bewertung einzubeziehen.

Die Evaluation des SOLL-Prozesses kann im Rahmen eines Workshops stattfinden. Auf diesem Workshop muß die offene und ehrliche Kommunikation und Diskussion in der Sprache der Betroffenen als Grundprinzip gelten. Als Einleitung sollten nochmals die mit dem Projekt verfolgten Ziele und das Vorgehen umrissen werden. Außerdem sind durch Sofortmaßnahmen bereits erzielte Erfolge hervorzuheben.

Bevor begonnen wird, den SOLL-Prozeß zu beschreiben, ist zu klären, was von den Teilnehmern erwartet wird, nämlich das kritische Hinterfragen des SOLL-Prozesses, das Aufzeigen von Schwächen und das gemeinsame Erarbeiten von Lösungen in der folgenden Diskussion. Grundlage für die Diskussion sind das definierte Prozeßergebnis, die Prozeßkunden und die eEPKs des IST- und SOLL-Prozesses. Der Regelkatalog dient dazu, den Mitarbeitern die zukünftigen Regeln und Prinzipien zu verdeutlichen.

Die Diskussionsergebnisse sind in die SOLL-Modelle und in den Maßnahmenplan, der die Umsetzungs- und Risikobegrenzungsmaßnahmen enthält, einzuarbeiten. Am Verhalten der Workshopteilnehmer können sich die BPR-Team-Mitarbeiter ein Bild über die Änderungsbereitschaft und zu erwartenden Widerstände der Betroffenen machen. Auch unter diesem Aspekt ist der Maßnahmenplan zu überarbeiten.

Zum Abschluß sind mit den Workshopteilnehmern das weitere Vorgehen und die bevorstehenden Aufgaben im Rahmen des Projektes zu vereinbaren. Die an der Evaluation beteiligten Personen sind eine wichtige Schnittstelle zu den Mitarbeitern des Unternehmens. Ihre Aufgabe ist es, die Projektergebnisse mit ihren

Kollegen in den Fachabteilungen zu diskutieren und die Diskussionsergebnisse an das BPR-Team zurückzumelden.

4.3.2
GATEWAY ANALYSE UND GROBDESIGN GESAMTPROJEKT (A)

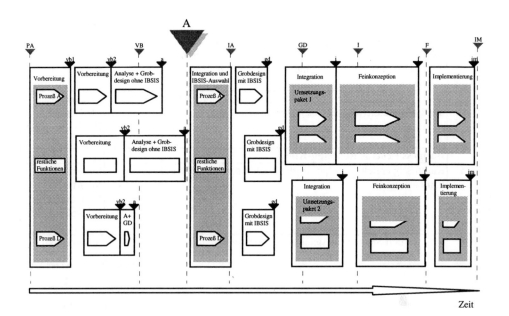

Gateway Analyse und Grobdesign **Gesamtprojektebene**			A ▼
Nr.	Ergebnisse/Kontrollpunkte	Termin	Beteiligte/ Verantwortung
	Analyse		
A.1	Analyse und Grobdesign aller Teilprojekte ohne IBSIS sind abgeschlossen		*Steuerkreis*, PL-Teilprojekte
A.2	Prämissen für andere Prozesse sind dokumentiert		*PL-Gesamt*, Berater, BPR-Team, PL-Teilprojekte, Steuerkreis, P-Controller
A.3	Verbesserungspotentiale außerhalb der definierten Prozesse sind erkannt und wurden in Umsetzungsmaßnahmen dokumentiert (begleitende Untersuchungen sind abgeschlossen)		*PL-Gesamt*, Berater, P-Controller
A.4	Verbesserungspotentiale der Teilprojekte sind kumuliert und Gesamtzielerreichung ist sichergestellt		*Steuerkreis*, PL-Gesamt, PL-Teilprojekte, P-Controller
	Business Process Redesign-Klima		
A.5	Kurzfristig erzielte Erfolge wurden nach innen und außen kommuniziert		Steuerkreis, *Sponsor*, PL-Gesamt, PL-Teilprojekte, P-Controller
A.6	Sponsor und Steuerkreis stehen zu Grobentwürfen und haben dies kommuniziert		Steuerkreis, *Sponsor*

Auf Gesamtprojektebene müssen die Teilprojektergebnisse und eventuelle Prämissen für andere Teilprozesse mit den Mitarbeitern der Teilprojektteams laufend abgestimmt werden. Außerdem werden die begleitenden Untersuchungen der Funktionen des Unternehmens durchgeführt, wie zum Beispiel die Kunden-/Lieferantenbeziehungsanalyse. Durch diese Untersuchung, bei der bottom-up-orientiert vorgegangen wird, sollen zusätzliche Verbesserungsmöglichkeiten erkannt werden und in die Arbeit der Teilprojektteams einfließen.[319]

Aufgrund der Vorbildwirkung der Topmanager des Unternehmens ist es besonders wichtig, das bisherige Verhalten des Sponsors und der Mitglieder des Steuerkreises zu analysieren und gegebenenfalls zu korrigieren. Aus diesem Grund ist ein Review von Sponsor und Steuerkreis Bestandteil des Gesamtprojektgateways *Analyse und Grobdesign* sowie aller Gesamtprojektgateways der folgenden Projektphasen.

Sobald alle Teilprojektgateways genehmigt wurden, kann das Gateway *Analyse und Grobdesign* auf Gesamtprojektebene im Rahmen einer unternehmensweiten Informationsveranstaltung verabschiedet werden.

A.1 Analyse und Grobdesign aller Teilprojekte ohne IBSIS sind abgeschlossen

Durch diesen Kontrollpunkt soll sichergestellt werden, daß zu einem fixen Termin alle Teilprojekte die Phase *Analyse und Grobdesign ohne IBSIS* abgeschlossen haben. Grundlage für die Entscheidung sind die genehmigten Gateways auf Teilprojektebene. Dort wurde durch den Steuerkreis überprüft, ob die BPR-Teams die geforderten Ergebnisse in der gewünschten Qualität geliefert haben.

A.2 Prämissen für andere Prozesse sind dokumentiert

Bei der Beschreibung des Inhalts der Gateways auf Teilprojektebene wurde bereits darauf hingewiesen, daß über Prämissen, die ein Teilprojekt einem anderen auferlegt und über Zielkonflikte zwischen Teilprojekten sowohl Steuerkreis als auch Gesamtprojektleiter informiert werden müssen. Ihre Aufgabe ist es, auf Gesamtprojektebene die wechselseitigen Beeinflussungen zu überwachen und vor allem, wenn sich die Teilprojektleiter nicht auf ein Ergebnis einigen können, zu koordinieren.[320]

Nachdem alle Ergebnisdokumente der Entwurfsschritte der Teilprojekte vorliegen, sind zusätzlich teilprojektübergreifende Konsistenzprüfungen durchzuführen. Dazu sind vor allem die Ergebnisdokumente Prozeßergebnis, Kundendefinition, eEPK, Stärken-/Schwächenkatalog und Regelkatalog, heranzuziehen.

Das Hauptaugenmerk ist auf die Schnittstellen zwischen den Teilprozessen zu legen. Sie sind durch das Prozeßergebnis, die Kundendefinition und die eEPK dokumentiert. Da eine Schnittstelle zwischen Teilprozessen in jedem Teilprojekt auf die gleiche Art und Weise dokumentiert sein muß, können die Dokumente direkt verglichen werden. Festgestellte Inkonsistenzen sind mit den betroffenen Teilprojekten abzustimmen und zu beseitigen. Handelt es sich bei den Schnittstellen um Kunden-/Lieferantenbeziehungen, sind zusätzlich die Vereinbarungen zwischen Kunden und Lieferanten zu prüfen.

Die Stärken-/Schwächenkataloge und Regelkataloge müssen daraufhin untersucht werden, ob sich Stärken und Regeln eines Prozesses nachteilig auf andere Prozesse und Funktionen auswirken. Ferner ist zu prüfen, ob Stärken, Regeln und Prinzipien nicht auch für andere Teilprozesse oder auch Funktionen, die von keinem BPR-Team untersucht werden, von Nutzen sind.

Die erarbeiteten Ergebnisse müssen in den Beschreibungen der einzelnen SOLL-Konzepte der Teilprojekte ergänzt werden.

A.3 Verbesserungspotentiale außerhalb der definierten Prozesse sind erkannt und wurden in Umsetzungsmaßnahmen dokumentiert (begleitende Untersuchungen sind abgeschlossen)

Wenn es darum geht, Verbesserungspotentiale außerhalb der Prozesse zu erkennen und daraus Maßnahmen abzuleiten, ist der Bereich der begleitenden Untersuchungen angesprochen. Wie der Name ausdrückt, laufen die begleitenden Untersuchungen in eigenen Teilprojekten parallel zu den anderen Teilprojekten ab.

Eine der wichtigsten begleitenden Untersuchungen ist die Kunden-/Lieferantenbeziehungsanalyse. Diese Untersuchung wurde bereits bei verschiedenen Kontrollpunkten in der Phase *Vorbereitung* und der Phase *Analyse und Grobdesign ohne IBSIS* mehrmals angesprochen.

Ziele des Einsatzes der Kunden-/Lieferantenbeziehungsanalyse sind,

- auf Dauer Verbesserungsmöglichkeiten im Unternehmen zu erkennen und zu realisieren,
- ein kundenorientiertes Denken im Unternehmen zu etablieren,
- die Autonomie von Subsystemen im Unternehmen, zum Beispiel von Prozessen, zu fördern,
- sowie die Kommunikation zwischen internen Kunden und Lieferanten zu unterstützen.

Um diese Ziele zu erreichen, muß die Untersuchung in regelmäßigen Intervallen und insbesondere bei speziellem Bedarf wiederholt werden.

Anhand von Formblättern werden die Leistungen der Unternehmensbereiche dokumentiert und vereinbart. Grundlage hierfür sind die als eigenständige Unternehmensbereiche abgegrenzten Teilprozesse des Unternehmens sowie die bei Analyse und Grobentwurf definierten Kunden und Prozeßergebnisse. In Abbildung 4-20 ist der grobe Ablauf der Kunden-/Lieferantenbeziehungsanalyse dargestellt.

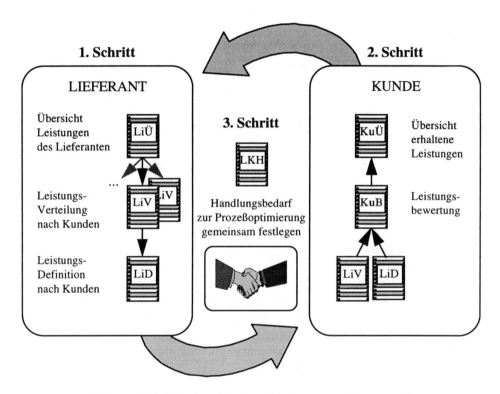

Abbildung 4-20 Ablauf der Kunden-/Lieferantenbeziehungsanalyse
(in Anlehnung an BMW Motoren AG)

Der Lieferant erstellt im ersten Schritt für seinen Prozeß eine Übersicht der erbrachten Leistungen und beschreibt welche Kunden diese Leistungen erhalten. Die erbrachten Leistungen entsprechen den definierten Prozeßergebnissen. Die dafür vorgesehenen Formulare schickt er dann an die Kunden. Im zweiten Schritt bewerten die Kunden die einzelnen Leistungspakete und erstellen eine Übersicht der erhaltenen Leistungen. Im dritten Schritt wird die Untersuchung abgeschlossen. Kunde und Lieferant stimmen in einem oder mehreren Gesprächsrunden die Leistungspakete aufeinander ab. In diesen Gesprächsrunden wird der Handlungsbedarf für die Prozeßoptimierung festgelegt und in einem Potentialkatalog und Maßnahmenplan dokumentiert.

Der Gesamtprojektleiter ist dafür verantwortlich, daß die begleitenden Untersuchungen durchgeführt und die Ergebnisse von den Mitarbeitern der Teilprojektteams verarbeitet werden. Maßnahmen, die keinem Teilprojekt zugeordnet werden können, werden in einem zusätzlichen Maßnahmenplan festgehalten. Es werden darin die Maßnahmen, der geplante Beginn und Endtermin, die Beteiligten und der Verantwortliche beschrieben.

A.4 Verbesserungspotentiale der Teilprojekte sind kumuliert und Gesamtzielerreichung ist sichergestellt

Das hierarchisch aufgebaute Zielgebäude läßt zu, auf das Ausmaß der zu erwartenden Projektzielerreichung zu schließen. Dazu müssen die von den Teilprojektteams erstellten Berichte über die gemessene SOLL-Prozeßzielerreichung[321] integriert werden. Wenn alle Teilprojekte die gesetzten Prozeß- und Teilprozeßziele erreichen, sollten auch die Gesamtziele realisiert werden können. Wenn die Ergebnisse der Teilprojekte integriert werden, kann man nicht nur Ausreißer und schwarze Schafe erkennen, es wird dadurch auch das gesamte Zielsystem überprüft und kann gegebenenfalls angepaßt werden.[322]

Ist erkennbar, daß die Gesamtziele nicht oder nur knapp erreicht werden können, sind jene Teilprojekte aufzuspüren, deren Beitrag zu gering ist. Wenn allerdings bei der Gatewayverabschiedung der Teilprojekte konsequent vorgegangen wurde, sollten die Schwächen nicht bei den Teilprojekten liegen, da ein Gateway eines Teilprojektes nicht verabschiedet werden darf, wenn die Mitarbeiter des Projektes die vereinbarten Ziele nicht erreichen. Ist dies trotzdem der Fall, sind die Ergebnisdokumente des betroffenen Teilprojektes zu überprüfen. In erster Linie muß kontrolliert werden, inwieweit die dokumentierten Potentiale im SOLL-Prozeß umgesetzt wurden. Außerdem ist der Potentialkatalog auf Lücken zu prüfen. Erkennbare Verbesserungsreserven sind vom Teilprojektteam einzuarbeiten.

Neben den Zielbeiträgen der Teilprojekte sind auch die Ergebnisse der begleitenden Untersuchungen in die Beurteilung einzubeziehen. Hier ist zu kontrollieren, inwieweit die erkannten Potentiale durch Maßnahmen ausgeschöpft werden. Gegebenenfalls ist der Untersuchungsbereich auf bisher nicht berücksichtigte Unternehmensbereiche auszudehnen.

A.5 Kurzfristig erzielte Erfolge wurden nach innen und außen kommuniziert

Da nur vereinzelt im Unternehmen kurzfristige Verbesserungsmaßnahmen umgesetzt werden können, ist es wichtig, die bereits erzielten Erfolge nach innen und außen zu kommunizieren.

Der erstellte Katalog für die kurzfristigen, qualitativen und quantitativen Verbesserungsmaßnahmen[323] eines jeden Teilprojektes ist Grundlage für die Kommunikation. Wurden aus dem Maßnahmenplan, der im Rahmen der begleitenden Untersuchungen erstellt wurde, ebenfalls Maßnahmen umgesetzt, sind auch die dadurch erzielten Verbesserungen entsprechend zu verbreiten. Soweit es sich um quantifizierbare Verbesserungen handelt, können sie durch eine Zwischenbilanz der Projektsonderkostenstelle, wo Aufwände und Erträge des Projektes gesammelt werden, ermittelt werden.[324]

Neben der gezielten laufenden Kommunikation über Firmenzeitung, direkte Gespräche mit den Mitarbeitern, Projekthotline, Tageszeitungen, Fachzeitschriften etc. sind die Ergebnisse im Rahmen der Veranstaltung für die Verabschiedung des Gateways *Analyse und Grobdesign ohne IBSIS*, die gleichzeitig auch der Information der Mitarbeiter des Unternehmens dient, zusammenzufassen.

A.6 Sponsor und Steuerkreis stehen zu Grobentwürfen und haben dies kommuniziert

Die Art, wie sich Sponsor und Steuerkreis in bezug auf die geplanten Änderungen verhalten, stellt ein wesentliches Kriterium für den Erfolg des Projektes dar.[325] Sie bringen dies zum Ausdruck, indem sie auch unkonventionelle und radikale Änderungsvorschläge der Teilprojektteams fördern und zulassen. Letztlich wird ihr Standpunkt durch die Genehmigung von Teilprojektgateways, die auch radikale Vorschläge enthalten, bekräftigt. Es ist wichtig, daß allen Mitarbeitern, besonders jenen, die direkt am Projekt beteiligt sind, diese Absichten verdeutlicht werden.

Durch das Verhalten des Topmanagements im Änderungsprozeß wird gezeigt, ob ihre erklärten Absichten auch in die Tat umgesetzt werden. Folgende Fragen sollen helfen, die manchmal auch unbewußten Signale zu erkennen und zu hinterfragen:[326]

- Mit welcher Konsequenz wird das Projekt verfolgt? Werden noch die ursprünglichen Ziele verfolgt?
- Wieviel Prozent ihrer Arbeitszeit wenden Sponsor und Steuerkreis für das Projekt auf?
- Wurde offen und ehrlich über das Projekt informiert und kommuniziert?
- Welche Personen wurden in das Projekt einbezogen, und welche Methoden wenden sie an?

- Werden tatsächlich nur Gateways genehmigt, deren Teilergebnisse die geforderte Qualität und Quantität erfüllen?
- Welche Maßnahmen wurden ergriffen, wenn ein Teilprojekt die vereinbarten Ziele nicht erreicht hat?
- Wurden die Betroffenen und der Betriebsrat in angemessener Weise beteiligt?
- Wie gut funktioniert die Projektorganisation?
- Wie zufrieden sind die Mitarbeiter der Projektteams mit ihren Rollen und denen der anderen Projektbeteiligten?
- Wie wird auf Widerstände reagiert, und wie wird mit Konflikten umgegangen?
- Welche Verbesserungsmaßnahmen wurden kurzfristig umgesetzt und in welchem Umfang wurden Maßnahmen eingeleitet?
- Welche „heißen Eisen" werden angegriffen?
- Wie reagieren die Mitglieder des Topmanagements, wenn eigene Bereiche verändert werden sollen?

Es ist Aufgabe des Sponsors, den Steuerkreis zu veranlassen, die Fragen kritisch und ehrlich zu beantworten. Werden Defizite erkannt, ist festzulegen, wie sie ausgeglichen werden können und wie in Zukunft vorgegangen werden soll. Es handelt sich hier um eine kritische Selbstbeurteilung des Steuerkreises. Aufgrund der Vorbildwirkung der Mitglieder des Steuerkreises im Unternehmen hat das Review einen besonders hohen Stellenwert während des Projektes. Da der Sponsor Mitglied des Steuerkreises ist, sollte der Gesamtprojektleiter in dieser „Teamwartung" die Moderation übernehmen.

Wie bereits eingangs erwähnt, ist das Verhalten des Topmanagements als kritischer Erfolgsfaktor für das Gelingen des Projektes anzusehen. Deshalb muß das Review in regelmäßigen Abständen wiederholt werden, um sicherzustellen, daß gute Vorsätze auch tatsächlich eingehalten werden. Die Selbstprüfung des Topmanagements sollte zumindest einmal in jeder Projektphase durchgeführt werden. Entsprechende Kontrollpunkte wurden in den Gatewayplan eingebaut.

4.4

PHASE INTEGRATION UND IBSIS-AUSWAHL

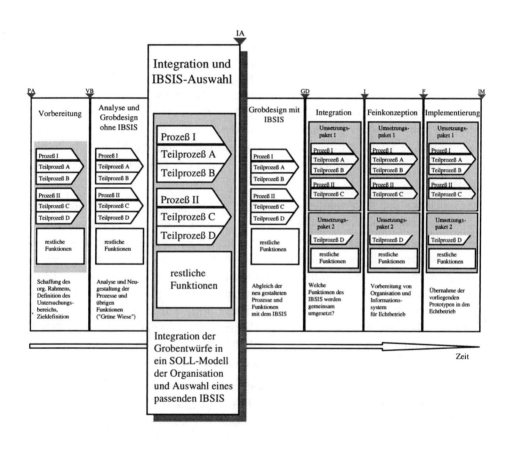

Ein wichtiges Ziel des Projektes ist es, das passendste am Markt verfügbare IBSIS für die SOLL-Organisation des Unternehmens auszuwählen und einzuführen. Die Betonung liegt hier auf SOLL-Organisation. Dies ist auch der Grund dafür, daß die endgültige Auswahl des IBSIS erst nach der Phase *Analyse und Grobdesign ohne IBSIS* durchgeführt wird.

Die Grundsatzentscheidung für ein IBSIS wurde bereits im Zuge der strategischen Informationssystemplanung gefällt. Aufgrund dieser Entscheidung wurden dort technologische Basisszenarien erstellt, welche die für das Unternehmen möglichen IBSIS-Alternativen beschreiben. Diese Vorselektion ist in dieser Phase die Ausgangsbasis für die endgültige Entscheidung für ein bestimmtes Produkt. Dieses Vorgehen wird folgendermaßen begründet:

- Erstens soll, wie bereits eingangs erwähnt, das IBSIS der SOLL-Organisation bestmöglich entsprechen. Da die SOLL-Organisation erst durch die Mitarbeiter der BPR-Teams im Laufe der Phase *Analyse und Grobdesign ohne IBSIS* entworfen wird, also zum Zeitpunkt der strategischen Informationssystemplanung noch nicht bekannt ist, kann die Entscheidung für ein IBSIS erst nach der Phase *Analyse und Grobdesign ohne IBSIS* fallen. Da das endgültige IBSIS vorher noch nicht feststeht, wird dadurch auch verhindert, daß die Mitarbeiter versuchen, vorwiegend die Unternehmensorganisation an ein konkretes IBSIS anzupassen.

- Zweitens ist aus der Grundsatzentscheidung, vorhandene Informationssysteme abzulösen und durch ein IBSIS zu ersetzen, eine wesentliche Triebkraft für die Reorganisation zu erwarten, da die bestehenden Informationssysteme die Organisationsstrukturen zementieren. Es wird dadurch dem kreativen Denken ein größerer Freiraum geschaffen. Würde die Vorentscheidung für ein IBSIS nicht gefällt und die strategische Informationssystemplanung erst nach dem Entwickeln der SOLL-Organisation durchgeführt, würde möglicherweise von den Mitarbeitern, besonders aus dem IV-Bereich, versucht werden, die SOLL-Organisation so aufzubauen, daß letztlich nur die Fortführung der Eigenentwicklung die beste und möglicherweise einzig durchführbare Lösung darstellt.

Im ersten Schritt der Phase werden alle Teilprojektergebnisse der BPR-Teams aus der Phase *Analyse und Grobdesign ohne IBSIS* zu einem Gesamtentwurf zusammengefaßt. Das Ergebnis ist ein SOLL-Modell der künftigen Organisation. Die Auswahlentscheidung für ein bestimmtes IBSIS wird dann auf der Basis dieses SOLL-Modells getroffen. Alle Aufgaben der Phase *Integration und IBSIS-Auswahl* sind teilprojektübergreifend, weshalb es auch keine Teilprojektgateways gibt.

Die Ergebnisse der Phase *Integration und IBSIS-Auswahl* können nur erstellt werden, wenn die Ergebnisse aller Teilprojekte aus der Phase *Analyse und Grobdesign ohne IBSIS* vorliegen. Es ist daher Voraussetzung, daß das Gesamtprojektgateway *Analyse und Grobdesign ohne IBSIS* (A) genehmigt wurde, bevor mit den Aufgaben begonnen wird.

4.4.1 GATEWAY INTEGRATION UND IBSIS-AUSWAHL GESAMTPROJEKT (IA)

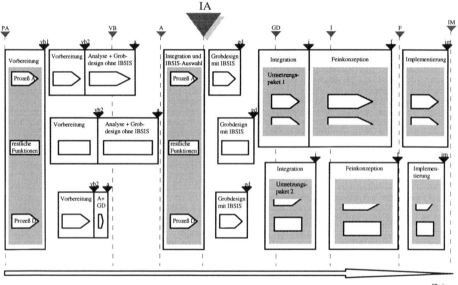

Gateway Integration und IBSIS-Auswahl
Gesamtprojektebene

IA ▼

Nr.	Ergebnisse/Kontrollpunkte	Termin	Beteiligte/ Verantwortung
IA.1	Vorgehensweise und Methode zur IBSIS-Auswahl sind festgelegt und dokumentiert		*PL-Gesamt*, Berater, IV-Abteilung
IA.2	Alle Grobentwürfe sind in einem Gesamtkonzept (SOLL-Organisationskonzept) integriert und dokumentiert		*Steuerkreis*, PL-Gesamt, PL-Teilprojekte, Berater
IA.3	Kriterienkatalog und Pflichtenheft aus SISP-Studie zur IBSIS-Bewertung wurden an SOLL-Organisationskonzept angepaßt		Berater, IV-Abteilung, *PL-Gesamt*
IA.4	IBSIS-Auswahlentscheidung ist vorbereitet		*PL-Gesamt*, Einkauf, Berater, IV-Abteilung, P-Controller
IA.5	Entscheidung für eine IBSIS-Variante ist getroffen und dokumentiert		*Steuerkreis*
IA.6	Verträge für Software sind abgeschlossen		*IV-Abteilung*, Berater, P-Controller
IA.7	Beschaffungszeiten für Hardware sind mit Gesamtterminplan abgestimmt		*IV-Abteilung*, Berater, P-Controller, PL-Gesamt
IA.8	IV-Konzept wurde erarbeitet und dokumentiert		IV-Abteilung, Berater, PL-Gesamt, *Steuerkreis*
IA.9	Schulungskonzept für IBSIS-Betreuer und BPR-Teammitarbeiter ist erstellt und dokumentiert		Berater
	Business Process Redesign-Klima		
IA.10	Künftiges IBSIS wurde im Unternehmen vorgestellt		*PL-Gesamt*, Berater, Sponsor, Steuerkreis

Gateway Integration und IBSIS-Auswahl **Gesamtprojektebene**			IA
Nr.	Ergebnisse/Kontrollpunkte	Termin	Beteiligte/ *Verantwortung*
IA.11	Erzielte Erfolge wurden nach innen und außen kommuniziert		*Sponsor*, Steuerkreis, PL-Gesamt, PL-Teilprojekte, P-Controller
IA.12	Sponsor und Steuerkreis stehen zu SOLL-Organisationskonzept und haben dies kommuniziert		*Sponsor*, Steuerkreis

Im ersten Teil des Gateways werden die von den Mitarbeitern der BPR-Teams in der Phase *Analyse und Grobdesign ohne IBSIS* erstellten Ergebnisse zu einem einheitlichen Ganzen integriert. Dieses Gesamtkonzept des künftigen Unternehmens ist die Basis für den folgenden Auswahlprozeß für das IBSIS, dessen Ergebnis abgeschlossene Verträge mit dem Softwarelieferanten sind. Die Computerhardware soll erst zu einem späteren Zeitpunkt in der Phase *Feinkonzeption* beschafft werden. Erst zu diesem späten Zeitpunkt kann der genaue Hardwarebedarf bestimmt werden. Außerdem wird dadurch ein möglicher Preisverfall der zu beschaffenden Geräte bestmöglich genutzt. Um allerdings nicht das Projekt aufgrund von Lieferengpässen der potentiellen Lieferanten zu verzögern, müssen die Beschaffungszeiten ermittelt und mit dem Gatewayplan abgestimmt werden.

Nachdem das IBSIS endgültig bestimmt ist, kann das IV-Konzept der strategischen Informationssystemplanung an die neue Situation angepaßt werden. In einem Schulungskonzept wird schließlich die systematische Ausbildung der Mitarbeiter geplant, um bedarfsgerecht Know-how im Unternehmen über das IBSIS zur Verfügung zu stellen.

Wie alle Gateways auf Gesamtprojektebene beinhaltet das Gateway *Integration und IBSIS-Auswahl* (IA) auch Ergebnisse, durch welche die Einstellung der Mitarbeiter zum Projekt positiv beeinflußt werden soll. Sobald alle Ergebnisse vorliegen, kann das Gateway im Rahmen einer Informationsveranstaltung vom Steuerkreis verabschiedet werden.

IA.1 Vorgehensweise und Methode zur IBSIS-Auswahl sind festgelegt und dokumentiert

Unter der Auswahl des IBSIS ist die systematische Selektion eines Standardinformationssystems für die dokumentierte SOLL-Organisation zu verstehen.[327] Um diese systematische Selektion zu ermöglichen, ist es erforderlich, daß sich der Personenkreis, der die Auswahlentscheidung vorbereiten soll, konkret die IV-Abteilung mit Unterstützung der Berater und des Gesamtprojektleiters, zunächst über ein Vorgehenskonzept zur Auswahl einigt. Durch die folgenden Kontrollpunkte IA.2 bis IA.5 des Gatewayplans ist dieses Vorgehenskonzept bereits vorstrukturiert.[328]

Eine strategische Beurteilung möglicher Systeme wurde bereits anhand der strategischen Informationssystemplanung durchgeführt. Die Ergebnisse dieser Beurteilung wurden durch eine Reihe von technologischen Basisszenarien dokumentiert. Diese Basisszenarien beschreiben die grundsätzlich möglichen IBSIS für das Unternehmen und stellen somit eine Vorauswahl dar.[329] Das weitere Vorgehen besteht vor allem darin, die in den Szenarien enthaltenen Auswahlkriterien an die SOLL-Organisation anzupassen und anhand dieser Basis, das bestmögliche IBSIS für das Unternehmen auszuwählen.

Die an der Entscheidungsvorbereitung Beteiligten müssen die Arbeitsschritte, die notwendig sind, um die in den Kontrollpunkten IA.2 bis IA.5 geforderten Ergebnisse zu erzielen, terminieren und koordinieren. Außerdem müssen sie alle jene potentiellen Benutzer des IBSIS bestimmen, die am Bewertungsprozeß beteiligt werden sollen und sie über das weitere Vorgehen informieren.

Eine andere wichtige Aufgabe besteht darin, die Methode festzulegen, mit deren Hilfe die Auswahlentscheidung herbeigeführt werden soll. In diesem Zusammenhang sei auf das entscheidungstheoretische Modell der Nutzwertanalyse hingewiesen.[330] In Abbildung 4-21 ist die Evaluationsmatrix der Nutzwertanalyse dargestellt. Sie ist Kern des Modells und zeigt seine zentralen Bestandteile.

Anhand einer Reihe von Kann- und Mußkriterien werden mehrere IBSIS-Alternativen bewertet. Die Mußkriterien dienen dazu, eine Vorauswahl aus den Alternativen zu treffen. In der folgenden detaillierten Auswahl werden dann die verbleibenden Alternativen mit Hilfe der gewichteten Kann-Kriterien beurteilt und die bestmögliche Alternative ermittelt.[331]

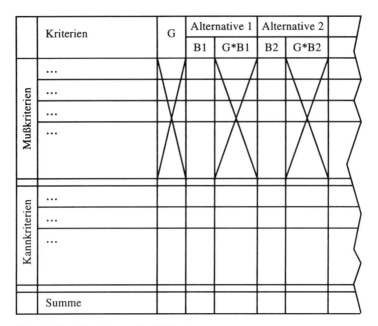

G = relative Gewichtung der Kriterien
B1, B2, ... = Individuelle Bewertung der einzelnen Alternativen mit
einem Kriterium

Abbildung 4-21 Evaluationsmatrix einer Nutzwertanalyse
(Quelle: [Bren 90, S. 21])

IA.2 Alle Grobentwürfe sind in einem Gesamtkonzept (SOLL-Organisationskonzept) integriert und dokumentiert

Grundlage für die Auswahl des IBSIS darf nicht der IST-Zustand des Unternehmens sein, sondern das künftige in der Vision beschriebene Unternehmen. Dieses SOLL-Unternehmen wurde in den bisherigen Projektphasen mittlerweile auf dem Papier entworfen. Aufgabe ist es nun, die Unterlagen zu sammeln und zu einem Ganzen zu integrieren. In der Phase *Analyse und Grobdesign ohne IBSIS* wurden für ausgewählte Unternehmensbereiche sowohl die SOLL-Aufbau- als auch die SOLL-Ablauforganisation entworfen. Durch mehrere Konsistenzprüfungen auf Teilprojekt- und Gesamtprojektebene wurden die Entwürfe systematisch aufeinander abgestimmt und Inkonsistenzen beseitigt. Außerdem gewährleisten vereinbarte Dokumentationsstandards, daß die Entwürfe einander formal entsprechen.[332]

Im Rahmen des Gateways *Allgemeine Vorbereitung* wurde darauf hingewiesen, daß es Unternehmensbereiche gibt, die nicht von einer Reorganisation, aber von der Einführung des IBSIS betroffen sein werden.³³³ Insofern sind sie ebenfalls in die Auswahlentscheidung für das IBSIS einzubeziehen.

Die strategische Informationssystemplanung wurde für das hier beschriebene Projekt als Voraussetzung definiert.³³⁴ Ein Ergebnis dieser strategischen Planung ist die Informationssystem-Architektur, die den „Bebauungsplan" für die Informationssystem-Entwicklung darstellt. In ihr sind die logischen Strukturen des Informationssystems und der Organisation dargestellt. Die wichtigsten Dokumente der Informationssystem-Architektur beschreiben

- Organisation,
- Daten,
- Funktionen und
- Kommunikation.³³⁵

Diese Beschreibungen beziehen sich auf das Unternehmen als Ganzes und decken damit auch die bisher in der Phase *Analyse und Grobdesign ohne IBSIS* nicht untersuchten Unternehmensbereiche ab.

Indem die Sammlung der SOLL-Konzepte mit den Dokumenten der Informationssystem-Architektur verglichen wird, können in einem ersten Schritt alle bisher nicht berücksichtigen Unternehmensbereiche bestimmt werden. Im zweiten Schritt müssen dann die Ergebnisdokumente des SOLL-Prozeßentwurfs und die Beschreibungen der Informationssystemarchitektur zu einem einheitlichen Ganzen integriert werden.

Wurde im Rahmen der strategischen Informationssystemplanung die Organisation mit anderen Methoden beschrieben als im Grobdesign, wird empfohlen, die dort erstellten Modelle entsprechend den Standards der Organisationsdokumentation zu überarbeiten. Vor allem was die Beschreibung der Abläufe betrifft, sind Lücken zu erwarten. Eine standardisierte Dokumentation ist deshalb wichtig, um einerseits die Auswahl und die Anpassung des IBSIS zu erleichtern und andererseits der Forderung nach einer einheitlichen Organisationsdokumentation zu entsprechen.³³⁶ Wird mit Hilfe des ARIS-Toolsets oder eines anderen Werkzeuges modelliert, kann durch systematisches Erweitern der bereits vorhandenen Modelle eine ganzheitliche elektronisch gespeicherte Beschreibung des Unternehmens aufgebaut werden.

IA.3 Kriterienkatalog und Pflichtenheft aus SISP-Studie zur IBSIS-Bewertung wurden an SOLL-Organisationskonzept angepaßt

Ein Ergebnis der strategischen Informationssystemplanung sind technologische Basisszenarien[337], die grundsätzliche Entwicklungspfade der Informationssysteme aufzeigen. Durch das Erstellen der Szenarien wird eine Vorauswahl möglicher IBSIS getroffen. Aufgabe ist es nun, Pflichtenheft und Kriterienkatalog, die bei der Vorselektion eingesetzt wurden, an die SOLL-Organisation anzupassen.

Welche Inhalte des Pflichtenhefts sind besonders betroffen? Abbildung 4-22 gibt zunächst einen Überblick über die generellen Inhalte eines Pflichtenhefts.

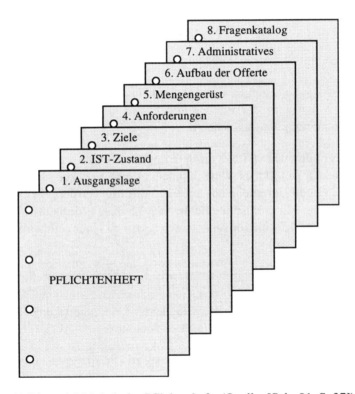

Abbildung 4-22 Inhalt des Pflichtenhefts (Quelle: [Schr 91, S. 37])

Geht man von dem in Abbildung 4-22 dargestellten Aufbau des Pflichtenhefts aus, so sind insbesondere folgende Inhalte zu überarbeiten:

- **IST-Zustand:** Beschreibungen der Aufbau- und Ablauforganisation, die dem SOLL-Konzept nicht mehr entsprechen, sind zu aktualisieren. Insbesondere sind die Beschreibungen der SOLL-Prozesse und dadurch ausgelöste Änderungen der Organisationsstruktur in die Beschreibung aufzunehmen.

- **Anforderungen:** Die durch die Reorganisation von Geschäftsprozessen geänderten Anforderungen an die Funktionen und Daten der Software und an die Systemplattform, bestehend aus Hardware, Systemsoftware und Datennetzen, sind zu adaptieren.

- **Mengengerüst:** Die künftigen Anforderungen an Datenbestände und Datenbewegungen sind anzupassen. Es ist zu klären, welche und wieviele Daten durch das Informationssystem zu verarbeiten, permanent zu speichern und zu erzeugen sind.

1.	Leistungsumfang
1.1	Daten und Funktionen
1.2	Integration
1.3	Anpassungsaufwand
2.	Konzeption des IBSIS
2.1	Basisarchitektur
2.2	Benutzerfreundlichkeit
2.3	Dokumentation
2.4	Weitere IBSIS-Komponenten
3.	Erfahrungen
3.1	Fachliche Erfahrungen
3.2	Branchenbezogene Erfahrungen
3.3	Länderbezogene Erfahrungen
3.4	Herstellerbezogene Erfahrungen
4.	Lieferant
4.1	Stellung am Markt
4.2	Qualifikation der Mitarbeiter
4.3	Weitere Dienstleistungen
5.	Kosten/Nutzen
5.1	Anschaffungskosten des IBSIS
5.2	Kosten der Einführung
5.3	Erweiterungen Hardware
5.4	Kosten Wartung/neue Releases

Abbildung 4-23 Inhalt eines Kriterienkatalogs
(Quelle: [Bren 90, S. 24])[338]

Alle anderen Bestandteile des Pflichtenhefts sind vor dem Hintergrund der SOLL-Organisation zu verifizieren. Wurden sie bereits im Zuge der strategischen Informationssystemplanung sorgfältig erstellt, sind keine größeren Änderungen zu erwarten.

Entscheidungskriterien dienen der Objektivierung und Rationalisierung der Entscheidung. Sie sind in einem Kriterienkatalog zusammengefaßt, der wiederum einen der Hauptbestandteile der Nutzwertanalyse darstellt (vgl. Abbildung 4-21 *Evaluationsmatrix der Nutzwertanalyse*). Der Kriterienkatalog wird direkt aus dem Pflichtenheft abgeleitet und besitzt praktisch die gleiche Struktur.[339] Es ist deshalb möglich, die Entscheidungskriterien parallel zum Pflichtenheft zu überarbeiten. Insgesamt entspricht der Kriterienkatalog dem Anforderungsprofil an das IBSIS.

Abbildung 4-23 gibt einen Überblick über den Inhalt eines Kriterienkatalogs. Die einzelnen Themen sind analog den oben angeführten Änderungen des Pflichtenhefts zu überarbeiten.

IA.4 IBSIS-Auswahlentscheidung ist vorbereitet

Ergebnis dieses Kontrollpunktes ist ein Evaluationsbericht, in dem alle möglichen IBSIS-Alternativen entsprechend dem Kriterienkatalog bewertet sind. Durch diesen Schritt spricht sich das Evaluationsteam für eine konkrete Alternative aus und empfiehlt diese dem Steuerkreis, der die endgültige Entscheidung fällt.

In Abbildung 4-24 ist der Evaluationsprozeß anhand einer Einteilung der eingesetzten Filter graphisch dargestellt. Die in IA.1 *Vorgehensweise und Methode zur IBSIS-Auswahl sind festgelegt und dokumentiert* angesprochene Nutzwertanalyse kommt im Zuge der Feinevaluation der Angebote zum Einsatz. Sie liefert als Ergebnis die Nutzwerte der IBSIS-Alternativen. Anhand dieser Nutzwerte können dann die Varianten gereiht werden.

Wie bereits erwähnt, ist der Evaluationsprozeß in einem Evaluationsbericht zu dokumentieren. Der Bericht soll dem Steuerkreis ermöglichen, die Bewertung der Alternativen nachzuvollziehen und eine endgültige Entscheidung zu treffen.

IA.5 Entscheidung für eine IBSIS-Variante ist getroffen und dokumentiert

Bevor der Steuerkreis die endgültige Entscheidung für ein bestimmtes IBSIS trifft, muß er den Evaluationsbericht kritisch durchleuchten. Folgende Punkte sollten dabei besonders beachtet werden:[340]

Gateway Integration und IBSIS-Auswahl Gesamtprojekt (IA) 213

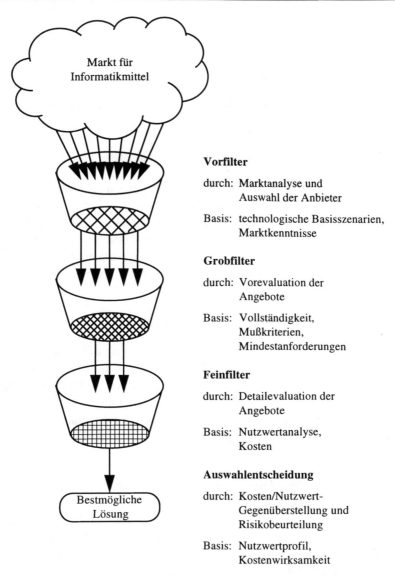

Abbildung 4-24 Phasen des Evaluationsprozesses
(in Anlehnung an [Schr 91, S. 119])

- Personal - Quantität, Qualifikation, Akzeptanz,
- Realisierungspartner - Qualifikation, Referenzen, Abhängigkeiten,
- Kosten - Genauigkeit,
- Zukunftssicherheit der Systemplattform - Technologie,

- Offenheit - Flexibilität der Lösung,
- Systemleistung,
- Termine,
- Externe Einflüsse - Marktentwicklung, gesetzliche Bestimmungen,
- Vertragliche Absicherungen und,
- Einfluß auf angestrebte Ablauf- und Aufbauorganisation.

Werden im Evaluationsbericht Inkonsistenzen festgestellt, sind diese gemeinsam mit dem Evaluationsteam zu klären. Nachdem Kosten und Nutzen einander gegenübergestellt sind und versucht wurde, das Risiko einer jeden Alternative abzuschätzen, ist schließlich eine Entscheidung zu fällen. Die Entscheidung und alle Überlegungen, die dazu geführt haben, sind entsprechend zu dokumentieren, dadurch wird die Entscheidungssituation transparent und später nachvollziehbar.

IA.6 Verträge für Software sind abgeschlossen

Nach der Entscheidung für ein bestimmtes IBSIS sind mit dem Anbieter die Vertragsverhandlungen aufzunehmen. Die Verhandlungen konzentrieren sich vorerst nur auf die Standardsoftware, die Hardwareverhandlungen werden in einem eigenen Kontrollpunkt zu einem späteren Zeitpunkt angesprochen.[341] Die Verträge beziehen sich einerseits auf den Erwerb der Lizenzen für die Standardsoftware und andererseits auf die Wartung der Standardsoftware durch den Anbieter.

Die Anforderungen an den Vertragsinhalt wurden durch das Pflichtenheft bereits gestellt. Im Evaluationsprozeß wurde dann geprüft, inwieweit diese Anforderungen erfüllt werden. Das bereinigte Pflichtenheft wird nun zum Vertragsbestandteil. Weitere Inhalte beziehen sich vor allem auf Preise für Softwareanpassung und -installation, Termine sowie auf die Konditionen für Funktionen der Software, die erst zu einem späteren Zeitpunkt beschafft werden sollen.[342]

Bei den Verhandlungen muß versucht werden, die Interessen des Anwenders in die Verträge einfließen zu lassen. Gerade bei Anbieter-Standardverträgen, die natürlich primär an den Interessen des Anbieters orientiert sind, ist dies eine Frage der Marktmacht und der Bedeutung des Anwenders für den Anbieter.[343]

IA.7 Beschaffungszeiten für Hardware sind mit Gesamtterminplan abgestimmt

Die möglichst späte Beschaffung der Hardware hat zwei Gründe. Erstens kann der genaue Hardwarebedarf und der Zeitpunkt, zu dem die Hardware im Unternehmen verfügbar sein muß, frühestens nach der Phase *Integration* bestimmt werden. Zweitens ist der Markt für Hardware, vor allem im PC-Bereich, noch immer von einem permanenten Preisverfall gekennzeichnet, der bestmöglich genutzt werden sollte.

Wie bestimmt man nun den bestmöglichen Beschaffungszeitpunkt? Wesentlichstes Kriterium ist der garantierte Lieferzeitpunkt des Hardwareherstellers. In einer Marktanalyse sind die potentiellen Hardwarelieferanten zu bestimmen. Durch die im Pflichtenheft beschriebenen Anforderungen und die nunmehr endgültig ausgewählte Software kommen nur bestimmte Systemplattformen und somit nur mehr wenige Anbieter in Frage. Da durch den Auswahlprozeß für das IBSIS Schätzungen über den Hardwarebedarf angestellt werden können, sind anhand dieser Daten Gespräche mit den potentiellen Lieferanten bezüglich des möglichen Lieferzeitpunktes für die Geräte aufzunehmen. Aus dem gewonnenen Überblick über die Beschaffungszeiten plus einer Zeitreserve für eventuelle Verzögerungen und einer angemessenen Zeit für den Beschaffungsvorgang kann ausgehend vom geplanten Installationszeitpunkt laut Gatewayplan der spätestmögliche Startpunkt für die Ausschreibung ermittelt werden.

Anhand dieser Erkenntnisse ist der Gatewayplan zu überarbeiten. Alle Ergebnisse und Kontrollpunkte, die Voraussetzung für das endgültige Bestimmen des Hardwarebedarfs sind, sowie der Beschaffungsprozeß selbst, sind entsprechend der Marktsituation zu terminieren. Selbstverständlich handelt es sich nur um Schätzungen, die im weiteren Projektverlauf immer wieder angepaßt werden müssen. Vor allem wenn die Umsetzungspakete für das IBSIS bestimmt sind, muß für die einzelnen Teilprojekte der Terminplan unter den oben angeführten Gesichtspunkten noch einmal überarbeitet werden.

Wenn sich die Marktsituation ändert und Preissteigerungen bei Hardware zur Regel werden, sollte man versuchen, möglichst früh den Hardwarelieferanten auszuwählen und mit ihm Verträge abzuschließen.

IA.8 IV-Konzept wurde erarbeitet und dokumentiert

Bereits in der strategischen Informationssystemplanung wurde die Strukturorganisation der künftigen IV-Abteilung beschrieben. Da man sich dort auf ein bestimmtes IBSIS noch nicht festgelegt hat, mußte das Konzept dort offen bleiben, wo Einflüsse eines konkreten Informationssystems zu erwarten sind. Das IV-Konzept ist nun vor dem Hintergrund der getroffenen Auswahlentscheidung zu überarbeiten.

Der Schwerpunkt liegt dabei im Überarbeiten der Themen

- Eigenerstellung versus Fremdbezug,
- Verhältnis zwischen Fachabteilung und IV-Abteilung,
- künftige Aufgaben und Rollen der IV-Mitarbeiter und
- IV-Mitarbeiterbedarf.

Alle anderen Fragen zum Beispiel in bezug auf Aufbauorganisation, Ablauforganisation, Eingliederung der IV-Abteilung im Unternehmen, IV-Kontrolle, -Revision und Kostenverrechnung wurden bereits im Rahmen der strategischen Informationssystemplanung geklärt.[344]

Eigenerstellung versus Fremdbezug: Je nach gewähltem IBSIS existieren mehr oder weniger Unternehmen, die sich auf das jeweilige Produkt spezialisiert haben und entsprechende Dienstleistungen anbieten. Es kann sich dabei sowohl um Vertragspartner des IBSIS-Anbieter handeln als auch um unabhängige Firmen. Es ist zu entscheiden, inwieweit das Know-how zum Beispiel für Parametrisierung, Ergänzungsprogrammierung, Modifikationen etc. von außen zugekauft werden soll. Besonders, wenn es sich hier um Aufgaben handelt, die speziell in der Einführungsphase des IBSIS anfallen, ist abzuwiegen, ob das Unternehmen die dafür notwendigen Mitarbeiter auch in Zukunft benötigt.

Verhältnis zwischen Fachabteilung und IV-Abteilung: Es muß festgehalten werden, welche Aufgaben in bezug auf das IBSIS von den Fachabteilungen übernommen werden und welche von der IV-Abteilung durchzuführen sind. Es ist durchaus denkbar, daß teilweise Aufgaben der Parametrisierung des IBSIS oder des Entwurfs von Berichten von einzelnen Mitarbeitern des Fachbereichs durchgeführt werden, da auch dort das Wissen um die betrieblichen Abläufe konzentriert ist. Wenn eine derartige Aufgabenverlagerung stattfinden soll, muß sie allerdings kontrolliert und koordiniert durchgeführt werden, wofür der Benutzerservice der IV-Abteilung verantwortlich ist. Beruht die Systemplattform auf der Client-/Server-Technologie, werden in den Fachabteilungen vermehrt PCs zum Einsatz kommen, was auch den Einsatz von Endbenutzerwerkzeugen ermöglicht. Es sind daher auch die Aufgaben, die durch den Einsatz derartiger Werkzeuge durch die Benutzer selbst gelöst werden können, zu bestimmen.

Künftige Aufgaben und Rollen der IV-Mitarbeiter: Aus den geänderten Anforderungen an die IV-Abteilung können nun die künftigen Aufgaben und Rollen der IV-Mitarbeiter abgeleitet werden. Besonders für die Gruppe der Programmierer sind größere Änderungen zu erwarten. Im Zusammenhang mit dem IBSIS können dabei zwei grundsätzliche Rollen unterschieden werden, das sind der IBSIS-Systemadministrator und der IBSIS-Fachadministrator. Der IBSIS-Systemadministrator kümmert sich vorwiegend um den Betrieb des Informationssystems, die Aufgaben beziehen sich zum Beispiel auf Datenbanken, Netzwerke, Datensicherung, Releasewechsel etc. Der IBSIS-Fachadministrator ist für die Parametrisierung, für das Erstellen von Berichten und Formularen, die Dokumentation etc. zuständig. Er ist „Prozeßexperte" und wie oben erwähnt, kann der IBSIS-Fachadministrator durchaus Mitarbeiter des Fachbereichs sein, da so eine gute Integration des Prozeßwissens in das IBSIS möglich ist.

IV-Mitarbeiterbedarf: Aus der vereinbarten Aufgabenteilung zwischen IV-Abteilung und Fremdfirmen sowie Fachabteilungen und aus den Beschreibungen der Aufgaben und Rollen der IV-Mitarbeiter kann der künftige IV-Mitarbeiterbedarf abgeleitet werden. Daneben ist der zusätzliche Bedarf während der Einführungsphase abzuschätzen. Werden diesem Bedarf die vorhandenen Ressourcen gegenübergestellt, kann daraus der qualitative und quantitative IV-Mitarbeiternettobedarf getrennt nach Einführungsphase und Betriebsphase bestimmt werden. Der während der Einführungsphase zu erwartende höhere Mitarbeiterbedarf kann durch temporäre Beschäftigung von Spezialisten beziehungsweise durch Übergabe von Aufgaben an Fremdfirmen gedeckt werden.

IA.9 Schulungskonzept für IBSIS-Betreuer und BPR-Teammitarbeiter ist erstellt und dokumentiert

Um qualitativ hochwertige Ergebnisse in den folgenden Phasen des Vorgehenskonzeptes realisieren zu können, muß im Unternehmen sukzessiv Wissen über das einzuführende IBSIS aufgebaut werden. Bereits in der folgenden Projektphase, der Phase *Grobdesign mit IBSIS*, müssen die Teilprojektmitarbeiter über Strukturwissen über das IBSIS verfügen, um die definierten SOLL-Prozesse mit den im IBSIS möglichen Prozessen abzugleichen. Die Mitarbeiter der IV-Abteilung müssen sich ferner ausreichend technisches Wissen über das IBSIS angeeignet haben, um ein Testlabor einzurichten. Sobald also die Entscheidung für ein bestimmtes System getroffen ist, soll man sich möglichst früh mit der Frage nach den notwendigen Schulungen für die Mitarbeiter auseinandersetzen.

Werden die Schulungen weder ausreichend geplant noch kontrolliert, ist die Gefahr groß, daß sehr viel Geld[345] für unnötige Schulungen ausgegeben wird.

Deshalb wird empfohlen, die Schulungsmaßnahmen in einem Schulungskonzept systematisch zu planen und zu dokumentieren. Das Schulungskonzept beschreibt

- die Zielgruppen und ihren Bedarf an Schulung: Grundlage hierfür ist das IV-Konzept, das die Aufgabenteilung zwischen IV-Abteilung und Fachabteilung regelt und den IV-Mitarbeiterbedarf bestimmt. Generell sind die Gruppen IBSIS-Systemadministrator, IBSIS-Fachadministrator und IBSIS-Endanwender zu unterscheiden.

- die Art der Schulungsmaßnahmen: zum Beispiel externe Kurse beim IBSIS-Anbieter oder seinen Vertragspartnern, interne Schulungen durch externe Trainer, interne Schulungen durch interne Trainer, Computer Based Training im Testlabor etc.

- die Inhalte der Schulungen: Bei den Inhalten können grundsätzlich die vier Bereiche IBSIS-Technik, IBSIS-Funktionalität, Prozeßwissen (Struktur, betriebswirtschaftliche Methoden etc.) und Didaktik für interne Trainer unterschieden werden.

- welcher Zielgruppe welche Schulungsart und welche Inhalte zugeordnet werden: Soweit einzelne Stellen für die Ausbildung bereits feststehen, ist diese Zuordnung auf Stellenebene durchzuführen. Möglich ist dies für die IBSIS-Systemadministratoren und für die IBSIS-Fachadministratoren. Die IBSIS-Fachadministratoren sind Mitglieder der Teilprojektteams, die in der Phase *Grobdesign mit IBSIS* die Funktionalität des IBSIS mit den SOLL-Konzepten abgleichen müssen. Die Zuordnung kann in einer zweidimensionalen Matrix dargestellt werden.

- wann die Schulungen stattfinden sollen: Zu diesem Zweck ist ein Terminplan zu erstellen, der in den Gatewayplan zu integrieren ist.

- wie der Wissenserwerb gefördert und überprüft wird: Hier ist vor allem an Anreize zu denken, die die Mitarbeiter dazu bewegen sollen, sich intensiv mit der neuen Materie auseinanderzusetzen. Es könnte zum Beispiel ein Prämiensystem konzipiert werden, daß je nach vorhandenem Umsetzungswissen Belohnungen der Mitarbeiter vorsieht. Schulungen, die durch interne Trainer abgehalten werden, sollten auf alle Fälle evaluiert werden. Es sollte dabei der Kurs insgesamt, der Vortragende durch die Teilnehmer und auch die Teilnehmer durch den Vortragenden bewertet werden. Die Ergebnisse sollten ebenfalls in das angesprochene Prämiensystem einfließen.

- wer für die Durchführung der Schulungen verantwortlich ist.

Da die SOLL-Organisation noch nicht endgültig fixiert ist und das Ziel verfolgt wird, die Mitarbeiter bedarfsgerecht auszubilden, können die Schulungen für die Endanwender lediglich grob geplant werden. Die Kurse sind durchzuführen, sobald die Feinkonzepte der Teilprozesse erstellt sind.[346] Das Schulungskonzept hilft den bevorstehenden Aufwand abzuschätzen und gewährleistet, daß die erforderlichen Ressourcen zeitgerecht zur Verfügung stehen.

IA.10 Künftiges IBSIS wurde im Unternehmen vorgestellt

Nachdem die Auswahlentscheidung für ein IBSIS getroffen ist, sollte man die Mitarbeiter des Unternehmens darüber nicht im Unklaren lassen. Es ist damit zu rechnen, daß es Mitarbeiter gibt, die eine anderes Informationssystem oder auch das alte Informationssystem bevorzugt hätten. Die gezielte Information der von den bevorstehenden Änderungen Betroffenen soll helfen, Ängste vor Neuerungen und Widerstände abzubauen und ein positives Klima für das IBSIS schaffen. Außerdem wird den indifferenten Mitarbeitern die Chance gegeben, sich so eine realistische Meinung über Vor- und Nachteile des neuen Systems gegenüber dem alten zu bilden. Die Gefahr, daß sie sich auf die Seite von Gegnern schlagen, sollte dadurch verringert werden.

Grundlage für die Information ist eine „Betroffenheitsanalyse". Es soll dabei untersucht werden, welche Auswirkungen und Veränderungen durch das neue Informationssystem auf einen Fachbereich zukommen. Gemäß der organisatorischen und informationstechnischen Änderung sind drei Gruppen zu unterscheiden:

- **Erste Gruppe:** Es handelt sich um Fachbereiche, die von der IBSIS-Einführung nicht oder kaum betroffen sein werden, da ihre Aufgaben weder in der Vergangenheit durch ein Informationssystem unterstützt wurden, noch in der Zukunft unterstützt werden. Organisatorische Änderungen können aber trotzdem bevorstehen.

- **Zweite Gruppe:** Das sind Fachbereiche, die zwar von der Änderung des Informationssystems betroffen sind, nicht aber von gravierenden organisatorischen Änderungen.

- **Dritte Gruppe:** Bei der dritten Gruppe sind sowohl grundlegende organisatorische Änderungen als auch informationstechnische Änderungen geplant. Es handelt sich um Fachbereiche, die Bestandteil eines Teilprozesses sind und deren Aufgaben fundamental umgestaltet werden sollen.

Aufgrund der Informationen aus dem Auswahlprozeß weiß man über die Funktionalität des IBSIS Bescheid, und somit ist auch der Abdeckungsgrad der geforderten Aufgaben bekannt. Anhand der in der Phase *Analyse und Grobdesign ohne IBSIS* erstellten Organisationskonzepte und Maßnahmenpläne können auch die zu erwartenden organisatorischen Änderungen abgeschätzt werden.

Mit diesem Wissen und der nach dem Kriterium der Betroffenheit unterteilten Fachbereiche kann nun ein auf die Fachbereiche abgestimmtes Informationskonzept ausgearbeitet werden. Die Schwerpunktthemen sind dabei die Auswirkungen und zu erwartenden Veränderungen durch das IBSIS sowie der realisierbare Abdeckungsgrad der Aufgaben. Die organisatorischen Änderungen, von denen die dritte Gruppe betroffen sein wird, sind nur ein Randthema des Informationskonzeptes, da dieser Personenkreis über die künftigen Abläufe bereits informiert wurde.[347] Eine gesonderte Behandlung dieser Gruppe erscheint aber trotzdem sinnvoll, da ihnen das IBSIS bereits vor dem Hintergrund neuer Abläufe gezeigt werden sollte. Während an der Informationsveranstaltung für die erste Gruppe noch Mitarbeiter verschiedenster Fachbereiche teilnehmen können, darf dies bei der zweiten und dritten Gruppe nicht der Fall sein. Hier muß die Information gezielt auf die Anforderungen des Fachbereichs abgestimmt sein. Dementsprechend sind auch die Vortragenden auszuwählen.

Am Ende einer Informationsveranstaltung sollte jeder Teilnehmer ein Gefühl dafür haben,

- wie das künftige Informationssystem aussehen wird, zum Beispiel Architektur, Benutzeroberfläche etc.,
- was es im Überblick leistet und was nicht,
- mit welchen Änderungen er bei seinen Aufgaben zu rechnen hat und
- wie das weitere Vorgehen im Projekt aussehen wird.

Bevor mit den Informationsveranstaltungen für die Endanwender begonnen wird, sollte noch eine einführende Informationsveranstaltung für das Management abgehalten werden. Ziel ist es, einen Einblick in die Konzeption und den Leistungsumfang des IBSIS zu geben, um dadurch die Mitglieder des Managements auf das neue Informationssystem einzustimmen und so das positive Klima für das IBSIS zu fördern.

IA.11 Erzielte Erfolge wurden nach innen und außen kommuniziert

Gerade gegen Ende der Phase *Integration und IBSIS-Auswahl*, deren Hauptaufgaben vorwiegend auf das künftige IBSIS bezogen sind, darf die Zielsetzung des Gesamtprojektes nicht untergehen. Bei den Mitarbeitern darf nicht der Eindruck entstehen, daß sich nur mehr alles um das IBSIS dreht, und BPR kein Thema mehr ist. Es sollten daher die durch die eingeleiteten Verbesserungsmaßnahmen erzielten Erfolge nach innen und außen laufend kommuniziert werden.

Die in den Teilprojekten erstellten Maßnahmenpläne für kurzfristige Verbesserungen sowie der Maßnahmenplan, der aus den begleitenden Untersuchungen hervorgegangen ist, sind Grundlage für die Kommunikation.[348] Mit den Verantwortlichen für die Durchführung der Maßnahmen sind die Maßnahmenpläne durchzuarbeiten und eventuell eingetretene inhaltliche und zeitliche Änderungen zu berücksichtigen. Im Anschluß daran können die seit der Phase *Analyse und Grobdesign ohne IBSIS* erzielten Ergebnisse über die diversen Kommunikationskanäle verbreitet werden.[349]

IA.12 Sponsor und Steuerkreis stehen zu SOLL-Organisationskonzept und haben dies kommuniziert

Kern dieses Kontrollpunktes ist ein Review des Steuerkreises und des Sponsors. Inhalt und Vorgehen entsprechen weitgehend dem Kontrollpunkt A.6 *Sponsor und Steuerkreis stehen zu Grobentwürfen und haben dies kommuniziert*. Aus diesem Grund wird auf das dort Gesagte verwiesen.

4.5

PHASE GROBDESIGN MIT IBSIS

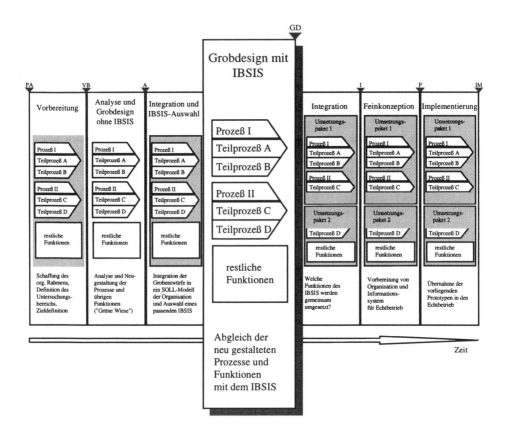

In der Phase *Analyse und Grobdesign ohne IBSIS* wurde die zukünftige Organisation des Unternehmens auf dem Papier entworfen. Ergebnis der folgenden Phase *Integration und IBSIS-Auswahl* war die Auswahl und endgültige Entscheidung für ein konkretes IBSIS. Die zuvor entworfene SOLL-Organisation diente dabei als Grundlage für die Auswahlentscheidung. Die Aufgabe, SOLL-Organisation und IBSIS aufeinander abzustimmen, steht nun im Mittelpunkt der Phase *Grobdesign mit IBSIS*. Es geht darum, einen „fit" zwischen den Möglichkeiten des IBSIS und der SOLL-Organisation herzustellen.

Die Problematik, die sich durch das Abgleichen von Organisation und IBSIS ergibt, ist in Abbildung 4-25 veranschaulicht. Die Standardisierbarkeit der Organisation wurde dort als Kontinuum dargestellt. Auf der einen Seite gibt es in jeder Organisation Standardabläufe, die branchenintern oder auch branchenübergreifend gleich sind. Man denke hier besonders an betriebswirtschaftliche Bereiche wie Rechnungswesen, Personalwirtschaft etc. Demgegenüber steht jene typische, einzigartige Organisation, die ein Unternehmen von anderen unterscheidet. Dieser Bereich ist durch das Kerngeschäft eines Unternehmens geprägt und wird hier als Kernorganisation bezeichnet. Hier erzielt ein Unternehmen letztlich die Wettbewerbsvorteile gegenüber Mitbewerbern.[350]

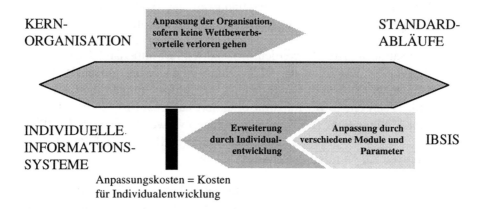

Abbildung 4-25 Organisationsänderung versus IBSIS-Änderung

Soweit es sich um standardisierbare Abläufe handelt, können diese durch die Funktionalität eines IBSIS ausreichend unterstützt werden. Die Besonderheiten der Kernorganisation können letztlich aber nur durch individuelle Informationssysteme abgedeckt werden.[351] Zu diesen individuellen Informationssystemen gehören auch IBSIS, die soweit durch Eingriffe verändert wurden, daß man von einem Standardinformationssystem nicht mehr sprechen kann. Man kann dies daran erkennen, daß in Unternehmen mit solchen Informationssystemen keine

Releasewechsel des IBSIS mehr durchgeführt werden oder der Wechsel zu einer neuen Version des IBSIS nur mit erheblichem Aufwand möglich ist.

Ziel des Abgleichens von IBSIS und Organisation ist es, die entworfene SOLL-Organisation im Rahmen der Anpassungsmöglichkeiten des IBSIS so gut wie möglich durch das IBSIS zu unterstützen. Die Anpassung des IBSIS erfolgt zum Beispiel durch das Einstellen von Parametern, die das Verhalten von Funktionen des IBSIS steuern. Berichts- und Formularwesen können häufig durch sogenannte Report-Generatoren noch im Rahmen des vorgegebenen Anpassungsspielraums entsprechend den Anforderungen der Organisation erstellt werden. Je mehr man sich aber der Kernorganisation nähert, desto häufiger werden Anforderungen durch das IBSIS nicht mehr erfüllt werden können. Man muß dann entscheiden, ob die Organisation verändert werden soll oder ob das IBSIS durch individuelle Informationssysteme zu ergänzen ist. Sofern keine Wettbewerbsvorteile verloren gehen, spricht alles für die Anpassung der Organisation an die Möglichkeiten des IBSIS. Nur dort, wo echte Vorteile durch individuelle Informationssysteme gegenüber Mitbewerbern realisiert werden können, sollten Individualsysteme entwickelt werden. Die ergänzenden Informationssysteme sind so zu gestalten, daß sie über genau definierte Schnittstellen mit dem IBSIS kommunizieren. Eine Modifikation des IBSIS, zum Beispiel durch Eingriffe in den Code, muß unbedingt verhindert werden, um die Releasefähigkeit des IBSIS zu erhalten. Es ist also der richtige Mix, bestehend aus IBSIS und Individualsoftware, zu finden.

SOLL-Organisation und IBSIS werden prozeßorientiert aufeinander abgestimmt. Es ist Aufgabe der Mitarbeiter der BPR-Teams, einen ersten groben Prototypen des IBSIS zu erstellen, dessen Funktionalität den Anforderungen ihres Prozesses gerecht wird. Wenn ein IBSIS funktionsorientiert aufgebaut ist, können Funktionen mehrerer Module eines IBSIS in einem Prozeß verwendet werden. Im IBSIS-Testlabor muß daher die gesamte Funktionalität des IBSIS für das Entwickeln der IBSIS-Prototypen zur Verfügung stehen.

Neben den Prozessen sind alle Unternehmensfunktionen, die keinem Prozeß zugeordnet sind, aber trotzdem vom IBSIS unterstützt werden sollen, mit der Funktionalität des IBSIS abzugleichen. Es kann dabei ebenfalls nach dem in dieser Phase beschriebenen Verfahren vorgegangen werden. Die Voraussetzungen dafür wurden bereits in früheren Phasen geschaffen.[352] Je nach Komplexität und Umfang dieser Unternehmensfunktionen sind eigene Teilprojekte zu bilden.

Ergebnis der Phase *Grobdesign mit IBSIS* sind Prozesse, die auf die Möglichkeiten des IBSIS abgestimmt sind und die vereinbarten Prozeßziele nach wie vor erreichen.

4.5.1 GATEWAY GROBDESIGN MIT IBSIS TEILPROJEKT (gd)

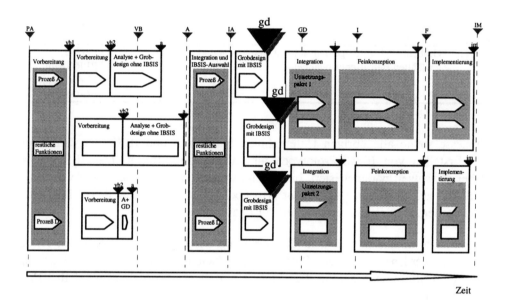

Gateway Grobdesign mit IBSIS **Teilprojektebene**			gd ▽
Nr.	Ergebnisse/Kontrollpunkte	Termin	Beteiligte/ Verantwortung
gd.1	Grobentwurf des Teilprozesses aus der Phase *Analyse und Grobdesign ohne IBSIS* ist mit IBSIS abgeglichen		Berater, BPR-Team, *PL-Teilprojekt*, IBSIS-Experte, P-Controller
gd.2	Machbarkeit des Grobentwurfs ist geprüft		Berater, BPR-Team, P-Controller, *PL-Teilprojekt*, PL-Gesamt
gd.3	Grobentwurf wurde gemeinsam mit Betriebsrat und ausgewählten Betroffenen evaluiert		Berater, BPR-Team, PL-Teilprojekt, *PL-Gesamt*

Prozesse sowie alle übrigen Unternehmensfunktionen und IBSIS werden durch das Erstellen von IBSIS-Prototypen aufeinander abgestimmt. Das IBSIS wird dabei nur soweit parametrisiert, bis gezeigt werden kann, ob die geforderte Funktionalität zu realisieren ist. Es geht also noch nicht darum, das IBSIS im Detail einzustellen. Dies ist erst Bestandteil der Phase *Feinkonzeption*.

Wie bereits in der allgemeinen Beschreibung der Phase *Grobdesign mit IBSIS* erwähnt, werden die keinem Prozeß zugeordneten Unternehmensfunktionen in eigenen Teilprojekten analog dem hier beschriebenen Vorgehen mit dem IBSIS abgestimmt.

Neben dem Abgleichen von IBSIS und SOLL-Organisation ist die Evaluation der Ergebnisse durch die Mitarbeiter der Fachabteilung und den Betriebsrat wichtiger Bestandteil des Teilprojektgateways.

Die in den einzelnen Kontrollpunkten erzeugten Ergebnisdokumente sind die Grundlage für die Bewertung der Arbeit eines Teilprojektteams durch den Steuerkreis und daher Basis für die Gatewayverabschiedung.

gd.1 Grobentwurf des Teilprozesses aus der Phase *Analyse und Grobdesign ohne IBSIS* ist mit IBSIS abgeglichen

In der Phase *Integration und IBSIS-Auswahl* hat der Steuerkreis aus den möglichen Informationssystem-Alternativen jenes IBSIS ausgewählt, das den erstellten SOLL-Konzepten am besten entspricht. Da nicht zu erwarten ist, daß das IBSIS hundert Prozent der Anforderungen abdeckt, müssen nun die Grobentwürfe mit der möglichen Funktionalität in Einklang gebracht werden. Ergebnis dieser Aufgabe sind Grobentwürfe von SOLL-Prozessen, die sowohl die Prozeßziele erreichen als auch bestmöglich durch das IBSIS unterstützt werden. Daneben kann jene Informationstechnologie bestimmt werden, die zusätzliche nicht durch das IBSIS abgedeckte Funktionalität zur Verfügung stellt.

Um die geforderten Ergebnisse erstellen zu können, müssen die Mitarbeiter des BPR-Teams entsprechendes Strukturwissen über das IBSIS aufgebaut haben.[353] Es sollte reichen, wenn die IBSIS-Fachadministratoren[354], die im Team mitarbeiten, über dieses Know-how verfügen. Ist die Ausbildung der IBSIS-Fachadministratoren noch nicht entsprechend weit fortgeschritten, muß das fehlende Wissen durch Einbezug von IBSIS-Experten ergänzt werden.

Der Abgleich mit dem IBSIS birgt auch noch zusätzliche organisatorische Verbesserungspotentiale. Da jedem IBSIS betriebswirtschaftliche Modelle zugrunde liegen und je nach Reife des Produktes, diese Modelle mehr oder weniger durchdacht sind, wird zusätzliches Wissen über alternative Gestaltungsmöglichkeiten bereitgestellt. Mitunter können dadurch weitere Verbesserungen des SOLL-Prozesses verwirklicht werden.[355]

Die zu durchlaufenden Schritte wurden analog den Teilschritten des Grobentwurfs ohne IBSIS gestaltet. In Abbildung 4-26 sind diese Schritte, ihre Ergebnisse und Eingangsgrößen graphisch dargestellt.

Der erste grau dargestellte Kasten weist auf jene zentralen Aufgaben der letzten Projektphasen hin, durch welche die Eingangsvoraussetzungen für die hier durchzuführenden Aktivitäten geschaffen werden. Endergebnis der drei Schritte ist ein Grobentwurf des SOLL-Prozesses, der durch das IBSIS bestmöglich unterstützt wird und die Prozeßziele erreicht.

Aufstellen der Design-Prinzipien

Bevor die Modelle der SOLL-Prozesse mit den Funktionen des IBSIS abgeglichen werden können, sollten die Mitarbeiter Prinzipien vereinbaren, die sie bei ihrer Arbeit befolgen wollen. Waren es beim Grobentwurf ohne IBSIS Prinzipien, die ein Design auf „Grüner Wiese" erleichtern sollten, handelt es sich hier um Regeln und Prinzipien, die helfen sollen, den bestmöglichen Mittelweg zwischen Veränderung der SOLL-Prozesse und Änderung des IBSIS zu finden.

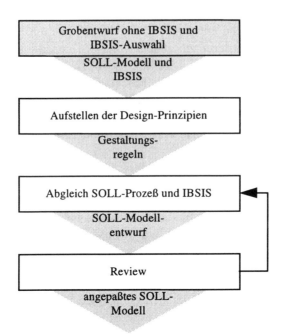

Abbildung 4-26 Abgleich der SOLL-Modelle mit den Funktionen des IBSIS

Einige Beispiele für derartige Regeln und Prinzipien sind:

- Das IBSIS wird nur durch die vorgegebenen Möglichkeiten, zum Beispiel durch Parameter und Tabellen, angepaßt.
- Es werden keine Änderungen im Programmcode des IBSIS durchgeführt.[356]
- Anpassungen, die nicht durch Parameter und Tabellen vorgenommen werden können, werden durch andere Informationssysteme, die über Schnittstellen mit dem IBSIS kommunizieren, realisiert. Der Code des IBSIS wird dabei nicht verändert.
- Die Struktur des SOLL-Prozesses wird nur dann geändert, wenn die Kosten der Änderung geringer sind als die Kosten der Anpassung des IBSIS.
- Die Struktur des SOLL-Prozesses wird geändert, wenn durch das betriebswirtschaftliche Modell, das dem IBSIS zugrunde liegt, die Prozeßziele besser erreicht werden können.

Die Regeln sind schriftlich zu dokumentieren, um leichter überprüfen zu können, ob die Mitarbeiter auch danach handeln.

Abgleich SOLL-Prozeß und IBSIS

Zum Abgleichen der SOLL-Prozesse mit dem IBSIS müssen mindestens

- die Beschreibungen des SOLL-Prozesses anhand seiner Ergebnisse und Kunden, seines Ablaufs, seiner Regeln und Prinzipien, Stärken und Schwächen sowie seiner Kenngrößen,[357]
- die Installation des IBSIS im Testlabor, um einen ersten Prototypen des SOLL-Prozesses im IBSIS erstellen zu können,[358]

vorhanden sein. Je nachdem, ob und welche Beschreibungen des IBSIS vorliegen, werden sie in den Prozeß des Abgleichens einbezogen. Ideal ist es, wenn das IBSIS anhand der gleichen Methoden beschrieben wurde, die bei der SOLL-Prozeßbeschreibung eingesetzt wurden. Liegen die Modelle des IBSIS in elektronischer Form vor und können sie in das im Projekt eingesetzte Werkzeug übernommen werden, wird das Abstimmen von IBSIS und Prozeß erheblich erleichtert.[359] Ein Referenzmodell des IBSIS ist deshalb so wertvoll, da dadurch noch auf dem Papier bestimmt werden kann, inwieweit sich ein geplanter Prozeß durch das IBSIS abbilden läßt. Voraussetzung ist, daß sich diese Referenzmodelle an betriebswirtschaftlichen Prozessen orientieren und nicht Prozesse innerhalb eines Moduls des IBSIS beschreiben. Darauf ist besonders dann zu achten, wenn das IBSIS in Form von Modulen aufgebaut ist, die sich an den klassischen betriebswirtschaftlichen Funktionsbereichen orientieren, wie zum Beispiel Verkauf, Einkauf, Buchhaltung etc. In diesem Fall können die Modelle des IBSIS nur eingesetzt werden, um Teile eines Prozesses, der funktions- und somit modulübergreifend ist, abzustimmen.

In Abbildung 4-27 ist der Zyklus dargestellt, der zu SOLL-Prozessen führt, die im IBSIS abgebildet werden können.

Entsprechend der obigen Diskussion zu den Referenzmodellen ist das Abgleichen von IBSIS-Referenzmodell und SOLL-Prozeßmodell grau dargestellt. Es soll dadurch ausgedrückt werden, daß dieser Schritt je nach Verfügbarkeit der Referenzmodelle durchzuführen ist. Je vollständiger ein Teilprozeß im Referenzmodell abgebildet ist, umso genauer kann ein Prozeß auf dem Papier abgeglichen werden. Gibt es ein qualitativ hochwertiges Referenzmodell, ist zu erwarten, daß der Zyklus weniger oft durchlaufen werden muß, als ohne Referenzmodell.[360]

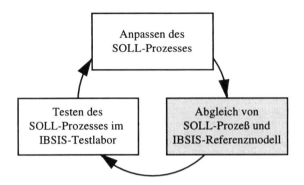

Abbildung 4-27 Abgleichen von SOLL-Prozeß und IBSIS

Wenn ein Referenzmodell verfügbar ist, wird mit dem Abgleichen von Referenzmodell und SOLL-Prozeß begonnen.[361] Andernfalls kann direkt die Konzeption des Prozesses ins Testsystem übernommen werden. Dabei brauchen die benötigten Funktionen nicht bis ins letzte Detail ausgearbeitet werden. Es reicht, wenn durch die vorgenommene Parametrisierung der grundsätzliche Ablauf des Prozesses in einem folgenden Testlauf gezeigt werden kann.[362] Es sollte also nur ein erster grober Prototyp des IBSIS erstellt werden, der erst in der Phase *Feinkonzeption* soweit zu verfeinern ist, daß er im Echtbetrieb eingesetzt werden kann. Der Testlauf ist notwendig, um nachzuweisen, daß durch die Parametrisierung des IBSIS die gewünschte Funktionalität erzielt werden kann. Die Erkenntnisse des Testens werden dann in die SOLL-Modelle übernommen. Dazu werden die durch eEPK beschriebenen Teilprozesse um die IBSIS-Funktionen ergänzt, das heißt einer jeden Prozeßfunktion wird die entsprechende Funktion des IBSIS zugeordnet. Diese Information ist eine wichtige Voraussetzung für das Zusammenfassen der IBSIS-Funktionen zu Umsetzungspaketen.[363] Erforderliche Anpassungen der SOLL-Prozesse sind sorgfältig anhand der im ersten Schritt aufgestellten Prinzipien abzuwiegen. Der Zyklus wird solange durchlaufen, bis ein SOLL-Prozeß vorliegt, der im IBSIS abgebildet werden kann.

Fehlen im IBSIS Funktionen, die für das Erreichen der Prozeßziele absolut notwendig sind, müssen dafür ergänzende Informationssysteme geplant werden. Diese ergänzenden Informationssysteme können bestehende, neu zu entwickelnde oder zu beschaffende Informationssysteme sein. Es sind zumindest die Schnittstellen zum und die grobe Funktionalität des Informationssystems zu dokumentieren. Die Beschreibungen dienen dann als Vorgabe für die Feinkonzeption der Informationssysteme und werden dort auch detailliert.[364] Neben einer Bezeichnung und kurzen verbalen Beschreibung der Schnittstelle sind die auszutauschenden Daten, die Häufigkeit des Datenaustauschs und einzuhaltende Normen und Standards genau zu beschreiben. Die grobe Funktionalität des zusätzlichen Informationssystems kann in einem Modell anhand ereignisgesteuerter Prozeßketten oder einer ähnlichen Methode dargestellt werden. Danach ist der Maßnahmenplan, der alle Umsetzungsmaßnahmen für den SOLL-Prozeß enthält[365], anzupassen. Neben der Bezeichnung der Maßnahme, der für die Ausführung Verantwortlichen, des geplanten Anfangs- und Endtermins sind die Bezeichnungen der Schnittstellendokumente und der Dokumente über die Funktionalität des ergänzenden Informationssystems festzuhalten.

Zur Prozeßbeschreibung wurden hier ereignisgesteuerte Prozeßketten empfohlen. Ein Geschäftsprozeß ist je nach seiner Komplexität anhand einer Reihe von hierarchischen Teilmodellen beschrieben. Der Zyklus zum Abgleichen von SOLL-Prozeß und IBSIS muß für jedes Teilmodell durchlaufen werden. Dies führt dazu, daß nach Abschluß dieses Schrittes nicht nur modifizierte Modelle des SOLL-Prozesses vorliegen, sondern bereits ein erster Prototyp des künftigen Systems existiert.

Review

Ähnlich dem Grobentwurf des Teilprozesses ohne IBSIS ist ein Review des abgeglichenen SOLL-Prozesses notwendig, um zu überprüfen, ob die Prozeßziele durch die Anpassung an das IBSIS noch immer erreicht werden können. Werden Probleme erkannt, muß das SOLL-Modell noch einmal überarbeitet, also zum vorigen Schritt zurückgekehrt werden. Dieser übergeordnete Zyklus wird solange durchlaufen, bis sichergestellt ist, daß die Ziele erreicht werden können, oder von den Zielen bewußt abgegangen wird, da eine Änderung des IBSIS mehr Aufwand verursachen würde. Es ist Aufgabe des Projektcontrollers, die Review-Aufgaben zu überwachen.

Im ersten Schritt werden die erstellten Kataloge überarbeitet. Gemeint sind der Stärken-/Schwächenkatalog, der Regelkatalog und der Potentialkatalog.[366]

Im Stärken-/Schwächenkatalog sind folgende Aspekte zu prüfen:

- Welche Stärken sind aus Rücksicht auf das IBSIS verloren gegangen?
- Welche Stärken des SOLL-Prozesses sind verlorengegangen, die durch andere kompensiert wurden?
- Welche neue Stärken sind hinzugekommen?
- Welche Schwächen konnten beseitigt werden?
- Welche neuen Schwächen wurden in Kauf genommen?

Die Evaluation des SOLL-Prozesses anhand des Regelkatalogs sollte Antworten auf folgende Fragestellungen liefern:

- Welche Regeln wurden außer Kraft gesetzt?
- Welche neuen Regeln sind hinzugekommen? Ist ein Design ohne diese Regeln möglich?
- Entsprechen die neuen Regeln und Prinzipien dem in der Vision beschriebenen Unternehmen?

Alle festgestellten Abweichungen aus der Überprüfung des Stärken-/Schwächenkatalogs und des Regelkatalogs sind schriftlich zu dokumentieren, um bei einer Überarbeitung des SOLL-Prozesses darauf zurückgreifen zu können.

Überprüft und überarbeitet man den Potentialkatalog, kann schließlich festgestellt werden, inwieweit neue Potentiale erschlossen wurden und vorher erkannte Verbesserungsmöglichkeiten auch im abgeglichenen SOLL-Prozeß noch genutzt werden.

Abschließend ist die quantifizierbare Prozeßzielerreichung des SOLL-Prozesses zu messen. Sofern die den Funktionen des Prozesses zugeordneten Kenngrößen bei einer Änderung einer Funktion nicht mitverändert wurden, muß dies nachgeholt werden. Danach kann zum Beispiel mit Hilfe der Analysekomponente des ARIS-Toolsets durch eine Auswertung der Kenngrößen die Prozeßleistung ermittelt werden. Werden die geforderten Prozeßziele nicht erreicht, muß der SOLL-Prozeß erneut überarbeitet werden. Wird den Anforderungen entsprochen, werden die Ergebnisse gemeinsam mit den anderen Beschreibungen des SOLL-Prozesses an den Gesamtprojektleiter und den Steuerkreis übergeben, die sie als eine Grundlage für die Gatewayverabschiedung und die Beurteilung der Gesamtzielerreichung des Gesamtprojekts verwenden.

gd.2 Machbarkeit des Grobentwurfs ist geprüft und dokumentiert

Die technische Machbarkeit des SOLL-Prozesses wurde durch die rudimentäre Implementierung des Prozesses im IBSIS-Testlabor bereits geprüft. Es wurden dabei sowohl notwendige Änderungen in der Struktur des Prozesses erkannt und in die Prozeßbeschreibungen eingearbeitet, als auch Ergänzungen durch andere Informationssysteme festgestellt und dokumentiert. Aktivitäten für die Umsetzung zusätzlicher Informationssysteme wurden bereits in den Maßnahmenplan eingearbeitet.[367]

Neben der technischen Machbarkeit muß aber auch die organisatorische Machbarkeit des Prozesses überprüft werden. Bereits durch das Ergebnis a.7 *Machbarkeit des Prozeßprototypen ist geprüft* wurde der damals noch vom IBSIS unabhängige Prozeßprototyp bezüglich seiner Wirkungen auf die organisatorischen Grund- und Gestaltungselemente überprüft. Daraus wurde ein Maßnahmenplan abgeleitet, der alle Aktivitäten enthält, die notwendig sind, um den SOLL-Prozeß mit möglichst geringem Risiko zu realisieren.[368]

Da durch den Abgleich des SOLL-Prozesses mit dem IBSIS Änderungen in der Struktur des Prozesses entstanden sein können, muß der Maßnahmenplan erneut überarbeitet werden. Zu diesem Zweck sind die Wirkungen der vorgenommenen Änderungen auf die organisatorischen Elemente Strategie, Struktur, Technologie, Personal und Kultur[369] zu bestimmen und zu beschreiben. Die Beurteilung in bezug auf die organisatorischen Grundtatbestände Sachziel, Formalziel, Verfassung und Sozialstruktur kann entfallen, wenn die Grundstruktur des Prozesses, vor allem seine Ergebnisse und Kunden, gleichgeblieben sind. Aus den Prozeßbeschreibungen sind Maßnahmen abzuleiten, die den SOLL-Prozeß in die Realität überführen helfen und das Risiko in jedem Bereich begrenzen sollen. Die abgeleiteten und beschriebenen Maßnahmen können anschließend in den Maßnahmenplan eingearbeitet werden.

Zum Abschluß sind die bereits vorhandenen Maßnahmen dahingehend zu überprüfen, ob sie auch noch für den mit dem IBSIS abgeglichenen SOLL-Prozeß gelten. Gegebenenfalls müssen sie angepaßt und ergänzt werden.

gd.3 Grobentwurf wurde gemeinsam mit Betriebsrat und ausgewählten Betroffenen evaluiert

Es wurde in diesem Buch bereits mehrmals darauf hingewiesen, wie wichtig die aktive Beteiligung der Betroffenen am Projekt ist. Bevor man den Prozeß weiter detailliert, sollten die Änderungen des SOLL-Prozesses gemeinsam mit Betriebsrat und ausgewählten Betroffenen evaluiert werden.

Der Ablauf der Evaluation entspricht weitgehend dem im Kontrollpunkt a.8 *Grobentwurf wurde gemeinsam mit Betriebsrat und ausgewählten Betroffenen evaluiert* vorgestellten Vorgehen. Die damals ausgewählten Personen werden wieder in die Bewertung einbezogen. Sie sind bereits mit der Materie vertraut, und man kann sich sofort auf die vorgenommenen Änderungen konzentrieren.

Als Diskussionsgrundlage werden die Beschreibungen des SOLL-Prozesses, vor allem die in Modellen dargestellten Prozeßketten und der Regelkatalog, verwendet. Da der Prozeß zumindest grob im IBSIS abgebildet ist, sollten auch ausgewählte Abläufe und Geschäftsfälle im Informationssystem gezeigt werden.

Die Ergebnisse dieser Evaluation sind in die SOLL-Modelle und Umsetzungsmaßnahmen einzuarbeiten. Insgesamt ist dies ein weiterer Schritt, um das Vertrauen der Organisationsmitglieder in den neuen Prozeß und das IBSIS zu stärken.

4.5.2
GATEWAY GROBDESIGN MIT IBSIS GESAMTPROJEKT (GD)

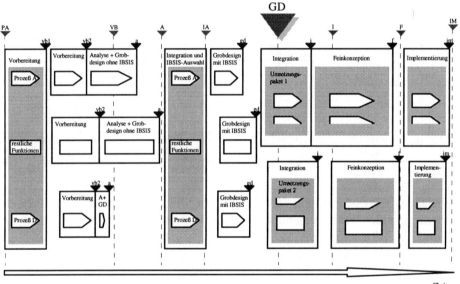

Gateway Grobdesign mit IBSIS **Gesamtprojektebene**			**GD** ▼
Nr.	Ergebnisse/Kontrollpunkte	Termin	Beteiligte/ Verantwortung
	Informationssystem		
GD.1	IBSIS-Testlabor für Teilprojekte wurde installiert		*IV-Abteilung*, P-Controller
	Grobdesign von neuen Prozessen auf der Basis des künftigen IBSIS		
GD.2	Grobdesign auf der Basis des künftigen IBSIS aller Teilprojekte ist abgeschlossen		*Steuerkreis*, PL-Teilprojekte
GD.3	Verbesserungspotentiale der Teilprojekte sind kumuliert und Gesamtzielerreichung ist sichergestellt		*Steuerkreis*, PL-Gesamt, PL-Teilprojekte, P-Controller
	Business Process Redesign-Klima		
GD.4	Erzielte Erfolge wurden nach innen und außen kommuniziert		*Sponsor*, Steuerkreis, PL-Gesamt, PL-Teilprojekte, P-Controller
GD.5	Sponsor und Steuerkreis stehen zu Grobentwürfen und haben dies kommuniziert		*Sponsor*, Steuerkreis

Das Gateway *Grobdesign mit IBSIS* (GD) auf Gesamtprojektebene ist durch die Einrichtung eines Testlabors für die Teilprojektteams sowie durch die laufende Kontrolle und Steuerung des Projektfortschritts gekennzeichnet. Die Installation des IBSIS ist Voraussetzung für das Abgleichen von SOLL-Organisation und IBSIS, da diese Aufgabe das Erstellen von IBSIS-Prototypen erfordert.

Alle anderen Kontrollpunkte beziehen sich auf den Projektfortschritt und das Projektklima. Da mit fortschreitendem Projekt die Informationssysteme immer mehr in den Mittelpunkt der Betrachtung rücken, sind Aufgaben, welche die Umsetzung von Verbesserungsmaßnahmen steuern, von zunehmender Bedeutung.

GD.1 IBSIS-Testlabor für Teilprojekte wurde installiert

Ein wichtiger Schritt des Vorgehenskonzeptes ist das Einrichten eines IBSIS-Testlabors. Das Testlabor ist Voraussetzung für ein prototypingorientiertes Vorgehen bei der Realisation der SOLL-Konzepte.

Warum soll ein Labor eingerichtet werden, und warum soll möglichst früh mit der praktischen Umsetzung der SOLL-Prozesse begonnen werden?

- Durch das Erstellen von Prototypen der SOLL-Prozesse im IBSIS und ihrer schrittweisen Verfeinerung können die SOLL-Prozesse sukzessiv durch iterative Schritte in IST-Prozesse überführt werden.

- Durch die laufende Simulation der Prozesse kann die Prozeßzielerreichung überprüft werden und gegebenenfalls das Design der SOLL-Prozesse frühzeitig angepaßt werden, um die Ziele zu erreichen.

- Da alle Teilprojektteams im selben IBSIS-Testlabor arbeiten, können teilprojektübergreifende Probleme erkannt und durch eine konsequente Abstimmung zwischen den Teams ausgeräumt werden.

- Es besteht die Möglichkeit einer realistischen Demonstration der SOLL-Prozesse und ihre leichtere Evaluation durch die Beteiligten und Betroffenen.

- Sobald ein Geschäftsprozeß ausreichend detailliert ist, können die IBSIS-Endanwender im Testlabor mit den neuen Geschäftsabläufen und dem neuen Informationssystem Erfahrungen sammeln. Es können die Benutzer anhand der künftigen Geschäftsfälle ausgebildet werden. Außerdem haben die IBSIS-System- und IBSIS-Fachadministratoren die Möglichkeit, das IBSIS soweit kennenzulernen und schließlich zu entwickeln, daß für den Echtbetrieb eine stabile Lösung vorliegt.[370]

- Insgesamt soll durch das beschriebene Vorgehen die Qualität des IBSIS und der Geschäftsprozesse erhöht und Projektzeit, -kosten und -risiko minimiert werden.

Das IBSIS-Testlabor wird von einem Teilprojektteam zum ersten Mal beim Abgleichen seines SOLL-Prozesses mit dem IBSIS intensiv genutzt. Dort wird ein erster grober Prototyp erstellt, der zeigen soll, ob die im SOLL-Prozeß geforderte Funktionalität durch das IBSIS realisiert werden kann. IBSIS und SOLL-Prozeß werden solange verändert, bis ein Geschäftsprozeß vorliegt, der die Ziele erreicht und durch das IBSIS bestmöglich unterstützt wird.[371]

Der im Testsystem verfügbare Prototyp wird dann in der Phase *Feinkonzeption* soweit detailliert, bis der Echtbetrieb des Geschäftsprozesses aufgenommen werden kann. Dabei wird nicht nur das IBSIS verfeinert, sondern es werden auch die Arbeitsorganisation, zusätzliche Informationssysteme und Schnittstellen zwischen IBSIS und anderen Informationssystemen entwickelt.

Das im Testlabor installierte IBSIS ist darüber hinaus das Kernsystem für die flächendeckende Einführung des Informationssystems im Unternehmen. Durch das permanente Erweitern des Systems um Hard- und Software und die Übernahme der Altdaten in das Testsystem wird der Abbau der Altsysteme und die Realisierung des neuen Systems vorbereitet.

Die Einrichtung des Testlabors steht mit der Forderung nach einer möglichst späten Beschaffung der Hardware, um Preisvorteile zu nutzen, in Konflikt.[372] Was aber feststeht, ist die Art der Systemplattform und auch eine Liste der potentiellen Lieferanten. Es handelt sich dabei um Anbieter, die kompatible Hardware, Systemsoftware und Netzwerkkomponenten anbieten. Von den potentiellen Anbietern kann dann jener ausgewählt werden, der die günstigsten Bedingungen hinsichtlich Kosten, Unterstützung, Lieferzeiten etc. bietet. Wenn die Marktposition des Kunden gewichtig genug ist, kann durchaus erreicht werden, daß eine Teststellung für die Zeit bis zum endgültigen Beschaffungszeitpunkt der Hardware zur Verfügung gestellt wird.

Neben der Informationstechnologie und der zugehörigen Dokumentation müssen geeignete Räume für die Installation des Systems bereitgestellt werden. Sie müssen sowohl den Anforderungen des Techniksystems als auch den Anforderungen eines Entwicklungs- und Schulungsbetriebs entsprechen.

GD.2 Grobdesign auf der Basis des künftigen IBSIS aller Teilprojekte ist abgeschlossen

Auf Gesamtprojektebene ist der Fortschritt der Teilprojekte ständig zu überprüfen. Zu dem im Gatewayplan vorgesehenen Termin müssen alle Teilprojektgateways durch den Steuerkreis verabschiedet vorliegen. Das heißt, daß die SOLL-Prozesse eines jeden Teilprojektes mit dem IBSIS abgeglichen wurden, ein erster grober Prototyp des künftigen Systems vorliegt und die SOLL-Prozesse nach wie vor die Prozeßziele erreichen, was durch entsprechende Berichte belegt sein muß.

Konnten noch nicht alle Teilprojektgateways verabschiedet werden, müssen die Ursachen ermittelt und das weitere Vorgehen darauf abgestimmt werden. Funktioniert das Projektcontrolling und die Projektberichterstattung, darf eine derartige Situation gar nicht auftreten. Denn sobald Verzögerungen in Teilbereichen erkennbar sind, müssen Gesamtprojektleiter und Steuerkreis lenkend in ein Teilprojekt eingreifen.

GD.3 Verbesserungspotentiale der Teilprojekte sind kumuliert und Gesamtzielerreichung ist sichergestellt

Beim Kontrollpunkt A.4 *Verbesserungspotentiale der Teilprojekte sind kumuliert und Gesamtzielerreichung ist sichergestellt* wurden zuletzt die Ergebnisse der Teilprojekte integriert und die potentielle Zielerreichung beurteilt. Da nun in den Teilprojekten die SOLL-Prozesse solange verändert wurden, bis sie im IBSIS umgesetzt werden können, sollte überprüft werden, ob und inwieweit die Gesamtprojektziele noch erreicht werden können.

Die in der Phase *Analyse und Grobdesign ohne IBSIS* durchgeführte Bewertung der Gesamtzielerreichung kann als Grundlage herangezogen werden. Es sind nun die alten Ergebnisse der Teilprojekte durch die neu durchgeführten Bewertungen des SOLL-Prozesses[373] zu ersetzen. Dies ist deshalb möglich, da seit der Analysephase die Untersuchungsbereiche der Teilprojekte gleichgeblieben sind. Die Zielbeiträge der begleitenden Untersuchungen brauchen nur dann geändert zu werden, wenn sich bei den durchgeführten und geplanten Verbesserungsmaßnahmen, die aus diesen Untersuchungen abgeleitet wurden, Änderungen ergeben haben. Durch dieses Vorgehen wird auch deutlich hervorgehoben, bei welchen Teilprojekten sich der Zielbeitrag geändert hat, wobei hier sowohl Verbesserungen als auch Verschlechterungen möglich sind.

Grundsätzlich sollte man, auch wenn die Gesamtzielerreichung insgesamt nicht gefährdet ist, bei jenen Teilprojekten, deren Zielbeitrag sich verschlechtert hat, die Ursachen dafür klären. Gemeinsam mit den verantwortlichen Teilprojektleitern sind die Möglichkeiten zu besprechen, um den Zielbeitrag des Teilprojektes zu verbessern. Hilfreich hierfür sind Analysen der Ergebnisdokumente aus dem Kontrollpunkt gd.1 *Grobentwurf des Teilprozesses aus der Phase Analyse und Grobdesign ohne IBSIS ist mit IBSIS abgeglichen*. Besondere Beachtung ist dem Stärken-/Schwächen-, dem Regel- und dem Potentialkatalog zu schenken, und es ist zu prüfen, ob eventuell Potentiale vergeudet wurden.[374]

GD.4 Erzielte Erfolge wurden nach innen und außen kommuniziert

Es gehört zu den kritischen Erfolgsfaktoren des Projektes, in seinem Verlauf laufend spürbare Verbesserungen zu erzielen. Da nun zu diesem fortgeschrittenen Zeitpunkt möglicherweise eine gewisse „Müdigkeit" bei den Beteiligten eingetreten ist und auch die erste Euphorie verflogen ist, muß vom Sponsor und Steuerkreis besonders konsequent darauf geachtet werden, daß die Projektziele nicht aus den Augen verloren werden. Dazu gehört es, permanent Verbesserungsmöglichkeiten zu nutzen und diese nach innen und außen zu kommunizieren.

Den Erfolg bisheriger Maßnahmen auf Gesamtprojektebene zu bewerten und diese Erfolge über diverse Kommunikationskanäle im Unternehmen und außerhalb des Unternehmens zu kommunizieren, ist Bestandteil jedes Gateways auf Gesamtprojektebene. Wie immer sind die in den Teilprojekten erstellten Maßnahmenpläne mit Sofortmaßnahmen sowie der Maßnahmenplan, der aus den begleitenden Untersuchungen abgeleitet wurde, Grundlage der Bewertung und Kommunikation. Im Aufbau und Vorgehen unterscheidet sich auch dieser Kontrollpunkt nicht von denen in der Phase *Analyse und Grobdesign ohne IBSIS* und der Phase *Integration und IBSIS-Auswahl*, weshalb auch auf die Kontrollpunkte A.5 und IA.11 für weitere Ausführungen verwiesen wird.

GD.5 Sponsor und Steuerkreis stehen zu Grobentwürfen und haben dies kommuniziert

Ein weiterer wichtiger Bestandteil eines jeden Gateways auf Gesamtprojektebene ist die kritische Selbstüberprüfung des Verhaltens von Sponsor und Steuerkreis. Ihr Verhalten ist ebenfalls als kritischer Erfolgsfaktor für das Projekt anzusehen, weshalb dieser Kontrollpunkt auch regelmäßig wiederholt wird. Hinweise über das Vorgehen und eine Checkliste, welche die Selbstprüfung erleichtern soll, wurden im Rahmen des Kontrollpunktes A.6 *Sponsor und Steuerkreis stehen zu Grobentwürfen und haben dies kommuniziert* ausführlich diskutiert. Alle weiteren Informationen sind daher diesem Kontrollpunkt zu entnehmen.

4.6 PHASE INTEGRATION

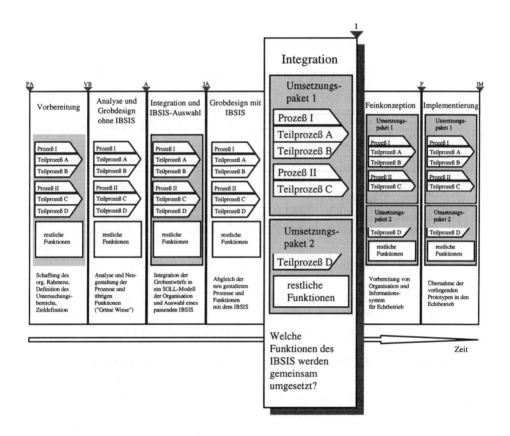

Ein Geschäftsprozeß integriert eine Reihe von verschiedenen funktionalen Teilbereichen eines Unternehmens. Wird ein Unternehmen reorganisiert und prozeßorientiert strukturiert, kann die Umsetzung der neuen Geschäftsprozesse aufgrund eines funktionalen Aufbaus des einzusetzenden IBSIS zum Problem werden. Wie in Abbildung 4-28 dargestellt, können in einem Geschäftsprozeß verschiedenste Unternehmensfunktionen und damit unterschiedlichste IBSIS-Funktionen mehr oder weniger vollständig integriert sein. Betrachtet man mehrere Geschäftsprozesse, so wird man feststellen, daß gleiche IBSIS-Funktionen in verschiedenen Prozessen genutzt werden.

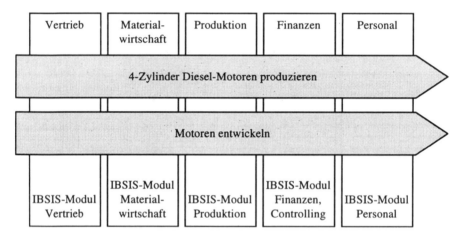

Abbildung 4-28 IBSIS-Funktionen und Prozesse

Um die Probleme, die aus einer prozeßorientierten Gestaltung der Organisation und dem funktionsorientierten Aufbau eines IBSIS resultieren, bewältigen zu können, bieten sich zwei generelle IBSIS-Einführungs-Strategien an.

- **Big-Bang-Strategie**: Die Big-Bang-Strategie fordert eine gleichzeitige Umsetzung aller von verschiedenen Prozessen benötigten IBSIS-Funktionen, zum Beispiel von Personalwirtschaft, Finanzen, Produktion, Materialwirtschaft und Vertrieb, zu einem bestimmten Stichtag. Die größten Probleme dieses Vorgehens liegen im hohen Umsetzungsrisiko und den in einem Unternehmen beschränkt verfügbaren Kapazitäten, die das Vorgehen nach dieser Strategie kaum erlauben.

- **Step-by-Step-Strategie**: Nach der Step-by-Step-Strategie wird das IBSIS schrittweise funktionsorientiert eingeführt. Je nach verfügbaren Ressourcen im Unternehmen können dabei mehrere Module gleichzeitig, aber auch jedes IBSIS-Modul einzeln eingeführt werden. Bei dieser Vorgehensweise wird für die Dauer der Einführung, konkret bis zur vollständigen Einführung aller IBSIS-Funktionen, die prozeßorientierte Sichtweise aufgegeben. Durch jede einzelne Implementierung von IBSIS-Funktionen und eventuell ergänzender Informationssysteme werden auch die Prozesse stufenweise umgesetzt.

Das Vorgehen nach der Step-by-Step-Strategie erfordert spezielle Vorkehrungen, um die Prozesse so zu zerlegen, daß sie nach der Umsetzung vollständig in der geplanten Form implementiert sind und die vereinbarten Prozeßziele erreicht werden. Um dies zu gewährleisten, werden sogenannte Umsetzungspakete gebildet. Durch ein strukturiertes Vorgehen werden die in den SOLL-Konzepten geplanten Unternehmensfunktionen entsprechend den funktionalen Anforderungen eines IBSIS zu abgeschlossenen Einheiten zusammengefaßt. Die im Umsetzungspaket enthaltenen Funktionen werden in der Phase *Feinkonzeption* im Detail entwickelt und schließlich in der Phase *Implementierung* unabhängig von anderen Umsetzungspaketen in den Echtbetrieb übernommen.

Die Kontrollpunkte der Gateways auf Gesamt- und Teilprojektebene der Phase *Integration* orientieren sich in diesem Buch an der Step-by-Step-Strategie. Bei der Umsetzung nach der Big-Bang-Strategie kann analog nach den hier beschriebenen Kontrollpunkten vorgegangen werden. Aufgrund der hohen Komplexität eines IBSIS muß nämlich auch bei gleichzeitiger Umsetzung aller IBSIS-Funktionen die Arbeit auf mehrere Teams aufgeteilt werden. Es wird demnach wie bei der Step-by-Step-Strategie die Komplexität durch das Bilden mehrerer Umsetzungspakete reduziert. Bei der Big-Bang-Strategie erlangt die strikte Einhaltung und Koordination der Termine mehrerer parallel laufender Teilprojekte besondere Bedeutung, um die Aufnahme des Echtbetriebs aller Geschäftsprozesse zu einem bestimmten Stichtag zu garantieren. Der Gatewayplan ist unter diesem Gesichtspunkt zu überarbeiten und an diese speziellen Anforderungen anzupassen.

Sofern ein IBSIS eingesetzt wird, das prozeßorientiert aufgebaut ist und den Anforderungen und Abgrenzungen der durch die Mitarbeiter der BPR-Teams geplanten Prozesse entspricht, können die Schritte für das Ableiten von Umsetzungspaketen entfallen. In diesem Fall umfaßt ein Umsetzungspaket einen gesamten Prozeß, eine weitere Abgrenzung ist daher nicht mehr notwendig.

4.6.1
GATEWAY INTEGRATION
TEILPROJEKT (i)

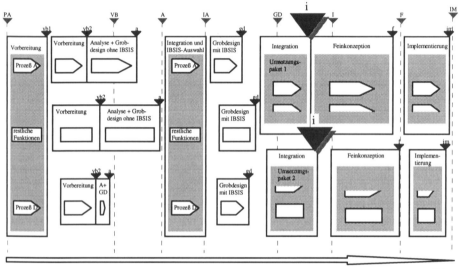

Gateway Analyse und Grobdesign Teilprojektebene			i ▼
Nr.	Ergebnisse/Kontrollpunkte	Termin	Beteiligte/ Verantwortung
	Projektorganisation		
i.1	Software-Teilprojektleiter ist bestimmt		*Steuerkreis*, PL-Gesamt
i.2	Software-Team für das Umsetzungspaket ist gebildet und verfügbar		Berater, PL-Gesamt, *PL-Teilprojekt*
i.3	Ressourcen für das Team sind bestimmt und bereitgestellt		Berater, PL-Gesamt, P-Controller, *PL-Teilprojekt*
i.4	Software-Team-Mitarbeiter kennen ihre Aufgaben und Rollen		SW-Team, Berater, *PL-Teilprojekt*, PL-Gesamt
i.5	Software-Team-Mitarbeiter sind für ihre nächsten Aufgaben ausgebildet		SW-Team, *Berater*, P-Controller
i.6	Implementierungskonzept für IBSIS auf Teilprojektebene ist erarbeitet		Berater, SW-Team, *PL-Teilprojekt*, IV-Abteilung

Wie in der allgemeinen Beschreibung der Phase *Integration* bereits erwähnt, orientieren sich die Aufgaben dieser Phase an der Step-by-Step-Einführungsstrategie. Dabei wird von einem funktional orientierten IBSIS ausgegangen.

Voraussetzung für den Start eines Teilprojektes ist der Abschluß der Kontrollpunkte I.1 *Rangfolge der Teilprozesse ist festgelegt und dokumentiert* und I.2 *Umsetzungspakete und Teilprojekte sind definiert* auf Gesamtprojektebene. Dort wurden durch das Definieren von Umsetzungspaketen die Untersuchungsbereiche für neue Teilprojekte festgelegt, deren Aufgaben die Feinentwicklung und die Implementierung der in den Umsetzungspaketen enthaltenen Funktionen sind.

Durch das Bilden von Umsetzungspaketen nach funktionsorientierten Kriterien wurden Untersuchungsbereiche bestimmt, die sich von denen der BPR-Teams unterscheiden. Aus diesem Grund ist eine neue Teamzusammensetzung für die bevorstehenden Aufgaben erforderlich. Die neu gebildeten Teams werden hier als Software-Teams bezeichnet, da ihre Hauptaufgaben die Entwicklung von ergänzenden Informationssystemen und die Einführung des IBSIS sind. Es können dafür durchaus Mitarbeiter aus verschiedenen BPR-Teams in die neu zu gründenden Software-Teams übernommen werden.

Die Kontrollpunkte des Teilprojektgateways *Integration* (i) sind vor allem durch Vorbereitungsaufgaben der Mitarbeiter des Software-Teams gekennzeichnet. Es soll dadurch eine gute Arbeitsgrundlage für die folgenden Aufgaben in der Phase *Feinkonzeption* geschaffen werden.

Die BPR-Teams bleiben zumindest in abgespeckter Form als BPR-Kernteams weiterhin bestehen. Ihre Aufgabe ist es, von nun an dafür zu sorgen, daß die von ihnen geplanten SOLL-Konzepte der Organisation nach ihren Vorstellungen umgesetzt werden. Außerdem sind die Mitarbeiter der BPR-Teams für einzelne Teilaufgaben während der Feinkonzeption, wie zum Beispiel für das Entwickeln der Arbeitsorganisation, verantwortlich.

i.1 Software-Teilprojektleiter ist bestimmt

Für die Umsetzungspakete werden neue Teams, sogenannte Software-Teams, gebildet, wobei bereits eingangs darauf hingewiesen wurde, daß ein BPR-Kernteam weiterhin bestehen bleibt. Primäre Aufgaben des Software-Teams sind der Feinentwurf und schließlich die Implementierung der im Umsetzungspaket zusammengefaßten betrieblichen Funktionen. Die Aufgaben reichen von der Mitwirkung beim Entwickeln der Arbeitsorganisation für Funktionen verschiedener Geschäftsprozesse über die Einführung von Funktionsblöcken des IBSIS bis zur Entwicklung ergänzender Informationssysteme. Für so ein Team muß in einem ersten Schritt ein Teilprojektleiter gefunden werden.

Aus der kurzen Beschreibung der Aufgaben des Software-Teams wird deutlich, daß die Anforderungen an das Software-Team und an seinen Leiter im Gegensatz zum BPR-Team anders liegen. Waren dort eher kreative und konzeptionelle Fähigkeiten gefragt, müssen nun die Stärken der Personen im Umsetzen der erstellten Konzepte liegen. Generell sollten daher Projektleiter gewählt werden, die aufgrund ihrer Erfahrung und Stellung im Unternehmen auch in der Lage sind, die vorgesehenen Änderungen durchzuführen.

Die folgenden Projektmanagementaufgaben sind vorwiegend allgemeiner Natur und entsprechen auch weitgehend den Aufgaben des BPR-Teilprojektleiters:[375]

- Der Software-Teilprojektleiter plant, steuert und überwacht die Ressourcen des Teilprojektes.

- Er ist für die Einhaltung der geplanten Termine verantwortlich.
- Er unterstützt seine Mitarbeiter, ein Team zu bilden.
- Er berichtet in regelmäßigen Abständen an den Steuerkreis und den Gesamtprojektleiter und berät mit diesen Personen das weitere Vorgehen.
- Er koordiniert gemeinsam mit dem BPR-Teilprojektleiter die Zusammenarbeit der Mitarbeiter des Software-Teams und der BPR-Teams, um sicherzustellen, daß die Konzepte des BPR-Teams tatsächlich umgesetzt werden.
- Er hat ein Mitspracherecht bei der Kapazitätsplanung für sein Teilprojekt.
- Er muß Konflikte innerhalb seiner Gruppe und mit anderen Teams aufzeigen und deren Lösung unterstützen.
- Der Teilprojektleiter trägt die Verantwortung dafür, daß die Vorgaben von den BPR-Teams eingehalten werden und so die Prozeß- und Gesamtprojektziele erreicht werden können.

Spielte beim BPR-Teilprojektleiter das Informatikwissen noch keine Rolle, sollte der Software-Teilprojektleiter auch diesen Fachbereich beherrschen, da die Gestaltung der Informationssysteme zu den Hauptaufgaben seines Teams gehört. Daneben muß er über entsprechende Sach-, Methoden- und Sozialkompetenz verfügen, um die geforderten Projektmanagementaufgaben bewältigen zu können.

Der Gatewayplan auf Teilprojektebene ist für den Software-Teilprojektleiter das wichtigste Planungs-, Steuerungs- und Überwachungsinstrument. Die vordefinierten Ergebnisse geben ihm einen Überblick über die bevorstehenden Aufgaben. Durch die Gateways auf Gesamtprojektebene kann er sein Teilprojekt ins Gesamtprojekt einordnen und ausgehend von den Terminen für das Gesamtprojekt bereits eine grobe Terminplanung für sein Teilprojekt vornehmen.

i.2 Software-Team für das Umsetzungspaket ist gebildet und verfügbar

Warum sollen überhaupt Software-Teams gebildet werden? Und warum können die vorhandenen BPR-Teams nicht die bevorstehenden Aufgaben bewältigen? Für die Bildung von Software-Teams gibt es zwei Gründe:

- Erstens hat sich der Untersuchungsbereich verändert. War er für das BPR-Team durch den Prozeß bestimmt, so sind jetzt in einem Umsetzungspaket mehrere Prozesse vollständig oder auch nur teilweise zusammengefaßt, weil sich diese am Aufbau des IBSIS orientieren. Umsetzungspakete sind also prozeßübergreifend.[376] Aus diesem Grund müssen im neuen Team Mitarbeiter aus mehreren BPR-Teilprojekten vereint werden, um das nötige Wissen über verschiedene Prozesse im neuen Teilprojekt verfügbar zu haben.

- Zweitens unterscheiden sich die bevorstehenden Aufgaben der Mitarbeiter des Software-Teams in ihrem Wesen grundlegend von denen der BPR-Teams. Hauptaufgabe der Mitarbeiter des BPR-Teams war es, einen Geschäftsprozeß zu analysieren, Schwächen zu erkennen und einen neuen besseren Prozeß zu gestalten. Für diese Aufgaben wurden Mitarbeiter der am Prozeß beteiligten Fachbereiche gewählt, die bekannt dafür sind, Bestehendes kritisch zu hinterfragen und unkonventionelle bessere Lösungen zu erarbeiten. Die Mitarbeiter des Software-Teams müssen diese Grobkonzepte soweit detaillieren bis sie im Echtbetrieb produktiv eingesetzt werden können. Es geht dabei nicht nur um die Feinkonzeption des IBSIS, sondern es sind auch Arbeitsorganisation und ergänzende Informationssysteme zu entwickeln und umzusetzen. Reichte bei den BPR-Teams ein Wissen über Nutzung von Informationstechnik-Potentialen aus[377], müssen die Mitarbeiter des Software-Teams über Informatik-Detailkenntnisse verfügen, da es vor allem auch um die Implementierung von Informationssystemen geht. Außerdem müssen ihre Stärken nicht im visionären und kreativen Denken liegen, sondern im Umsetzen von Konzepten.

Man benötigt im Software-Team also einerseits Spezialisten für die Inhalte der im Umsetzungspaket vorhandenen Prozesse und andererseits Informatik-Spezialisten, die sich um die technischen Details der Entwicklung und Einführung der Informationssysteme kümmern.

Die Prozeßexperten wählt man aus den BPR-Teams aus. Ursprünglich wurden ins BPR-Team Mitarbeiter verschiedener funktionaler Teilbereiche aufgenommen, um im Team eine funktionsübergreifende Arbeit zu ermöglichen. Entsprechend der im Umsetzungspaket gebündelten Funktionen müssen jene Mitarbeiter ins Team geholt werden, die diese funktionalen Teilbereiche in den BPR-Teams vertreten haben. Diese Mitarbeiter kennen durch ihre Mitarbeit in den BPR-Teams ihre Prozesse sehr gut und sollen nunmehr sicherstellen, daß alle Informationssystemfunktionen den Anforderungen ihrer Prozesse gerecht werden. Ihre Aufgaben reichen vom Entwickeln der Arbeitsorganisation über die Parametrisierung des IBSIS bis zur Endanwenderschulung. Durch die enge Zusammenarbeit mit anderen Prozeßexperten im Software-Team können konfliktäre Anforderungen leichter erkannt und gelöst werden.

Die benötigten Informatik-Spezialisten wählt man aus der IV-Abteilung. Die Auswahl muß in Übereinstimmung mit dem in der Phase *Integration und IBSIS-Auswahl* erstellten IV-Konzept erfolgen, in welchem die zukünftigen Rollen der IV-Mitarbeiter bereits festgelegt wurden.[378] Es sind jene Personen ins Team zu holen, die auch nach dem Ende des Projektes die Betreuung der während des Projekts zugeteilten Bereiche übernehmen sollen. Um die empfehlenswerte Gruppengröße von drei bis sieben Mitarbeitern[379] nicht unnötig zu erhöhen, sind für temporäre Spezialaufgaben unternehmensinterne oder -externe Spezialisten ins Team kurzfristig einzubeziehen.

Neben der fachlichen Kompetenz der Mitarbeiter muß ihre Sozial- und Methodenkompetenz beurteilt werden. Eine allgemeingültige Checkliste dafür wurde bereits im Rahmen des Kontrollpunktes vb2.3 *Das Business Process Redesign-Team ist für den Teilprozeß gebildet und verfügbar* vorgestellt, auf die hier verwiesen wird.

i.3 Ressourcen für das Team sind bestimmt und bereitgestellt

Immer wenn ein neues Teilprojekt gebildet wird, muß auch dafür gesorgt werden, daß die Ressourcen für die Projektarbeit bereitgestellt werden. Wie bereits in der Phase *Vorbereitung* beschrieben, sind die wichtigsten Ressourcen

- Räume,
- unternehmensinterne und -externe Mitarbeiter,
- Informationstechnologie,
- diverse Hilfsmittel und
- Geld.[380]

Welchen Anforderungen diese Ressourcen entsprechen müssen und wie mit ihnen umzugehen ist, wurde bereits ausführlich in vb2.4 *Erforderliche Ressourcen für das Business Process Redesign-Team sind bereitgestellt* beschrieben. Da hier keine nennenswerten Unterschiede bestehen, wird auf diesen Abschnitt verwiesen.

Zu ergänzen sind die Ausführungen über Informationstechnologie. Wurde sie vom BPR-Team hauptsächlich zum Dokumentieren des Projektes und zum Modellieren eines neuen Prozesses eingesetzt, benötigt das Software-Team zusätzlich geeignete Hard- und Software, um die geforderten Informationssysteme anzupassen und zu entwickeln. Für das Parametrisieren des IBSIS wurde bereits ein Testlabor eingerichtet, wo eine erste Grobeinstellung des IBSIS nach den Anforderungen der einzelnen Prozesse und übrigen Unternehmensfunktionen vorgenommen wurde.[381] Die Mitarbeiter des Software-Teams werden den für sie relevanten Ausschnitt dieses ersten IBSIS-Prototypen in der Phase *Feinkonzeption* soweit verfeinern, bis er im Unternehmen produktiv eingesetzt werden kann. Je nach installierter Rechnerkapazität und Anzahl gleichzeitig arbeitender Software-Teilprojekte ist die Ausstattung des Testlabors zu erweitern, damit die Mitarbeiter des Software-Teams nicht durch Engpässe in ihrer Arbeit eingeschränkt werden. Sind ergänzende Informationssysteme geplant, sollten diese ebenfalls im Testlabor entwickelt werden, wodurch ihre Integration mit dem IBSIS von vornherein mitgetestet werden kann.

i.4 Software-Team-Mitarbeiter kennen ihre Aufgaben und Rollen

Der „Kick-off" des Software-Teams sollte in einer ersten gemeinsamen Sitzung stattfinden. Besser ist ein ein- bis zweitägiger externer Workshop, da hier den Mitarbeitern mehr Möglichkeiten gegeben werden, einander kennenzulernen. Wichtigster Inhalt dieses Workshops ist das gemeinsame Festlegen und Verteilen von Aufgaben und Rollen sowie das Vereinbaren von Verantwortung und Kompetenzen.

Ziel des Einführungsworkshops ist es, daß

- die Erwartungen, Fragen und Informationsbedürfnisse der Projektmitarbeiter geklärt werden.
- die Grundlagen für die Zusammenarbeit im Team und mit den Mitarbeitern der anderen Teams fixiert werden.
- die Rechte und Pflichten, Verantwortung und Kompetenzen des Gesamtprojektleiters, seiner Beratergruppe, des BPR-Kernteams, des Software-Teilprojektleiters und der Software-Team-Mitarbeiter geklärt werden.
- die Mitarbeiter einander kennenlernen.

Vor dem ersten Workshop sollte den neuen Mitarbeitern das laufend aktualisierte Projekthandbuch übergeben werden.[382] Vor allem für jene Mitarbeiter, die bis jetzt noch nicht oder nur teilweise am Projekt beteiligt waren, ist es enorm wichtig, sich einen Überblick über das bisherige Geschehen zu verschaffen. Dadurch sollen eventuelle Informationsunterschiede zwischen ihnen und den aus den BPR-Teams übernommenen Mitarbeitern, so rasch wie möglich ausgeglichen werden. Verbleibende offene Fragen zu klären ist ein weiteres Ziel des Workshops.

Der Gatewayplan hilft den Mitarbeitern, einen ersten Überblick über die bevorstehenden Aufgaben zu bekommen. In Abbildung 4-29 sind die Aufgaben und Rollen in Zusammenhang mit der Einführung des IBSIS im Überblick dargestellt.[383] Es sind sowohl Aufgaben enthalten, die von den Mitgliedern des Software-Teams übernommen werden, als auch Aufgaben, die an Außenstehende vergeben werden können, zum Beispiel die Einrichtung des Betriebssystems. Wie die Aufteilung letztendlich erfolgt, hängt vom Umfang des Umsetzungspakets ab.

Rollen	Aufgabenbereiche
IV-Spezialisten IBSIS-Systemadministrator Betriebssystemadministrator Datenbankadministrator	Betriebssystem, Netzwerk, Endgeräte Datenbanken, IBSIS-Basissysteme Sicherungskonzept Ressourcenverwaltung Datenfernübertragung Ergänzungsprogrammierung im IBSIS Releasewechsel, Tuning
Prozeßexperten IBSIS-Fachadministrator IBSIS-Endanwender	Detaillierung der Sollkonzepte Datenstrukturen Parametrisierung, Prototyping Berichte, Formulare Schnittstellenkonzept, Altdatenüberleitung Berechtigungsverwaltung, Archivierung Abgleich mit anderen Teilprojekten Dokumentation Anwenderschulung

Abbildung 4-29 Aufgaben und Rollen der temporären und permanenten Software-Team-Mitarbeiter[384]

Die Aufgaben und Rollen sollten in einer offenen Diskussion aufgrund der erkennbaren Kompetenzen und der persönlichen Präferenzen der einzelnen Mitglieder für alle transparent verteilt werden.[385]

i.5 Software-Team-Mitarbeiter sind für ihre nächsten Aufgaben ausgebildet

Die Mitarbeiter, die ins Software-Team aufgenommen wurden, kommen aus den BPR-Teilprojekten und dem IV-Bereich. In der Phase *Integration und IBSIS-Auswahl* wurde ein Schulungskonzept entwickelt, nach dem unter anderem die BPR-Teammitarbeiter und IBSIS-Betreuer laufend ausgebildet wurden. Das Schulungskonzept zielt darauf ab, systematisch Wissen über das IBSIS im Unternehmen aufzubauen. Ziel dieses Kontrollpunktes ist es, sicherzustellen, daß die Mitarbeiter des Software-Teams nun auch über ein ausreichendes Umsetzungswissen verfügen, um den an sie gestellten Anforderungen gewachsen zu sein.[386]

Anhand des Schulungskonzeptes kann festgestellt werden, welcher Mitarbeiter in welchen Bereichen bereits ausgebildet wurde. Daneben ist zu analysieren, welche

Aufgaben ein Mitarbeiter bisher wahrgenommen hat. Die Ergebnisse dieser Analyse sind den Aufgaben eines Mitarbeiters im Software-Team gegenüberzustellen, woraus ein eventuelles Wissensdefizit in bezug auf das IBSIS abgeleitet und ergänzende Schulungsmaßnahmen bestimmt werden können.

Für Mitarbeiter, die nicht aus einem BPR-Team kommen, muß auch festgestellt werden, ob Ausbildungsmaßnahmen in den Bereichen Gruppenarbeit und Projektmanagement notwendig sind. Genauso wie die Mitarbeiter der BPR-Teams[387] müssen die Mitglieder des Software-Teams in der Lage sein,

- Probleme in Gruppen zu lösen,
- die Regeln und Prinzipien der Teamarbeit zu befolgen,
- die vorgesehenen Projektmanagementtechniken, vor allem das Gatewaymanagement, anzuwenden,
- die Standards der Projektdokumentation zu befolgen und die dafür vorgesehenen Werkzeuge einzusetzen.

Für welchen Schulungsbedarf welche Ausbildungsmaßnahmen vorgesehen sind, ist den Richtlinien des Projekthandbuchs zu entnehmen.[388]

Der individuelle Bedarf an Ausbildung sowohl für das IBSIS und ergänzende Informationssysteme als auch für die Projektarbeit ist mit jedem Mitarbeiter des Software-Teams zu besprechen und festzulegen. Ziel muß es dabei sein, die Mitarbeiter so schnell wie möglich produktiv einzusetzen.

i.6 Implementierungskonzept für IBSIS auf Teilprojektebene ist erarbeitet

Eine der ersten Aufgaben der Mitarbeiter des Software-Teams ist das Erarbeiten des Implementierungskonzeptes für ihren Teilbereich des IBSIS und der ergänzenden Informationssysteme. Welche Aufgaben bei der Implementierung anfallen werden, ist durch die im Gatewayplan definierten Ergebnisse bereits weitgehend vorgegeben. Die Projektmitarbeiter müssen die Kontrollpunkte im Gatewayplan vor dem Hintergrund ihres Untersuchungsbereiches durcharbeiten und gegebenenfalls ergänzen.

Bevor die Termine für die Aufgaben bestimmt werden können, müssen sich die Projektbeteiligten über die Einführungsstrategie für die Funktionen ihres Umsetzungspakets einigen. Grundlage hierfür sind die Ergebnisse des Kontrollpunktes I.2 *Umsetzungspakete und Teilprojekte sind definiert*. Aus der dort erzeugten IBSIS/Teilprozeßmatrix können die im Umsetzungspaket zusammengefaßten

IBSIS-Funktionen, die durch das IBSIS und betriebliche Kapazitäten bedingte Implementierungsreihenfolge und die geplanten Start- und Endtermine des Teilprojektes abgelesen werden. Da jetzt das Teilprojekt endgültig definiert ist, die Mitarbeiter bestimmt sind und ihre Aufgaben und Rollen vereinbart wurden, und somit die verfügbaren Kapazitäten besser abschätzbar sind, ist die Implementierungsreihenfolge neu zu überdenken. Es gilt dabei festzulegen, welche Funktionen parallel und welche schrittweise in den Echtbetrieb übernommen werden sollen. Soll die Einführung nach der Step-by-Step-Strategie erfolgen, wird das Umsetzungspaket in mehrere Teilpakete zerlegt. Die Teilpakete werden aufgrund der vorhandenen Ressourcen und der Abhängigkeit der umzusetzenden Funktionen gebildet. Wenn die Ressourcen ausreichen, können auch alle Funktionen des Umsetzungspakets gleichzeitig nach der Big-Bang-Strategie implementiert werden. Die Einführungsstrategie und die Aufteilung der Funktionen in Teilpakete sind entsprechend zu dokumentieren. Es sollte dazu der für das Teilprojekt relevante Teil der IBSIS/Teilprozeßmatrix verfeinert werden.

Wurde das Umsetzungspaket in mehrere Teilpakete zerlegt, sind auch die Ergebnisse des Gatewayplans analog dazu aufzuteilen. Danach können ausgehend von den im Gatewayplan auf Gesamtprojektebene fixierten Rahmenterminen, der groben Terminplanung des Teilprojektleiters und der verfolgten Einführungsstrategie, die Termine, zu denen die einzelnen Ergebnisse des Gatewayplans vorliegen müssen, vereinbart werden. Endergebnis dieses Kontrollpunktes ist somit ein an den Untersuchungsbereich des Umsetzungspakets angepaßter, terminierter Gatewayplan.

4.6.2 GATEWAY INTEGRATION GESAMTPROJEKT (I)

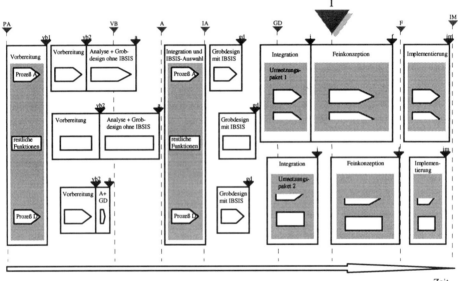

Gateway Integration
Gesamtprojektebene   I

Nr.	Ergebnisse/Kontrollpunkte	Termin	Beteiligte/ Verantwortung
	Integration		
I.1	Rangfolge der Teilprozesse ist festgelegt und dokumentiert		*Steuerkreis*, PL-Gesamt
I.2	Umsetzungspakete und Teilprojekte sind definiert		*PL-Gesamt*, Berater, BPR-Teams, PL-Teilprojekte, IBSIS-Berater
I.3	Alle Teilprojektergebnisse sind Umsetzungspaketen zugeordnet		*PL-Gesamt*, Berater, BPR-Teams, PL-Teilprojekte

Die Ergebnisse des Gesamtprojektgateways *Integration* sind Umsetzungspakete, die unabhängig voneinander realisiert werden können. Sobald die Teilprozesse nach ihrer Bedeutung für das Unternehmen gereiht sind, können ihre Funktionen auf Umsetzungspakete verteilt werden. Es wird dabei mit dem für das Unternehmen wichtigsten Teilprozeß begonnen und entsprechend der festgelegten Reihenfolge mit den anderen Teilprozessen fortgesetzt. Sobald ein Umsetzungspaket vollständig bestimmt ist, kann dafür ein neues Teilprojekt definiert werden, das nach den Richtlinien und Anforderungen des Teilprojektgateways *Integration* (i) begonnen werden kann.

Nachdem die Funktionen aller Geschäftsprozesse und alle übrigen, nicht Prozessen zugeordneten Unternehmensfunktionen auf Umsetzungspakete verteilt sind, wird abschließend eine Vollständigkeitsprüfung durchgeführt. Dadurch soll sichergestellt werden, daß alle Unternehmensfunktionen Umsetzungspaketen zugeteilt wurden.

I.1 Rangfolge der Teilprozesse ist festgelegt und dokumentiert

Durch die Rangfolge der Teilprozesse wird festgelegt, mit welchen Prioritäten die Teilprozesse und die zugehörigen Informationssysteme umgesetzt werden sollen. Die Rangfolge bestimmt, in welcher zeitlichen Reihung die Teilprozesse der Teilprojekte in Umsetzungspakete überführt werden sollen.[389] Neben den Teilprozessen müssen auch die restlichen Funktionen, die von der IBSIS-Einführung berührt werden, in die Reihung einbezogen werden.

Ziel ist es, jene Teilprozesse zuerst zu implementieren, die den größten Beitrag zu den Unternehmenszielen leisten. Wie in der Phase *Vorbereitung* beschrieben, sollte sich BPR auf Prozesse konzentrieren, in denen hohe Wertschöpfungspotentiale zu finden sind. Der Schwerpunkt liegt somit auch bei der Implementierung der Prozesse auf den Kerngeschäftsprozessen, die aus den primären Aktivitäten des Unternehmens abgeleitet wurden.[390]

Es dürfen aber nicht nur die Kernprozesse betrachtet werden, in die Reihung sind auch die Prozesse, welche zu den sekundären Bereichen gehören und die Funktionen, die keinem Prozeß zugeordnet wurden, einzubeziehen. Es ist Aufgabe der Mitglieder des Steuerkreises, die Teilprozesse und Funktionen den Unternehmenszielen gegenüberzustellen und sie aufgrund ihres Beitrags zu den Zielen zu reihen.

Die Informationen über Unternehmensziele und kritische Erfolgsfaktoren können der strategischen Planung des Unternehmens entnommen werden.[391] Die Beiträge der Teilprozesse zu den Unternehmenszielen sind aus den Beschreibungen über Prozeßziele und Prozeßstrategien abzuleiten, die ebenfalls in der Vorbereitungsphase für jeden Prozeß beziehungsweise Teilprozeß erstellt wurden.[392] Für jeden Prozeß kann dann festgehalten werden, ob und wieviele Erfolgsfaktoren des Unternehmens unterstützt werden. Diejenigen Prozesse, die möglichst viel zu Unternehmenszielen und Erfolgsfaktoren beitragen, erhalten die höchste Umsetzungspriorität und werden in Folge als erste in Umsetzungspakete überführt.

In einer zweiten Runde sollten von ausgewählten Führungskräften des Unternehmens, die nicht bei der ersten Reihung teilgenommen haben, die Ergebnisse evaluiert werden. Sie müssen dabei aus ihrer Perspektive die Bedeutung der Teilprozesse für das Unternehmen bewerten und die Prozesse erneut reihen. In einer abschließenden Diskussion kann die endgültige Rangfolge festgelegt werden.[393]

I.2 Umsetzungspakete und Teilprojekte sind definiert

In der allgemeinen Beschreibung der Phase *Integration* wurde die Problematik der prozeßorientierten Einführung eines IBSIS, wenn dieses funktional aufgebaut ist, ausführlich diskutiert. Dieses Problem wird hier dadurch gelöst, daß für die Dauer der Implementierung des IBSIS die Prozeßsicht zumindest teilweise aufgegeben und nach der Struktur des IBSIS vorgegangen wird. Spätestens nachdem alle Teile des IBSIS und der ergänzenden Informationssysteme installiert wurden, sind die Teilprozesse wieder vollständig vorhanden.

Der hier beschriebene Kontrollpunkt kann als Vorbereitung für das Bilden neuer Teilprojekte gesehen werden, deren Hauptaufgabe es ist, die Informationssysteme zu realisieren. Das Vorgehen orientiert sich noch an den Untersuchungsbereichen der BPR-Teams, also an den Teilprozessen. Der hier beschriebene Kontrollpunkt muß von jedem BPR-Team durchlaufen werden.

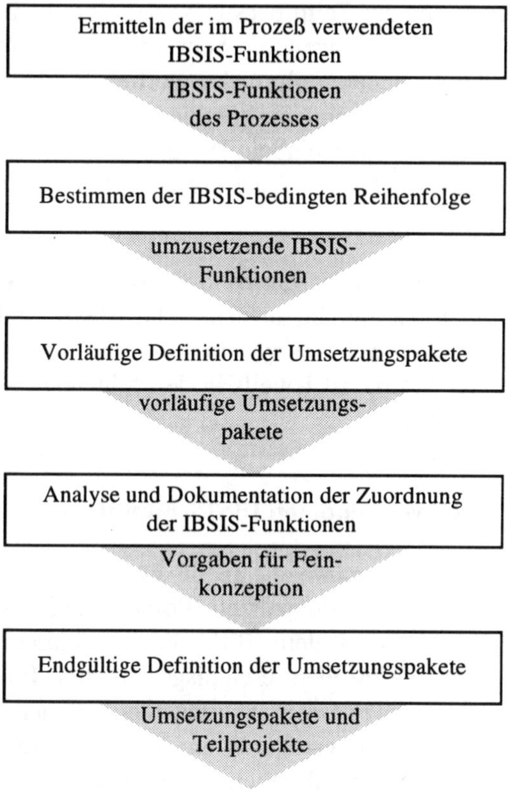

```
┌─────────────────────────────────────────┐
│  Ermitteln der im Prozeß verwendeten    │
│         IBSIS-Funktionen                │
└─────────────────────────────────────────┘
        ▼ IBSIS-Funktionen
          des Prozesses
┌─────────────────────────────────────────┐
│  Bestimmen der IBSIS-bedingten Reihenfolge │
└─────────────────────────────────────────┘
        ▼ umzusetzende IBSIS-
          Funktionen
┌─────────────────────────────────────────┐
│  Vorläufige Definition der Umsetzungspakete │
└─────────────────────────────────────────┘
        ▼ vorläufige Umsetzungs-
          pakete
┌─────────────────────────────────────────┐
│  Analyse und Dokumentation der Zuordnung │
│         der IBSIS-Funktionen            │
└─────────────────────────────────────────┘
        ▼ Vorgaben für Fein-
          konzeption
┌─────────────────────────────────────────┐
│  Endgültige Definition der Umsetzungspakete │
└─────────────────────────────────────────┘
        ▼ Umsetzungspakete und
          Teilprojekte
```

Abbildung 4-30 Ableiten von Umsetzungspaketen

Das Ergebnis dieses Kontrollpunktes sind somit zeitlich gereihte Umsetzungspakete, welche

- die Bedeutung eines Teilprozesses für das Unternehmen,[394]
- die Anforderungen des IBSIS,

- die Anforderungen anderer Teilprozesse an einzelne Funktionen und
- die personellen und finanziellen Kapazitäten des Unternehmens

berücksichtigen. Um dieses Ergebnis zu erzielen, sind die in Abbildung 4-30 dargestellten Schritte abzuarbeiten.

Bevor mit dem ersten Schritt begonnen werden kann, ist zu überprüfen, ob der zu bearbeitende Prozeß auch der Prozeßrangfolge entspricht und alle Vorgängerprozesse bereits in Umsetzungspakete aufgeteilt wurden. Die festgelegte Prozeßrangfolge, welche die Bedeutung der Teilprozesse für das Unternehmen zum Ausdruck bringt, ist Voraussetzung für alle weiteren Schritte.[395] Außerdem sollte überprüft werden, ob alle Ergebnisse jener Teilprojekte vorliegen, von denen zu erwarten ist, daß ihre Teilprozesse dieselben oder zumindest die zum selben IBSIS-Modul gehörenden IBSIS-Funktionen verwenden. Wenn nicht, sollte man vorher darauf warten, bis für diese Teilprojekte das Gateway *Grobdesign mit IBSIS* (gd) verabschiedet wurde.

Mit Hilfe einer zweidimensionalen Matrix, die einerseits IBSIS-Funktionen und andererseits die Teilprozesse enthält, in denen die IBSIS-Funktionen verwendet werden, sollen die folgenden Schritte systematisch und transparent dokumentiert werden. Der Aufbau der Matrix ist jeweils in den folgenden Schritten dargestellt (vgl. Abbildung 4-31 - 4-35).

Ermitteln der im Prozeß verwendeten IBSIS-Funktionen

Zunächst muß bestimmt werden, welche IBSIS-Funktionen im Ausgangsteilprozeß die einzelnen Prozeßschritte unterstützen. Voraussetzung ist hierfür, daß beim Abgleich des SOLL-Prozesses mit dem IBSIS die Zuordnung der IBSIS-Funktionen zu den Prozeßschritten in den ereignisgesteuerten Prozeßketten (eEPK) dokumentiert wurde.[396] Ist dieses Ergebnis vorhanden, können die IBSIS-Funktionen, wie in Abbildung 4-31 dargestellt, in die Matrix übernommen werden. Es werden dabei nur solche IBSIS-Funktionen eingetragen, die noch keinem Umsetzungspaket, das aus anderen Teilprozessen abgeleitet wurde, zugeordnet sind. Diese Information wird im Schritt 4 *Analyse und Dokumentation der Zuordnung der IBSIS-Funktionen* in die Prozeßkette (eEPK) eines Prozesses eingetragen.

Neben den IBSIS-Funktionen müssen in die Matrix auch jene Informationssysteme in die Matrix eingetragen werden, die das IBSIS ergänzen sollen, um den Anforderungen des Prozesses gerecht zu werden. Sie gehen ebenfalls aus den Prozeßketten (eEPK) der Teilprozesse hervor.

In die Matrix wird nicht nur der Name des Prozesses eingetragen, sondern auch die Nummer der Prozeßfunktionen[397], um die Suche nach diesen Funktionen in den Modellen zu einem späteren Zeitpunkt zu vereinfachen.

IBSIS- und IS-Funktionen	IBSIS-bedingte Reihenfolge	Voraussetzung	Teilprozesse und Teilprozeßfunktionen				endgültige Reihenfolge	Starttermin	Endtermin
			A						
Basis-IS/Netze			A						
Finanzen-FI101			A1.8						
Finanzen-FI102			A1.9						
Controlling-CO3			A2.6						
Produktion-P36			A3.2						
IS-Zeiterfassung			A3.16						
...									

Abbildung 4-31 IBSIS/Teilprozeßmatrix
Schritt 1: Eintragen der IBSIS-Funktionen des Ausgangsprozesses[398]

Bestimmen der IBSIS-bedingten Reihenfolge

Im zweiten Schritt wird die IBSIS-bedingte Implementierungsreihenfolge ermittelt. Dabei gilt es nicht nur, die in die Matrix bereits eingetragenen Funktionen zu reihen, sondern auch jene Funktionen in die Matrix aufzunehmen, deren Implementierung Voraussetzung für die Implementierung der bereits dokumentierten Funktionen ist. Beide Sachverhalte werden in der Matrix, wie in Abbildung 4-32 dargestellt.

IBSIS-Funktionen, die in keiner Beziehung zueinander stehen und demnach gleichzeitig implementiert werden können, werden unabhängig voneinander numeriert. Welche Reihenfolge letztendlich zu wählen ist, hängt vom IBSIS ab. Sie ist nach den Empfehlungen des Herstellers oder eines IBSIS-Beraters vorzunehmen.

IBSIS- und IS-Funktionen	IBSIS-bedingte Reihenfolge	Voraussetzung	Teilprozesse und Teilprozeßfunktionen A					endgültige Reihenfolge	Starttermin	Endtermin
Basis-IS/Netze	1		A							
Finanzen-FI101	1		A1.8							
Finanzen-FI102	2		A1.9							
Controlling-CO3	3	FI	A2.6							
Produktion-P36	1	MM	A3.2							
Zeiterfassung	1		A3.16							
Einkauf-MM1-6										
...										

Abbildung 4-32 IBSIS/Teilprozeßmatrix
Schritt 2: Eintragen der IBSIS-bedingten Reihenfolge

Vorläufige Definition der Umsetzungspakete

Nachdem die IBSIS-bedingte Reihenfolge sowie alle abhängigen IBSIS-Funktionen bestimmt wurden, können nun unter Berücksichtigung der betrieblichen Kapazitäten vorläufige Umsetzungspakete erstellt werden. Beispiele für Faktoren, die einen Einfluß auf den Umfang der Pakete haben, sind

- die Verfügbarkeit von Mitarbeitern für die Teilprojekte,
- das vorhandene und noch aufzubauende Know-how der potentiellen Teilprojektmitarbeiter und der Endanwender in den Fachbereichen,
- das Verfolgen einer schrittweisen Einführungsstrategie oder der gleichzeitigen Installation von mehreren Modulen des IBSIS (Big Bang-Strategie) sowie
- die Verfügbarkeit der technischen Infrastruktur (Hardware, Räume, etc.).[399]

In Abbildung 4-33 ist das Zusammenfassen von Informationssystem-Funktionen zu Umsetzungspaketen graphisch dargestellt.

Ein wichtiges Ziel ist, die Umsetzungspakete so zu definieren, daß möglichst wenig Schnittstellen zwischen ihnen bestehen und keine Übergangslösungen, zum

Beispiel zur Aufbereitung von Daten, vorgesehen werden müssen, um ein Paket zu installieren. Sind trotzdem Schnittstellen erforderlich, sind sie nach den Anforderungen der Schnittstellenbeschreibung[400] zu dokumentieren.

IBSIS- und IS-Funktionen	IBSIS-bedingte Reihenfolge	Voraussetzung	Teilprozesse und Teilprozeßfunktionen							endgültige Reihenfolge	Starttermin	Endtermin
			A									
Basis-IS/Netze	1		A									
Finanzen-FI101	1		A1.8									
Finanzen-FI102	2		A1.9									
Controlling-CO3	3	FI	A2.6									
Produktion-P36	1	MM	A3.2									
Einkauf-MM1-6												
Zeiterfassung	1		A3.16									
...												

Abbildung 4-33 IBSIS/Teilprozeßmatrix
Schritt 3: Vorläufige Definition von Umsetzungspaketen

Wenn zwischen den ergänzenden Informationssystemen und dem IBSIS geringe Abhängigkeiten bestehen und die neu zu entwickelnden Systeme komplex genug sind, um sie in einem eigenen Team zu lösen, sind sie ebenfalls in eigenen Umsetzungspaketen zusammenzufassen. Die dafür notwendigen Schnittstellen wurden bereits in der Phase *Grobdesign mit IBSIS* erstellt. Handelt es sich nur um geringfügige Erweiterungen einer IBSIS-Funktion, sind diese dem jeweiligen Umsetzungspaket zuzuordnen.

Analyse und Dokumentation der Zuordnung der IBSIS-Funktionen

Eine IBSIS-Funktion kann nicht nur in einem einzigen Teilprozeß genutzt werden, sondern auch in mehreren. Diese Information zu erfassen und zu dokumentieren, ist Aufgabe des vierten Schrittes. Es werden alle von den Teilprojektteams erstellten Prozeßmodelle untersucht, ob sie einzelne IBSIS-Funktionen des in der IBSIS/Teilprozeßmatrix dargestellten Prozesses enthalten.

Wurde ein computergestütztes Werkzeug zum Erstellen der Modelle eingesetzt, dem eine Datenbank zur Verwaltung der Objekte eines Modells zugrunde liegt, können durch diverse Abfragen dieser Datenbank die gewünschten Informationen leicht herausgefiltert werden. Ansonsten muß man die Modelle manuell durchsuchen. Die Information ist aber unbedingt notwendig, um die Umsetzungspakete überschneidungsfrei zu gestalten. Es sind nicht nur die Teilprozesse zu analysieren, sondern auch alle anderen Funktionen des Unternehmens, die durch das IBSIS oder andere Informationssysteme betroffen sind, zu erheben.

Wie die Zuordnung in der IBSIS/Teilprozeßmatrix erfolgt, ist in Abbildung 4-34 dargestellt. Wie bereits erwähnt, ist auch hier nicht nur der Name des Prozesses zu erfassen, sondern zusätzlich die Nummer der Prozeßfunktion, der die Informationssystem-Funktion zugeordnet ist.

IBSIS- und IS-Funktionen	IBSIS-bedingte Reihenfolge	Voraussetzung	Teilprozesse und Teilprozeßfunktionen					endgültige Reihenfolge	Starttermin	Endtermin
			A	B	C	D	...			
Basis-IS/Netze	1		A							
Finanzen-FI101	1		A1.8			D1.11				
Finanzen-FI102	2		A1.9			D1.12				
Controlling-CO3	3	FI	A2.6		C2.8					
Produktion-P36	1	MM	A3.2							
Einkauf-MM1-6				B2						
Zeiterfassung	1		A3.16							
...										

Abbildung 4-34 IBSIS/Teilprozeßmatrix
Schritt 4: Erfassen aller durch die IBSIS-Funktionen betroffenen Prozesse

Neben der Dokumentation in der Matrix wird in der jeweiligen Prozeßkette (eEPK) bei der Informationssystem-Funktion festgehalten, welchem Umsetzungspaket sie zugeordnet wurde. Dadurch wird verhindert, daß Funktionen mehrfach Umsetzungspaketen zugeordnet werden.

Die Matrix ist in ihrer momentanen Form eine wichtige Vorgabe für die Feinkonzeption der Informationssysteme. Durch sie kann festgestellt werden, welche

Anforderungen der Teilprozesse und Abhängigkeiten der Prozeßfunktionen bei den einzelnen IBSIS- und ergänzenden Informationssystem-Funktionen zu berücksichtigen sind. Sie ist das Verbindungsglied von IBSIS-Funktionen und Prozeßfunktionen. Durch sie können nicht nur Vorgaben für das Informationssystem bestimmt, sondern auch Anforderungen an die Arbeitsorganisation abgeleitet werden. Die Information darüber ist zwar in den Prozeßmodellen (Funktionsbeschreibung, zuständige Organisationseinheit, Ergebnisse etc.) und zusätzlichen Beschreibungen zu finden, aber die Prozeßmatrix weist den Weg zu dieser Information.

Endgültige Definition der Umsetzungspakete

Nachdem alle Funktionen sowohl aus dem Ausgangsprozeß als auch aus den anderen Teilprozessen den vorläufigen Umsetzungspaketen zugeordnet sind, müssen in einem abschließenden Schritt die Umsetzungspakete endgültig bestimmt werden. Für jedes Umsetzungspaket wird dann in weiterer Folge ein Teilprojekt ins Leben gerufen.

Da ein Umsetzungspaket nun nicht nur die Anforderungen des Ausgangsprozesses enthält, sondern es auch den Ansprüchen anderer Teilprozesse gerecht werden muß, ist davon auszugehen, daß die Komplexität des Paketes zugenommen hat. Ist zu erwarten, daß ein maximal siebenköpfiges Team[401] die Aufgaben, die durch ein Paket anfallen, nicht innerhalb der im Gatewayplan vorgesehenen Zeit erfüllen kann, ist das Umsetzungspaket in mehrere kleinere Einheiten zu zerlegen.

Zum Abschluß sind die Umsetzungspakete unter Berücksichtigung der verfügbaren Ressourcen für ihre Implementierung in eine zeitliche Reihenfolge zu bringen. Es wird dabei von der IBSIS-bedingten Reihenfolge ausgegangen, die bereits zeigt, welche Funktionen parallel und welche nacheinander zu implementieren sind. Es sind die vorhandenen und geplanten Kapazitäten zu prüfen, inwieweit sie ausreichen, um die Aufgaben in der vorgesehenen Reihenfolge zu erfüllen. Beispiele für Faktoren, die den Umfang eines Umsetzungspakets und seine Implementierungsreihenfolge beeinflussen, wurden bereits im Schritt 3 *Vorläufige Definition der Umsetzungspakete* angeführt. Unter Berücksichtigung von eventuellen zusätzlichen Kapazitäten, die zum Beispiel von externen Beratern zugekauft werden können, kann dann die endgültige Reihenfolge festgelegt werden. Die vollständige IBSIS/Teilprozeßmatrix ist in Abbildung 4-35 dargestellt.

Für jedes Umsetzungspaket wird ein Teilprojekt gebildet, dessen geplanter Start- und Endtermin ebenfalls in die Matrix eingetragen werden sollte. Die Terminplanung erfolgt in Abstimmung mit den im Gatewayplan vorgesehenen Terminen auf Gesamtprojektebene.

IBSIS- und IS-Funktionen	IBSIS-bedingte Reihenfolge	Voraussetzung	Teilprozesse und Teilprozeßfunktionen					endgültige Reihenfolge	Starttermin	Endtermin
			A	B	C	D	...			
Basis-IS/Netze	1		A					1		
Finanzen-FI101	1		A1.8			D1.11		1		
Finanzen-FI102	2		A1.9			D1.12		2		
Controlling-CO3	3	FI	A2.6		C2.8			3		
Produktion-P36	1	MM	A3.2					5		
Einkauf-MM1-6				B2				4		
Zeiterfassung	1		A3.16					1		
...										

Abbildung 4-35 IBSIS/Teilprozeßmatrix
Schritt 5: Endgültige Definition von Umsetzungspaketen und Festlegen der Teilprojekte

I.3 Alle Teilprojektergebnisse sind Umsetzungspaketen zugeordnet

Wenn alle Funktionen der Teilprozesse und auch die restlichen Unternehmensfunktionen, die in keinem Prozeß vorkommen, aber trotzdem vom IBSIS betroffen sein werden, den Kontrollpunkt I.2 *Umsetzungspakete und Teilprojekte sind definiert* durchlaufen haben, sollte man sicherheitshalber die Umsetzungspakete auf Vollständigkeit überprüfen. Dies wird auch deshalb empfohlen, weil die Ergebnisse der einzelnen Teilprojekte zeitlich versetzt anfallen und dementsprechend zeitlich versetzt zu Umsetzungspaketen zusammengefaßt werden. Hierdurch und durch die nicht geringe Komplexität der Aufgabenstellung kann es leicht vorkommen, daß die eine oder andere Funktion übersehen wird.

Die in der Organisationsdokumentation vorhandenen ereignisgesteuerten Prozeßketten (eEPK) sind Ausgangspunkt für das Überprüfen der Teilprozesse und der restlichen Funktionen. Sie sind aus den Teilprojekten hervorgegangen und wurden im Rahmen des Kontrollpuntes IA.2 *Alle Grobentwürfe sind in einem Gesamtkonzept (SOLL-Organisationskonzept) integriert und dokumentiert* um die Prozeßketten der restlichen Unternehmensfunktionen ergänzt. Jede in der eEPK beschriebene Informationssystemfunktion wurde mittlerweile einem Umsetzungspaket zugeordnet, was in den eEPKs auch dokumentiert wurde. Durch eine systematische Analyse aller in der Organisationsdokumentation vorhandenen Prozeßketten kann leicht festgestellt werden, ob irgendwelche Lücken in der Zuordnung bestehen. Wird eine nicht zugeordnete Funktion entdeckt, muß sie entsprechend ihrer sachlogischen Abhängigkeit von anderen Informationssystem-Funktionen einem Umsetzungspaket zugeordnet werden.

Erkennt man erst zu einem späteren Zeitpunkt, möglicherweise erst während des Echtbetriebs, die Unvollständigkeit von Umsetzungspaketen, ist mit hohen Kosten für die Beseitigung der zu erwartenden Probleme zu rechnen. Insofern ist der Aufwand für die Überprüfung der Vollständigkeit der Umsetzungspakete gerechtfertigt.

4.7 PHASE FEINKONZEPTION

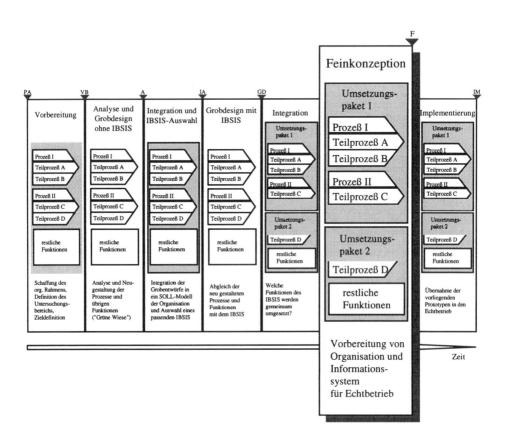

Ziel der Phase *Feinkonzeption* ist es, das IBSIS, ergänzende Informationssysteme und die Arbeitsorganisation zu entwickeln, um sie in der nächsten Phase *Implementierung* in den Echtbetrieb übernehmen zu können. Durch die zuvor in der Phase *Integration* definierten Umsetzungspakete wurden die Aufgabenbereiche für die Software-Teams abgegrenzt. Es wurde dadurch festgelegt, welche Unternehmensfunktionen gemeinsam umgesetzt werden sollen.

Bevor mit der Entwicklung der Teilsysteme begonnen werden kann, sind die bisher erstellten Grobentwürfe zu verfeinern und die Feinkonzepte zu erstellen. Dies ist notwendig, da die in den Phasen *Analyse und Grobdesign ohne IBSIS* und *Grobdesign mit IBSIS* erstellten Entwürfe nicht detailliert genug sind, um als Entscheidungsgrundlage und Vorgabe für die Entwicklung ergänzender Informationssysteme und die endgültige Anpassung des IBSIS zu dienen. Außerdem kann der Hardwarebedarf für die künftige Organisation aus den Grobkonzepten noch nicht genau bestimmt werden. Die Mitarbeiter des Software- und der BPR-Teams müssen daher Funktions-, Daten- und Organisationsarchitektur soweit verfeinern, bis daraus konkrete Vorgaben für die Entwicklung dieser Teilbereiche und der Hardwarebedarf abgeleitet werden können.

Nach den Vorgaben der Feinkonzepte können schließlich im nächsten Schritt ergänzende Informationssysteme und das IBSIS entwickelt werden. Im Gegensatz zur Entwicklung der ergänzenden Informationssysteme, die nach der klassischen Systementwicklung abläuft, ist das Entwickeln des IBSIS vorwiegend durch die Aufgaben Parametrisieren von Aufbau- und Ablauforganisation und Erstellen der Formulare und Berichte gekennzeichnet.

Nachdem auch die Arbeitsorganisation entwickelt ist, müssen die Teilsysteme integriert und durch technische und organisatorische Tests evaluiert werden. Sobald ein Umsetzungspaket alle Tests erfolgreich bestanden hat und die künftigen Endanwender das Paket abgenommen haben, steht der Aufnahme des Echtbetriebs des durch das Umsetzungspaket begrenzten Ausschnitts der SOLL-Organisation in der nächsten Phase *Implementierung* nichts mehr im Wege.

4.7.1
GATEWAY FEINKONZEPTION
TEILPROJEKT (f)

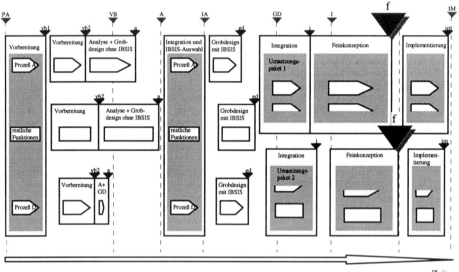

Gateway Feinkonzeption
Teilprojektebene

f ▼

Nr.	Ergebnisse/Kontrollpunkte	Termin	Beteiligte/ Verantwortung
	Informationssystem		
f.1	Informationssystem-Prototyp ist entwickelt		IV-Abteilung, SW-Team, ***PL-Teilprojekt***, Berater, P-Controller, BPR-Teams
f.2	Arbeitsorganisation ist entwickelt		Berater, SW-Team, ***BPR-Teams***
f.3	Integrationstest (technisch und organisatorisch) ist durchgeführt und dokumentiert		SW-Team, BPR-Teams, IV-Abteilung, Berater, PL-Teilprojekt, ***PL-Gesamt***
f.4	Umsetzungspaket wurde im Testlabor gemeinsam mit Betriebsrat und künftigen Betroffenen evaluiert		SW-Team, BPR-Teams, ***PL-Gesamt***
	Projektorganisation		
f.5	Vorbereitung des Abbaus von Altsystemen und der Übernahme der Daten ist abgeschlossen		SW-Team, ***IV-Abteilung***, Berater, Fachbereiche
f.6	Anwender sind für neue Aktivitäten ausgebildet		SW-Team, ***PL-Teilprojekt***, Berater, Fachbereiche
f.7	Maßnahmenplan zur Einführung der Teilprozesse ist angepaßt und beschrieben		Berater, SW-Team, ***PL-Teilprojekt***, P-Controller, PL-Gesamt
f.8	Installationskonzept wurde erstellt und dokumentiert		Berater, PL-Gesamt, ***PL-Teilprojekt***, SW-Team, BPR-Teams

Gateway Feinkonzeption Teilprojektebene			f ▼
Nr.	Ergebnisse/Kontrollpunkte	Termin	Beteiligte/ *Verantwortung*
	Business Process Redesign-Klima		
f.9	Organisation ist für Echtbetrieb der neuen Aktivitäten vorbereitet		*Sponsor* Steuerkreis, PL-Teilprojekt, PL-Gesamt, SW-Team, BPR-Teams

Im Teilprojektgateway *Feinkonzeption* (f) sind alle Aufgaben zusammengefaßt, die durchzuführen sind, um ein Umsetzungspaket bis zur Einführungsreife zu entwickeln. In erster Linie betreffen diese Aufgaben den Entwurf und die Entwicklung der Informationssysteme und der Arbeitsorganisation.

Daneben gibt es aber eine Reihe von Aufgaben, die begleitend zur Entwicklung durchzuführen sind, und durch die wichtige Voraussetzungen für eine erfolgreiche Implementierung eines Umsetzungspakets geschaffen werden. Dazu gehören Kontrollpunkte, deren Inhalte zum Beispiel die Ausbildung der Endanwender oder das Erstellen des Installationskonzepts betreffen.

Wesentliche Grundlagen für die Verabschiedung des Teilprojektgateways durch den Steuerkreis ist, neben den in den Kontrollpunkten zu erstellenden Ergebnisdokumenten die Abnahme des Umsetzungspakets durch die künftigen Endanwender.

f.1 Informationssystem-Prototyp ist entwickelt

In der Phase *Grobdesign mit IBSIS* wurde für jeden Teilprozeß und auch für die restlichen Funktionen, die keinem Teilprozeß zugeordnet sind, ein grober Prototyp des IBSIS im Testlabor entwickelt. Parallel dazu wurden die SOLL-Prozeßmodelle an die Möglichkeiten des IBSIS angepaßt.[402] Die betrieblichen und informationstechnischen Abhängigkeiten der einzelnen IBSIS-Funktionen wurden durch das Bilden von Umsetzungspaketen in der Phase *Integration* erfaßt und in der IBSIS/Teilprozeßmatrix dokumentiert.[403] Ziel ist es nun, auf der Basis dieser Vorgaben den Informationssystem-Prototypen, der sowohl das IBSIS als auch die ergänzenden Informationssysteme umfaßt, vollständig zu entwickeln, um ihn in der nächsten Phase produktiv einsetzen zu können.

Abbildung 4-36 zeigt, welche Schritte zu durchlaufen sind, um ein produktiv einsetzbares IBSIS sowie ergänzende Informationssysteme zu entwickeln.

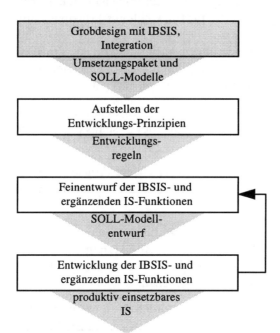

Abbildung 4-36 Entwickeln des produktiv einsetzbaren Informationssystems

Die Vorgaben und Grundlagen für die Parametrisierung des IBSIS und die Entwicklung ergänzender Informationssysteme sind im speziellen die Prozeßmodelle in Form von ereignisgesteuerten Prozeßketten (eEPK), die im Testlabor vorhandenen groben Prozeßprotoypen und der für das Umsetzungspaket relevante Ausschnitt der IBSIS/Teilprozeßmatrix. Der graue Kasten in Abbildung 4-36 verweist auf die Projektphasen, in denen diese Ergebnisse produziert wurden.

Aufstellen der Entwicklungs-Prinzipien

Entwicklungs-Prinzipien sollen den Projektmitarbeitern helfen, bestimmte Standards beim Erstellen der Informationssysteme einzuhalten. Wichtig dabei ist, daß alle Mitarbeiter gemeinsam diese Prinzipien vereinbaren und diese schriftlich dokumentieren. Bei regelmäßigen Qualitätskontrollen muß überprüft werden, ob die aufgestellten Entwicklungs-Prinzipien eingehalten werden.

Die Entwicklungs-Prinzipien beinhalten neben Regeln für die Parametrisierung des IBSIS und Grundsätzen für die Entwicklung ergänzender Informationssysteme auch Regeln für die Koordination und Zusammenarbeit der Projektmitarbeiter. Im folgenden sind einige Beispiele für Entwicklungs-Prinzipien aufgezählt:

- Es werden keine Veränderungen im Programmcode des IBSIS vorgenommen. Das IBSIS wird ausschließlich durch die vom Hersteller vorgesehenen Möglichkeiten an die Benutzeranforderungen angepaßt.

- Jede Änderung von Parametern des IBSIS muß zielgerichtet sein. Es darf auf keinen Fall zu einer Destabilisierung des Systems durch zielloses Parametrisieren kommen.

- Beeinflussen Einstellungen im IBSIS andere Projekte oder andere Teilbereiche des eigenen Projektes, koordinieren sich die Verantwortlichen dieser Teilbereiche selbst.

- Sowohl IBSIS als auch ergänzende Informationssysteme werden prototyping-orientiert entwickelt und somit iterativ verfeinert. Es werden die Schritte Feinentwurf, Entwicklung und Test solange durchlaufen, bis die Prototypen den Benutzeranforderungen entsprechen.

- Sobald das IBSIS den Benutzeranforderungen entspricht und für den Produktivbetrieb ausreichend stabil ist, werden die Einstellungen schriftlich dokumentiert.

Wichtig ist, daß sich die Projektmitarbeiter mit den Regeln und Prinzipien identifizieren und danach handeln. Die Grundsätze sollten daher in einem Diskussionsprozeß gemeinsam erarbeitet und nicht einfach verordnet werden.

Feinentwurf der IBSIS- und ergänzenden IS-Funktionen

Im ersten Schritt sind anhand der IBSIS/Teilprozeßmatrix alle Prozeßmodelle (eEPK) zu bestimmen, die mit den im Umsetzungspaket enthaltenen IBSIS- und IS-Funktionen in Verbindung stehen. Die bisher entwickelten Modelle beschreiben die Prozesse allerdings nur relativ grob. Aussagen über Details einzelner Funktionen, zum Beispiel über den Aufbau der verwendeten Formulare und Berichte innerhalb eines Prozesses, fehlen noch. Auch für die ergänzenden Informationssysteme existieren lediglich Beschreibungen der Schnittstellen und grobe Beschreibungen ihrer geplanten Funktionalität.

Die vorhandenen Dokumente über Prozeßergebnisse, Kunden, Ablauf, Regeln und Prinzipien, Stärken und Schwächen sowie Kenngrößen[404] eines Prozesses sind

Ausgangspunkt und Richtlinie für den nun durchzuführenden Feinentwurf. Da in den Umsetzungspaketen Prozesse nicht vollständig abgebildet sein müssen, sind aus den Prozeßbeschreibungen mit Hilfe der IBSIS/Teilprozeßmatrix die relevanten Teile herauszufiltern.

Der Feinentwurf umfaßt folgende Teilbereiche:

- **Aufbauorganisation**: Funktionen innerhalb eines Prozesses müssen Stellen zugeordnet werden. Die Aufgabenverteilung kann in einem Funktionendiagramm[405] übersichtlich dargestellt werden. Das Funktionendiagramm ist eine zweidimensionale Matrix, die Stellen und Funktionen zueinander in Beziehung setzt. Aus dem Funktionendiagramm können schließlich die Berechtigungen der Stellen für den Zugriff auf verschiedene Funktionen des IBSIS abgeleitet werden. Außerdem unterstützt es die Planung der Endanwenderschulungen und der Informatikressourcen. In Abbildung 4-37 ist ein Beispiel eines Funktionendiagramms dargestellt. Für unterschiedliche Prozesse sind unterschiedliche Funktionendiagramme zu erstellen. Sofern es sich nur um Prozeßteile handelt, beschränkt sich ein Funktionendiagramm auf diese Prozeßteile.

- **Ablauforganisation**: Die Ablaufbeschreibungen der Prozesse in Form von ereignisgesteuerten Prozeßketten (eEPK) sind soweit zu verfeinern, bis genug Detailinformation vorliegt, um die Teilschritte im IBSIS abbilden beziehungsweise ergänzende Informationssysteme entwerfen zu können. Im Zuge dieser Verfeinerung sind auch die Kontrollverfahren für die Prozeßfunktionen zu definieren. Es soll dadurch erreicht werden, daß Funktionen korrekt ausgeführt werden, Belege ordnungsgemäß weitergegeben werden und Daten konsistent sind. Kontrollverfahren müssen deshalb festgelegt werden, da sie zumindest teilweise im IBSIS abzubilden sind.

- **Formularwesen**: Es sind alle Formulare, die in einem Prozeß benötigt werden, zu beschreiben und zu gestalten. Es geht dabei nicht nur um das Layout eines Formulars, sondern auch um seine Verwendung und seinen Weg durch einen Prozeß. Anhaltspunkte liefern dafür die verfeinerten ereignisgesteuerten Prozeßketten. Da Workflow-Management-Systeme bereits auch Bestandteil eines IBSIS sein können, muß der Belegfluß klar definiert sein, um ihn im IBSIS abbilden zu können.[406]

- **Berichtswesen**: Durch das Berichtswesen werden die schriftlichen Berichterstattungen der an einem Prozeß beteiligten Stellen beschrieben. In bezug auf das IBSIS geht es vor allem darum, die benötigten Berichte und Listen zu identifizieren und zu beschreiben.[407]

Funktionen \ Stellen	Rechnungswesen	Einkauf Ersatzteile	Verkauf Ersatzteile	Ersatzteil Fakturierung	Lager Ersatzteile	Reparatur Abwicklung	Mechaniker	...
Reparaturauftrag annehmen						D	I	
Autos reparieren						I	D	
Reparaturrechnung bearbeiten	K					D		
Ersatzteilbestellung bearbeiten		D			I			
Ersatzteil ausliefern		I	I	I	D			
Ersatzteilrechnung bearbeiten	K		I	D				
...								

Legende: GE = Grundsatzentscheidung   D = Durchführung
R   = Richtlinien festlegen   K = Kontrolle
V   = Vorschläge   DS = Durchführung in Sonderfällen
B   = Begleitung   I = Information
E   = Entscheidung   ES = Entscheidung in Sonderfällen

Abbildung 4-37 Beispiel für ein Funktionendiagramm

- **Ergänzende Informationssysteme**: Auch für die Entwicklung der ergänzenden Informationssysteme sind detaillierte Konzepte als Entwicklungsvorgaben zu erstellen. Bisher gibt es nur eine grobe Beschreibung der Funktionalität und eine genaue Beschreibung der Schnittstelle zum IBSIS.[408] Deshalb sind zumindest Daten und Funktionen eines ergänzenden Informationssystems im Detail zu entwerfen, um konkrete Vorgaben für die Entwicklung zur Verfügung stellen zu können.[409]

Der Feinentwurf der aufgezählten Teilbereiche wird iterativ mit der folgenden Parametrisierung des IBSIS und Entwicklung ergänzender IS-Funktionen durchgeführt. In Abbildung 4-36 ist dies durch den Pfeil vom Schritt Entwicklung zum Schritt Feinentwurf dargestellt.

Entwicklung der IBSIS- und ergänzenden IS-Funktionen

Nachdem die im Umsetzungspaket zusammengefaßten Prozeßmodelle und -beschreibungen verfeinert wurden, kann anhand dieser Vorgaben das IBSIS im Testlabor vollständig parametrisiert werden. Außerdem sind alle ergänzenden Informationssysteme zu programmieren.

Sämtliche Einstellungen im IBSIS sowie die neu entwickelten Informationssysteme müssen ausreichend getestet werden. Idealerweise wird hierfür ein Testplan erstellt, in dem der Testzyklus, Beteiligte und vor allem die Testdaten beschrieben sind.[410]

Ergebnis dieses Schrittes ist ein vollständig parametrisiertes IBSIS, das produktiv eingesetzt werden kann. Teilaufgaben der Parametrisierung des IBSIS sind

- Einrichten der Aufbauorganisation,
- Parametrisieren der Ablauforganisation,
- Erstellen der Formulare,
- Erstellen der Berichte und Listen und
- Festlegen der Anwenderberechtigungen.[411]

Wie bereits erwähnt, müssen parallel dazu alle ergänzenden Informationssysteme programmiert werden. Es geht hier vor allem um die Entwicklung des Datensystems und der Funktionen. Je nach Komplexität der ergänzenden Informationssysteme sind auch Transportsystem und Sicherungssystem zu entwickeln.[412] Durch Tests nach dem aufgestellten Testplan soll schließlich gewährleistet werden, daß die neu entwickelten Informationssysteme soweit fehlerfrei sind, daß sie produktiv eingesetzt werden können.

f.2 Arbeitsorganisation ist entwickelt

Auch wenn Prozesse im Umsetzungspaket nicht vollständig enthalten sind, ist es notwendig, zumindest für die enthaltenen Prozeßabschnitte die Arbeitsorganisation zu entwickeln. Dies muß unbedingt vor dem Hintergrund des Gesamtprozesses geschehen, um nicht durch die zeitlich begrenzte künstliche Fragmentierung eines Prozesses neue Schwächen in die künftigen IST-Prozesse einzubauen und die konsequente Orientierung der Organisationsstruktur an Prozessen wieder zu verlieren. Aus diesem Grund sind auch die BPR-Kernteams die Hauptverantwortlichen für dieses Ergebnis, da sie die SOLL-Prozesse entworfen haben.

Ein Teil der Konzeption der Arbeitsorganisation wurde bereits in f.1 *Informationssystem-Prototyp ist entwickelt* vorweggenommen. Nämlich jene Teile, die auch die Parametrisierung des IBSIS und die Entwicklung ergänzender Informationssysteme beeinflussen. Hier müssen diese Konzepte ergänzt und schließlich realisiert werden.

Wie beim Entwickeln des Informationssystem-Prototypen sind die in früheren Projektphasen erstellten Beschreibungen über Prozeßergebnisse, Kunden, Ablauf, Regeln und Prinzipien, Stärken und Schwächen sowie Kenngrößen eines Prozesses die wichtigsten Grundlagen für das Entwickeln der Arbeitsorganisation.

Bevor mit dem Ausarbeiten von Stellenbeschreibungen begonnen werden kann, müssen noch das Prozeßführungssystem, Arbeitszeitmodelle sowie das Leistungsbewertungs- und Entlohnungssystem für einen Prozeß festgelegt werden.[413] Darüber hinaus sind die Arbeitsorte zu entwerfen und zu gestalten. Sämtliche entwickelten Teilbereiche der Arbeitsorganisation sind schriftlich zu dokumentieren.

Sind diese Teilbereiche der Arbeitsorganisation bestimmt, können daraus und aus den in f.1 *Informationssystem-Prototyp ist entwickelt* erstellten Funktionendiagrammen und Beschreibungen über das Berichtswesen Stellenbeschreibungen abgeleitet werden. Idealerweise denkt man während des Erstellens bereits an konkrete Mitarbeiter, welche die Stelle einnehmen könnten. Gibt es einen Entwurf einer Stellenbeschreibung, sollte man diesen mit dem potentiellen Mitarbeiter durchsprechen und gemeinsam mit ihm fixieren.[414] Generelle Inhalte einer Stellenbeschreibung, die je nach Bedarf und Art der Stelle eingeschränkt werden können, sind

- Bezeichnung der Stelle,
- Rang des Stelleninhabers,
- Über- und Unterstellungsverhältnisse,
- Stellvertretung,
- Name des Stelleninhabers,
- Ziele der Stelle,
- Aufgaben der Stelle,
- besondere Befugnisse und Begrenzungen,
- Zusammenarbeit mit anderen Stellen und Mitarbeit in Gremien,
- schriftliche Information der Stelle,

- Anforderungen an den Stelleninhaber und
- Berechtigungen im IBSIS.[415]

Alle Beschreibungen über die Arbeitsorganisation sollten schließlich in einem Organisationshandbuch zusammengefaßt werden und so zum Bestandteil der Organisationsdokumentation werden.[416]

f.3 Integrationstest (technisch und organisatorisch) ist durchgeführt und dokumentiert

Nachdem alle im Umsetzungspaket enthaltenen Funktionen des IBSIS vollständig parametrisiert und die ergänzenden Informationssysteme entwickelt wurden, muß ein Integrationstest aller Komponenten durchgeführt werden. Dabei dürfen nicht nur die informationstechnischen Funktionen und ihr Zusammenspiel getestet werden, sondern es müssen auch alle aufgestellten organisatorischen Regelungen, wie sie in der Arbeitsorganisation entworfen wurden, überprüft werden. Sofern im Umsetzungspaket nur Prozeßteile enthalten sind, beziehen sich diese Tests lediglich auf Prozeßabschnitte.

Neben der Funktionalität des Systems und der Prozesse müssen im Integrationstest auch die Stabilität und die Performance der Informationssysteme analysiert werden.

Genauso wie für das Testen einzelner Funktionen[417] sollte auch für den Integrationstest ein Testplan erstellt werden. In diesem Testplan ist schriftlich dokumentiert

- welche Geschäftsfälle getestet werden sollen,
- welche Ergebnisse erwartet werden,
- wer an den Tests beteiligt und dafür verantwortlich ist,
- wann getestet werden soll und
- wo getestet werden soll.

Das zu testende System sollte beim Integrationstest so gut wie möglich dem künftigen Produktionssystem entsprechen. Nur so kann verhindert werden, daß es bei Übernahme des Systems in die Produktion zu ungewollten Systemstillständen kommt, die durch nicht getestete Komponenten auftreten. Zu testen sind vor allem

- die wesentlichen Dialogfunktionen,
- die Batch-Abläufe,
- die organisatorischen Abläufe,
- die entwickelten ergänzenden Informationssysteme,
- das Berichtswesen zur Kontrolle der Belege und der Abläufe.

Alle Testergebnisse sowie die Abweichungen von den erwarteten Ergebnissen sind schriftlich zu dokumentieren, um sie mit Ergebnissen folgender Integrationstests vergleichen zu können. Gegebenenfalls sind entsprechende Korrekturen im System vorzunehmen. Je nach Art und Umfang der Korrekturen ist der Integrationstest mehr oder weniger vollständig zu wiederholen, bis ein System vorliegt, das den aus den SOLL-Prozeßbeschreibungen abgeleiteten Anforderungen entspricht.

Der aufgestellte Testplan und die dokumentierten Testergebnisse dienen in Zukunft als Grundlage und Maßstab für die Überprüfung des Informationssystems nach einem durchgeführten Release-Wechsel.

f.4 Umsetzungspaket wurde im Testlabor gemeinsam mit Betriebsrat und künftigen Betroffenen evaluiert

Wurde der Integrationstest erfolgreich abgeschlossen, können IBSIS und ergänzende Informationssysteme sowie die organisatorischen Regelungen von den künftigen Betroffenen evaluiert werden. Teilnehmer an dieser Evaluation sollten auf alle Fälle jene Mitarbeiter des Unternehmens sein, die auch an den Bewertungen der Prozesse in früheren Phasen teilgenommen haben, da sie mit den SOLL-Modellen der Prozesse vertraut sind.[418] Auch der Betriebsrat ist unbedingt in die Bewertung einzubeziehen. Ihm kommt als Meinungsbildner eine besondere Bedeutung zu. Daneben sollten aber auch verstärkt jene Mitarbeiter aus den Fachabteilungen einbezogen werden, welche letztendlich die künftigen Funktionen ausführen werden.

Insgesamt sollen die künftigen Benutzer beurteilen, ob die im Umsetzungspaket enthaltenen Prozesse beziehungsweise Prozeßabschnitte den SOLL-Modellen entsprechen, wo Abweichungen und Schwachstellen sind und wie diese beseitigt werden können.

Bevor mit der Präsentation der Informationssysteme begonnen wird, sollte zuerst dargestellt werden, welche Prozesse beziehungsweise Prozeßteile durch das

Umsetzungspaket realisiert werden. Anhand der SOLL-Prozeßmodelle in Form von ereignisgesteuerten Prozeßketten (eEPK) kann dies übersichtlich dargestellt werden.

Als Grundlage für die Evaluation kann der in f.3 *Integrationstest (technisch und organisatorisch) ist durchgeführt und dokumentiert* aufgestellte Testplan herangezogen werden. Die Mitarbeiter des Software- und der BPR-Teams präsentieren dann anhand realistischer Geschäftsfälle sowohl Informationssysteme als auch organisatorische Regelungen.

Sämtliche durch die Mitarbeiter erkannten Probleme und Schwachstellen sind offen zu diskutieren und, wenn daraus Änderungen der Informationssysteme oder der Organisation resultieren, schriftlich zu dokumentieren. Je nach Komplexität der vorzunehmenden Änderungen ist die Evaluation zu wiederholen. Erst wenn die Mitarbeiter das Umsetzungspaket für die Übernahme in die Produktion freigeben, darf dieser Kontrollpunkt endgültig abgeschlossen werden.

Sobald die Informationssysteme und die geplante Organisation von den Benutzern abgenommen wurden, kann eine vorproduktive Version der Informationssysteme erstellt werden, indem die Entwicklungssysteme mit all ihren Einstellungen kopiert wird. Nachdem die Daten aus den Altsystemen in die vorproduktive Version übernommen wurden[419], wird die vorproduktive Version schließlich in den Echtbetrieb übernommen.

f.5 Vorbereitung des Abbaus von Altsystemen und der Übernahme der Daten ist abgeschlossen

Sobald für alle Funktionen des IBSIS und der ergänzenden Informationssysteme die Tests erfolgreich abgeschlossen sind, muß im nächsten Schritt ein Konzept erstellt werden, das eine systematische Datenübernahme aus den Altsystemen in die neuen Informationssysteme ermöglicht.

In diesem Konzept sind schriftlich folgende Fragen zu klären:[420]

- **Welche Daten sind zu übernehmen?** Sämtliche Datenelemente, die aus den Altsystemen übernommen werden sollen, sind systematisch aufzulisten. Grundsätzlich ist dabei zwischen Stamm- und Bewegungsdaten zu unterscheiden, da dafür unterschiedliche Verfahren und Zeitpunkte für die Übernahme zu planen sind. Neben den Quellen der Daten, muß auch die Art der Transformation der Daten beschrieben werden. Altdaten und neue Daten werden sich in ihrer

Struktur häufig nicht entsprechen. Aus diesem Grund sind die Verfahren, die aus den vorhandenen Daten die neuen Daten generieren, zu beschreiben.

- **Wie sind die Daten zu übernehmen?** Hier ist zu klären, welche Daten durch manuelle, maschinelle oder durch eine Kombination aus maschinellen und manuellen Verfahren übernommen werden sollen. Um Daten maschinell übernehmen zu können, müssen unter Berücksichtigung der Transformationsregeln von Altdaten in neue Daten die Übernahmeprogramme programmiert werden. Handelt es sich nur um geringe Datenvolumina, können Daten auch manuell erfaßt werden.

- **Wann sind die Daten zu übernehmen?** Für jedes Datenelement ist der Übernahmezeitpunkt anzugeben. Da Stammdaten stabiler gegenüber Änderungen sind, können sie relativ früh in die vorproduktive Version übernommen werden. Bewegungsdaten, die häufig verändert werden, sollten erst unmittelbar vor Aufnahme des Echtbetriebs übernommen oder aktualisiert werden. Um eine rasche und reibungslose Datenübernahme zu gewährleisten, müssen gerade für die Bewegungsdaten ausreichend getestete Übernahmeprogramme entwickelt werden.

- **Wer überprüft die übernommenen Daten?** Es ist festzulegen, wer die übernommenen Datenbestände überprüft, bevor der Echtbetrieb aufgenommen werden kann. Es kommen dafür nicht nur Mitarbeiter aus den Fachabteilungen in Frage, sondern auch unabhängige Wirtschaftsprüfer. Grundsätzlich sind die Daten im Altsystem, die Übernahmeverfahren vor allem dann, wenn es um eine Datentransformation geht, und die im neuen System angekommenen Daten zu verifizieren.

Wie bereits in f.4 *Umsetzungspaket wurde im Testlabor gemeinsam mit Betriebsrat und künftigen Betroffenen evaluiert* erwähnt, werden die Daten in die vorproduktive Version des IBSIS und die ergänzenden Informationssysteme übernommen. Durch entsprechende Tests der Datenübernahme sind Schwachstellen im Datenübernahmekonzept zu identifizieren und zu beseitigen.

f.6 Anwender sind für neue Aktivitäten ausgebildet

Die durch die Projektziele deklarierten Verbesserungen durch neue Arbeitsabläufe und Informationssysteme können nur erreicht werden, wenn die Mitarbeiter in der Lage sind, die in den Prozeßmodellen vorgedachten Änderungen auch umzusetzen. Es ist daher unbedingt notwendig, die Prozeßmitarbeiter nach einem Schulungskonzept systematisch auf ihre künftigen Aufgaben vorzubereiten. Ziel ist es, die Mitarbeiter nicht nur mit den neuen Informationssystemen, sondern auch mit ihren neuen Aufgabenbereichen sowie den neuen Geschäftsprozessen vertraut zu machen.

Wie bereits erwähnt, ist in einem detaillierten Schulungskonzept für jeden Endanwender[421] die Ausbildung zu planen und durchzuführen. Anhand der fertigen Informationssysteme und der entwickelten Arbeitsorganisation[422] kann für jeden Mitarbeiter der individuelle Ausbildungsbedarf bestimmt werden.

Das Schulungskonzept kann analog dem in IA.9 *Schulungskonzept für IBSIS-Betreuer und BPR-Teammitarbeiter ist erstellt und dokumentiert* dargestellten Konzept mit folgenden Hauptpunkten aufgebaut werden:

- Zielgruppen und ihr Bedarf an Schulung,
- Art der Schulungsmaßnahmen,
- Inhalte der Schulungen,
- Zuordnung von bestimmten Schulungsinhalten und Schulungsarten auf die Zielgruppen,
- Zeitplan der Schulungen,
- Maßnahmen, die den Wissenserwerb fördern,
- Regeln zur Überprüfung des Wissens und
- Verantwortliche für die Durchführung der Schulungen.

Um den Bezug zur täglichen Arbeit zu sichern, müssen die Mitarbeiter auf der Basis realistischer unternehmensspezifischer Geschäftsfälle ausgebildet werden. Jeder Schulungsteilnehmer sollte daneben detaillierte Kursunterlagen erhalten. Wesentliche Bestandteile dieser Kursunterlagen sind die Funktionen und Aufgaben eines Mitarbeiters, die Einbindung der Aufgaben in den Geschäftsprozeß sowie ihre Unterstützung durch die neuen Informationssysteme. Die Kursunterlagen sind für den Endanwender nicht nur eine Bedienungsanleitung für die neuen Informationssysteme, sondern eine wichtige Dokumentation seiner Arbeitsaufgaben.

f.7 Maßnahmenplan zur Einführung der Teilprozesse ist angepaßt und beschrieben

In der Phase *Analyse und Grobdesign ohne IBSIS* und der Phase *Grobdesign mit IBSIS* wurden die Maßnahmen, die das Risiko der Überleitung vom IST-Prozeß zum SOLL-Prozeß begrenzen sollen, bereits in einem Maßnahmenplan dokumentiert und laufend umgesetzt.[423]

Zweierlei Aufgaben bilden die Schwerpunkte des hier beschriebenen Kontrollpunktes. Einerseits ist zu überprüfen, ob durch die bisher durchgeführten Maßnahmen die Umsetzung der SOLL-Prozesse ausreichend gut vorbereitet wurde. Zu diesem Zweck müssen alle Maßnahmen, welche für die im Umsetzungspaket enthaltenen Prozeßteile gelten, evaluiert werden. Sofern Defizite erkennbar sind, müssen kurzfristig zusätzliche Maßnahmen ergriffen werden, um das Umsetzungsrisiko zu begrenzen.

Andererseits ist der Plan um Maßnahmen zu ergänzen, die das Umstellungsrisiko auf die neuen Informationssysteme reduzieren sollen. Es müssen Vorkehrungen getroffen werden, die ein vollständiges oder partielles Versagen der neuen Informationssysteme verhindern. Ferner sollte ein Katastrophenplan erstellt werden, auf den zurückgegriffen werden kann, wenn trotz aller Tests die neuen Systeme nicht wie vorgesehen funktionieren. Die möglichen Maßnahmen reichen dabei von der permanenten Verfügbarkeit der Mitarbeiter des Software-Teams in der Umstellungsphase bis zur Bereitstellung eines Alternativsystems für Notfälle. Welche Maßnahmen ergriffen werden sollen, hängt letztendlich von der Bedeutung der im Umsetzungspaket enthaltenen Prozeßteile für das Unternehmen ab.

Bevor man die Maßnahmen definiert, kann man zum Beispiel anhand eines „Worst-Case-Szenario" den absoluten Katastrophenfall und die Bedingungen, die dazu geführt haben, beschreiben. Erst im zweiten Schritt leitet man daraus Maßnahmen ab, die den potentiellen negativen Entwicklungen entgegenwirken sollen. Diese Maßnahmen müssen dabei die Bedeutung des Umsetzungspakets für das Unternehmen berücksichtigen. Die endgültig durchzuführenden Maßnahmen werden schließlich unter Effizienz- und Effektivitätsgesichtspunkten ausgewählt und in den Maßnahmenplan übernommen. Danach sind noch Anfangs- und Endtermine sowie die Verantwortlichen und die an der Durchführung Beteiligten zu bestimmen.

f.8 Installationskonzept wurde erstellt und dokumentiert

Neben der bisher beschriebenen personellen, organisatorischen und softwaretechnischen Vorbereitung der Umstellung müssen die Hardware für die Endanwender, die Verteilung der Software sowie die künftigen Arbeitsräume geplant und vorbereitet werden.

Hardware

Grundlage für die Ermittlung des endgültigen Hardwarebedarfs sind Prozeßmodelle und ein Funktionendiagramm. Daraus kann für jede Stelle und Abteilung die benötigte Hardware abgeleitet werden. Aufgrund der Vereinbarungen mit dem Hardwarelieferanten müssen die benötigten Geräte kurzfristig verfügbar sein.[424]

Im Installationskonzept wird festgelegt, wann welche Geräte an welche Orten im Unternehmen installiert werden sollen. Daneben sind die für die Installation und den Test der Installation verantwortlichen Personen zu fixieren.

Verteilung der Software

Alleine die Verfügbarkeit der Hardware an den Arbeitsplätzen reicht für die Erfüllung der Aufgaben noch nicht aus. Gerade in größeren Unternehmen kann die Installation der Software auf den Geräten einen erheblichen Aufwand verursachen. Liegt dem neuen Informationssystem zum Beispiel die Client/Server-Technologie zugrunde, können umfangreiche Softwareinstallationsarbeiten auf den Clients erforderlich werden, die systematisch geplant und durchgeführt werden müssen. Wie bei der Hardware sind neben den Terminen für die Installation auch die durchführenden und verantwortlichen Personen zu bestimmen.

Räume

Durch das hier beschriebene Projekt werden grundlegende Änderungen in der Arbeitsorganisation angestrebt. Es ändern sich dabei nicht nur Arbeitsinhalte, sondern auch die Orte der Aufgabendurchführung. Abteilungen werden aufgespalten oder zusammengelegt, Mitarbeiter bisher unterschiedlicher Funktionsbereiche sollen nunmehr eng zusammenarbeiten.

Um für diese Änderungen auch ein geeignetes Umfeld zu schaffen, müssen die Räumlichkeiten für die Mitarbeiter entsprechend bereitgestellt werden. Die in f.2 entwickelte Arbeitsorganisation bildet dabei die Grundlage für das Ableiten des Raumbedarfs und die Ausstattung der Räume. Sind größere Umzugsaktivitäten zu erwarten, sollte dafür ebenfalls ein Plan innerhalb des Installationskonzeptes aufgestellt werden, um einem Chaos vorzubeugen.

f.9 Organisation ist für Echtbetrieb der neuen Aktivitäten vorbereitet

Bevor das Umsetzungspaket in den Echtbetrieb übernommen wird, sollten die Mitarbeiter ausreichend über die unmittelbar bevorstehende Umstellung informiert werden.

Die wichtigsten zu kommunizierenden Inhalte sind

- die Beschreibung der bisher durchgeführten Aktivitäten, wobei insbesondere auch auf bereits erzielte Prozeßverbesserungen durch kurzfristige Maßnahmen einzugehen ist,
- das Konzept der Umsetzungspakete, welche Prozesse bereits vollständig enthalten sind und welche nur teilweise und wann damit zu rechnen ist, daß alle Prozesse vollständig im Unternehmen implementiert sind,
- die klare Darstellung der noch zu erreichenden Projekt- und Prozeßziele sowie die diesbezüglichen Erwartungen an die Mitarbeiter,
- das Vorgehen bei der Umstellung sowie die Unterstützung der Endanwender durch die Mitarbeiter des Software-Teams,
- das erwartete Verhalten aller Mitarbeiter bei der Umstellung.

Die Informationen sollten im Rahmen einer Informationsveranstaltung an die Mitarbeiter der betroffenen Unternehmensbereiche weitergegeben werden. Auf dieser Veranstaltung sollten neben den Projektmitarbeitern auch Steuerkreis und Sponsor teilnehmen. Der Ablauf muß so gestaltet werden, daß ausreichend Zeit und Gelegenheit geboten wird, um offene Fragen in Diskussionen oder durch direkte Gespräche zu klären.

4.7.2
GATEWAY FEINKONZEPTION
GESAMTPROJEKT (F)

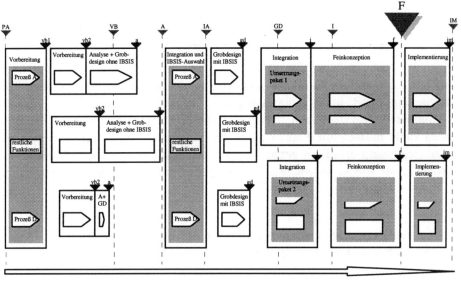

Gateway Feinkonzeption **Gesamtprojektebene**			**F** ▼
Nr.	Ergebnisse/Kontrollpunkte	Termin	Beteiligte/ *Verantwortung*
F.1	Feinentwicklung der in den Umsetzungspaketen enthaltenen Teilprozesse und Funktionen ist abgeschlossen		*Steuerkreis,* PL-Teilprojekte
	Business Process Redesign-Klima		
F.2	Laufend umgesetzte Verbesserungen wurden ausreichend kommuniziert		Steuerkreis, *Sponsor*
	Informationssystem		
F.3	Hardware-Auswahlentscheidung ist getroffen und Verträge sind abgeschlossen		IV-Abteilung, Berater, P-Controller, PL-Gesamt, *Steuerkreis*

Die Kontrollpunkte auf Gesamtprojektebene beinhalten neben den üblichen Projektsteuerungs- und -überwachungsaufgaben Aufgaben zur endgültigen Auswahl der Computerhardware. Noch bevor aber die Auswahlentscheidung vorbereitet werden kann, müssen alle Feinkonzepte der Teilprojektteams vorliegen. Erst die Feinkonzepte sind detailliert genug, um den genauen Hardwarebedarf bestimmen zu können, der wiederum wichtige Grundlage für die Vertragsverhandlungen mit den Hardwarelieferanten ist.

F.1 Feinentwicklung der in den Umsetzungspaketen enthaltenen Teilprozesse und Funktionen ist abgeschlossen

Gemäß der Terminplanung für das Gesamtprojekt muß zum geplanten Termin die Feinentwicklung der in den Umsetzungspaketen enthaltenen Teilprozesse sowie der dazugehörigen Informationssysteme abgeschlossen sein. Erfüllt wird dieser Kontrollpunkt durch die termingerechte Verabschiedung der Gateways auf Teilprojektebene. Es ist Bestandteil des Verfahrens zur Genehmigung der Gateways, die von den Projektteams erarbeiteten Ergebnisse hinsichtlich Qualität und Quantität zu überprüfen. Sofern das Projektcontrolling und die Projektberichterstattung ausreichend gut funktionieren, werden Probleme, die zu Verzögerungen führen, rechtzeitig erkannt, um Gegenmaßnahmen zu ergreifen. Die Einhaltung der geplanten Termine und Kosten sollte also laufend durch jene Mitarbeiter gewährleistet werden, die Projektcontrollingaufgaben erfüllen. Die Mitglieder des Steuerkreises müssen sofort eingreifen, wenn sie Schwächen im Projektcontrolling oder der Projektberichterstattung erkennen.

F.2 Laufend umgesetzte Verbesserungen wurden ausreichend kommuniziert

Gerade vor Abschluß des Projektes ist es wichtig, den Organisationsmitgliedern bisherige Erfolge aber auch Mißerfolge gezielt mitzuteilen. Eine Darstellung der noch notwendigen Schritte, um die Projekt- und Prozeßziele zu erreichen, soll die Mitarbeiter auch für den permanenten Wandel sensibilisieren. Denn bestimmte Prozeßziele, wie zum Beispiel Qualitätsziele, können nur durch eine kontinuierliche Verbesserung erreicht werden. Umso wichtiger ist es, laufend über erzielte Verbesserungen zu berichten, um zu zeigen, daß sich im Vergleich zum Projektbeginn vieles verändert hat.[425]

F.3 Hardware-Auswahlentscheidung ist getroffen und Verträge sind abgeschlossen

In der Phase *Integration und IBSIS-Auswahl* wurden die Art der Systemplattform und die in Frage kommenden Lieferanten aufgrund einer Marktanalyse bereits vorbestimmt.[426] Offen blieb der quantitative Hardware-Bedarf, der erst im Laufe der Feinkonzeption der in den Umsetzungspaketen enthaltenen Teilprozesse endgültig bestimmt werden kann. Außerdem sollte man durch einen möglichst späten Hardware-Kauf ihren steten Preisverfall bestmöglich nutzen.

Ziel des hier beschriebenen Kontrollpunktes ist es, die endgültigen Hardware-Lieferanten auszuwählen und Verträge für die zu beschaffende Hardware abzuschließen. Die Verträge mit den Hardware-Lieferanten müssen spätestens dann abgeschlossen sein, wenn die Mitarbeiter eines Software-Teams den Hardwarebedarf für die Endanwender planen. Mögliche Lieferengpässe wurden bei der Planung der Termine im Gatewayplan bereits berücksichtigt, um Projektverzögerungen auszuschließen.[427]

Der Weg bis zum Vertragsabschluß mit den Hardware-Lieferanten ist durch folgende Schritte charakterisiert:

- **Ausschreibungsunterlagen für IT sind erstellt**: Wie bereits eingangs erwähnt, muß der qualitative Hardwarebedarf aus den Ausschreibungsunterlagen für das IBSIS übernommen werden. Der quantitative Bedarf ist aus den Feinkonzepten[428] der in den Umsetzungspaketen enthaltenen Teilprozesse abzuleiten. Zu diesem Zweck müssen alle von den Mitarbeitern der Teilprojekte erstellten Feinkonzepte gesammelt werden. Liegen nicht alle Feinkonzepte vor, was durch unterschiedliche Startzeitpunkte der Teilprojekte durchaus möglich ist, muß der Bedarf aus den vorhanden Grobkonzepten abgeleitet werden. In diesem Fall sind die möglichen Schwankungen ebenfalls in die Ausschreibung einzubeziehen, da sich die Lieferanten darauf einstellen müssen, um die benötigten Geräte auf Abruf liefern zu können.[429]

- **Ausschreibung ist durchgeführt**: Die erstellten Ausschreibungsunterlagen werden im nächsten Schritt an die, durch die Marktanalyse ermittelten Lieferanten[430] verschickt.

- **Angebote sind analysiert und ausgewählt**: Sobald alle Angebote vorliegen, müssen sie entsprechend den im Kriterienkatalog aufgestellten Kriterien bewertet werden. Aufgrund der Bewertung wird eine konkrete Lösung durch das Evaluationsteam vorausgewählt, die als Empfehlung dem Steuerkreis zur endgültigen Entscheidung übergeben wird. Der Auswahlprozeß muß dabei für den Steuerkreis nachvollziehbar in einem Evaluationsbericht dokumentiert werden.[431]

- **Hardwareentscheidung ist dokumentiert**: Die Mitglieder des Steuerkreises prüfen schließlich den Evaluationsbericht und treffen die endgültige Entscheidung, die ebenfalls schriftlich zu dokumentieren ist.

- **Verträge sind abgeschlossen**: Nach der Entscheidung für eine Alternative können unmittelbar darauf die Vertragsverhandlungen mit den ausgewählten Lieferanten aufgenommen werden. Das bereinigte Pflichtenheft wird als Leistungsbeschreibung zum Vertragsbestandteil. Gesetzt den Fall, daß der Hardwarebedarf noch gewissen Schwankungen unterliegen kann, muß dieser Umstand ebenfalls im Vertrag festgehalten und in den Preis- und Lieferkonditionen berücksichtigt werden.

Die Systemplattform wurde relativ früh im Projekt fixiert. Es kommt grundsätzlich nur Hardware in Frage, die dieser Systemplattform entspricht und somit kompatibel ist. Es besteht dadurch keine Gefahr, daß die neu zu beschaffende Computerhardware nicht zu dem im Testlabor installierten Entwicklungssystem paßt.[432]

4.8 PHASE IMPLEMENTIERUNG

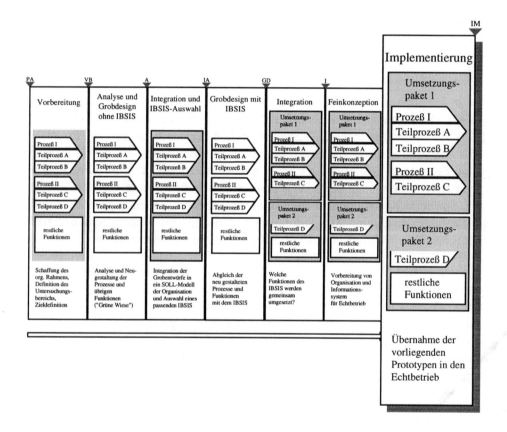

In der Phase *Implementierung* werden die zuvor in der Phase *Feinkonzeption* entwickelten Informationssysteme sowie die Arbeitsorganisation in den Echtbetrieb übernommen. In der Phase *Feinkonzeption* wurden alle Vorbereitungen für diesen letzten Schritt getroffen. Jetzt brauchen nur mehr die „Hebel umgelegt" werden, um die entwickelten Systeme produktiv einsetzen zu können.

Die Verantwortung für eine erfolgreiche Implementierung tragen nicht die Mitarbeiter der Fachabteilungen, sondern die Entwickler eines Umsetzungspakets, also die Mitarbeiter des Software-Teams und der BPR-Teams. Ihre Aufgabe ist es, die Einführungsphase der Systeme solange zu begleiten, bis Informationssysteme und Arbeitsorganisation reibungslos laufen. Schließlich müssen sie erkannte Fehler und Schwachstellen so schnell wie möglich beseitigen. Erst danach können die Informationssysteme an das Informationsmanagement und die Arbeitsorganisation an die Fachabteilungen übergeben werden.

Wie in der allgemeinen Beschreibung der Phase *Integration* ausführlich erläutert, wurden die Funktionen verschiedener Prozesse nach funktionalen Kriterien eines IBSIS zu Umsetzungspaketen zusammengefaßt. Dadurch ist für die Dauer der Feinkonzeption bis zur Implementierung der Umsetzungspakete die Prozeßsicht verlorengegangen. Spätestens nachdem alle Umsetzungspakete im Unternehmen eingeführt wurden, sind aber die geplanten Geschäftsprozesse vollständig realisiert. Spezielle Kontrollpunkte auf Gesamtprojektebene sollen gewährleisten, daß die Prozesse trotz ihrer Aufspaltung nach den von den Mitarbeitern der BPR-Teams erstellten SOLL-Konzepten im Unternehmen umgesetzt werden.

Eine der letzten Aufgaben der Phase *Implementierung* ist die Initiierung einer permanenten Prozeßverbesserung. Es ist Aufgabe eines jeden Prozeßmanagers, für seinen Prozeß passende Prozeßführungssysteme einzuführen, die den BPR-Gedanken institutionalisieren und eine laufende Optimierung des Prozesses ermöglichen. Es soll dadurch gewährleistet werden, daß die Prozeßziele auch in Zukunft erreicht werden. Danach können im Rahmen der Abschlußarbeiten die Projektgruppen aufgelöst und das Projekt für beendet erklärt werden.

4.8.1 GATEWAY IMPLEMENTIERUNG TEILPROJEKT (im)

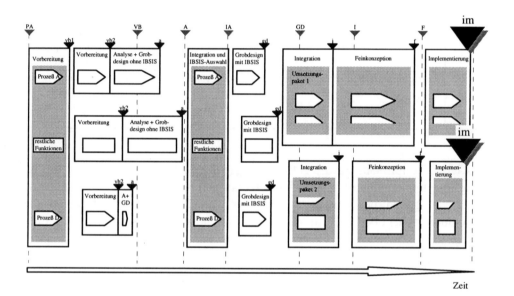

Gateway Implementierung Teilprojektebene			im
Nr.	Ergebnisse/Kontrollpunkte	Termin	Beteiligte/ Verantwortung
im.1	Echtbetrieb der Aktivitäten wurde durch Anwender aufgenommen		SW-Team, *PL-Teilprojekt,* Berater, Fachbereiche, BPR-Team, IV-Abteilung
im.2	Optimierungsmaßnahmen wurden durchgeführt		SW-Team, *PL-Teilprojekt* Berater, BPR-Team, IV-Abteilung, P-Controller
im.3	Abschlußaktivitäten für Teilprojekt sind durchgeführt		*PL-Teilprojekt,* SW-Team, Berater, P-Controller

Das letzte Teilprojektgateway enthält Aufgaben und Ergebnisse, welche die reibungslose Implementierung eines Umsetzungspakets sicherstellen sollen. Eine der letzten Aufgaben der Mitarbeiter des Software-Teams ist das Erstellen des Abschlußberichts über ihr Teilprojekt. Der Bericht ist die Entscheidungsgrundlage für die Verabschiedung des Gateways *Implementierung* (im) durch den Steuerkreis und die Auflösung des Software-Teams.

im.1 Echtbetrieb der Aktivitäten wurde durch Anwender aufgenommen

Unmittelbar bevor der Echtbetrieb der neuen Arbeitsorganisation, des IBSIS und der ergänzenden Informationssysteme aufgenommen wird, sollten kritische Systemteile nochmals überprüft werden. Die Schwerpunkte sollten auf folgenden Bereichen liegen:

- **Infrastruktur**: Man sollte sich vergewissern, ob die installierte Computerhardware ausreichend funktionsfähig ist. Aber auch die Verfügbarkeit anderer „Werkzeuge" zur Durchführung der Aufgaben, zum Beispiel Telefone, FAX-Geräte etc., ist zu überprüfen.

- **Daten**: Es ist zu prüfen, ob alle zuletzt im Altsystem durchgeführten Änderungen der Datenbestände auch im neuen Informationssystem nachgezogen wurden.

- **Mitarbeiter**: Man sollte nochmals klarstellen, daß alle am Projekt beteiligten Mitarbeiter vollständig zur Unterstützung der Endanwender zur Verfügung stehen müssen.

Nachdem die wichtigsten Ressourcen für die Implementierung des Umsetzungspaketes geprüft und eventuell erkannte Mängel beseitigt wurden, sollte einer reibungslosen Implementierung der neuen Systeme und der Arbeitsorganisation nichts mehr im Wege stehen.

Ein wichtiger Faktor für den Erfolg der Implementierung des Umsetzungspaketes ist die laufende aktive Einführungsunterstützung durch die Projektmitarbeiter. Dabei kommen nicht nur die Mitarbeiter des Software-Teams zum Einsatz, sondern auch die Mitarbeiter des BPR-Teams, des Beraterteams und der IV-Abteilung. Die Endanwender führen ihre Aufgaben in den ersten Tagen oder Wochen, je nach Komplexität und Umfang des Umsetzungspaketes, quasi unter Aufsicht des erwähnten Personenkreises durch. Teilaufgaben der Implementierungsunterstützung sind[433]

- das Überwachen der korrekten Bearbeitung der Aufgaben durch die Endanwender und das Aushelfen bei Bearbeitungsschwierigkeiten. Gerade am Anfang wird die Bearbeitung der Geschäftsfälle länger dauern, da sich einerseits die Aufgaben verändert haben und andererseits die Sachbearbeiter in einer für sie ungewohnten Umgebung arbeiten.

- die Diagnose und das Beseitigen von Bearbeitungsfehlern, die sich aus der Umstellung der Arbeitsorganisation ergeben.

- die Diagnose und das Beseitigen von Systemfehlern, insbesondere von falschen Einstellungen im IBSIS und von Fehlern in den ergänzenden Informationssystemen. Dabei muß darauf geachtet werden, daß durch unüberlegte Korrekturmaßnahmen nicht neue Fehler erzeugt werden.

- die schriftliche Dokumentation von Schwächen in den Informationssystemen und von ineffizienten Arbeitsabläufen in einem Optimierungspotentialkatalog. Dieses Dokument dient in Zukunft als Ausgangsbasis für die Feinabstimmung der entwickelten Teilsysteme.

- das Sammeln von Informationen über Arbeitsorganisation und Informationssysteme, die eine realistische Bewertung des implementierten Umsetzungspaketes gestatten.

Die Verantwortung für den erfolgreichen Beginn des Echtbetriebs tragen die Mitarbeiter des Software-Teams beziehungsweise sein Leiter. Erst nachdem das Teilprojekt abgeschlossen ist, geht die Verantwortung für Informationssysteme und Arbeitsorganisation an das Informationsmanagement und die Endanwender über.[434]

im.2 Optimierungsmaßnahmen wurden durchgeführt

Inhalt dieses Kontrollpunktes sind nicht kurzfristig notwendige Anpassungen der Arbeitsorganisation oder der Informationssysteme[435], sondern Maßnahmen, um die Systeme zu optimieren.

Eine wichtige Grundlage für das Optimieren bildet der während der Implementierung des Umsetzungspaketes erstellte Optimierungspotentialkatalog. Um nicht den Projektabschluß unnötig hinauszuschieben, muß man im Optimierungspotentialkatalog enthaltene Weiterentwicklungsmöglichkeiten von den rasch umsetzbaren Verbesserungen trennen. Da die Bearbeitung von Weiterentwicklungsmöglichkeiten meist längere Zeit und zusätzliche Ressourcen beansprucht, werden sie erst im Rahmen von Folgeprojekten zur kontinuierlichen Prozeßverbesserung bearbeitet.[436]

Neben den bereits im Optimierungspotentialkatalog erfaßten Verbesserungsmöglichkeiten und den Erkenntnissen aus den durchgeführten Bewertungen der Informationssysteme[437] sollten ergänzende Analysen durchgeführt werden, um sowohl Schwachstellen in der Arbeitsorganisation als auch in den Informationssystemen zu erkennen. Die Analyseergebnisse sind dann für das organisatorische und technische Tuning heranzuziehen. Ziel ist es, die Sicherheit, Handhabung und Leistung der Informationssysteme zu erhöhen und Ineffizienzen in den Arbeitsabläufen zu beseitigen.

im.3 Abschlußaktivitäten für Teilprojekt sind durchgeführt

Sobald ein stabiler und performanter Betrieb des implementierten IBSIS und der ergänzenden Informationssysteme sowie der Arbeitsorganisation sichergestellt ist, können die Abschlußaktivitäten für das Teilprojekt eingeleitet werden.

Während des Teilprojektabschlusses fallen folgende Aktivitäten an:

- **Erstellen eines Abschlußberichts**: Im Abschlußbericht sind die mit dem Teilprojekt verfolgten Ziele den durchgeführten Leistungen und erzielten Ergebnissen gegenüberzustellen. Der während der Implementierung erstellte Optimierungspotentialkatalog, getrennt in bereits durchgeführte Verbesserungen und noch offene Weiterentwicklungsmöglichkeiten, ist ebenfalls Bestandteil des Abschlußberichts. Um die abschließende Wirtschaftlichkeitsbetrachtung auf Gesamtprojektebene zu erleichtern, sind auch die angefallenen Projektkosten anzuführen.

- **Überarbeiten der Dokumentation**: Sämtliche schriftlichen Dokumente über das IBSIS, die ergänzenden Informationssysteme und Prozesse sind an den IST-Zustand anzupassen. Danach sind sie an den Bibliothekar zu übergeben, der sie in die Organisationsdokumentation aufnimmt.[438] Seine Aufgabe ist es, die von den Mitarbeitern erstellten partiellen Beschreibungen der Geschäftsprozesse zu einem einheitlichen Ganzen zu integrieren, wodurch spätestens nachdem alle Teilprojekte abgeschlossen sind, vollständige Beschreibungen der IST-Prozesse vorliegen.

- **Feedback der Projektbeteiligten**: Da es bei der Projektarbeit nicht nur um die Ausführung eines bestimmten Auftrags geht, sondern auch alle Beteiligten zahlreiche Erfahrungen gewinnen können, die bei künftigen Aktivitäten genutzt werden sollen, ist eine Feedbackrunde zum Projekt zu empfehlen.[439]

- **Organisieren einer Abschlußfeier**

Durch die folgende Verabschiedung des gesamten Teilprojektgateways werden die Projektergebnisse vom Steuerkreis geprüft, abgenommen und die Abnahme im Abschlußbericht schriftlich festgehalten. Im Anschluß daran kann das für das Umsetzungspaket zuständige Software-Team aufgelöst werden. Die BPR-Kernteams bleiben solange bestehen, bis ihr zugehöriger Geschäftsprozeß vollständig implementiert ist. Erst danach dürfen diese Teams aufgelöst werden.

4.8.2 GATEWAY IMPLEMENTIERUNG GESAMTPROJEKT (IM)

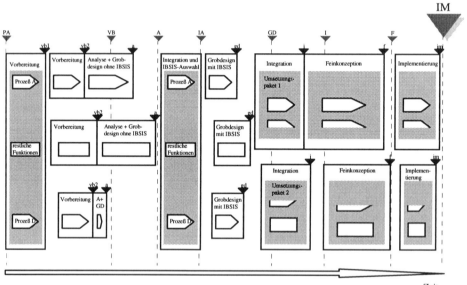

Gateway Implementierung
Gesamtprojektebene   IM ▼

Nr.	Ergebnisse/Kontrollpunkte	Termin	Beteiligte/ Verantwortung
	Implementierung der Umsetzungspakete		
IM.1	Alle Umsetzungspakete sind implementiert und sämtliche Prozesse sind in Echtbetrieb		*Steuerkreis*, PL-Teilprojekte, PL-Gesamt, Berater, BPR-Teams
IM.2	Gesamtzielerreichung wurde analysiert und bewertet		Berater, PL-Gesamt, BPR-Teams, *Steuerkreis*, P-Controller
IM.3	Auf der Basis festgestellter Zielabweichungen wurden Folgeprogramme gestartet		*Steuerkreis*
IM.4	Neue Teilprozesse wurden an die Prozeßmanager übergeben und BPR-Gedanke wurde institutionalisiert		*Steuerkreis*, Prozeßmanager
	Business Process Redesign-Klima		
IM.5	Erreichte Erfolge wurden nach außen und innen kommuniziert		*Sponsor*, Steuerkreis, Berater, PL-Gesamt

Nachdem die Umsetzungspakete erfolgreich implementiert wurden, soll auf Gesamtprojektebene durch geeignete Maßnahmen die vollständige Umsetzung der Geschäftsprozesse überwacht und garantiert werden. Schließlich werden die Geschäftsprozesse offiziell an die Prozeßmanager übergeben, zu deren Aufgaben es gehört, eine geeignete Prozeßführung aufzubauen. Durch das Prozeßführungssystem soll der Geschäftsprozeß auch in Zukunft laufend verbessert und an sich ändernde Umweltbedingungen angepaßt werden.

Abschließend werden die Ergebnisse der Teilprojektteams integriert und das Erreichen der vereinbarten Projektziele bewertet. Diese Bewertung ist Bestandteil des Abschlußberichts für das Gesamtprojekt. Auf der Basis des Abschlußberichts können schließlich die BPR-Teams und das Beraterteam vom Steuerkreis aufgelöst werden.

IM.1 Alle Umsetzungspakete sind implementiert und sämtliche Prozesse sind in Echtbetrieb

Durch die Aufteilung der Geschäftsprozesse auf mehrere Umsetzungspakete werden die Geschäftsprozesse stufenweise im Unternehmen implementiert. Spätestens nachdem alle Umsetzungspakete realisiert wurden, sind auch die Geschäftsprozesse vollständig umgesetzt.

Die Mitglieder des Steuerkreises müssen ständig darauf drängen, daß die geplanten Termine des Gesamtprojekts eingehalten werden. Dies nicht nur wegen der termingerechten Einführung der Informationssysteme, sondern vor allem auch wegen der möglichst raschen Implementierung vollständiger Geschäftsprozesse. Denn erst nachdem die Prozesse vollständig umgesetzt sind, können die durch das Projekt angestrebten Verbesserungen zur Gänze erreicht werden.

Neben den Terminen muß die Vollständigkeit der umgesetzten Geschäftsprozesse überwacht werden. Die Gefahr ist groß, daß trotz aller Vorkehrungen durch die Aufteilung von Prozessen auf Umsetzungspakete die Abläufe ungeplant verändert werden. Es ist daher Aufgabe des Gesamtprojektleiters, seiner Berater und insbesondere der Mitarbeiter des BPR-Kernteams, die planmäßige Umsetzung der Geschäftsprozesse zu überwachen und zu steuern.

Aussagen über Abweichungen von implementierten IST-Prozessen und SOLL-Prozessen können aus der erstellten Dokumentation der Prozesse abgeleitet werden. Es müssen dazu die in der Phase *Grobdesign mit IBSIS* erstellten Dokumente über Prozeßergebnisse, Kunden, Ablauf, Regeln und Prinzipien, Stärken und Schwächen sowie Kenngrößen[440] eines Prozesses mit den entsprechenden Dokumenten über den IST-Zustand verglichen werden. Es ist Aufgabe des für die Organisationsdokumentation verantwortlichen Bibliothekars, partiell vorhandene Beschreibungen von IST-Prozessen zu integrieren.[441] Werden Abweichungen festgestellt, sind die Änderungen mit den Teilprojektleitern der zuständigen BPR-Teams zu besprechen und Maßnahmen einzuleiten.

IM.2 Gesamtzielerreichung wurde analysiert und bewertet

Die letzte Beurteilung der Gesamtzielerreichung wurde im Rahmen der Phase *Grobdesign mit IBSIS* durchgeführt. Da in den dazwischenliegenden Phasen keine Änderungen an den SOLL-Prozessen vorgenommen wurden, waren zusätzliche Bewertungen auch nicht notwendig. Nachdem nunmehr alle Umsetzungspakete realisiert sind, die Prozesse vollständig implementiert und abweichende Implementierungen bereinigt wurden[442], kann der Grad der Zielerreichung endgültig festgestellt werden.

Die erreichten Ziele werden durch einen Vergleich der SOLL-Beschreibungen mit der IST-Situation eines jeden Prozesses ermittelt. Für diese Aufgabe sind analog zu den SOLL-Beschreibungen die IST-Werte eines Prozesses zu erheben. Sämtliche Bewertungen sind in einem SOLL/IST-Vergleich schriftlich zu dokumentieren.

Der erste Schritt besteht darin, den Stärken-/Schwächenkatalog, den Regelkatalog und den Potentialkatalog zu überprüfen.[443]

Im Stärken-/Schwächenkatalog sind folgende Aspekte zu prüfen:

- Welche geplanten Stärken sind im IST-Prozeß nicht realisiert worden?
- Welche Stärken des SOLL-Prozesses sind verlorengegangen, wurden aber durch andere kompensiert?
- Welche neuen Stärken sind hinzugekommen?
- Welche Schwächen des SOLL-Prozesses konnten im IST-Prozeß beseitigt werden?
- Welche neuen Schwächen wurden in Kauf genommen?

Durch den SOLL/IST-Vergleich des Regelkatalogs sollten folgende Fragen beantwortet werden:

- Welche geplanten Regeln wurden nicht umgesetzt?
- Welche neuen Regeln sind hinzugekommen? Sind die neuen Regeln für ein sinnvolles Funktionieren des Prozesses absolut notwendig?
- Entsprechen die neuen Regeln und Prinzipien dem in der Vision beschriebenen Unternehmen?

Überprüft und überarbeitet man den Potentialkatalog, kann festgestellt werden, inwieweit durch die SOLL-Prozesse geplante Verbesserungen nun im Echtbetrieb auch tatsächlich realisiert wurden.

Im letzten Schritt sind die quantifizierbaren Prozeßziele zu messen. Für jede Funktion des Prozesses sind die IST-Werte zu erheben und in die Prozeßmodelle einzutragen. Mit Hilfe der Analysekomponente des in diesem Buch empfohlenen

ARIS-Toolsets können dann durch entsprechende Auswertungen SOLL- und IST-Werte eines Prozesses einander gegenübergestellt werden.

Die Bewertung der Prozesse ist Bestandteil des Projektabschlußberichts der BPR-Teams, der im Rahmen dieses Kontrollpunktes von jedem BPR-Team zu erstellen ist. Die durch die Projektkostenstellen dokumentierten Teilprojektkosten sind ebenfalls in den Abschlußbericht aufzunehmen. Aufgrund des Abschlußberichts kann der Steuerkreis nun auch die Arbeit der BPR-Teams abnehmen und die Teams schließlich auflösen.[444]

Liegen die Ergebnisse aller Prozesse in Form von Abschlußberichten vor, müssen die Ergebnisse integriert werden, um die Gesamtzielerreichung beurteilen zu können. Die Integration wird durch das hierarchisch aufgebaute Zielgebäude ermöglicht.[445] In die Bewertung müssen auch die Verbesserungen einbezogen werden, die bei den nicht direkt Prozessen zugeordneten Funktionen erzielt wurden. Schließlich sind die insgesamt angefallenen Kosten des Projektes zu berechnen und dem qualitativen und quantitativen Nutzen gegenüberzustellen, um den Erfolg des Projektes ermitteln zu können. Die Gesamtbewertung ist Bestandteil des Abschlußberichts des Gesamtprojektleiters und seiner Beratergruppe. Der Abschlußbericht wird schließlich von den Mitarbeitern des Steuerkreises verwendet, um die Arbeit des Gesamtprojektleiters und der Beratergruppe zu beurteilen. Nach der Bewertung wird die Beratergruppe vom Steuerkreis aufgelöst.

IM.3 Auf der Basis festgestellter Zielabweichungen wurden Folgeprogramme gestartet

Wie bereits im Kapitel 3 *Rahmenbedingungen* diskutiert, ist das hier beschriebene Projekt in einen Prozeß kontinuierlicher Verbesserung eingebettet.[446] Aus diesem Grund sollten die Mitglieder des Steuerkreises nach Projektabschluß die Weiterentwicklung der Prozesse initiieren.

Ausreichende Hinweise über Verbesserungsmöglichkeiten liefern die in IM.2 *Gesamtzielerreichung wurde analysiert und bewertet* schriftlich dokumentierten Zielabweichungen sowie die im Optimierungspotentialkatalog des Software-Teams dokumentierten Weiterentwicklungsmöglichkeiten.[447]

Es ist Aufgabe des Innovationsmanagements, die erkannten Weiterentwicklungsmöglichkeiten zu bewerten, Folgeprojekte zu definieren und diese in das Projektportfolio des langfristigen Innovationsprogramms aufzunehmen.

IM.4 Neue Teilprozesse wurden an die Prozeßmanager übergeben und BPR-Gedanke wurde institutionalisiert

Eine der letzten Aufgaben des Steuerkreises ist die endgültige und offizielle Übergabe der Prozeßführung an die Prozeßmanager, die bereits in der Phase *Vorbereitung* bestimmt wurden[448]. Durch diese Übergabe soll deutlich dokumentiert werden, daß es sich bei Prozessen um weitgehend eigenständige Subsysteme eines Unternehmens handelt, die bestimmte Ergebnisse für die Prozeßkunden erzeugen. Der Prozeßmanager ist für das Ergebnis seines Prozesses verantwortlich und wird je nach Erreichung vereinbarter Prozeßziele beurteilt.[449]

Zu den ersten Aufgaben des Prozeßmanagers gehört es, analog den Konzepten der Feinkonzeption[450] für seinen Prozeß ein Führungssystem umzusetzen, das nicht nur die Erreichung der Prozeßziele sichert, sondern auch die kontinuierliche Verbesserung des Prozesses gewährleistet. In Abbildung 4-38 ist ein Beispiel eines derartigen Führungssystems im Überblick dargestellt.

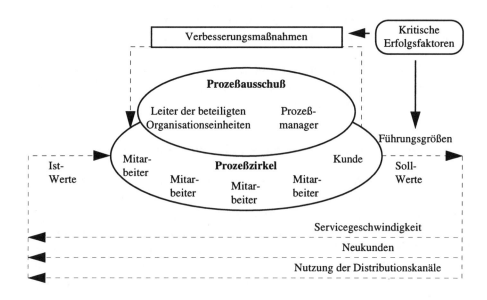

Abbildung 4-38 Überblick über die Prozeßführung
(Quelle: [MeÖs 95, S. 111])

Die an diesem Führungssystem beteiligten Personen haben im Detail folgende Aufgaben:[451]

- **Prozeßmanager**: Er plant und überprüft periodisch die kritischen Erfolgsfaktoren seines Prozesses, die Prozeßziele und Führungsgrößen. Für die Kontrolle der Zielerreichung erarbeitet und implementiert er geeignete Meßinstrumente. Die Meßergebnisse werden von ihm bewertet, analysiert und ausreichend kommuniziert. Der Prozeßmanager plant, initiiert und kontrolliert laufend Verbesserungsmaßnahmen für seinen Prozeß. Er initiiert die regelmäßige Durchführung der Kunden-/Lieferantenbeziehungsanalyse, um daraus Verbesserungsmöglichkeiten abzuleiten.

- **Prozeßausschuß**: Der Prozeßausschuß schafft die Verbindung zwischen Prozeß- und Linienmanagement. Er besteht aus den Leitern der am Prozeß beteiligten Funktionseinheiten. Die Mitglieder des Prozeßausschusses verabschieden die geplanten kritischen Erfolgsfaktoren, Führungsgrößen und Prozeßziele sowie die Ressourcen und Prozeßkostenplanung. Sie koordinieren die am Prozeß beteiligten Organisationseinheiten und entscheiden über Reorganisations- und Systementwicklungsprojekte.

- **Prozeßzirkel**: Der Prozeßzirkel setzt sich aus Mitarbeitern des Prozesses unter Leitung des Prozeßmanagers zusammen. Die Mitglieder des Prozeßzirkels analysieren den Prozeß laufend und entwickeln ihn weiter.

Die Einrichtung dieser Gremien soll helfen, daß der Prozeß permanent an geänderte Umweltbedingungen angepaßt wird. In gewisser Weise soll dadurch der BPR-Gedanke institutionalisiert werden.

IM.5   Erreichte Erfolge wurden nach außen und innen kommuniziert

Auf der Abschlußveranstaltung, die sich an alle Mitarbeiter des Unternehmens wendet, wird das Projekt offiziell beendet. Ziel ist es, alle erreichten Erfolge zu kommunizieren. Auch bei dieser letzten Veranstaltung im Rahmen des Projektes sollte dabei der Grundsatz der offenen und ehrlichen Kommunikation gelten. Vor allem in Hinblick auf die folgenden notwendigen kontinuierlichen Verbesserungen sollten offengebliebene Probleme angesprochen werden. Das Material für die Präsentation der Ergebnisse kann den Abschlußberichten der Teilprojektteams und des Gesamtprojektes entnommen werden.

Die wichtigsten Inhalte der Abschlußberichte sollten zusätzlich allen Mitarbeitern durch andere Kommunikationskanäle, zum Beispiel durch die Firmenzeitung, zugänglich gemacht werden. Neben der Kommunikation der Erfolge nach innen sollten Informationen über das Projekt durch geeignete Medien auch gezielt nach außen fließen. Dies soll nicht nur das Vertrauen der Öffentlichkeit in das Unternehmen erhöhen, sondern auch das Zugehörigkeitsgefühl der Mitarbeiter zum Unternehmen stärken.

5 Schlußbemerkungen

In diesem Handbuch wurde ein Vorgehenskonzept für ein Projekt vorgestellt, dessen Ziel das Neugestalten von Geschäftsprozessen und die Einführung eines integrierten betriebswirtschaftlichen Standardinformationssystems ist. Das Werk wurde so gestaltet, daß es der Praktiker als Handbuch verwenden kann. Alle im Laufe des Projektes zu erarbeitenden Ergebnisse wurden in einem Gatewayplan zusammengefaßt. Dieser Plan ist das Planungs- und Steuerungswerkzeug für das Gesamtprojekt und alle darin enthaltenen Teilprojekte. Er erleichtert somit die Umsetzung des Vorgehenskonzeptes in die Praxis. Grundlagenwissen über Business Process Redesign und integrierte betriebswirtschaftliche Standardinformationssysteme wurde durch das zweite Kapitel dieses Buches vermittelt. Wichtige Rahmenbedingungen für den Projekterfolg waren Inhalt des dritten Kapitels.

Stärken des Vorgehenskonzeptes

- **Systematischer Aufbau**: Das Vorgehenskonzept ist systematisch aufgebaut. Ein BPR- und IBSIS-Einführungsprojekt kann dadurch in sinnvolle Teilschritte zerlegt werden. Das Phasen- und Gatewaykonzept bildet den „roten Faden" durch das Projekt.

- **Flexibilität in der Struktur**: Der Gatewayplan ist so gestaltet, daß ein hohes Maß an Flexibilität möglich ist. Die Inhalte des Plans können einfach an unterschiedliche Projektziele angepaßt werden. Flexibilität wird vor allem durch die Unterscheidung von Gateways auf Teil- und Gesamtprojektebene erreicht. Die Beschreibung eines unrealistisch starren Projektablaufs wird dadurch vermieden. Trotz hoher Flexibilität besitzt der Gatewayplan eine einfache Grundstruktur.

- **Gezielte Projektplanung und -steuerung**: Der zweistufige Gatewayplan ermöglicht eine gezielte Projektplanung und -steuerung sowohl des Gesamtprojekts als auch der Teilprojekte. Der Plan erleichtert es, Zielabweichungen frühzeitig zu erkennen und rechtzeitig darauf zu reagieren.

- **Rollenmodell**: Aufgaben werden eindeutig auf die Projektbeteiligten verteilt. Dafür wurden eine Reihe von projektspezifischen Rollen beschrieben. Auch die Verantwortung für die zu erarbeitenden Ergebnisse ist im Gatewayplan klar geregelt.

- **Werkzeugunterstützung**: Bei der Beschreibung der zu erarbeitenden Ergebnisse wurde auf zahlreiche Werkzeuge und Techniken eingegangen. Die Ergebnisse sollen dadurch leichter erreicht werden. Trotzdem wurde genug Freiraum für andere Techniken und Wege zur Zielerreichung gelassen.
- **Praxisbezug**: Das Handbuch wurde in enger Zusammenarbeit mit der BMW Motoren AG, Steyr entwickelt. Wie im Abschnitt 1.1 *Zielsetzung, Ergebnis und Zielgruppe* bereits beschrieben, war es das Ziel von BMW Motoren, sowohl Aufbau- und Ablauforganisation grundlegend zu ändern als auch vorhandene Informationssysteme durch SAP R/3 zu ersetzen. In das Handbuch wurden nur jene Konzepte und Lösungen aufgenommen, die auch tatsächlich umgesetzt wurden. Durch die enge Zusammenarbeit mit der Praxis war es möglich, theoretische Ansätze zum Thema BPR und zur Einführung eines IBSIS kritisch zu hinterfragen und nur jene Teile in das Handbuch zu übernehmen, die für die Praxis von Nutzen sind.

Anhang: Gatewayplan

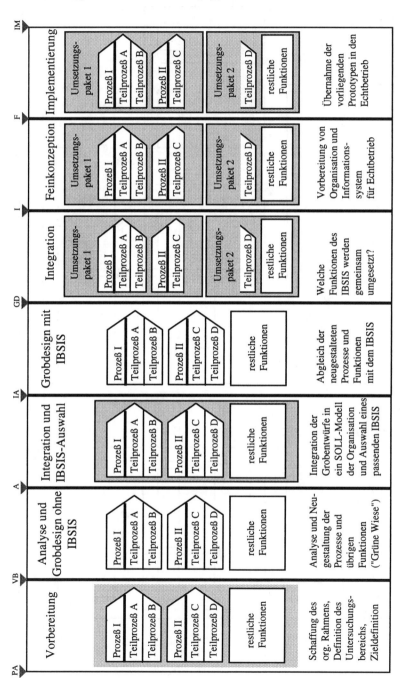

308 Anhang: Gatewayplan

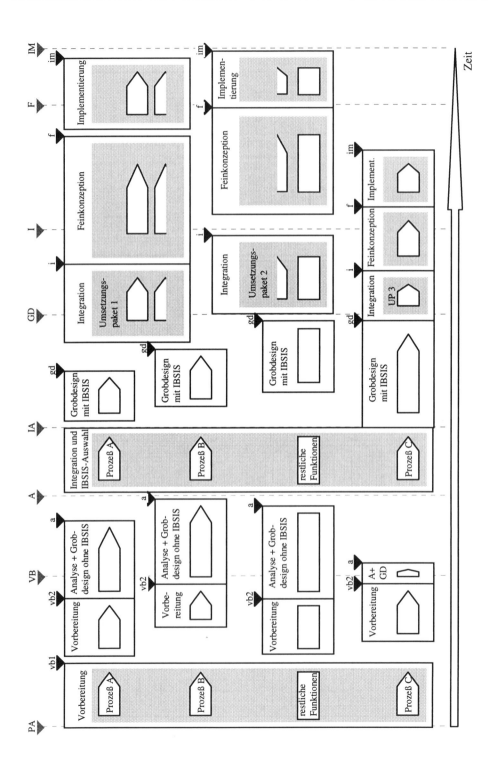

Anhang: Gatewayplan

Gateway Projektauftrag Gesamtprojektebene			PA ▼
Nr.	Ergebnisse/Kontrollpunkte	Termin	Beteiligte/ Verantwortung
PA.1	Vision für das Unternehmen ist erstellt und kommuniziert		*Steuerkreis*
PA.2	Strategien sind fixiert		*Steuerkreis*
PA.3	SISP ist durchgeführt und IBSIS-Alternativen sind definiert		*Steuerkreis*
PA.4	Business Process Redesign-Sponsor ist festgelegt		*Steuerkreis*
PA.5	Gesamtprojektleiter ist bestimmt		Steuerkreis, *Sponsor*
PA.6	Projektziele sind festgelegt		*Steuerkreis*, Sponsor, PL-Gesamt

Gateway Allgemeine Vorbereitung Teilprojektebene			vb1
Nr.	Ergebnisse/Kontrollpunkte	Termin	Beteiligte/ Verantwortung
	Projektorganisation		
vb1.1	Aufbauorganisation für Projekt ist festgelegt		Sponsor, *Steuerkreis*, PL-Gesamt
vb1.2	Beraterteam ist gebildet und verfügbar		Sponsor, Steuerkreis, *PL-Gesamt*
vb1.3	Projektmitarbeiter kennen ihre Aufgaben und Rollen		*PL-Gesamt*, Berater
vb1.4	Verantwortung und Kompetenzen sind vereinbart		Sponsor, *Steuerkreis*, PL-Gesamt, Berater, P-Controller
vb1.5	Ressourcen für Projekt sind bestimmt und bereitgestellt		*PL-Gesamt*, Sponsor, Steuerkreis, P-Controller
vb1.6	Untersuchungsmethoden und Werkzeuge sind bestimmt		Berater, *PL-Gesamt*
vb1.7	Konzept für Prozeßdokumentation ist mit Organisationsdokumentation abgestimmt		Berater, Steuerkreis, *P-Controller*
vb1.8	Projektdokumentation ist organisiert		*PL-Gesamt*, Berater
vb1.9	Projekthandbuch ist erstellt		Sponsor, Steuerkreis, *PL-Gesamt*, Berater, P-Controller
	Projektcontrolling		
vb1.10	Methoden und Werkzeuge sind bestimmt		PL-Gesamt, *P-Controller*
vb1.11	Verantwortung und Ausführung sind fixiert		PL-Gesamt, P-Controller, *Steuerkreis*

Anhang: Gatewayplan

Gateway Allgemeine Vorbereitung Teilprojektebene			vb1 ▼
Nr.	Ergebnisse/Kontrollpunkte	Termin	Beteiligte/ Verantwortung
	Untersuchungsumfang		
vb1.12	Untersuchungsbereich ist festgelegt		Sponsor, *Steuerkreis*, PL-Gesamt
vb1.13	Geschäftsprozesse sind identifiziert und ausgewählt		Sponsor, *Steuerkreis*, PL-Gesamt
vb1.14	Geschäftsprozesse sind in überschaubare Teilprozesse zerlegt		Steuerkreis, *PL-Gesamt*, Berater
vb1.15	Teilprojekte auf der Basis der abgegrenzten Teilprozesse sind gebildet		Steuerkreis, *PL-Gesamt*, Berater
	Ziele		
vb1.16	Formalziele sind verfeinert und dokumentiert		PL-Gesamt, Berater, *P-Controller*, Steuerkreis
vb1.17	Prozeßziele und Prozeßstrategien wurden festgelegt		PL-Gesamt, P-Controller, *Steuerkreis*
	Business Process Redesign-Klima		
vb1.18	Steuerkreis und Sponsor haben Bedingungen für Business Process Redesign geschaffen		*Sponsor*, Steuerkreis, PL-Gesamt
vb1.19	Betriebsrat ist informiert und einbezogen		*Sponsor*, Steuerkreis, PL-Gesamt

Gateway Vorbereitung
Teilprojektebene

vb2 ▼

Nr.	Ergebnisse/Kontrollpunkte	Termin	Beteiligte/ Verantwortung
vb2.1	Teilprojektleiter und Prozeßmanager sind bestimmt		Sponsor, *Steuerkreis*, PL-Gesamt
vb2.2	Teilprozeßziele und Teilprozeßstrategien wurden festgelegt		PL-Gesamt, Steuerkreis, P-Controller, *PL-Teilprojekt*
vb2.3	Das Business Process Redesign-Team ist für den Teilprozeß gebildet und verfügbar		*PL-Teilprojekt*, PL-Gesamt, Steuerkreis
vb2.4	Erforderliche Ressourcen für das Business Process Redesign-Team sind bereitgestellt		Steuerkreis, PL-Gesamt, *PL-Teilprojekt*, P-Controller
vb2.5	Business Process Redesign-Team-Mitarbeiter kennen ihre Aufgaben und Rollen		PL-Gesamt, *PL-Teilprojekt*, Berater, BPR-Team
vb2.6	Business Process Redesign-Team-Mitarbeiter sind für ihre nächsten Aufgaben ausgebildet		*Berater*, P-Controller, BPR-Team
vb2.7	Untersuchungsbereich für Teilprozeß ist dokumentiert		*PL-Teilprojekt*, BPR-Team, Berater

Gateway Vorbereitung
Gesamtprojektebene

VB

Nr.	Ergebnisse/Kontrollpunkte	Termin	Beteiligte/ Verantwortung
VB.1	Vorbereitungsphasen aller Teilprojekte sind beendet		**Steuerkreis**, PL-Gesamt, Berater
VB.2	Pilotprojekte sind abgeschlossen, Erfahrungen wurden in das Projektkonzept eingearbeitet		**PL-Gesamt**, Berater, P-Controller

Gateway Analyse und Grobdesign
Teilprojektebene

a ▼

Nr.	Ergebnisse/Kontrollpunkte	Termin	Beteiligte/ Verantwortung
	Analyse		
a.1	Business Process Redesign-Team-Mitarbeiter haben den IST-Prozeß analysiert und dokumentiert		Berater, BPR-Team, *PL-Teilprojekt*, P-Controller
a.2	Prozesse von Mitbewerbern wurden analysiert		Berater, BPR-Team, *PL-Teilprojekt*
a.3	Verbesserungspotentiale sind erkannt und dokumentiert		Berater, BPR-Team, *PL-Teilprojekt*
a.4	Sofort realisierbare Verbesserungen sind umgesetzt		Berater, PL-Gesamt, BPR-Team, PL-Teilprojekt, *Steuerkreis*, Sponsor, P-Controller
	Grobdesign des neuen Prozesses		
a.5	Grobentwurf des Teilprozesses unabhängig vom künftigen IBSIS ist erstellt und dokumentiert		Berater, BPR-Team, *PL-Teilprojekt*, P-Controller
a.6	Prämissen für andere Teilprozesse sind dokumentiert		Berater, BPR-Team, *PL-Teilprojekt*, P-Controller
a.7	Machbarkeit des Prozeßprototypen ist geprüft		Berater, BPR-Team, P-Controller, *PL-Teilprojekt*, PL-Gesamt
a.8	Grobentwurf wurde gemeinsam mit Betriebsrat und ausgewählten Betroffenen evaluiert		Berater, BPR-Team, PL-Teilprojekt, *PL-Gesamt*

Gateway Analyse und Grobdesign
Gesamtprojektebene

A ▼

Nr.	Ergebnisse/Kontrollpunkte	Termin	Beteiligte/ *Verantwortung*
	Analyse		
A.1	Analyse und Grobdesign aller Teilprojekte ohne IBSIS sind abgeschlossen		*Steuerkreis*, PL-Teilprojekte
A.2	Prämissen für andere Prozesse sind dokumentiert		***PL-Gesamt***, Berater, BPR-Team, PL-Teilprojekte, Steuerkreis, P-Controller
A.3	Verbesserungspotentiale außerhalb der definierten Prozesse sind erkannt und wurden in Umsetzungsmaßnahmen dokumentiert (begleitende Untersuchungen sind abgeschlossen)		***PL-Gesamt***, Berater, P-Controller
A.4	Verbesserungspotentiale der Teilprojekte sind kumuliert und Gesamtzielerreichung ist sichergestellt		*Steuerkreis*, PL-Gesamt, PL-Teilprojekte, P-Controller
	Business Process Redesign-Klima		
A.5	Kurzfristig erzielte Erfolge wurden nach innen und außen kommuniziert		Steuerkreis, ***Sponsor***, PL-Gesamt, PL-Teilprojekte, P-Controller
A.6	Sponsor und Steuerkreis stehen zu Grobentwürfen und haben dies kommuniziert		Steuerkreis, ***Sponsor***

Gateway Integration und IBSIS-Auswahl Gesamtprojektebene			IA ▼
Nr.	Ergebnisse/Kontrollpunkte	Termin	Beteiligte/ Verantwortung
IA.1	Vorgehensweise und Methode zur IBSIS-Auswahl sind festgelegt und dokumentiert		*PL-Gesamt*, Berater, IV-Abteilung
IA.2	Alle Grobentwürfe sind in einem Gesamtkonzept (SOLL-Organisationskonzept) integriert und dokumentiert		*Steuerkreis*, PL-Gesamt, PL-Teilprojekte, Berater
IA.3	Kriterienkatalog und Pflichtenheft aus SISP-Studie zur IBSIS-Bewertung wurden an SOLL-Organisationskonzept angepaßt		Berater, IV-Abteilung, *PL-Gesamt*
IA.4	IBSIS-Auswahlentscheidung ist vorbereitet		*PL-Gesamt*, Einkauf, Berater, IV-Abteilung, P-Controller
IA.5	Entscheidung für eine IBSIS-Variante ist getroffen und dokumentiert		*Steuerkreis*
IA.6	Verträge für Software sind abgeschlossen		*IV-Abteilung*, Berater, P-Controller
IA.7	Beschaffungszeiten für Hardware sind mit Gesamttermin-plan abgestimmt		*IV-Abteilung*, Berater, P-Controller, PL-Gesamt
IA.8	IV-Konzept wurde erarbeitet und dokumentiert		IV-Abteilung, Berater, PL-Gesamt, *Steuerkreis*
IA.9	Schulungskonzept für IBSIS-Betreuer und BPR-Teammitarbeiter ist erstellt und dokumentiert		*Berater*
	Business Process Redesign-Klima		
IA.10	Künftiges IBSIS wurde im Unternehmen vorgestellt		*PL-Gesamt*, Berater, Sponsor, Steuerkreis

Anhang: Gatewayplan

Gateway Integration und IBSIS-Auswahl Gesamtprojektebene		IA ▼	
Nr.	Ergebnisse/Kontrollpunkte	Termin	Beteiligte/ *Verantwortung*
IA.11	Erzielte Erfolge wurden nach innen und außen kommuniziert		*Sponsor*, Steuerkreis, PL-Gesamt, PL-Teilprojekte, P-Controller
IA.12	Sponsor und Steuerkreis stehen zu SOLL-Organisationskonzept und haben dies kommuniziert		*Sponsor*, Steuerkreis

Gateway Grobdesign mit IBSIS
Teilprojektebene

gd ▼

Nr.	Ergebnisse/Kontrollpunkte	Termin	Beteiligte/ Verantwortung
gd.1	Grobentwurf des Teilprozesses aus der Phase *Analyse und Grobdesign ohne IBSIS* ist mit IBSIS abgeglichen		Berater, BPR-Team, **PL-Teilprojekt**, IBSIS-Experte, P-Controller
gd.2	Machbarkeit des Grobentwurfs ist geprüft		Berater, BPR-Team, P-Controller, **PL-Teilprojekt**, PL-Gesamt
gd.3	Grobentwurf wurde gemeinsam mit Betriebsrat und ausgewählten Betroffenen evaluiert		Berater, BPR-Team, PL-Teilprojekt, **PL-Gesamt**

Anhang: Gatewayplan 319

Gateway Grobdesign mit IBSIS Gesamtprojektebene			GD ▼
Nr.	Ergebnisse/Kontrollpunkte	Termin	Beteiligte/ Verantwortung
	Informationssystem		
GD.1	IBSIS-Testlabor für Teilprojekte wurde installiert		*IV-Abteilung*, P-Controller
	Grobdesign von neuen Prozessen auf der Basis des künftigen IBSIS		
GD.2	Grobdesign auf der Basis des künftigen IBSIS aller Teilprojekte ist abgeschlossen		*Steuerkreis*, PL-Teilprojekte
GD.3	Verbesserungspotentiale der Teilprojekte sind kumuliert und Gesamtzielerreichung ist sichergestellt		*Steuerkreis*, PL-Gesamt, PL-Teilprojekte, P-Controller
	Business Process Redesign-Klima		
GD.4	Erzielte Erfolge wurden nach innen und außen kommuniziert		*Sponsor*, Steuerkreis, PL-Gesamt, PL-Teilprojekte, P-Controller
GD.5	Sponsor und Steuerkreis stehen zu Grobentwürfen und haben dies kommuniziert		*Sponsor*, Steuerkreis

Gateway Analyse und Grobdesign
Teilprojektebene

i ▼

Nr.	Ergebnisse/Kontrollpunkte	Termin	Beteiligte/ Verantwortung
	Projektorganisation		
i.1	Software-Teilprojektleiter ist bestimmt		*Steuerkreis*, PL-Gesamt
i.2	Software-Team für das Umsetzungspaket ist gebildet und verfügbar		Berater, PL-Gesamt, *PL-Teilprojekt*
i.3	Ressourcen für das Team sind bestimmt und bereitgestellt		Berater, PL-Gesamt, P-Controller, *PL-Teilprojekt*
i.4	Software-Team-Mitarbeiter kennen ihre Aufgaben und Rollen		SW-Team, Berater, *PL-Teilprojekt*, PL-Gesamt
i.5	Software-Team-Mitarbeiter sind für ihre nächsten Aufgaben ausgebildet		SW-Team, *Berater*, P-Controller
i.6	Implementierungskonzept für IBSIS auf Teilprojektebene ist erarbeitet		Berater, SW-Team, *PL-Teilprojekt*, IV-Abteilung

Anhang: Gatewayplan

Gateway Integration Gesamtprojektebene			I
Nr.	Ergebnisse/Kontrollpunkte	Termin	Beteiligte/ Verantwortung
	Integration		
I.1	Rangfolge der Teilprozesse ist festgelegt und dokumentiert		*Steuerkreis*, PL-Gesamt
I.2	Umsetzungspakete und Teilprojekte sind definiert		*PL-Gesamt*, Berater, BPR-Teams, PL-Teilprojekte, IBSIS-Berater
I.3	Alle Teilprojektergebnisse sind Umsetzungspaketen zugeordnet		*PL-Gesamt*, Berater, BPR-Teams, PL-Teilprojekte

Gateway Feinkonzeption
Teilprojektebene

f ▼

Nr.	Ergebnisse/Kontrollpunkte	Termin	Beteiligte/ Verantwortung
	Informationssystem		
f.1	Informationssystem-Prototyp ist entwickelt		IV-Abteilung, SW-Team, *PL-Teilprojekt*, Berater, P-Controller, BPR-Teams
f.2	Arbeitsorganisation ist entwickelt		Berater, SW-Team, *BPR-Teams*
f.3	Integrationstest (technisch und organisatorisch) ist durchgeführt und dokumentiert		SW-Team, BPR-Teams, IV-Abteilung, Berater, PL-Teilprojekt, *PL-Gesamt*
f.4	Umsetzungspaket wurde im Testlabor gemeinsam mit Betriebsrat und künftigen Betroffenen evaluiert		SW-Team, BPR-Teams, *PL-Gesamt*
	Projektorganisation		
f.5	Vorbereitung des Abbaus von Altsystemen und der Übernahme der Daten ist abgeschlossen		SW-Team, *IV-Abteilung*, Berater, Fachbereiche
f.6	Anwender sind für neue Aktivitäten ausgebildet		SW-Team, *PL-Teilprojekt*, Berater, Fachbereiche
f.7	Maßnahmenplan zur Einführung der Teilprozesse ist angepaßt und beschrieben		Berater, SW-Team, *PL-Teilprojekt* P-Controller, PL-Gesamt
f.8	Installationskonzept wurde erstellt und dokumentiert		Berater, PL-Gesamt, *PL-Teilprojekt*, SW-Team, BPR-Teams

Gateway Feinkonzeption
Teilprojektebene

f ▼

Nr.	Ergebnisse/Kontrollpunkte	Termin	Beteiligte/ Verantwortung
	Business Process Redesign-Klima		
f.9	Organisation ist für Echtbetrieb der neuen Aktivitäten vorbereitet		*Sponsor* Steuerkreis, PL-Teilprojekt, PL-Gesamt, SW-Team, BPR-Teams

Gateway Feinkonzeption Gesamtprojektebene		F ▼	
Nr.	Ergebnisse/Kontrollpunkte	Termin	Beteiligte/ Verantwortung
F.1	Feinentwicklung der in den Umsetzungspaketen enthaltenen Teilprozesse und Funktionen ist abgeschlossen		*Steuerkreis,* PL-Teilprojekte
	Business Process Redesign-Klima		
F.2	Laufend umgesetzte Verbesserungen wurden ausreichend kommuniziert		Steuerkreis, *Sponsor*
	Informationssystem		
F.3	Hardware-Auswahlentscheidung ist getroffen und Verträge sind abgeschlossen		IV-Abteilung, Berater, P-Controller, PL-Gesamt, *Steuerkreis*

Gateway Implementierung
Teilprojektebene

im

Nr.	Ergebnisse/Kontrollpunkte	Termin	Beteiligte/ Verantwortung
im.1	Echtbetrieb der Aktivitäten wurde durch Anwender aufgenommen		SW-Team, *PL-Teilprojekt*, Berater, Fachbereiche, BPR-Team, IV-Abteilung
im.2	Optimierungsmaßnahmen wurden durchgeführt		SW-Team, *PL-Teilprojekt* Berater, BPR-Team, IV-Abteilung, P-Controller
im.3	Abschlußaktivitäten für Teilprojekt sind durchgeführt		*PL-Teilprojekt*, SW-Team, Berater, P-Controller

Gateway Implementierung
Gesamtprojektebene — IM

Nr.	Ergebnisse/Kontrollpunkte	Termin	Beteiligte/Verantwortung
	Implementierung der Umsetzungspakete		
IM.1	Alle Umsetzungspakete sind implementiert und sämtliche Prozesse sind in Echtbetrieb		*Steuerkreis*, PL-Teilprojekte, PL-Gesamt, Berater, BPR-Teams
IM.2	Gesamtzielerreichung wurde analysiert und bewertet		Berater, PL-Gesamt, BPR-Teams, *Steuerkreis*, P-Controller
IM.3	Auf der Basis festgestellter Zielabweichungen wurden Folgeprogramme gestartet		*Steuerkreis*
IM.4	Neue Teilprozesse wurden an die Prozeßmanager übergeben und BPR-Gedanke wurde institutionalisiert		*Steuerkreis*, Prozeßmanager
	Business Process Redesign-Klima		
IM.5	Erreichte Erfolge wurden nach außen und innen kommuniziert		*Sponsor*, Steuerkreis, Berater, PL-Gesamt

Literatur

[AcRe 81] Ackermann, K.-F.; Reber, G.; *Personalwirtschaft: motivationale und kognitive Grundlagen*; Stuttgart: Poeschel, 1981

[Ande 94] Andersen Consulting; *Erfolgreiches Vorgehen in der Reorganisation* in: Die Presse, Wien, 17. Mai 1994; S. 23

[AnSt 94] Andrews, D. C.; Stalick, S. K.; *Business Reengineering: The survival guide*; Englewood Cliffs: Prentice-Hall Inc., 1994

[Areg 76] Aregger, K.; *Innovation in sozialen Systemen*; Band 1, Einführung in die Innovationstheorie der Organisation, Bern u. a.: Haupt, (Uni-Taschenbücher; 487), 1976

[ARIS 94] Kirsch, J.; *ARIS-Methodenhandbuch*; ARIS Version 2.1; Saarbrücken: IDS Prof. Scheer GmbH, 1994

[Band 79] Bandura, A.; *Sozial-kognitive Lerntheorie*; 1. Auflage; Stuttgart: Klett-Cotta, 1979

[BeFü 94] Becker, W.; Füting, U. C.; *Anwendungsentwicklung - Effektiver und effizienter* in: Diebold Management Report 2/94; S. 8-14

[BiMR 92] Biethan, J.; Muksch, H.; Ruf, W.; *Ganzheitliches Informationsmanagement, Band 1 Grundlagen*; 2. Auflage; München, Wien: Oldenbourg, 1992

[BoDK 94] Boy, J.; Dudek; Ch.; Kuschel, S.; *Projektmanagement: Grundlagen, Methoden und Techniken, Zusammenhänge*; 1. Auflage; Bremen: GABAL, 1994

[Boll 93] Boll, M.; *Prozeßorientierte Implementierung des SAP Softwarepaketes* in: Wirtschaftsinformatik 5/93, Oktober 1993; S. 418-423

[Brei 92] Breit, K.; *Informationstechnologien und Organisationsänderung: Konsequenzen integrierter Informationssysteme auf die Strukturorganisation*; Dissertation, Linz, 1992

[Bren 90] Brenner, W.; *Auswahl von Standardsoftware* in: Österle, H. (Hrsg.); Integrierte Standardsoftware: Entscheidungshilfen für den Einsatz von Softwarepaketen; Bd. 2, Auswahl, Einführung und Betrieb von Standardsoftware; Hallbergmoos: AIT, Angewandte Informationstechnik, 1990; S. 9-24

[Bril 94]] Brill, H.; *Wenn Re-Engineering-Projekte scheitern: Wer hat die Schuld?* in: Computerwoche Nr. 41, 14. Oktober 1994, S. 48-50

[BrKe 95] Brenner, W.; Keller, G. (Hg.); *Business reengineering mit Standardsoftware*; Frankfurt/Main, New York: Campus Verlag, 1995

[BrKP 94] Bracher, S.; Kusio, D.; Portner, R.; *Überlegungen zur Integration von neuen EDI-Partnern* in: io Management Zeitschrift 63 Nr. 6; 1994; S. 83-87

[BuNS 93] Bullinger,H.-J.; Niemeier, J.; Schäfer, M.; *Wege zu schlanken Informations- und Kommunikationssystemen: Erfahrungen aus japanischen Unternehmen und Möglichkeiten der Übertragung japanischer Managementansätze* in: m&c Management & Computer 2/93, Juni 1993; S. 121-128

[BuRW 94] Bullinger, H.-J.; Roos, A.; Wiedmann, G.; *Amerikanisches Business Reengineering oder japanisches Lean Management?* in: Office Management 7-8/1994, Juli/August 1994; S. 14-20

[BuTh 94] Bullinger, H.-J.; Thaler, K.; *Zwischenbetriebliche Zusammenarbeit im Virtual Enterprise Software* in: m&c Management & Computer 1/94, März 1994; S. 19-24

[BüWi 94] Bügers, A.; Wilken, T.; *Unterstützung der SAP R/3-Einführung mit ARIS* in: m&c Management & Computer 3/94, September 1994; S. 197-202

[CDI 94] CDI (Hrsg.); *SAP R/3: Grundlagen, Architektur, Anwendung*; Haar bei München: Markt und Technik, Buch- und Software-Verlag, 1994

[Cham 94] Champy, J. A.; *Managing the Reengineered Organization*; in: Insights Quarterly, Spring 1994; S. 86-88

[ClFu 94] Clark, K. B.; Fujimoto, T.; *Automobilentwicklung mit System: Strategie, Organisation und Management in Europa, Japan und USA*; Frankfurt/Main, New York: Campus Verlag, 1992

[Dave 93] Davenport, T. H.; *Process Innovation: Reengineering Work through Information Technology*; Boston, Massachusetts: Harvard Business School Press, 1993

[DaSh 90] Davenport, T. H.; Short, J. E.; *The New Industrial Engineering: Information Technology and Business Process Redesign* in: Sloan Management Review Volume 31 Number 4, Sommer 1990; S. 11-27

[DaSt 94] Davenport, T. H.; Stoddard, D. B.; *Reengineering: Business Change of Mythic Proportions?* in: MIS Quarterly Volume 18 Number 2, Juni 1994; S. 121-127

[DeDH 94] Dennis, A. R.; Daniels, R. M. jr.; Hayes, G.; Nunamaker, J. F. jr; *Methodology-Driven Use of Automated Support in Business Process Re-Engineering* in: Journal of Management Systems Volume 10 Number 3, Winter 1993-94; S. 117-138

[DeHe 94] Dernbach, W.; Henkel, N.; *Geschäftsprozeßoptimierung: „Leidensdruck muß möglichst groß sein ..."* in: Office Management 7-8/1994, Juli/August 1994; S. 24-26

[Dern 93] Dernbach, W.; *Informatik-Restrukturierung: Abschied von alten Zöpfen* in: Diebold Management Report 2/94; S. 3-10

[DoLa 94] Doppler, K.; Lauterburg, Ch.; *Change Management: Den Unternehmenswandel gestalten*; Frankfurt/Main, New York: Campus Verlag, 1994

[Doni 94] Donig, N.; *Während der Fahrt die Reifen wechseln. Reengineering beginnt ganz von vorne* in: Die Presse, Wien, 23. April 1994

[Dörn 92] Dörner, D.; *Die Logik des Mißlingens: Strategisches Denken in komplexen Situationen*; Reinbeck bei Hamburg: Rowohlt Taschenbuch Verlag, 1992

[DrAB 94] Drobek, R.; Abele, U.; Bacher, S.; *Motivation in der Fraktalen Fabrik* in: Office Management 7-8/1994, Juli/August 1994; S. 8

[Earl 94] Earl, M. J.; *The new and the old of business process redesign* in: The Journal of Strategic Information Systems Volume 3 Number 1, März 1994; S. 5-22

[Edel 93] Edelmann, W.; *Lernpsychologie: Eine Einführung*; 3. neu bearb. Aufl.; Weinheim: Psychologie-Verl. Union, 1993

[Fisc 93] Fischer, J.; *Unternehmensübergreifende Datenmodellierung - der nächste folgerichtige Schritt der zwischenbetrieblichen Datenverarbeitung* in: Wirtschaftsinformatik 3/93, Juni 1993; S. 241-254

[Gait 83] Gaitanides, M.; *Prozeßorganisation*; München: Vahlen 1983

[Gälw 87] Gälweiler, A.; *Strategische Unternehmensführung*; Frankfurt/Main, New York: Campus Verlag, 1987

[Gart 95] Gartner Group; *Business Process Re-engineering*; BPR Research Note, BPR: M-600-059; Gartner Group, Inc., 7. Juli 1995

[GaSV 94] Gaitanides, M; Scholz, R.; Vrohlings, A.; Raster, M.; *Prozeßmanagement: Konzepte, Umsetzungen und Erfahrungen des Reengineering*; München, Wien: Hanser 1994

[Gies 94] Giesecke, M.; *Einsatz von Standard- und Individualsoftware* in: Office Management 5/1994, Mai 1994; S. 52-54

[Girt 94] Girth, W.; *Die Methodik sichert den Erfolg* in: Die Presse, Wien, 17. Mai 1994; S. 22

[GoRS 87] Goodman, P. S.; Ravlin, E.; Schminke, M.; *Understanding groups in organisations* in: Cummings, L. L; Staw, B. M. (Eds.); Research in Organizational Behavior; Volume 9; Greenwich, Conn. u. a.: Jai Press Inc., 1987; S. 121-173

[GoZi 92] Gomez, P.; Zimmermann, T.; *Unternehmensorganisation: Profile, Dynamik, Methodik*; Frankfurt/Main, New York: Campus Verlag, 1992

[Grie 94] Griese, J.; *Das virtuelle Unternehmen* in: Office Management 7-8/1994, Juli/August 1994; S. 10-12

[GrJä 94] Grund, K.; Jähnig, F.; *Modell zur Analyse und Simulation von Geschäftsprozessen* in: m&c Management & Computer 1/94, März 1994; S. 49-56

[Groc 75] Grochla, E.; *The design of computer-based information systems - a challenge to organizational research* in: Grochla, E.; Szyperski, N.; Information Systems and Organizational Sructure; Berlin, New York: Walter de Gruyter, 1975; S. 31-52

[GrSc 94] Grünewald, Ch.; Schotten, M.; *Marktspiegel PPS-Systeme auf dem Prüfstand: Überprüfte Leistungsprofile von Standard-EDV-Systemen für die Produktionsplanung und -steuerung (PPS)*; 5. aktualisierte und erw. Auflage; Köln: Verlag TÜV Rheinland, 1994

[HaCh 94] Hammer, M.; Champy, J.; *Business reengineering: Die Radikalkur für das Unternehmen*; Frankfurt/Main, New York: Campus Verlag, 1994

[Hamm 90] Hammer, M.; *Reengineering Work: Don't Automate, Obliterate* in: Harvard Business Review 4, Juli - August 1990; S. 104-112

[Hamm 94] Hammer, M.; *„Bei den IT-Prozessen sind radikale Eingriffe nötig"* in: Computerwoche 8, 25. Februar 1994; S. 7

[HaLo 87] Hansel, J.; Lomnitz, G.; *Projektleiter-Praxis: erfolgreiche Projektabwicklung durch verbesserte Kommunikation und Kooperation*; Berlin u. a.: Springer-Verlag, 1987

[Hans 92] Hansen, H. R.; *Wirtschaftsinformatik I*; 6. neubearb. und stark erw. Aufl.; Stuttgart, Jena: G. Fischer, (UTB für Wissenschaft: Uni-Taschenbücher 802), 1992

[HaOl 75] Hackman, J. R.; Oldham, G. R.; *Development of the Job Diagnostic Survey* in: Journal of Applied Psychology, Vol. 60, No. 2, 1975; S. 159-170

[HaSt 94]	Hammer, M.; Stanton, S. A.; *The Reengineering Revolution: A Handbook*; 1st ed.; New York: HarperBusiness, 1994
[HaRW 93]	Hall, G.; Rosenthal, J.; Wade, J.; *How to Make Reengineering Really Work* in: Harvard Business Review, November - Dezember 1993; S. 119-131
[Haug 94]	Haug, H.; *„Wir wollen die DV-Kosten senken"* in: SAP info: Optimierung von Geschäftsprozessen; Magazin der SAP-Gruppe, März 1994; S. 21f
[Heck 89]	Heckhausen, H.; *Motivation und Handeln*; 2. völlig überarb. u. erg. Aufl.; Berlin u. a.: Springer, 1989
[Heib 93]	Heib, R.; *IS-Controlling* in: m&c Management & Computer 3/93, September 1993; S. 237
[Hehe 94]	Hehemann, M.; *Brutal, aber harmlos?* in: WirtschaftsWoche Nr. 51, 15. Dezember 1994, S. 48-49
[Hein 92]	Heinrich, L. J.; *Informationsmanagement: Planung, Überwachung und Steuerung der Informations-Infrastruktur*; 4. vollst. überarb. und erg. Aufl.; München, Wien: Oldenbourg, 1992
[Hein 94]	Heinrich, L. J.; *Systemplanung: Planung und Realisierung von Informatik-Projekten*; Bd. 1. Der Prozeß der Systemplanung, der Vorstudie und der Feinstudie; 6. vollst. überarb. und erg. Aufl.; München, Wien: Oldenbourg, 1994
[Hein 94b]	Heinrich, L. J.; *Systemplanung: Planung und Realisierung von Informatik-Projekten*; Bd. 2. Der Prozeß der Grobprojektierung, der Feinprojektierung und der Installierung; 5. vollst. überarb. u. erg. Aufl.; München, Wien: Oldenbourg, 1994
[Henk 94]	Henkel, N.; *Fit aus der Krise?* in: Office Management 4/1994, April 1994; S. 71
[HeRo 89]	Heinrich, L. J.; Roithmayr, F.; *Wirtschaftsinformatik-Lexikon*; 3. überarb. u. wesentl. erw. Aufl.; München, Wien: Oldenbourg, 1989
[HeRu 93]	Heer, R.; Rust, U.; *Maßanfertigung oder Kauf ab Stange? Der Weg zur sinnvollen „Software-Politik"* in: Neue Zürcher Zeitung, 8. März 1993
[Hick 93]	Hickman, L.; *Technology and Business Process Re-Engineering: Identifying Opportunities for Competitive Advantage* in: Spurr, K.; Layzell, P.; Jennison, L.; Richards, N. (Hrsg.); Software Assistance for Business Re-Engineering; Chichester: John Wiley & Sons Ltd, 1993; S. 177-192

[HiBr 94]   Hitt, L.; Brynjolfsson, E.; *The Three Faces of IT Value: Theory and Evidence* in: Proceedings of the Fifteenth International Conference on Information Systems, Vancouver, British Columbia, Canada, 1994; S. 263-277

[Higg 93]   Higgins, J.; *Information Technology and Business Process Redesign: IT - Enabler or Disabler of BPR* in: Spurr, K.; Layzell, P.; Jennison, L.; Richards, N. (Hrsg.); Software Assistance for Business Re-Engineering; Chichester: John Wiley & Sons Ltd, 1993; S. 19-32

[HiWo 94]   Hiekel, H.-U.; Woltemate, H.; *Qualitative Standardsoftware* in: Office Management 4/1994, April 1994; S. 62-64

[Hoha 94]   Hohaus, W.; *R/3 Geschäftsprozeßorganisation: Bedingt einsatzbereit* in: Diebold Management Report 8/9 - 94; S. 10-12

[Holl 87]   Hollander, E. P.; *Führungstheorien - Idiosynkrasiekreditmodell* in: Kieser, A.; Reber, G.; Wunderer, R.; Handwörterbuch der Führung; Stuttgart: Poeschel, 1987; S. 789-803

[HoPW 86]   Horváth, P.; Petsch, M.; Weihe, M.; *Standard-Anwendungssoftware für das Rechnungswesen: Marktübersicht, Auswahlkriterien und Produkte für Finanzbuchhaltung und Kosten- und Leistungsrechnung*; 2. völlig neubearb. Aufl.; München: Vahlen, 1986

[IMG 94a]   IMG; *PROMET: Methodenhandbuch für den Entwurf von Geschäftsprozessen*; Version 1.0; St. Gallen/München: IMG - Information Management Gesellschaft, 1994

[IMG 94b]   IMG; *PROMET: Projekt-Methode zur Einführung von Standardanwendungssoftware*; Version 2.0; St. Gallen/München: IMG - Information Management Gesellschaft, 1994

[JäPM 93]   Jäger, E.; Pietsch, M.; Mertens, P.; *Die Auswahl zwischen alternativen Implementierungen von Geschäftsprozessen in einem Standardsoftwarepaket am Beispiel eines Kfz-Zulieferers* in: Wirtschaftsinformatik 5/93, Oktober 1993; S. 424-433

[Karc 94]   Karcher, H. B.; *Das Management von Büroprozessen* in: Office Management 4/1994, April 1994; S. 66-70

[Kell 94]   Keller, G.; *Transparente Geschäftsprozeßgestaltung mit „Ereignisgesteuerten Prozeßketten"* in: SAP info: Optimierung von Geschäftsprozessen; Magazin der SAP-Gruppe, März 1994; S. 8-11

[Kell 95]   Keller, G.; *Eine einheitliche betriebswirtschaftliche Grundlage für das Business Reengineering* in: Brenner, W.; Keller, G. (Hg.); Business reengineering mit Standardsoftware; Frankfurt/Main, New York: Campus Verlag, 1995; S. 45-66

[KiKu 92]   Kieser, A.; Kubicek, H.; *Organisation*; 3. völlig neu bearb. Auflage; Berlin, New York: de Gruyter, 1992

[King 94]   King, J.; *Re-engineering slammed* in: Computerworld Vol. 28, No. 24, 13. Juni 1994; S 1, 14

[Kirc 93]   Kirchmer, M.; *Prozeßorientierte Planung und Realisierung des Einsatzes von Standardsoftware: Vorgehensweise zur strategiegesteuerten Einführung integrierter Informationssysteme* in: m&c Management & Computer 2/93, Juni 1993; S. 135-144

[KnSc 93]   Knöll, H.-D.; Schwarze, M.; *Re-Engineering von Anwendungssoftware: Fallstudie, CASE-Tools im Vergleich*; Mannheim, Leipzig, Wien, Zürich: BI-Wissenschaftsverlag, 1993

[Koch 94]   Koch, J. H.; *Flexible Standards erleichtern Ablösung von Altsystemen* in: Computer Zeitung Nr. 23, 9. Juni 1994; S. 17f

[Krau 94]   Kraus, H.; *Historische Entwicklung von Organisationsstrukturen - Ursache für die Notwendigkeit neuer Organisationskonzepte?* in: Krickl, O. (Hrsg.); Geschäftsprozeßmanagement: Prozeßorientierte Organisationsgestaltung und Informationstechnologie; Heidelberg: Physica-Verlag, 1994

[Kric 94]   Krickl, O.; *Die Überwindung des Produktivitätsparadoxon* in: Die Presse, Wien, 17. Mai 1994; S. 21

[Kric 94b] Krickl, O.; *Business Redesign - Prozeßorientierte Organisationsgestaltung und Informationstechnologie* in: Krickl, O. (Hrsg.); Geschäftsprozeßmanagement: Prozeßorientierte Organisationsgestaltung und Informationstechnologie; Heidelberg: Physica-Verlag, 1994

[Krus 87]   Kruse, H. F.; *Die Gestaltung und Durchführung der strategischen Informationssystem-Planung*; Dissertation, Universität Freiburg, 1987

[LaKD 88]   Lawrence, P. R.; Kolodny, H. F.; Davis, S. M.; *Die personale Seite der Matrix* in: Reber, G.; Strehl, F.; Matrix Organisation; Stuttgart: C. E. Poeschel Verlag, 1988; S. 127-150

[LaKK 94]   Lameter, F.; Kirchmer, M.; Klingshirn, C.; *Schlanke Organisationsstrukturen auf Basis der SAP-R/3-Software* in: m&c Management & Computer 1/94, März 1994; S. 57-64

[LeAB 91]   Lehner, F.; Auer-Rizzi, W.; Bauer, R.; Breit, K.; Lehner, J.; Reber, G.; *Organisationslehre für Wirtschaftsinformatiker*; München, Wien: Carl Hanser Verlag, 1991

[Love 88] Loveman, G. W.; *An Assessment of the Productivity Impact of Information Technologies*; Arbeitsbericht 90s:88-054, Massachusetts Institute of Technology, Sloan School of Management, Cambridge, Massachusetts, Juli 1988

[Luca 94] Lucas, H. C. Jr.; *Information Systems Concepts for Management*; San Francisco et al.: McGraw-Hill, Inc., 1994

[LuWG 88] Lucas, H. C. Jr.; Walton, E. J.; Ginzberg, M. J.; *Implementing Packaged Software* in: MIS Quarterly Volume 12 Number 4, Dezember 1988; S. 536-548

[Lüne 94] Lünendonk; *1993: Die 25 größten DV-Beratungs- und Softwareunternehmen in Deutschland* in: Computer Zeitung Nr. 24, 16. Juni 1994; S. 2

[Lüth 95] Lüthen, G.; *Neue Arbeitsstrukturen durch Arbeitstechnologien?* in: WdF Magazin 11/95; S. 9-11

[MaCo 94] Mangurian, G.; Cohen, A.; *Reengineering's Stress Points Part Two: The Trials of Testing*; in: Insights Quarterly, Spring 1994; S. 74-85

[MaKl 90] Martiny, L.; Klotz, M.; *Strategisches Informationsmanagement: Bedeutung und organisatorische Umsetzung*; 2. verb. Aufl.; München, Wien: Oldenbourg, 1990

[Mare 95] Marent, Ch.; *Branchenspezifische Referenzmodelle für betriebswirtschaftliche IV-Anwendungsbereiche* in: Wirtschaftsinformatik 3/95, Juli 1995; S. 303-313

[MaSi 87] Manz, C. C.; Sims, H. P.; *Führung in selbststeuernden Gruppen* in: Kieser, A.; Reber, G.; Wunderer, R.; Handwörterbuch der Führung; Stuttgart: Poeschl, 1987; S. 1805-1823

[Maye 79] Mayer, R. E.; *Denken und Problemlösen: Eine Einführung in menschliches Denken und Lernen*; Berlin u. a.: Springer, 1979

[Meis 90] Meister, C.; *Customizing von Standardsoftware* in: Österle, H. (Hrsg.); Integrierte Standardsoftware: Entscheidungshilfen für den Einsatz von Softwarepaketen; Bd. 2, Auswahl, Einführung und Betrieb von Standardsoftware; Hallbergmoos: AIT, Angewandte Informationstechnik, 1990; S. 25-44

[MeÖs 95] Mende, M.; Österle, H.; *Führung von Prozessen* in: Brenner, W.; Keller, G. (Hg.); Business reengineering mit Standardsoftware; Frankfurt/Main, New York: Campus Verlag, 1995; S. 95-112

[Mert 94] Mertens, P.; *Virtuelle Unternehmen* in: Wirtschaftsinformatik 2/94, April 1994; S. 169 - 172

[Mert 95] Mertens, P.; *Wirtschaftsinformatik - Von den Moden zum Trend* in: König, W. (Hg.); Wirtschaftsinformatik '95: Wettbewerbsfähigkeit, Innovation, Wirtschaftlichkeit; Heidelberg: Physica-Verlag, 1995; S. 25-64

[MeTe 95] Meinhardt, S.; Teufel, T.; *Business Reengineering im Rahmen einer prozeßorientierten Einführung der SAP-Standardsoftware R/3* in: Brenner, W.; Keller, G. (Hg.); Business reengineering mit Standardsoftware; Frankfurt/Main, New York: Campus Verlag, 1995; S. 69-94

[Mint 79] Mintzberg, H.; *The Structuring of Organizations: A Synthesis of the Research*; Englewood Cliffs: Prentice-Hall Inc., 1979

[MoBr 94] Morris, D.; Brandon, J.; *Revolution im Unternehmen: Reengineering für die Zukunft*; Landsberg/Lech: Verlag Moderne Industrie, 1994

[MüRa 94] Müller, J.; Rademacher, U.; *Business Process Re-Engineering bei GE Information Services* in: Office Management 4/1994, April 1994; S. 86-88

[ohVe 94a] o. V.; *Immer mehr Unternehmen denken an eine DV-Renovierung* in: Computer Zeitung Nr. 23, 9. Juni 1994; S. 21

[ohVe 94b] o. V.; *Modulweise R/3-Einführung widerspricht der Prozeßidee* in: Computerwoche Nr. 28, 15. Juli 1994, S. 3

[ÖsBH 92] Österle, H.; Brenner, W.; Hilbers, K.; *Unternehmensführung und Informationssystem: Der Ansatz des St. Galler Informationssystem-Managements*; 2. durchgesehene Auflage; Stuttgart: Teubner, 1992

[ÖsSt 93] Österle, H.; Steinbock, H. J.; *Das informationstechnische Potential der 90er Jahre*; Arbeitsbericht Nr. IM2000/CC CRIS/7, Institut für Wirtschaftsinformatik, Hochschule St. Gallen für Wirtschafts-, Rechts- und Sozialwissenschaften, 1993

[Öste 95] Österle, H.; *Business Engineering: Prozeß- und Systementwicklung*; Heidelberg: Springer-Verlag, 1995

[Pans 93] Panskus, G.; *Herausforderung Lean Management: Erfahrungen aus einer praxisgerechten Umsetzung* in: m&c Management & Computer 2/93, Juni 1993; S. 129-134

[Petr 94] Petrovic, O.; *Business Redesign - MIASOI: Ein Modell zur iterativen Abstimmung von Strategie, Organisation und Informationstechnologie*; Handouts, Symposon zum Thema Business Redesign, Institut für Betriebswirtschaftslehre der öffentlichen Verwaltung und Verwaltungswirtschaft, Karl-Franzens-Universität, Graz, 17. und 18. Mai 1994

[Petr 94b]   Petrovic, O.; *Lean Management und informationstechnologische Potentialfaktoren* in: Wirtschaftsinformatik 5/94, Oktober 1994; S. 502-505

[PiSt 94]   Pietsch, W.; Steinbauer, D.; *Business Process Reengineering* in: : Wirtschaftsinformatik 6/94, Dezember 1994; S. 580-590

[Podz 94]   Podzuweit, K.; *Nur die offenen Standardlösungen geben der EDV Gestaltungsfreiheit* in: Computer Zeitung Nr. 23, 9. Juni 1994; S. 18

[Port 85]   Porter, M. E.; *Competitive Advantage: Creating and Sustaining Superior Performance*; New York: The Free Press, 1985

[Prey 94]   Prey, K.; *Prozeßorientierung - Migrationsprobleme* in: Diebold Management Report 2/94; S. 6-8

[Ratt 95]   Rattay, G.; *Projektplanung und Steuerung* in: Eschenbach, R. (Hrsg.); Controlling; Stuttgart: Schäffer-Poeschel, 1995; S. 363-398

[Ried 91]   Riedl, R.; *Strategische Planung von Informationssystemen: Methode zur Entwicklung von langfristigen Konzepten für die Informationsverarbeitung*; Heidelberg: Physica-Verlag, 1991

[SAP 94a]   SAP; *R/3-Schulungsplan*; Release 2.0; 1. 1. 94 - 30. 4. 94; Walldorf: SAP AG, 1994

[SAP 94b]   SAP; *Einführungsleitfaden*; Release 2.1; Walldorf: SAP AG, 1994

[Scha 94]   Scharfenberg, H.; *Revolution im Unternehmen?* in: Office Management 7-8/1994, Juli/August 1994; S. 3

[Sche 94]   Scheer, A.-W.; *Wirtschaftsinformatik: Referenzmodelle für industrielle Geschäftsprozesse*; 4. . vollst. überarb. und erw. Aufl.; Berlin u. a.: Springer-Verlag, 1994

[Schi 94]   Schimansky-Geier, D.; *Bürokommunikation zwischen Team Computing und Lean Management...* in: Office Management 4/1994, April 1994; S. 92-93

[Schö 94]   Schönecker, H. G.; *Wenn sich die Unternehmensumwelt ändert ...* in: Office Management 7-8/1994, Juli/August 1994; S. 22-23

[Schr 91]   Schreiber, J.; *Beschaffung von Informatikmitteln: Kriterien - Pflichtenheft - Bewertung*; Hrsg. von der Schweizerischen Vereinigung für Datenverarbeitung (SVD); Bern, Stuttgart: Haupt, 1991

[Schu 95]   Schumacher, W. D.; *Barrieren bei der Umsetzung des Business Reengineering* in: Brenner, W.; Keller, G. (Hg.); Business reengineering mit Standardsoftware; Frankfurt/Main, New York: Campus Verlag, 1995; S. 135-160

[Schw 94]	Schwarzer, B.; *Die Rolle der Information und des Informationsmanagements in Business Process Re-Engineering-Projekten* in: Information Management 1/94, Februar 1994, S. 30-35
[Scot 86]	Scott, R. W.; *Grundlagen der Organisationstheorie*; Frankfurt/Main, New York: Campus Verlag, 1986
[ScRR 94]	Schulte, R.; Rosemann, M.; Rotthowe, T.; *Business Process Reengineering in Theorie und Praxis* in: m&c Management & Computer 3/94, September 1994; S. 211-219
[SDOK 94]	SAP; *System R/3: Dokumentation Release 2.1 Ausgabe 5*; CD-ROM; Walldorf: SAP AG, 1994
[SLJR 93]	Spurr, K.; Layzell, P.; Jennison, L.; Richards, N. (Hrsg.); *Software Assistance for Business Re-Engineering*; Chichester: John Wiley & Sons Ltd, 1993
[SVD 85]	Schweizerische Vereinigung für Datenverarbeitung (SVD) (Hrsg.); *Evaluation von Informatiklösungen: Verfahren, Methoden, Beispiele*; Bern, Stuttgart: Haupt, 1985
[SwSF 94]	Swatman, P. M. C.; Swatman, P. A.; Fowler, D. C.; *A model of EDI integration and strategic business reengineering* in: The Journal of Strategic Information Systems Volume 3 Number 1, März 1994; S. 41-60
[SzSK 93]	Szyperski, N.; Schmitz, P.; Kronen, J.; *Outsourcing: Profil und Markt einer Dienstleistung für Unternehmen auf dem Wege zur strategischen Zentrierung* in: Wirtschaftsinformatik 3/93, Juni 1993; S. 228-240
[Türk 89]	Türk, K.; *Neuere Entwicklungen in der Organisationsforschung: Ein Trend-Report*; Stuttgart: Enke, 1989
[TsZe 94]	Tschira, K.; Zencke, P.; *Geschäftsprozeßoptimierung mit dem SAP-System R/3* in: SAP info: Optimierung von Geschäftsprozessen; Magazin der SAP-Gruppe, März 1994; S. 4-7
[Thom 94]	Thom, N..; *Business Redesign als Innovationsmanagementproblem*; Handouts, Symposion zum Thema Business Redesign, Institut für Betriebswirtschaftslehre der öffentlichen Verwaltung und Verwaltungswirtschaft, Karl-Franzens-Universität, Graz, 17. und 18. Mai 1994
[Thur 91]	Thurow, L. C.; Vorwort zu Scott Morton (Hrsg.) *The Corporation of the 1990s: Information Technology and Organizational Transformation*; New York: Oxford University Press, 1991

[Turn 94] Turner, J. A.; *Creating the 21 Century Organization: The Metamorphosis of Oticon*; vorbereiteter Artikel für die IFIP Working Group 8.2 Konferenz, Michigan, August 1994

[Vask 94] Vaske, H.; *Bei Krupp bestimmt der Rotstift die IT-Strategie: RZ-Konsolidierung und Standardsoftware* in: Computerwoche 20, 20. Mai 1994; S. 1f

[VrJa 91] Vroom, V. H.; Jago, A. G.; *Flexible Führungsentscheidungen: Management der Partizipation in Organisationen*; Stuttgart: Poeschel, 1991

[Warn 93] Warnecke, H.-J.; *Revolution der Unternehmenskultur: Das Fraktale Unternehmen*; 2. Auflage; Berlin u. a.: Springer, 1993

[WaWK 94] Wastell, D. G.; White, P.; Kawalek, P.; *A methodology for business process redesign: experiences and issues* in: The Journal of Strategic Information Systems Volume 3 Number 1, März 1994; S. 23-40

[Webe 93] Weber, J.; *Controlling und Informationsmanagement* in: : m&c Management & Computer 3/93, September 1993; S. 199-205

[Weic 85] Weick, K. E.; *Der Prozeß des Organisierens*; 1. Auflage; Frankfurt am Main: Suhrkamp, 1985

[Weig 94] Weigand, L.; *Geschäftsprozeßoptimierung - Auch für die Informatik nützlich* in: Diebold Management Report 2/94; S. 3-6

[WoJR 92] Womack, J. P.; Jones, D. T.; Roos, D.; *Die zweite Revolution in der Automobilindustrie: Konsequenzen aus der weltweiten Studie aus dem Massachusetts Institute of Technology*; 6. Auflage; Frankfurt/Main, New York: Campus Verlag, 1992

[Zang 76] Zangemeister, Ch.; *Nutzwertanalyse in der Systemtechnik: Eine Methodik zur multidimensionalen Bewertung und Auswahl von Projektalternativen*; 4. Auflage; München: Wittemannsche Buchhandlung, 1976

Anmerkungen

1. vgl. [HaCh 94, S. 48]
2. vgl. [HaCh 94, S. 275f], [Dave 94, S. 191f, S. 213f]
3. Zur genauen Definition eines IBSIS vgl. Abschnitt 2.1 *Integrierte betriebswirtschaftliche Standardinformationssysteme (IBSIS)*.
4. vgl. [ÖsSt 93, S. 3]
5. Eine genau Beschreibung des Gatewaymanagements ist in Abschnitt 4.1 *Aufbau der Vorgehensweise* zu finden.
6. vgl. [Krus 87, S. 120]
7. [Hein 92, S. 29]
8. vgl. [Ried 91, S. 74]
9. Eine genaue Beschreibung der Rollen ist im Abschnitt 2.2.3 *Die Rollen der BPR-Beteiligten* und im Abschnitt 2.2.4 *Die Rolle der Informationstechnologie und des Informationsmanagements* zu finden.
10. vgl. [HeRo 89, S. 45f, S. 458]
11. vgl. [BiMR 92, S. 192], [HoPW 86, S. 6]
12. vgl. [Luca 94, S. 482]
13. vgl. [Meis 90, S. 28]
14. Zum Beispiel entwickelt der derzeitige Marktführer im Standardanwendungssoftwarebereich, die Firma SAP, verstärkt auch Branchenlösungen, wie zum Beispiel SAP R/3-Retail für Handelsbetriebe.
15. vgl. [CDI 94, S. 21], [Meis 90, S. 27f]
16. vgl. [BiMR 92, S. 192]
17. vgl. [Luca 94, S. 375, S. 480]
18. vgl. [BiMR 92, S. 192]
19. vgl. [BiMR 92, S. 195], Implementierungszahlen können zum Beispiel dem ISIS-Software-Report entnommen werden.
20. vgl. [CDI 94, S. 23f]
21. vgl. [Meis 90, S. 28], [Mert 93, S. 9f]
22. vgl. [Dern 93, S. 7]
23. vgl. [Luca 94, S. 480]
24. vgl. [Luca 94, S. 481], [BiMR 92, S. 193f], [CDI 94, S. 21ff], [ScRR 94, S. 213], [HoPW 86, S. 7]
25. vgl. [Luca 94, S. 481], [BiMR 92, S. 195f], [CDI 94, S. 21ff], [HoPW 86, S. 7f]
26. vgl. [HaSt 94, S. 34ff, S. 56ff]
27. vgl. [BuRW 94, S. 47f], [HaCh 94, S. 18ff], [MoBr 94, S. 23ff], [Dave 93, S. 1ff]
28. [HaSt 94, S. 3], Übersetzung der Definition durch den Autor.
29. vgl. [HaSt 94, S. 3f], [HaCh 94, S. 48]
30. [Hehe 94, S. 49]
31. vgl. [KnSc 93, S. 5f]
32. [Hick 93, S. 183]
33. vgl. [PiSt 94, S. 503]
34. vgl. [DaSt 94, S. 122f]
35. vgl. [Hamm 90, S. 107]

36 vgl. [PiSt 94, S. 503]
37 vgl. [Hick 93, S. 184]
38 vgl. dazu die Ausführungen im Abschnitt 3.2 *Die Einbettung des Projektes in die Organisation*.
39 vgl. [Dave 93, S. 15f]
40 vgl. [PiSt 94, S. 504]
41 vgl. [Dave 93, S. 16ff, S. 37ff, S. 95ff]
42 vgl. [KiKu 92, S. 77]
43 vgl. [KiKu 92, S 78f]
44 vgl. [KiKu 92, S. 75ff]
45 vgl. [KiKu 92, S. 35f], [Krau 94, S. 9]
46 [Kric 94 b, S. 20]
47 vgl. [MoBr 94, S. 52]
48 vgl. [DaSh 90, S. 12]
49 vgl. [Boll 93, S. 421]
50 vgl. [HaCh 94, S. 52f], [Dave 93, S. 5f], [Earl 94, S. 13f]
51 vgl. [Earl 94, S. 13]
52 vgl. [Dave 93, S. 5]
53 vgl. [HaCh 94, S.52]
54 vgl. [Dave 93, S. 7]
55 Weitere Ausführungen zu diesem Thema folgen im Gateway *Analyse und Grobdesign*.
56 vgl. [Krau 94, S. 4]
57 vgl. [Dave 93, S. 5], [DaSh 90, S. 12], [HaCh 94, S. 52], [Kric 94b, S. 19], [MoBr 94, S. 66]
58 vgl. [DaSh 90, S. 18]
59 vgl. [Earl 94, S. 14]
60 vgl. [Port 85, S. 33ff]
61 vgl. [Ried 91, S. 39f]
62 vgl. [Ried 91, S. 40]
63 vgl. [Earl 94, S. 15]
64 vgl. [DaSh 90, S. 23]
65 vgl. [Thom 94, S. 7], [Areg 76, S. 142ff]
66 vgl. [HaCh 94, S. 137]
67 vgl. [Dave 93, S. 178]
68 Hammer/Champy bezeichnen den Sponsor als Leader.
69 [HaCh 94, S. 138]
70 vgl. [DoLa 94, S. 62]
71 vgl. [Turn 94, S. 11]
72 vgl. [HaCh 94, S. 136, S. 138f]
73 vgl. [Turn 94, S. 11]
74 vgl. [Dave 93, S. 7]
75 Für eine ausführliche Diskussion der Matrixorganisation wird auf die einschlägige Literatur verwiesen, zum Beispiel auf [LaKD 88, S. 127ff].
76 vgl. [Dave 93, S. 182]
77 vgl. [Thom 94, S. 7]
78 vgl. [HaCh 94, S. 142]
79 vgl. [Weic 85, S. 227ff]
80 vgl. [HaCh 94, S. 142], [MaSi 87, S. 1805ff]
81 vgl. Gateway *Vorbereitung Teilprojekt* (vb2).
82 vgl. [Dave 93, S. 183]
83 vgl. [Dörn 92, S. 107ff]

[84] vgl. 2.2.3.4 *Interne und externe Berater.*
[85] vgl. [MoBr 94, S. 328]
[86] vgl. [HaCh 94, S. 143ff]
[87] vgl. 2.2.3.4 *Interne und externe Berater.*
[88] vgl. [MoBr 94, S. 348f]
[89] Für eine vertiefende Diskussion des Modellernens wird auf die entsprechende Literatur verwiesen, insbesondere auf Banduras Sozial-kognitive Lerntheorie, vgl. [Band 79].
[90] vgl. [LeAB 91, S. 131]
[91] vgl. [LeAB 91, S. 132]
[92] vgl. [LeAB 91, S. 132]
[93] vgl. [Dave 93, S. 49], [Schw 94, S. 32]
[94] vgl. [DaSh 90, S. 13], [Hick 93, S. 177, S. 179]
[95] vgl. [KiKu 92, S. 354], [Schw 94, S. 33]
[96] vgl. [DaSh 90, S. 12], [Schw 94, S. 33]
[97] vgl. [HaCh 94, S. 113ff]
[98] vgl. [Hamm 90, S. 104]
[99] vgl. [MoBr 94, S. 289f]
[100] vgl. [Dave 93, S. 63 ff], [Higg 93, S. 25]
[101] [Hamm 90, S. 104]
[102] vgl. [Schw 94, S. 34]
[103] vgl. [DaSt 94, S. 123f], [Higg 93, S. 29]
[104] vgl. [Hick 93, S. 180, S. 186]
[105] [Hamm 90], [DaSh 90]
[106] vgl. [Hehe 94, S. 48]
[107] vgl. [Mert 95, S. 32]
[108] [Gait 83]
[109] vgl. [LeAB 91, S. 133ff]
[110] vgl. [KiKu 92, S. 354] oder [Groc 75, S. 31ff]
[111] vgl. zum Beispiel [Luca 94], [Hein 94] und frühere Auflagen.
[112] vgl. [DaSt 94, S. 122]
[113] vgl. [Dave 93, S. 63ff]
[114] vgl. [Dave 93, S. 63]
[115] vgl. [HaSt 94, S. 28ff]
[116] vgl. Abschnitt 2.2.2 *Prozesse.*
[117] vgl. Abschnitt 2.1.2 *Was bedeutet „integriert"?*
[118] vgl. [MeTe 95, S. 71]
[119] vgl. zum Beispiel die Diskussion über den funktionsorientierten Aufbau von SAP R/3 in [Hoha 94].
[120] vgl. [ScRR, S. 214]
[121] [Lüne 94, S. 2]
[122] Die Beschreibung des Modells beruht auf folgenden Quellen: [CDI 94], den SAP R/3 Release 2.1 Handbüchern auf CD-ROM [SDOK 94], dem in R/3 enthaltenen Einführungsleitfaden sowie [Boll 93] und [JäPM 93].
[123] Zum Beispiel die Firma CLS Gesellschaft für DV-Vertrieb und Schulung GmbH, Bonn.
[124] Basis: eigene Auswertung des Einführungsleitfadens des SAP-Systems R/3 Release 2.1.
[125] Beispiele für andere durchaus ähnliche Konzepte liefern:[HaCh 94], [BuRW 94], [MoBr 94], [DeDH 94] und [WaWk 94].
[126] [DaSh 90]
[127] [Dave 93]

[128] Davenport spricht in seinem Buch von Process Innovation. Sein Begriff entspricht dem hier verwendeten Ausdruck Business Process Redesign. Um eine durchgängige Begriffswelt in diesem Handbuch sicherzustellen, wird hier immer der Begriff Business Process Redesign (BPR) verwendet.
[129] vgl. [Dave 93, S. 7f, S. 28ff]
[130] Davenport bezeichnet sie als Prozeßattribute.
[131] Zum Beispiel [Bril 94], [Girt 94], [HaRW 93].
[132] Auch andere Vertreter des BPR-Ansatzes wie Hammer/Champy oder Morris/Brandon gehen auf den Bereich der „weichen" Gestaltungselemente kaum ein.
[133] Das hier vorgestellte Modell wurde in Anlehnung an Kieser/Kubiceks Modell der „begrenzten Wahl von Begrenzungen strukturbezogener Wahlmöglichkeiten" entwickelt [vgl. KiKu 92, S. 429ff].
[134] vgl. [Kric 94, S. 21], [Thur 91, S.vi], [Love 88, S. 1f, S. 56], [Petr 94]
[135] vgl. [DeHe 94, S. 26], die Autoren zählen Struktur, Strategie, Technologie zu den harten Faktoren und Verhalten, Werte, Denkmuster, Einstellungen, geheime Regeln zu den weichen Faktoren, letztere können unter den Elementen Kultur und Personal subsumiert werden.
[136] vgl. [GoZi 92, S. 24]
[137] vgl. [Gälw 87, S. 23f]
[138] [Gälw 87, S. 26]
[139] vgl. [Gälw 87, S. 33]
[140] vgl. [Gälw 87, S. 50]
[141] vgl. [GoZi 92, S. 24ff]
[142] [GoZi 92, S. 25]
[143] vgl. [Gälw 87, S. 235f]
[144] vgl. dazu auch den letzten Abschnitt dieses Kapitels über die Einbettung des Projektes in die Organisation.
[145] vgl. [MoBr 94, S. 122]
[146] vgl. [Dern 93, S. 8]
[147] vgl. [ÖsBH 92, S. 40ff]
[148] [Mint 79, S. 2]
[149] vgl. [Brei 92, S. 132ff]
[150] vgl. dazu die Ausführungen im zweiten Kapitel über Business Process Redesign, vor allem die Abschnitte 2.2 und 2.3.
[151] vgl. [DaSh 90, S. 23]
[152] vgl. [Turn 94, S. 6ff]
[153] vgl. Abschnitt 2.2.4 *Die Rolle der Informationstechnologie und des Informationsmanagements*.
[154] [HeRo 89, S. 466]
[155] Für einen Überblick zu selbststeuernden Arbeitsgruppen vgl. [MaSi 87, S. 1805ff].
[156] vgl. [Warn 93, S. 152ff]
[157] vgl. [KiKu 92, S. 325ff]
[158] vgl. [Petr 94b, S. 583ff]
[159] vgl. [Grie 94, S. 11f]
[160] vgl. [HaCh 94, S. 75]
[161] vgl. [GoZi 92, S. 34ff]
[162] Diese Ebene wurde bereits im Abschnitt 3.1.2 *Struktur* diskutiert.
[163] Folgende Basisliteratur ermöglicht einen Einblick in diese Themen und kann als Ausgangsbasis für ihre Vertiefung dienen: Personale Ebene: Ackermann/Reber: Personalwirtschaft [AcRe 81]; Bandura: Sozial-kognitive Lerntheorie [Band 79]; Edelmann: Lernpsychologie [Edel 93]; Heckhausen: Motivation und Handeln [Heck 89]; Mayer: Denken und Problemlösen

[Maye 79]; Dörner: Die Logik des Mißlingens [Dörn 92]; Mikrosoziale Ebene: Goodman/Ravlin/Schminke: Understanding groups in organizations [GoRS 87]; Hollander: Führungstheorien - Idiosynkrasiekreditmodell [Holl 87]; Manz/Sims: Führung in selbststeuernden Gruppen [MaSi 87]; Vroom/Jago: Flexible Führungsentscheidungen [VrJa 91].

[164] Die Ausführungen beruhen auf [Heck 89, S. 120 - 129].
[165] [Heck 89, S. 121]
[166] vgl. [GoZi 92, S. 50]
[167] Zitiert in [Türk 89, S. 108].
[168] Arnold 1937, S. 25 f, zitiert in [Türk 89, S. 109].
[169] vgl. [GoZi 92, S. 23]
[170] [DoLa 94, S. 48]
[171] vgl. [KiKu 92, S. 118ff]
[172] Zitiert zum Beispiel in [KiKu 92, S. 119], [DoLa 94, S. 36].
[173] Weitere Ausführungen und der Aufbau einer derartigen Analyse sind im Kapitel 4 *Vorgehenskonzept* zu finden.
[174] vgl. Abschnitt 3.1.2 *Struktur*.
[175] vgl. [Turn 94, S. 11]
[176] Das Modellernen wird ausführlich in Banduras „Sozial-kognitiver Lerntheorie" [Band 79] behandelt.
[177] vgl. [KiKu 92, S. 406ff]
[178] vgl. [Ried 91, S. 175ff]
[179] vgl. [Petr 94b, S. 581ff]
[180] vgl. zum Beispiel [AnSt 94, S. 213ff], [Dave 93, S. 11ff], [BuRW 94, S. 15ff].
[181] Der von Davenport verwendete Begriff „Bussiness Process Innovation" wurde in der Abbildung durch „BPR" ersetzt.
[182] vgl. [King 94]
[183] [Dörn 92, S. 250]
[184] vgl. dazu Abschnitt 4.1.2 *Struktur des Gatewayplans*.
[185] vgl. dazu den nächsten Abschnitt 4.1.1 *Gatewaymanagement*.
[186] vgl. [LeAB 91, S. 492, 506f]
[187] vgl. Abbildungen 4-1 und 4-3.
[188] vgl. dazu auch die Ausführungen über kognitive Dissonanz im Abschnitt 3.1.4. Mit dieser Theorie kann zumindest teilweise erklärt werden, warum Projekte, deren zu erwartende Ergebnisse höchst zweifelhaft sind, nicht bereits in einem frühen Stadium abgebrochen werden. Sie weist auf jene Widerstände hin, die bei dem oben beschriebenen Vorgehen zu erwarten sind.
[189] vgl. dazu das unterste Teilprojekt in Abbildung 4-3, die Phase *Analyse und Grobdesign* ist gemäß der beschriebenen Situation entsprechend kurz.
[190] vgl. Kontrollpunkt vb1.1 *Aufbauorganisation für Projekt ist festgelegt*.
[191] Für diesen Zweck kann ein Auszug aus dem Gatewayplan den nötigen Überblick über das bevorstehende Projekt verschaffen.
[192] vgl. [Dörn 92, S. 74]
[193] vgl. [HaCh 94, S. 197ff]
[194] vgl. [HaCh 94, S. 200]
[195] vgl. [Hein 92, S. 124]
[196] vgl. dazu die Ausführungen im Abschnitt 3.1.1 *Strategie*.
[197] vgl. dazu die Diskussion im Abschnitt 3.1.1 *Strategie*, hier insbesondere den Abschnitt *Informationssystemstrategie* sowie den Abschnitt 3.2 *Die Einbettung des Projektes in die Organisation*.

[198] vgl. [Ried 91, S. 79ff]
[199] Eine allgemeine Beschreibung des BPR-Sponsors ist im Abschnitt 2.2.3.1 *Der Sponsor* zu finden.
[200] vgl. [Areg 76, S. 142]
[201] Zitiert in [Areg 76, S. 142ff].
[202] [Areg 76, S. 143]
[203] vgl. [HaRW 93, S. 124]
[204] vgl. [HaRW 93, S. 124, 130f]
[205] vgl. [MaCo 94, S. 80f]
[206] vgl. [DoLa 94, S. 193] und [HaLo 87, S. 211f]
[207] vgl. [BoDK 94, S. 43]
[208] vgl. [Hein 92, S. 124]
[209] vgl. [MoBr 94, S. 125ff], [DaSh 90, S. 14f]
[210] Die einzelnen Aufgaben des Gesamtprojektleiters wurden bereits im Gateway *Projektauftrag* bei PA.5 *Gesamtprojektleiter ist bestimmt* beschrieben.
[211] vgl. [LeAB 91, S. 526f]
[212] vgl. dazu die Diskussion im Abschnitt 2.2.3.4 *Interne und externe Berater*.
[213] vgl. [HaLo 87, S. 53ff]
[214] Eine weitere Beschreibung der Kunden/Lieferantenbeziehungsanalyse findet sich weiter unten im Gateway *Analyse und Grobdesign*.
[215] vgl. [Dörn 92, S. 64]
[216] vgl. [DeDH 94, S. 121]
[217] vgl. [BüWi 94, S. 200]
[218] Nach Meinung des Autors ist das ARIS Toolset und die darin enthaltene Modellierungsmethode mit erweiterten ereignisgesteuerten Prozeßketten ein ausgezeichnetes Werkzeug für den hier beschriebenen Zweck. ARIS wird von der IDS Prof. Scheer Gesellschaft für integrierte Datenverarbeitungssysteme mbH, Saarbrücken vertrieben. Eine Reihe anderer Werkzeuge sind in [SLJR 93] beschrieben. Das ARIS-Toolset wird in dieser Arbeit als Musterbeispiel für Werkzeuge verwendet. Es können aber genauso andere gleichwertige Werkzeuge für die beschriebenen Aufgaben eingesetzt werden.
[219] vgl. [HaLo 87, S. 188f]
[220] vgl. vb1.8 *Projektdokumentation ist organisiert*.
[221] vgl. [Ratt 95, S. 363]
[222] vgl. [DaSt 94, S. 125f]
[223] vgl. [Port 85, S. 38ff]
[224] vgl. 4.2.1 *Gateway Projektauftrag*.
[225] vgl. PA.3 *Strategische Informationssystemplanung ist durchgeführt und IBSIS-Alternativen sind definiert*.
[226] vgl. [LeAB 91, S. 526f]
[227] vgl. [Öste 95, S. 91ff]
[228] vgl. [Warn 93]
[229] vgl. Gateway *Vorbereitung Teilprojekt* (vb2).
[230] vgl. [Hein 94, S. 258]
[231] vgl. dazu die Ausführungen im Abschnitt PA.6 *Projektziele sind festgelegt* - Gateway *Projektauftrag*.
[232] vgl. [Hein 94, S. 259]
[233] vgl. vb1.10 *Projektcontrolling: Methoden und Werkzeuge sind bestimmt*.
[234] vgl. [Hein 94, S. 259]
[235] vgl. PA.6 *Projektziele sind festgelegt*.

[236] vgl. [BrKe 95, S. 26f] und [Öste 95, S. 164ff]
[237] Zum Ableiten von kritischen Erfolgsfaktoren für Prozesse vgl. [Öste 95, S. 108ff].
[238] Die strategische Planung wurde bereits in den Abschnitten 3.1.1 *Strategie*, PA.1 *Vision für das Unternehmen ist erstellt und kommuniziert* sowie im Abschnitt PA.2 *Strategien sind fixiert* ausführlich diskutiert. Da das dort Gesagte auf die organisatorische Einheit „Prozeß" übertragen werden kann, wird auf diese Abschnitte für weitere Erläuterungen verwiesen.
[239] vgl. vb1.13 *Geschäftsprozesse sind identifiziert und ausgewählt* und vb1.14 *Geschäftsprozesse sind in überschaubare Teilprozesse zerlegt*.
[240] vgl. vb2.2 *Teilprozeßziele und Teilprozeßstrategien wurden festgelegt*.
[241] vgl. dazu die Erläuterungen zur kognitiven Dissonanz im Abschnitt 3.1.4 *Organisationsmitglieder*.
[242] vgl. [DoLa 94, S. 80ff]
[243] vgl. vb1.13 *Geschäftsprozesse sind identifiziert und ausgewählt* und vb1.14 *Geschäftsprozesse sind in überschaubare Teilprozesse zerlegt*.
[244] vgl. [DoLa 94, S. 319f]
[245] Über die Identifikation der Prozesse, ihre Zerlegung in Teilprozesse sowie die Bildung von Teilprojektteams siehe vb1.13, vb1.14 und vb1.15.
[246] vgl. vb1.17 *Prozeßziele und Prozeßstrategien wurden festgelegt*.
[247] Ein Überblick über die Rollen der BPR-Beteiligten wurde bereits im Abschnitt 2.2.3 *Die Rollen der BPR-Beteiligten* gegeben. Für weitere Informationen wird daher auf den Abschnitt 2.2.3.3 *Das Redesign-Team* verwiesen.
[248] vgl. [Hamm 90, S. 108], [DaSh 90, S. 23f], [MoBr 94, S. 136f]
[249] vgl. vb1.15 *Teilprojekte auf der Basis der abgegrenzten Teilprozesse sind gebildet*.
[250] vgl. [MoBr 94, S. 85f]
[251] vgl. [HaCh 94, S. 143ff] und 2.2.3.3 *Das Redesign-Team*.
[252] vgl. [DoLa 94, S. 193f]
[253] vgl. [LeAB 91, S. 526f]
[254] vgl. auch vb1.5 *Ressourcen für Projekt sind bestimmt und bereitgestellt*.
[255] Dieser Wert wurde aufgrund der Erfahrungen und Beobachtungen des Autors geschätzt. Die in der Literatur angegebenen Schätzwerte entsprechen weitgehend dieser Angabe.
[256] vgl. vb1.6 *Untersuchungsmethoden und Werkzeuge sind bestimmt*, vb1.7 *Konzept für Prozeßdokumentation ist mit Organisationsdokumentation abgestimmt* und vb1.8 *Projektdokumentation ist organisiert*.
[257] Zum Controlling der Ressourcen vgl. vb1.10 *Projektcontrolling: Methoden und Werkzeuge sind bestimmt* und vb1.11 *Projektcontrolling: Verantwortung und Ausführung sind fixiert*.
[258] vgl. vb1.3 *Projektmitarbeiter kennen ihre Aufgaben und Rollen*.
[259] Die Inhalte des Projekthandbuchs sind in vb1.9 *Projekthandbuch ist erstellt* beschrieben.
[260] vgl. [DoLa 94, S. 197]
[261] vgl. vb2.5 *Business Process Redesign-Team-Mitarbeiter kennen ihre Aufgaben und Rollen*.
[262] vgl. vb1.6 *Untersuchungsmethoden und Werkzeuge sind bestimmt*.
[263] vgl. [LeAB 91, S. 266]
[264] vgl. [Weic 85, S. 221ff]
[265] vgl. [Weic 85, S. 225] und die Ausführungen über kognitive Dissonanz im Abschnitt 3.1.4 *Organisationsmitglieder*.
[266] vgl. A.3 *Verbesserungspotentiale außerhalb der definierten Prozesse sind erkannt und wurden in Umsetzungsmaßnahmen dokumentiert (begleitende Untersuchungen sind abgeschlossen)*.
[267] vgl. [DaSt 94, S. 125]
[268] vgl. [Öste 95, S. 94]
[269] vgl. [Öste 95, S. 94]

[270] vgl. dazu die Ausführungen über kognitive Karten im Abschnitt 4.3 *Analyse und Grobdesign ohne IBSIS.*
[271] vgl. 3.1.4 *Organisationsmitglieder.*
[272] vgl. [Dörn 92, S. 69f]
[273] vgl. [Öste 95, S. 91ff]
[274] vgl. [DeDH 94, S. 136]
[275] vgl. vb1.6 *Untersuchungsmethoden und Werkzeuge sind bestimmt.*
[276] vgl. [Kell 95, S. 54]
[277] vgl. [Kell 95, S. 54ff]
[278] Genaugenommen werden Informationssysteme nicht in der eEPK auf Fachkonzeptebene modelliert. Für den hier beschriebenen Zweck wird dies aber trotzdem empfohlen, um einen Überblick über vorhandene und potentielle Informationssysteme zu bekommen. Nach Scheer werden Informationssysteme erst auf DV-Konzeptebene beschrieben. Nach Ansicht des Autors ist dieser Aufwand für den hier beschriebenen Zweck der Modelle nicht gerechtfertigt.
[279] Eine genauere Beschreibung der Modellierung mit eEPK findet sich [Kell 95, S. 54ff], [Sche 94, S. 47-54] sowie in [ARIS 94, S. 4.4-1 - 4.4-14].
[280] Die eEPK wurde um das Element „Informationssystem" erweitert.
[281] Die Numerierung der Funktionen und Diagramme ist eine Erweiterung der ursprünglichen Methode durch den Autor.
[282] vgl. [Weic 85, S. 215ff]
[283] vgl. a.3 *Verbesserungspotentiale sind erkannt und dokumentiert.*
[284] vgl. dazu die Ausführungen über ritualisiertes Handeln in [Dörn 92, S. 71, S. 208, S. 211f und S. 259].
[285] vgl. vb2.7 *Untersuchungsbereich für Teilprozeß ist dokumentiert.*
[286] vgl. PA.3 *Strategische Informationssystemplanung ist durchgeführt und IBSIS-Alternativen sind definiert.*
[287] vgl. vb1.6 *Untersuchungsmethoden und Werkzeuge sind bestimmt* und A.3 *Verbesserungspotentiale außerhalb der definierten Prozesse sind erkannt und wurden in Umsetzungsmaßnahmen dokumentiert (begleitende Untersuchungen sind abgeschlossen).*
[288] vgl. vb1.17 *Prozeßziele und Prozeßstrategien wurden festgelegt,* und vb2.2 *Teilprozeßziele und Teilprozeßstrategien wurden festgelegt.*
[289] vgl. [MeÖs 95, S. 106f]
[290] vgl. [Hick 93, S. 184f]
[291] vgl. [WoJR 92]
[292] Zum Beispiel bietet die IDS Prof. Scheer GmbH eine Reihe von Referenzmodellen für die Bereiche Anlagenbau, Elektrotechnik, Maschinenbau, Möbel, Nahrungs- und Genußmittel und Papier an. Die Modelle können mit Hilfe des ARIS-Toolsets analysiert werden. Auch SAP verkauft mit dem SAP R/3-Analyzer die komplette Wissensbasis über die Funktionalität und integrierten Geschäftsprozesse des R/3-Systems. Weitere Hinweise auf Referenzmodelle für Handel, Industrie, Banken und Versicherungen sind in [Mare 95] zu finden.
[293] vgl. A.1 *Analyse und Grobdesign aller Teilprojekte ohne IBSIS sind abgeschlossen.*
[294] vgl. A.3 *Verbesserungspotentiale außerhalb der definierten Prozesse sind erkannt und wurden in Umsetzungsmaßnahmen dokumentiert (begleitende Untersuchungen sind abgeschlossen).*
[295] vgl. dazu die beschriebene hierarchische Numerierung in a.1 *Business Process Redesign-Team-Mitarbeiter haben den IST-Prozeß analysiert und dokumentiert.*
[296] vgl. [HaCh 94, S. 275f], [Dave 93, S. 191f, S. 213f] und [HaSt 94, S. 30]
[297] vgl. [Scot 86, S. 127ff]
[298] vgl. A.5 *Kurzfristig erzielte Erfolge wurden nach innen und außen kommuniziert.*
[299] vgl. [Hein 92, S. 194ff]

[300] vgl. [Dave 93, S. 37ff]
[301] vgl. Gateway *Grobdesign mit IBSIS* (gd).
[302] vgl. [HaCh 94, S. 49]
[303] vgl. [Hamm 90, S. 108ff], [HaCh 94, S. 72ff]
[304] vgl. [DaSt 94, S. 122f]
[305] vgl. a.7 *Machbarkeit des Prozeßprototypen ist geprüft.*
[306] vgl. [DaSh 90, S. 16], [Dave 93, 16ff]
[307] [Dave 93, S. 17]
[308] vgl. [Dave 93, S. 37ff und 95ff]
[309] vgl. [HaOl 75, S. 160ff]
[310] Die Methoden und Werkzeuge wurden bereits ausführlich bei a.1 *Business Process Redesign-Team-Mitarbeiter haben den IST-Prozeß analysiert und dokumentiert* beschrieben.
[311] vgl. [Boll 94, S. 421], [MoBr 94, S. 108f], [Hamm 90, S. 108]
[312] vgl. [BüWi 94, S. 199]
[313] vgl. dazu die Diskussion über die Betrachtung von Organisationen als offene Systeme in [Scot 86, S. 149ff] und Warneckes Beschreibung von Fraktalen [Warn 93, S. 152ff].
[314] vgl. A.3 *Verbesserungspotentiale außerhalb der definierten Prozesse sind erkannt und wurden in Umsetzungsmaßnahmen dokumentiert (begleitende Untersuchungen sind abgeschlossen).*
[315] vgl. a.5 *Grobentwurf des Teilprozesses unabhängig vom künftigen IBSIS ist erstellt und dokumentiert.*
[316] Die aufgezählten Elemente wurden ausführlich im Abschnitt 3.1 *Elemente einer gezielten organisatorischen Veränderung* beschrieben, weshalb für weitere Erläuterungen auf diesen Teil der Arbeit verwiesen wird.
[317] Risikofaktoren und Barrieren für Systemplanungsprojekte sowie für BPR sind zum Beispiel in [ÖsBH 92, S. 224f], [Schu 95, S. 135ff] beschrieben.
[318] vgl. [Schu 95, S. 137ff]
[319] vgl. dazu die Ausführungen über top-down- und bottom-up-orientiertes Vorgehen in der Einleitung des Gateways *Analyse und Grobdesign* auf Teilprojektebene.
[320] vgl. a.6 *Prämissen für andere Teilprozesse sind dokumentiert.*
[321] vgl. a.5 *Grobentwurf des Teilprozesses unabhängig vom künftigen IBSIS ist erstellt und dokumentiert.*
[322] Über das Ableiten der Projekt- und Prozeßziele vgl. die Kontrollpunkte PA.6 *Projektziele sind festgelegt,* vb1.17 *Prozeßziele und Prozeßstrategien wurden festgelegt* und vb2.2 *Teilprozeßziele und Teilprozeßstrategien wurden festgelegt.*
[323] vgl. a.4 *Sofort realisierbare Verbesserungen sind umgesetzt.*
[324] vgl. vb1.16 *Formalziele sind verfeinert und dokumentiert.*
[325] vgl. [Bril 94, S. 48ff], [Girt 94, S. 22], [HaRW 93, S. 119, 123f], [Higg 93, S. 30f], [HaSt 94, S. 23ff]
[326] In Anlehnung an die in [DoLa 94, S. 201] enthaltene Checkliste zur Projektsupervision.
[327] vgl. [Bren 90, S. 10]
[328] Diese Schritte orientieren sich im wesentlichen an den in [SVD 85, S. 23], [Bren 90, S. 12ff], [Hans 92, S. 398ff] beschriebenen Auswahlverfahren.
[329] vgl. PA.3 *Strategische Informationssystemplanung ist durchgeführt und IBSIS-Alternativen sind definiert.*
[330] Die Nutzwertanalyse ist zentraler Bestandteil vieler Auswahlverfahren, zum Beispiel wird auf sie in [Bren 90] hingewiesen, außerdem ist sie Kern der Methode BAPSY, die bereits in über 50 Anwendungsfällen erfolgreich zur Bewertung und Auswahl von Standard-PPS-Systemen eingesetzt wurde, vgl. [GrSc 94, S. 10f]. Weitere Methoden und Vorgehenskonzepte sind zum Beispiel in [Schr 91] und [SVD 85] dargestellt.

[331] Eine detaillierte Beschreibung der Nutzwertanalyse und ihrer Anwendung ist in [Zang 76] zu finden.
[332] vgl. vb1.7 *Konzept für Prozeßdokumentation ist mit Organisationsdokumentation abgestimmt.*
[333] vgl. vb1.12 *Untersuchungsbereich ist festgelegt.*
[334] vgl. PA.3 *Strategische Informationssystemplanung ist durchgeführt und IBSIS-Alternativen sind definiert.*
[335] vgl. [Ried 91, S. 128ff], [ÖsBH 92, S. 109ff]
[336] vgl. vb1.7 *Konzept für Prozeßdokumentation ist mit Organisationsdokumentation abgestimmt.*
[337] vgl. PA.3 *Strategische Informationssystemplanung ist durchgeführt und IBSIS-Alternativen sind definiert.*
[338] Der Begriff Standardsoftware wurde durch IBSIS ersetzt.
[339] vgl. [Schr 91, S. 95]
[340] vgl. [Schr 91, S. 146]
[341] vgl. IA.7 *Beschaffungszeiten für Hardware sind mit Gesamtterminplan abgestimmt.*
[342] vgl. [Hans 92, S. 400f]
[343] vgl. [Hans 92, S. 400]
[344] Hinweise dazu sind zum Beispiel in [Ried 91, S. 161ff] oder [Hein92, S. 38ff] zu finden.
[345] vgl. zum Beispiel die Preisliste der von SAP angebotenen Kurse [SAP 94a]. Außerdem ist die „unproduktive" Zeit der Mitarbeiter zu bewerten.
[346] vgl. Phase *Feinkonzeption.*
[347] vgl. a.8 *Grobentwurf wurde gemeinsam mit Betriebsrat und ausgewählten Betroffenen evaluiert.*
[348] vgl. a.4 *Sofort realisierbare Verbesserungen sind umgesetzt.*
[349] Dieser Kontrollpunkt entspricht weitgehend dem Punkt A.5 *Kurzfristig erzielte Erfolge wurden nach innen und außen kommuniziert*, weshalb zusätzlich auf diesen Abschnitt verwiesen wird.
[350] vgl. dazu die Diskussion von Porters Wertketten-Modell in vb1.12 *Untersuchungsbereich ist festgelegt.*
[351] vgl. [Boll 93, S. 421], dort ist angegeben, daß ca. 10-15 % der funktionalen Anforderungen durch ergänzende Entwicklungen realisiert werden müssen.
[352] vgl. IA.2 *Alle Grobentwürfe sind in einem Gesamtkonzept (SOLL-Organisationskonzept) integriert und dokumentiert.*
[353] vgl. IA.9 *Schulungskonzept für IBSIS-Betreuer und BPR-Teammitarbeiter ist erstellt und dokumentiert.*
[354] vgl. IA.8 *IV-Konzept wurde erarbeitet und dokumentiert.*
[355] vgl. die Hinweise zu Referenzmodellen in a.2 *Prozesse von Mitbewerbern wurden analysiert.*
[356] vgl. die Hinweise zur Releasefähigkeit in PA.6 *Projektziele sind festgelegt.*
[357] vgl. a.5 *Grobentwurf des Teilprozesses unabhängig vom künftigen IBSIS ist erstellt und dokumentiert.*
[358] vgl. GD.1 *IBSIS-Testlabor für Teilprojekte wurde installiert.*
[359] Zum Beispiel wird von SAP der SAP-Analyzer angeboten, der das R/3-Referenzmodell und die Navigationskomponente des ARIS-Toolsets enthält. Bestandteile des R/3-Referenzmodells sind Modellbilder, welche die betriebswirtschaftliche Funktionalität und die integrierten Geschäftsprozesse des R/3-Systems transparent beschreiben. Es sind die fünf Sichten: Funktionssicht, Prozeßsicht, Organisationssicht, Datensicht und Informationsflußsicht dargestellt, vgl. [MeTe 95, S. 72].
[360] vgl. [Kric 93, S. 142f]
[361] vgl. [MeTe 95, S. 82ff] und die dort angegebene Literatur zum Abgleich mit dem R/3-Referenzmodell.
[362] vgl. [Boll 93, S. 420]

Anmerkungen 349

[363] vgl. Phase *Integration*.
[364] vgl. Gateway *Feinkonzeption* (f).
[365] vgl. a.7 *Machbarkeit des Prozeßprototypen ist geprüft* und gd.2 *Machbarkeit des Grobentwurfes ist geprüft und dokumentiert*.
[366] vgl. a.5 *Grobentwurf des Teilprozesses unabhängig vom künftigen IBSIS ist erstellt und dokumentiert*.
[367] vgl. gd.1 *Grobentwurf des Teilprozesses aus der Phase Analyse und Grobdesign ohne IBSIS ist mit IBSIS abgeglichen*.
[368] vgl. a.7 *Machbarkeit des Prozeßprototypen ist geprüft*.
[369] vgl. 3.1 *Elemente einer gezielten organisatorischen Veränderung*.
[370] vgl. IA.9 *Schulungskonzept für IBSIS-Betreuer und BPR-Teammitarbeiter ist erstellt und dokumentiert*.
[371] vgl. gd.1 *Grobentwurf des Teilprozesses aus der Phase Analyse und Grobdesign ohne IBSIS ist mit IBSIS abgeglichen*.
[372] vgl. IA.7 *Beschaffungszeiten für Hardware sind mit Gesamtterminplan abgestimmt*.
[373] vgl. den Abschnitt über das Review des SOLL-Prozesses in gd.1 *Grobentwurf des Teilprozesses aus der Phase Analyse und Grobdesign ohne IBSIS ist mit IBSIS abgeglichen*.
[374] vgl. dazu auch die Ausführungen in A.4 *Verbesserungspotentiale der Teilprojekte sind kumuliert und Gesamtzielerreichung ist sichergestellt*.
[375] vgl. vb2.1 *Teilprojektleiter und Prozeßmanager sind bestimmt*.
[376] vgl. I.2 *Umsetzungspakete und Teilprojekte sind definiert*.
[377] vgl. vb2.3 *Das Business Process Redesign-Team ist für den Teilprozeß gebildet und verfügbar*.
[378] vgl. IA.8 *IV-Konzept wurde erarbeitet und dokumentiert*.
[379] vgl. dazu die Diskussion über die Gruppengröße in vb2.3 *Das Business Process Redesign-Team ist für den Teilprozeß gebildet und verfügbar*.
[380] vgl. vb2.4 *Erforderliche Ressourcen für das Business Process Redesign-Team sind bereitgestellt*.
[381] vgl. GD.1 *IBSIS-Testlabor für Teilprojekte wurde installiert* und gd.1 *Grobentwurf des Teilprozesses aus der Phase Analyse und Grobdesign ohne IBSIS ist mit IBSIS abgeglichen*.
[382] Die Inhalte des Projekthandbuchs sind in vb1.9 *Projekthandbuch ist erstellt* beschrieben.
[383] Für Aufgaben in Zusammenhang mit der Entwicklung zusätzlicher Informationssysteme wird auf die Systemplanungsliteratur verwiesen, vgl. zum Beispiel [Hans 92], [Hein 94], [Hein 94b], [Luca 94].
[384] Da es wünschenswert ist, daß die Mitarbeiter des Software-Teams nach Projektende die Rollen und Aufgaben weitgehend beibehalten, die sie im Team wahrgenommen haben, wurden Rollen und Aufgaben analog zu denen in IA.8 *IV-Konzept wurde erarbeitet und dokumentiert* beschriebenen Rollen definiert.
[385] vgl. [DoLa 94, S. 197]
[386] vgl. i.4 *Software-Team-Mitarbeiter kennen ihre Aufgaben und Rollen*.
[387] vgl. vb2.6 *Business Process Redesign-Team-Mitarbeiter sind für ihre nächsten Aufgaben ausgebildet*.
[388] vgl. vb1.9 *Projekthandbuch ist erstellt*.
[389] vgl. I.2 *Umsetzungspakete und Teilprojekte sind definiert*.
[390] vgl. vb1.12 *Untersuchungsbereich ist festgelegt* und vb1.13 *Geschäftsprozesse sind identifiziert und ausgewählt*.
[391] vgl. dazu die entsprechenden Kontrollpunkte im Gateway *Projektauftrag* (vor allem PA.1 und PA.2) sowie die Ausführung über die strategische Planung im Abschnitt 3.1.1 *Strategie*.
[392] vgl. vb1.17 *Prozeßziele und Prozeßstrategien wurden festgelegt* und vb2.2 *Teilprozeßziele und Teilprozeßstrategien wurden festgelegt*.

[393] Ein ähnliches Vorgehen schlagen Österle/Brenner/Hilbers zur Reihung von IS-Projekten vor. Sie bezeichnen dieses Vorgehen als *Ermittlung der unternehmerischen Rangfolge der Projekte*, vgl. [ÖsBH 92, S. 230f].
[394] vgl. I.1 *Rangfolge der Teilprozesse ist festgelegt und dokumentiert*.
[395] vgl. I.1 *Rangfolge der Teilprozesse ist festgelegt und dokumentiert*.
[396] vgl. gd.1 *Grobentwurf des Teilprozesses aus der Phase Analyse und Grobdesign ohne IBSIS ist mit IBSIS abgeglichen*.
[397] vgl. die Hinweise über die Numerierung der Modelle im Abschnitt *Methoden* in a.1 *Business Process Redesign-Team-Mitarbeiter haben den IST-Prozeß analysiert und dokumentiert*.
[398] In der Grafik wurden die Prozeßnamen durch Buchstaben vereinfacht dargestellt. Bei den IBSIS-Funktionen handelt es sich um fiktive Bezeichnungen, die ohne Bezug auf ein bestimmtes IBSIS sind.
[399] vgl. [ÖsBH 92; S. 232]
[400] vgl. gd.1 *Grobentwurf des Teilprozesses aus der Phase Analyse und Grobdesign ohne IBSIS ist mit IBSIS abgeglichen*, insbesondere die Ausführungen über die Anforderungen an die Schnittstellenbeschreibung im Abschnitt *Abgleich SOLL-Prozeß und IBSIS*.
[401] Die Teamgröße orientiert sich an den Empfehlungen der Literatur, wie zum Beispiel [LeAB 91, S. 526f] oder [ÖsBH 92, S. 214].
[402] vgl. gd.1 *Grobentwurf des Teilprozesses aus der Phase Analyse und Grobdesign ohne IBSIS ist mit IBSIS abgeglichen*.
[403] vgl. I.2 *Umsetzungspakete und Teilprojekte sind definiert*.
[404] vgl. dazu die Beschreibung der Dokumente und ihrer Verwendung in der Phase *Analyse und Grobdesign ohne IBSIS* sowie in der Phase *Grobdesign mit IBSIS*.
[405] vgl. [LeAB 91, S. 268f]
[406] vgl. [SAP 94b]
[407] vgl. [SAP 94b]
[408] vgl. gd.1 *Grobentwurf des Teilprozesses aus der Phase Analyse und Grobdesign ohne IBSIS ist mit IBSIS abgeglichen*.
[409] Der Systemplanungsprozeß ist zum Beispiel ausführlich in [Hein 94], [Hein 94b] und [Luca 94] beschrieben.
[410] Im Kontrollpunkt f.3 *Integrationstest (technisch und organisatorisch) ist durchgeführt und dokumentiert* wird zum Abschluß der Entwicklung zusätzlich ein Integrationstest durchgeführt, bei dem alle technischen und organisatorischen Elemente und vor allem ihr Zusammenspiel überprüft werden.
[411] vgl. [CDI 94, S. 330ff], [SDOK 94]
[412] vgl. [Hein 94b, S. 174f]
[413] Eine genaue Behandlung dieser Themen würde den Rahmen dieser Arbeit sprengen, weshalb auf die einschlägige Literatur verwiesen wird, vgl. zum Beispiel [MeÖs 95, S. 95ff], [Öste 95, S. 105ff], [Dave 93, S. 95ff], [HaCh 94, S. 90ff] sowie die dort angegebenen Literaturhinweise.
[414] Dieses Vorgehen entspricht nicht nur der Forderung nach Benutzerbeteiligung im Entwicklungsprozeß, um die Arbeitszufriedenheit zu erhöhen, sondern auch der Forderung nach einer „Organisation ad personam", in der Aufgaben auf Fähigkeiten, Qualifikationen und persönliche Ziele von Mitarbeitern abgestimmt werden. Vgl. [Warn 93, S. 210f]
[415] vgl. [LeAB 91, S. 264f]
[416] vgl. vb1.7 *Konzept für Prozeßdokumentation ist mit Organisationsdokumentation abgestimmt*.
[417] vgl. f.1 *Informationssystem-Prototyp ist entwickelt*.
[418] vgl. a.8 *Grobentwurf wurde gemeinsam mit Betriebsrat und ausgewählten Betroffenen evaluiert* und gd.3 *Grobentwurf wurde gemeinsam mit Betriebsrat und ausgewählten Betroffenen evaluiert*.

Anmerkungen 351

[419] vgl. f.5 *Vorbereitung des Abbaus von Altsystemen und der Übernahme der Daten ist abgeschlossen.*
[420] vgl. [CDI 94, S. 335f]
[421] Das Schulungskonzept für den Informatikbereich wurde bereits in IA.9 *Schulungskonzept für IBSIS-Betreuer und BPR-Teammitarbeiter ist erstellt und dokumentiert* erstellt.
[422] vgl. f.1 *Informationssystem-Prototyp ist entwickelt* und f.2 *Arbeitsorganisation ist entwickelt.*
[423] vgl. a.7 *Machbarkeit des Prozeßprototypen ist geprüft,* gd.1 *Grobentwurf des Teilprozesses aus der Phase Analyse und Grobdesign ohne IBSIS ist mit IBSIS abgeglichen,* gd.2 *Machbarkeit des Grobentwurfes ist geprüft und dokumentiert.*
[424] vgl. dazu die Ausführungen über den Zeitpunkt der Hardwarebeschaffung in IA.7 *Beschaffungszeiten für Hardware sind mit Gesamtterminplan abgestimmt* und F.3 *Hardware-Auswahlentscheidung ist getroffen und Verträge sind abgeschlossen.*
[425] Weitere Informationen zu diesem Thema sind in den Kontrollpunkten A.5 *Kurzfristig erzielte Erfolge wurden nach innen und außen kommuniziert* und IA.11 *Erzielte Erfolge wurden nach innen und außen kommuniziert* zu finden.
[426] vgl. die Kontrollpunkte IA.1 - IA.7 der Phase *Integration und IBSIS-Auswahl.*
[427] vgl. IA.7 *Beschaffungszeiten für Hardware sind mit Gesamtterminplan abgestimmt.*
[428] vgl. f.1 *Informationssystem-Prototyp ist entwickelt,* f.2 *Arbeitsorganisation ist entwickelt* und f.8 *Installationskonzept wurde erstellt und dokumentiert.*
[429] Bezüglich Aufbau und Inhalt der Ausschreibungsunterlagen, zum Beispiel von Pflichtenheft und Kriterienkatalog, wird auf IA.3 *Kriterienkatalog und Pflichtenheft aus SISP-Studie zur IBSIS-Bewertung wurden an SOLL-Organisationskonzept angepaßt* verwiesen.
[430] vgl. IA.7 *Beschaffungszeiten für Hardware sind mit Gesamtterminplan abgestimmt.*
[431] Weitere Hinweise über den Evaluationsprozeß sind dem Kontrollpunkt IA.4 *IBSIS-Auswahlentscheidung ist vorbereitet* zu entnehmen.
[432] vgl. GD.1 *IBSIS-Testlabor für Teilprojekte wurde installiert.*
[433] vgl. [Hein 94b, S. 369]
[434] vgl. im.3 *Abschlußaktivitäten für Teilprojekt sind durchgeführt.*
[435] vgl. im.1 *Echtbetrieb der Aktivitäten wurde durch Anwender aufgenommen.*
[436] vgl. IM.3 *Auf der Basis festgestellter Zielabweichungen wurden Folgeprogramme gestartet.*
[437] vgl. im.1 *Echtbetrieb der Aktivitäten wurde durch Anwender aufgenommen.*
[438] vgl. vb1.7 *Konzept für Prozeßdokumentation ist mit Organisationsdokumentation abgestimmt.*
[439] vgl. [BoDK 94, S. 116ff]
[440] vgl. dazu die Beschreibung der Dokumente und ihrer Verwendung in der Phase *Analyse und Grobdesign ohne IBSIS* sowie in der Phase *Grobdesign mit IBSIS.*
[441] vgl. im.3 *Abschlußaktivitäten für Teilprojekt sind durchgeführt*
[442] vgl. IM.1 *Alle Umsetzungspakete sind implementiert und sämtliche Prozesse sind in Echtbetrieb*
[443] vgl. a.5 *Grobentwurf des Teilprozesses unabhängig vom künftigen IBSIS ist erstellt und dokumentiert* und gd.1 *Grobentwurf des Teilprozesses aus der Phase Analyse und Grobdesign ohne IBSIS ist mit IBSIS abgeglichen*
[444] Zusätzliche Informationen über Abschlußarbeiten können im.3 *Abschlußaktivitäten für Teilprojekt sind durchgeführt* entnommen werden.
[445] vgl. PA.6 *Projektziele sind festgelegt,* vb1.17 *Prozeßziele und Prozeßstrategien wurden festgelegt* und vb2.2 *Teilprozeßziele und Teilprozeßstrategien wurden festgelegt*
[446] vgl. 3.2 *Die Einbettung des Projektes in die Organisation*
[447] vgl. im.3 *Abschlußaktivitäten für Teilprojekt sind durchgeführt*
[448] vgl. vb2.1 *Teilprojektleiter und Prozeßmanager sind bestimmt*

[449] Weitere Hinweise zur Rolle und zu den Aufgaben des Prozeßmanagers sind im Abschnitt 2.2.3.2 *Der Prozeßmanager* zu finden.
[450] vgl. f.2 *Arbeitsorganisation ist entwickelt*
[451] vgl. [MeÖs 95, S. 107ff]

Stichwortverzeichnis

—A—

Abgleich SOLL-Prozeß und IBSIS 229
Ablauforganisation 273
Abschlußaktivitäten 294
Allgemeine Vorbereitung 121
Altsysteme, Ablöse von 279
Analyse 166
Anwenderproblem 69
Anwenderschulung 280
Arbeitsorganisation 275
ARIS-Toolset 132; 175
Aufbauorganisation 273
Aufbauorganisation des Projektes 124
Auftragsbearbeitungsprozeß 25

—B—

Baan 13
Barriere 45
Bedingungen für BPR 149
Benchmarking 148; 179
Berater 34
Beraterteam 125; 126
Berichtswesen 273
Beschaffungsprozesse 26
Beschaffungszeiten 206; 215
Besetzungsprinzipien 145
Betriebsrat 151; 190; 233; 278
Bibliothekar 134
Big-Bang-Strategie 47; 242
BMW 3; 306
Bottom-up-Ansatz 171
BPR-Beteiligte 27
BPR-Gedanke 301
BPR-Methoden 57
BPR-Team 156; 158; 159; 160
Branchenneutralität 9
Business Process Redesign (BPR) 17

—D—

Datenübernahme 279
Davenport 57
deduktives Denken 38
Design 185
Design-Prinzipien 184; 227

—E—

Echtbetrieb 292
Eigenerstellung 216
Entwicklungs-Prinzipien 271
Erfahrungskurve 69
Erfolge 220; 239; 302
Erfolgspotential 68; 69
Ergebnisse und Kunden 173; 175
erweiterte ereignisgesteuerte Prozeßkette (eEPK) 132; 173
Erzwungene Einwilligung 85
Evaluation des Grobentwurfs 190; 233
Evaluation des SOLL-Prozesses 191
Evaluationsbericht 212
Evaluationsprozeß 212

—F—

Feinentwurf 272
Feinkonzeption 266
Festpreis 10
Formalziel 119; 146
Formularwesen 273
Fremdbezug 216
Funktion 21
Funktionalität 10

—G—

Gateway 98
Gatewaymanagement 98
Gatewayplan 99; 102
Gesamtprojektebene 95; 99
Gesamtprojektleiter 116; 125
Gesamtterminplan 215
Gesamtzielerreichung 198; 239; 298
Geschäftsprozesse 141; 143
Grobdesign 166
Grobdesign mit IBSIS 222
Grobentwurf des Teilprozesses 182
Gruppengröße 157

—H—

Hardware-Auswahlentscheidung 287
Hardware-Beschaffung 215
Hardware-Verträge 287

—I—

IBSIS als Barriere 47
IBSIS als Wegbereiter 45
IBSIS-Änderung 223
IBSIS-Auswahl 201
IBSIS-Auswahlentscheidung 212
IBSIS-Auswahlmethode 207
IBSIS-bedingte Reihenfolge 259
IBSIS-Funktionen 258
IBSIS-Prototyp 226; 229
IBSIS-Testlabor 236
IBSIS-Vorstellung 219
Implementierung 289
Implementierungskonzept 252
Implementierungszahlen 10
induktives Denken 38
Informationsmanagement 41
Informationssystemarchitektur 73
Informationssysteme, ergänzende 274
Informationssystem-Prototyp 270
Informationssystemstrategie 73
Informationstechnologie 37; 80
Informationstechnologie, Wissen über 39
Innovationsprojekt 74
Installationskonzept 282
Integration 11; 201; 241
Integrationstest 277
integrierte Architektur 11
integriertes betriebswirtschaftliches Standardinformationssystem (IBSIS) 13
Internationalität 10
IS-Entwicklung 275
IST-Prozeß 172
IT-Potentiale 38; 40
IV-Konzept 215
IV-Mitarbeiterbedarf 217

—K—

Kenngrößen 173; 175
Kognitive Dissonanz 83
Kompetenzen 128
kontinuierliche Verbesserung 92
Kriterienkatalog 210
Kunde 22
Kunden-/Lieferantenbeziehungsanalyse 89; 130; 171; 196
Kundendienstprozesse 25
kurzfristige Erfolge 198

—M—

Machbarkeit 189; 232
Managementprozesse 26
Marketingprozesse 25

Marktposition 69
Maßnahmenkatalog 182
Maßnahmenplan 190; 191; 197; 198; 199; 221; 231; 232; 240; 281
Matrixorganisation 31
Meilensteinkonzept 98
Mitbewerber 178
Mode 43
Moderator 34
Modethema 43
Mythen 176

—N—

Nachentscheidungskonflikte 84
Nutzwertanalyse 207; 212

—O—

Optimierungsmaßnahmen 294
Optimierungspotentialkatalog 293; 294; 295; 300
Oracle 13
Organisationsänderung 65; 223
Organisationsdokumentation 133
Organisationskultur 87
Organisationsmitglieder 82
organisatorische Veränderung 66

—P—

Peoplesoft 13
Pflichtenheft 210
Pilotprojekt 165
Potentialkatalog 179; 182; 187; 197; 231; 239; 299
Prämissen 188; 195
Produkt 22
Produktentwicklungsprozeß 24
Produktmanager 31
Projektauftrag 108; 109
Projektbibliothek 135
Projektcontrolling 137; 138
Projektdokumentation 134
Projekthandbuch 136
Projektmitarbeiter 127
Projektressourcen 128; 158; 249
Projektziele 118
Prozeßablauf 173
Prozeßarten 23
Prozeßausschuß 302
Prozeßdokumentation 133
Prozesse 20
Prozeßinsider 34; 156
Prozeßkriterien 21
Prozeßmanager 30; 153; 301

Prozeßoutsider 34; 157
Prozeßprototyp 189
Prozeßstrategien 148
Prozeßziele 148
Prozeßzirkel 302

—Q—

Quantum-Ansatz 43
Querdenker 34

—R—

Rahmenbedingungen 65
Rangfolge 255
Redesign-Team 32
Referenzmodell 179; 229
Regelkatalog 176; 177; 179; 185; 187; 191; 195; 231; 233; 299
Regeln und Prinzipien 173; 176
Releasefähigkeit 46; 47; 120; 147; 224
Reorganisationszwang 46
Review 186; 231

—S—

Sachziel 119
SAP 50
SAP R/3 3; 13; 306
SAP R/3-Vorgehensmodell 50
Schulungskonzept 217
Selektion von Information 85
Software-Team 247; 250; 251
Software-Teilprojektleiter 246
Software-Verträge 214
SOLL-Organisationskonzept 208
SOLL-Prozeß 185
Sponsor 28; 114; 124; 149; 199; 221; 240
Standardanwendungssoftware 9
Standardsoftware 9
Stärken 305
Stärken und Schwächen 173; 177
Stärken-/Schwächenkatalog 173; 177; 178; 179; 185; 187; 195; 231; 239; 299
Step-by-Step-Strategie 242
Steuerkreis 124; 149; 199; 221; 240
Strategie 68; 111
Strategische Informationssystemplanung 113
Substitutionszeitkurve 70
Szenario der Teilprojekte 100

—T—

Technologie 79
Teilprojekt 145; 256
Teilprojektebene 95; 99
Teilprojektleiter 153
Teilprojektteam 102; 125
Teilprozesse 143
Teilprozeßstrategien 155
Teilprozeßziele 155
Terminplan 104
Top-down-Ansatz 171
TQM 92

—Ü—

Überzeugungen von sozialen Gruppen 86

—U—

Umsetzungspaket 243; 245; 256; 260; 263; 264; 278; 298
unerwartete Handlungsergebnisse 86
Unternehmensstruktur 75
Untersuchungsbereich 139; 161
Untersuchungsmethoden 130

—V—

Verantwortung 128
Verbesserung 181; 287
Verbesserungspotential 196; 198
Verbesserungspotentiale 179; 239
Vision 109
Vorbereitung Gesamtprojekt 163
Vorbereitung Teilprojekt 152
Vorbereitungsphase 106
Vorgehenskonzept 95; 104

—W—

Wegbereiter 37; 45; 59; 184
Werkzeuge 130
Wertkette 140

—Z—

Zielerreichung, Ausmaß der 118
Zielerreichung, zeitlicher Bezug der 118
Zielinhalt 118
Zielmaßstab 118